2018

连云港统计年鉴

LIANYUNGANG STATISTICAL YEARBOOK

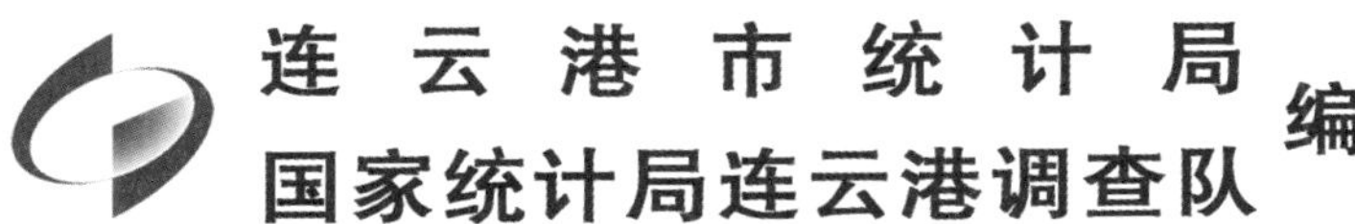

连 云 港 市 统 计 局
国家统计局连云港调查队
编

中国统计出版社
China Statistics Press

图书在版编目(CIP)数据

连云港统计年鉴. 2018 / 连云港市统计局，国家统计局连云港调查队编. —北京 : 中国统计出版社，2018.8

ISBN 978-7-5037-8527-6

Ⅰ. ①连… Ⅱ. ①连… ②国… Ⅲ. ①统计资料—连云港—2018—年鉴 Ⅳ. ①C832.533-54

中国版本图书馆 CIP 数据核字(2018)第 160372 号

连云港统计年鉴-2018

作　　者 / 连云港市统计局　国家统计局连云港调查队
责任编辑 / 陈越月
执行编辑 / 刘从鸿
装帧设计 / 张清香
出版发行 / 中国统计出版社
地　　址 / 北京市丰台区西三环南路甲 6 号
邮政编码 / 100073
电　　话 / 邮购(010)63376909　书店(010)68783171
网　　址 / http://csp.stats.gov.cn
印　　刷 / 连云港淮盐印刷有限公司
经　　销 / 新华书店
开　　本 / 890mm × 1240mm　1/16
字　　数 / 1886 千字
印　　张 / 38.25
版　　别 / 2018 年 8 月第 1 版
版　　次 / 2018 年 8 月第 1 次印刷
定　　价 / 350 元

如有印装差错，由本社发行部调换。

《连云港统计年鉴——2018》
编委会和编辑人员

编 者 说 明

一、《连云港统计年鉴—2018》是一本信息密集的资料工具书。本书通过大量统计数据真实的记录了2017年连云港市经济、科技、社会各方面的发展进程变化，是各级领导、理论研究工作者和国内外企业家、投资者必备的工具书，是社会各界人士了解、认识连云港的重要窗口。本年鉴在往年年鉴的基础上作了进一步调整和改进，版本在编辑、内容结构、指标数据等方面与前几年保持了连贯性。

二、本年鉴的内容包括：(1)文稿部分：连云港市2017年国民经济和社会发展统计公报；(2)统计资料部分：1.综合，2.人口、就业和工资，3.人民生活、价格指数，4.固定资产投资，5.财政、金融，6.对外经济贸易，7.农业，8.工业、能源，9.建筑业，10.交通运输、邮电和服务业，11.批发零售、住宿餐饮，12.科技、教育、文化、卫生，13.民政、司法、城建、环保，14.江苏市县社会经济，15.区域经济(淮海经济区、沿海开放城市)。

三、本年鉴辑入的统计数字以2017年为主，为方便读者使用，主要指标还列有1978年党的十一届三中全会以来主要年份的统计数据。读者在使用以往历史资料时，凡与本年鉴有出入的，均以本年鉴为准。

四、在《年鉴》编辑过程中，得到了有关部门和人员的大力支持。对此，深表谢意。由于水平有限，时间仓促，难免有不足之处，欢迎读者批评指正，以便进一步改进统计年鉴的编辑工作。

目　录

三、人民生活、价格指数

四、固定资产投资

五、财政、金融

六、对外经济贸易

七、农业

八、工业、能源

十二、科技、教育、文化、卫生

2017年连云港市国民经济和社会发展统计公报

连云港市统计局　　国家统计局连云港调查队

2017年，党的十九大胜利召开，中国特色社会主义进入了新时代。站在新时代的新起点，全市上下主动融入国家"一带一路"合作倡议，深入推进以港兴市、产业强市、创新驱动、绿色发展、协调共进五大战略，统筹做好稳增长、促改革、调结构、惠民生、优生态、防风险各项工作，产业发展、城乡面貌、人民生活发生显著变化，经济社会实现了更高质量发展。

一、综合

经济总量不断扩大。实现地区生产总值2640.31亿元，比上年增加235.15亿元，增长7.4%。其中，第一产业增加值313.42亿元，增长2.7%；第二产业增加值1179.86亿元，增长7.2%；第三产业增加值1147.03亿元，增长8.9%。人均地区生产总值58577元，增长6.8%。

产业结构继续优化。全市三次产业结构调整为11.9:44.7:43.4。第二、三产业增加值占GDP的比重进一步提高，比上年上升0.6个百分点。

就业形势稳中向好。全年新增城镇就业6.25万人，高校毕业生就业率稳定在92%以上，"双零"家庭实现动态清零。年末城镇登记失业率1.86%。全年举办各类招聘活动498场，提供岗位22万个，完成各类培训24.3万人次，高技能人才总量达到14.9万人。

市场活力进一步释放。大众创业成效明显，全年新增私营企业1.54万户，年末实有私营企业8.05万户，增长23.7%；新增个体工商户5.47万户，年末实有个体工商户23.28万户，增长30.7%。

物价温和上涨。全年居民消费价格上涨1.8%，八大类商品和服务项目价格指数均有所上涨。其中，居住类价格上涨3.3%，涨幅最大；其他依次为生活用品及服务、衣着、医疗保健、交通和通信、教育文化和娱乐、食品烟酒、其他用品和服务，分别上涨2.4%、2.0%、1.7%、1.6%、1.1%、1.0%、0.9%。工业生产者价格涨幅较大。全年工业生产者出厂价格上涨13.4%，其中生产资料上涨18.8%，生活资料下降1.4%；工业生产者购进价格上涨5.4%。

表1:连云港市CPI八大类指数情况

项目名称	2017年同比指数
居民消费价格总指数	101.8
一、食品烟酒	101.0
二、衣着	102.0

项目名称	2017 年同比指数
三、居住	103.3
四、生活用品及服务	102.4
五、交通和通信	101.6
六、教育文化和娱乐	101.1
七、医疗保健	101.7
八、其他用品和服务	100.9

全市经济社会发展仍存在一些不足，主要表现在：经济总量小，产业层次低，发展不充分；公共服务供给不足，民生保障存在短板，社会事业不平衡；生态环境治理任务艰巨，安全生产领域矛盾凸显等。

二、农林牧渔业

农业生产结构进一步调整。全年实现农林牧渔业总产值 615.41 亿元，可比价计算增长 3.4%。其中，农业产值 287.75 亿元，增长 3.1%；林业产值 15.96 亿元，下降 5.3%；牧业产值 118.63 亿元，增长 0.5%；渔业产值 152.96 亿元，增长 5.2%；农林牧渔服务业产值 40.12 亿元，增长 11.6%。

粮食生产稳中有升。夏粮生产量稳质优，单产位居全省第一。全市夏粮亩产为 396.3 公斤，增长 0.6%，总产为 143.31 万吨，增长 0.2%；秋粮亩产为 561 公斤，增长 0.3%，总产为 219.05 万吨，增长 0.6%。

现代农业加速集聚。“一带一路”连云港农业国际合作示范区获批全国首批十大国家农业对外开放合作试验区。全年新增高效设施农业面积 8 万亩，农产品出口额突破 5 亿美元，位居全省前列。“连天下”农产品品牌影响力继续扩大，新增“三品”品牌 110 个。

三产融合步伐加快。全市省级以上农业龙头企业带动农户 88.5 万户，实现销售收入 276 亿元，增长 11.4%。新增市级龙头企业 50 家，新增全国农村创业创新园区 7 个，居全省第四位。

生态农业加快发展。全年建成市级生态循环农业示范区 8 家，赣榆区获批省级现代生态循环农业试点县。畜禽粪污综合利用率稳步提高，新建沼气工程 35 处，东海、灌云两县入选全国畜禽粪污资源化利用重点县；东海县获批全国第一批畜牧业绿色发展示范县。全市禁养区的 607 家畜禽养殖场完成搬迁工作。

三、工业和建筑业

工业生产总体平稳。年末，全市规模以上工业企业 1831 家，比上年末净增 137 家。全年规模以上工业增加值增长 8.4%。

企业亏损额下降。全年规模以上工业企业实现产品销售收入 5484.25 亿元，增长 7.2%；利润总额 440.48 亿元，增长 7.8%。136 家亏损企业亏损额 7.50 亿元，下降 21.7%。

重点行业快速增长。全市 36 个工业行业大类中有 31 个行业产值实现正增长，行业增长面达到 86.1%。其中，化学原料和化学制品制造业完成产值 1097.92 亿元，增长 25.4%；非金属矿物制品业完成产值 714.28 亿元，增长 19.7%；医药制造业完成产值 666.60 亿元，增长 17.5%；黑色金属冶炼和压延加工业完成产值 504.19 亿元,增长 12.6%;农副食品加工业完成产值 407.46 亿元,增长 15.6%。

建筑业平稳发展。全年资质以上建筑业企业完成总产值 712.18 亿元,增长 9.8%。其中,房屋建筑工程产值 691.32 亿元,增长 9.6%;安装工程产值 14.21 亿元,增长 26.8%。资质以上建筑业企业房屋施工面积 5980.62 万平方米,增长 12.7%;房屋竣工面积 2380.42 万平方米,与上年基本持平。

四、固定资产投资

投资总量不断扩大。全年完成固定资产投资 2603.63 亿元,增长 9.2%,居全省第七位。其中,工业投资 1645.52 亿元,增长 10.5%;服务业投资 912.17 亿元,增长 7.3%;房地产开发投资 274.93 亿元,增长 16.8%。

重点项目建设加快。全市 403 个重点项目完成投资 1024.5 亿元,其中 270 个重点产业项目完成投资 621.2 亿元。中复神鹰 T800 碳纤维生产线顺利投产,盛虹炼化项目取得实质性突破,高铁、新机场等重大基础设施项目有序推进。

工业技改投资快速增长。全市工业投资完成 1645.52 亿元,增长 10.6%。其中,工业技改投资 794.58 亿元,增长 45.9%,高出工业投资增速 35.3 个百分点,对全市投资增长贡献率达 114.4%。

民间投资占比提升。全年完成民间投资 1648.40 亿元,增长 18.3%,占全市投资比重 63.3%,比上年提高 4.9 个百分点。民间投资中,居于首要地位的制造业完成投资 1332.65 亿元,增长 19.0%。

房地产市场兴旺。全年完成房地产投资 274.93 亿元,增长 16.8%。商品房价格上涨明显,全年商品房销售面积 643.91 万平方米,增长 22.8%,其中住宅 608.74 万平方米,增长 21.0%;商品房销售额 370.55 亿元,增长 35.6%,其中住宅 344.97 亿元,增长 32.5%。

五、国内贸易

消费品市场运行良好。全年实现社会消费品零售总额 1038.31 亿元,增长 11.3%。其中,批发业实现零售额 130.57 亿元,增长 55.6%;零售业 768.37 亿元,增长 3.0%;住宿业 18.29 亿元,增长 31.9%;餐饮业 121.08 亿元,增长 34.8%。

表 2:2017 年全市社会商品零售总额情况

	绝对额(亿元)	增长(%)	占全市社零构成(%)	拉动全市增长(%)	增长贡献率(%)
社会商品零售总额	1038.31	11.3	100.0	11.3	100.0
# 批发业	130.57	55.6	12.6	5.0	44.4
零售业	768.37	3.0	74.0	2.4	21.6
住宿业	18.29	31.9	1.8	0.5	4.2
餐饮业	121.08	34.8	11.7	2.4	29.8

农村市场增速加快。农村消费品市场零售额 188.73 亿元,增长 21.3%,比城镇消费品市场高 12.1 个百分点。城镇消费品市场零售额 849.58 亿元,增长 9.2%。

限上消费品市场稳中有升。商贸设施规模不断壮大，利群商业综合体营业，民主路二期、苍梧春晓商业综合体基本竣工。全年实现限上社会消费品零售总额426.95亿元，增长17.3%。

六、开放型经济

进出口总额较快增长。全年完成进出口总额82.14亿美元，增长16.6%。其中，进口42.92亿元，增长27.7%，拉动全市进出口增长13.2个百分点；出口39.22亿美元，增长6.4%。

实际利用外资增速居首。全年实际利用外资6.78亿美元，增长23.2%，居全省第一位，比全省平均水平高20.8个百分点。

两基地建设加快推进。上合物流园专用铁路、铁路装卸场站、大宗商品交易中心、智慧物流信息中心等一批重点项目加快建设，成功获批国家级示范物流园区。中哈物流合作基地效益提高，散粮筒仓建成运营，成功开行哈国过境小麦和乌国通用汽车东行过境班列，进出货物和集装箱量分别增长37%和85%。

七、交通、邮电和旅游

口岸保障能力全面增强。2017年，港口30万吨航道二期正式开工建设，连云港港总吞吐能力达1.6亿吨。物流平台发展壮大，海关多式联运监管中心挂牌运行，公路货运交易中心上线运作，“点点通”等综合服务平台加快发展。口岸便利化水平进一步提高，赣榆、灌河两翼港区新一轮临时开放获批，空港开放通过国家验收，港口综合枢纽能力不断提升。全年港口货物吞吐量2.28亿吨，增长3.2%。

铁路建设全面提速。连盐铁路建成调试，连淮扬镇、连青铁路加快推进，连徐高铁全面开工，“高铁时代”即将到来。连云港境内铁路货运总量较快增长，全年完成4928.24万吨，增长8.8%。受连云港站升级改造影响，境内铁路客运总量完成396.37万人次，下降1.7%。

民航旅客吞吐量突破百万。民航航线已达到27条，通达城市达25个大中城市，其中新增重庆、博鳌、长沙等多条国内航线，并开通首条曼谷国际航线。机场全年飞机起降首次过万达1.12万架次，增长20.5%；旅客吞吐量首次突破百万达109.29万人次，增长28.4%。

邮政通讯业务较快增长。全年邮政通讯总收入47.57亿元，增长15.8%。其中，邮政速递业务收入13.94亿元，增长24.7%；通讯业务总收入33.63亿元，增长12.5%。年末，全市电话用户512.54万户，增长5.3%。其中，移动电话用户450.49万户，增长7.7%。互联网用户468.66万户，增长15.6%。其中，固定宽带用户142.18万户，增长18.3%。

旅游经济持续增长。大花果山景区规划建设启动，连云、东海国家级全域旅游示范区建设加快，潮河湾、伊甸园等乡村旅游蓬勃发展，灌云县石佛寺万佛宫、连岛冰雪大世界等旅游项目建成投产。全年实现旅游总收入458.82亿元，增长16.0%。接待国内旅游人数3384.18万人次，增长12.4%。

八、财政、金融

财政收入稳定增长。全年实现一般公共预算收入214.85亿元，同口径增长8.4%。其中，税收收入159.37亿元，增长2.3%，占一般公共预算收入的74.2%。

金融信贷较快增长。全年实现金融业增加值120.16亿元，增长12.1%，占GDP比重4.6%。年末，全市金融机构存款余额为2976.98亿元,比年初增加421.50亿元,同比增长16.5%。贷款余额为2476.09亿元,比年初增加382.19亿元,同比增长18.3%。

保险市场快速发展。全市保险费总收入达到91.89亿元,增长21.7%。其中,寿险收入实现55.99亿元,占全部保险收入比重达60.9%。

九、科学技术和教育

创新平台建设力度加大。国家知识产权试点城市通过验收,国家创新型城市建设成功通过首轮评估。中科院能动中心大型燃气轮机项目获批建设国家重大科技基础设施,市科技创业中心、淮海工学院大学科技园获批国家级孵化器。国家级连云港高新区、国家级农业科技园区正常运行。

创新驱动战略加快实施。万人发明专利拥有量、PCT(专利合作协定)申请量苏北领先。企业创新能力不断提升,恒瑞医药入选福布斯全球百家最具创新力公司,中复神鹰获评国家科技进步一等奖,正大天晴入围国家科技进步二等奖。正大天晴、豪森和恒瑞在"2017年中国医药研发产品线最佳工业企业"排名中分列第1、第2和第4位。全市R&D占GDP比重提高0.07个百分点。

高新技术产业积聚壮大。全年新增国家高新技术企业49家,高新技术产业实现产值2157.97亿元,增长16.0%,占规模以上工业总产值比重为35.1%。全年实现新产品产值703.99亿元,增长14.5%,占规模以上工业11.5%。

教育事业加快发展。全市教育现代化建设水平苏北领先,"云海在线"上线运行,全年新建中小学、幼儿园33所,改造中小学校舍49万平方米,淮海工学院创建江苏海洋大学列入国家"十三五"高校设置规划。

十、文化、卫生和体育

文化服务水平提升。完成市文化馆、美术馆改造,市档案馆新馆启用,新建市图书馆分馆30个,建成基层综合文化服务中心680个,开展文化惠民活动2万场次。《辣妈犟爸》等3件作品获省"五个一工程"奖,4件作品获省文化奖。成功举办连云港之夏、西游记文化节、徐圩国际马拉松等活动。

卫生服务能力增强。医疗卫生投入不断加大,第一人民医院新院区投入使用,市妇幼保健中心、市二院西院区病房楼等项目加快推进。医疗卫生体制改革强势推进,基层首诊率达72.4%,家庭医生签约率33.4%,居民电子健康卡全国首发。卫生创建工作取得突破,成功跻身国家卫生城市。

体育事业稳步发展。全民健身活动蓬勃开展,城市"10分钟体育健身圈"进一步完善。全年举办龙舟、自行车、健身气功等比赛34项,市级体育协会组织中国连云港体育舞蹈公开赛、市职工足球等比赛247项。竞技体育训练布局科学优化,组建市体育局训练中心,建立教练员年度岗位考评机制,全面推进训练工作规范化、系统化。

十一、城市建设、环境保护和节能减排

城市建设不断提升。新一轮城市总规修编快速推进,城市公共服务能力进一步提高。建成区取缔占道经营,推行垃圾分类处理,餐厨废弃物规范处置。全年新改建主次干道40条,新辟优化公交线路29条。新增停车泊位2200个。改造老旧小区68个,棚户区改造新开工21500套。新改建城市公园、街头游园14个。新改建市政管网61公里，增加管道燃气用户6500户。

环境治理不断加强。成功获批"三线一单"试点城市，战略环评成果基本落地。深入推进化工园区环境整治，环境质量明显改善，国省断面水体优三类比例同比提升4.5个百分点，空气质量优良率达77%，稳居全省首位。全面落实"河长制"，21条入海河流纳入环境监测，大浦等5个污水处理厂提标改造，东盐河等5条黑臭水体整治完成。"三大生态廊道"建设有序推进，完成秦山岛等一批生态修复工程，省级以上生态县区实现全覆盖。

节能减排扎实推进。积极推进生产方式绿色化转型，加强重点领域节能减排，深入开展"263"专项行动，全年整治燃煤小锅炉1580台，减少煤炭消费24万吨，有效控制重点行业挥发性有机物，

十二、人口、人民生活和社会保障

人口总量保持稳定。全市年末户籍人口532.53万人，比上年末减少1.43万人，下降0.3%。其中，市区222.61万人。常住人口451.84万人，比上年末增加2.20万人，增长0.5%。其中，城镇常住人口278.78万人，比上年增加8.1万人，增长2.99%。常住人口城镇化率61.7%，比上年提高1.5个百分点。

居民收入较快增长。根据城乡一体化住户抽样调查，全年全市居民人均可支配收入为23302元，增长9.8%，增速居全省第一位。其中，城镇居民人均可支配收入30293元，增长8.8%；农村居民人均可支配收入15273元，增长9.6%。

保障体系不断完善。社保扩面征缴深入推进，全民参保登记基本完成，市区五项保险净增参保人数2.5万人。医保覆盖面进一步扩大，城乡居民医保住院合规医疗费用报销达到70%，全市所有定点医疗机构全部开通省内异地就医联网结算。养老保险提标扩面，企业退休人员月养老金水平实现13连调，全市企业养老保险基金征缴额同比增长18.6%。兜底保障水平显著提高，全市城乡低保平均标准分别提高到497元、435元，增长5.3%、10.1%。

注：1、公报中地区生产总值和各产业增加值绝对值按现行价格计算，增长速度按可比价格计算。

2、公报中部分数据为初步统计数，正式统计数据以《连云港统计年鉴》为准。

1

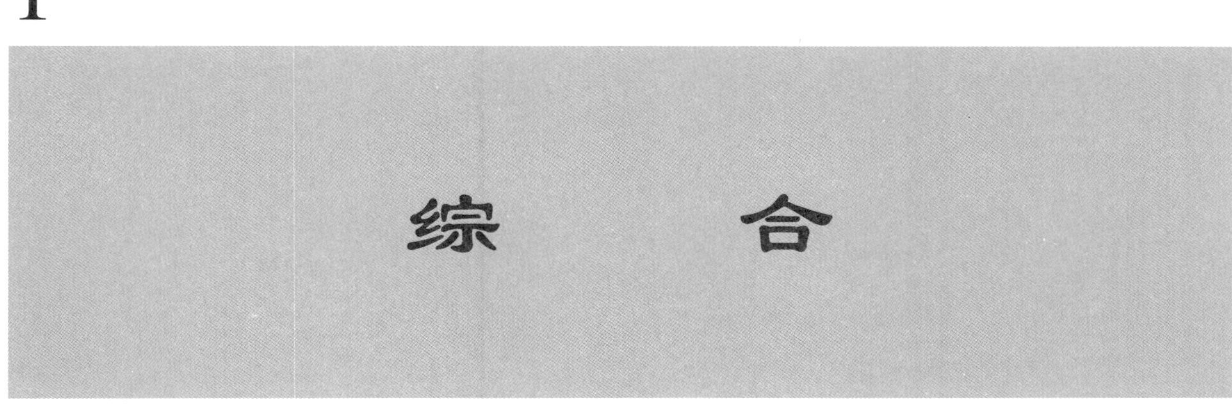

全　市　行　政　区　划

表 1—1

地　　区	乡人民政府	镇人民政府	街道办事处	村民委员会	居民委员会
全　市	**10**	**50**	**30**	**1432**	**252**
一、市　区	1	19	27	560	200
连 云 区	1		8	19	28
海 州 区		4	11	79	100
赣 榆 区		15		427	42
开 发 区			3	16	17
云台山风景区			1	9	2
徐圩新区			1	2	1
高 新 区			3	8	10
二、三　县	9	31	3	872	52
东 海 县	6	11	2	346	16
灌 云 县	2	10	1	302	22
灌 南 县	1	10		224	14

全　市　土　地　面　积　现　状

表 1—2　　（2017 年）　　单位:平方公里

地　　区	全　市	市　区		东海县	灌云县	灌南县
			赣榆区			
土地总面积	**7615.29**	**3011.89**	**1514.08**	**2036.66**	**1538.33**	**1028.41**
1.农用地	5142.68	1738.16	972.28	1573.96	1104.61	725.96
#耕　地	3916.89	1189.73	699.73	1223.49	916.75	586.93
园　地	153.43	63.43	45.34	84.07	2.51	3.42
林　地	146.09	115.24	5.05	26.97	3.87	
2. 建设用地	1793.38	937.67	376.46	380.37	301.41	173.94
#居民及工矿用地	1431.34	772.21	304.12	240.63	253.97	164.53
交通运输用地	333.34	152.94	74.67	95.81	51.41	33.18
水利设施用地	1543.18	688.76	375.18	327.69	301.80	224.91
3.未利用地	679.23	306.07	165.35	82.33	132.31	128.52

全市乡、镇、街道办事处概况

表 1—3

（2017 年）

地　　区	个数(个)	名　　称
连 云 区:街道办事处	8	墟沟、连云、云山、板桥、连岛、海州湾、宿城、高公岛
乡	1	前三岛
海 州 区:街道办事处	11	朐阳、新海、新浦、海州、幸福路、洪门、宁海、浦西、新东、新南、路南
镇	4	锦屏、新坝、板浦、浦南
赣 榆 区:镇	15	青口、柘汪、石桥、金山、黑林、厉庄、海头、塔山、赣马、班庄、城头、城西、宋庄、沙河、墩尚
市开发区:街道办事处	3	中云、猴嘴、朝阳
市高新区:街道办事处	3	花果山、南城、郁州
云台山风景区:街道办事处	1	云台
徐圩新区:街道办事处	1	徐圩
东 海 县:街道办事处	2	牛山、石榴
乡	6	驼峰、李埝、山左口、石湖、曲阳、张湾
镇	11	白塔埠、黄川、石梁河、青湖、温泉、双店、桃林、洪庄、安峰、房山、平明
灌 云 县: 街道办事处	1	侍庄
乡	2	小伊、南岗
镇	10	伊山、杨集、燕尾港、同兴、四队、圩丰、龙苴、下车、图河、东王集
灌 南 县:乡	1	李集
镇	10	新安、堆沟港、田楼、北陈集、张店、三口、孟兴庄、汤沟、百禄、新集

国 民 经 济 主 要 指 标

表1—4

指　　标	单 位	2005	2010	2011	2012	2013	2014	2015	2016	2017
一、人　口										
年末常住人口	万人	454.40	439.71	438.61	440.69	442.83	445.17	447.37	449.64	451.84
年末户籍人口	万人	472.18	497.73	505.18	510.99	520.18	526.52	530.56	533.99	532.53
二、从业人员数	万人	227.60	302.08	308.18	249.20	250.2	251.10	250.30	250.50	250.6
# 城镇非私营单位在岗职工人数	万人	31.90	30.61	33.09	33.48	43.84	44.47	43.86	43.71	42.01
三、地区生产总值(当年价)	亿元	497.34	1201.79	1422.16	1618.75	1829.04	1987.19	2185.7	2405.16	2640.31
第一产业	亿元	101.31	182.60	204.11	232.4	245.26	261.98	282.69	301.56	313.42
第二产业	亿元	211.30	552.92	665.1	750.64	834.17	909.91	982.87	1074.19	1179.86
# 工业	亿元	168.30	439.69	528.64	597.81	664.72	727.15	791.14	876.11	958.61
第三产业	亿元	184.73	466.27	552.95	635.71	749.61	815.3	920.14	1029.41	1147.03
四、农业总产值(当年价)	亿元	174.02	322.80	376.53	426.24	474.24	507.39	549.03	589.42	615.41
粮食产量	万吨	248.00	339.36	345.99	361.35	354.73	359.33	362.15	360.80	362.35
五、规模以上工业										
工业总产值(当年价)	亿元	342.87	1936.28	2630.52	3413.38	4101.08	4862.74	5433.14	5974.81	5484.19
主营业务收入	亿元	327.16	1905.48	2601.68	3346.45	4083.66	4812.14	5356.08	5946.41	5338.77
利润总额	亿元	19.16	165.82	190.10	273.20	316.09	372.28	434.64	496.53	447.48
六、能源消耗										
单位GDP能耗	吨标准煤/万元	0.94	0.83	0.82	1.33	0.864	0.837	0.836	0.6	0.574
单位GDP电耗	千瓦时/万元	894.80	870.11	769.34	763.45	794.82	842.21	804.03	713.02	722.26
单位工业增加值能耗	吨标准煤/万元	3.00	1.164	1.238	0.974	0.904	0.774	0.699	0.6945	0.711
全社会用电量	亿千瓦时	40.80	83.52	103.71	115.97	134.94	157.51	166.68	166.15	182.79
# 工业	亿千瓦时	27.43	53.99	69.84	75.91	88.73	110.44	116.57	110.00	120.59

表 1—4 续表 1

指　　　标	单 位	2005	2010	2011	2012	2013	2014	2015	2016	2017
七、运输和邮电										
全社会客运量	万人	7936	13481	14428	15948	6007	6117	5627	5188	5127
全社会货运量	万吨	5628	13937	12901	14832	13796	15016	15382	14569	16202
沿海港口货物吞吐量	万吨	6016	13506	16628	18528	20165	21008	21075	22135	22841
集装箱运量	万标箱	100.5	387.1	485.2	502	548.77	500.54	500.92	470.33	471.07
邮电通讯业务收入	亿元	15.93	27.04	29.72	34.24	36.88	37.99	38.69	43.63	48.96
八、固定资产投资										
全社会固定资产投资总额	亿元	323.60	1234.25	1240.93	1519.94	1664.77	2090.36	2522.55	2852.54	2628.63
# 规模以上投资	亿元	282.33	1093.93	1043.19	1280.88	1350.12	1716.57	2077.35	2385.16	2603.63
房地产投资	亿元	35.36	132.36	164.65	162.23	174.07	189.28	205.42	235.41	274.93
九、内外贸易										
社会消费品零售总额	亿元	182.08	430.65	500.23	575.49	655.57	740.47	830.71	933.31	103831
进出口总额	亿美元	20.39	50.76	69.00	80.04	66.41	80.30	80.35	70.40	82.14
# 出口总额	亿美元	9.32	26.01	37.36	36.03	37.84	43.55	40.56	36.84	39.22
实际利用外资金额	亿美元	2.75	11.01	6.10	7.34	8.70	9.54	8.01	5.50	7.09
十、财　　政										
一般公共预算收入	亿元	24.59	141.39	180.08	208.94	233.30	261.77	291.77	211.47	214.85
一般公共预算支出	亿元	45.85	202.75	274.63	304.88	362.38	375.95	425.92	373.12	390.56

表 1—4 续表 2

指　　标	单 位	2005	2010	2011	2012	2013	2014	2015	2016	2017
十一、金　　融										
年末金融机构存款余款	亿元	437.38	1243.81	1388.69	1503.66	1709.93	1887.31	2163.92	2555.48	2976.98
年末金融机构贷款余款	亿元	311.00	946.26	1088.17	1196.58	1425.50	1607.42	1827.40	2093.90	2476.09
保费收入	亿元	11.76	33.42	35.17	38.99	44.06	49.52	62.16	75.52	91.89
# 财产险	亿元	2.90	9.32	10.92	15.52	15.67	22.70	19.99	23.56	26.03
赔款支出	亿元	2.08	7.68	9.27	11.52	15.70	17.17	19.59	25.57	28.93
# 财产险	亿元	1.72	4.13	5.30	7.01	8.72	10.79	9.77	12.75	13.63
十二、物　　价										
居民消费价格指数	上年 =100	102.0	103.5	104.9	102.3	102.2	102.4	101.8	102.1	101.8
十三、教　　育										
各类学校在校学生	万人	89.07	74.81	72.66	72.56	69.13	70.65	72.76	75.39	79.13
# 高等学校	万人	2.75	3.45	3.39	3.38	3.76	3.80	3.86	3.86	3.99
中等专业学校	万人	2.64	5.32	4.81	5.06	4.30	3.63	3.48	3.75	3.66
普通中学	万人	39.61	30.91	28.61	26.85	23.15	22.53	22.48	23.01	23.97
小　　学	万人	41.14	32.71	33.60	35.00	35.52	38.42	41.08	43.20	44.46
十四、卫　　生										
卫生机构数	个	923	831	2666	2619	2616	2702	2708	2726	2703
床　位　数	张	9057	12249	12991	16504	17500	18061	19035	23281	24240
卫生技术人员	万人	1.18	1.58	1.72	1.90	2.05	2.19	2.31	2.62	2.75
十五、人民生活										
城镇非私营单位在岗职工年平均工资	元	15043	33843	38817	44124	46250	50189	56154	61262	69726
居民人均可支配收入	元					16103	17798	19418	21230	23302
居民人均消费性支出	元					11264	12247	13260	14333	15364
住户存款	亿元	250.13	538.24	629.42	732.79	850.95	953.41	1055.97	1179.91	1289.74

国民经济主要比例(比 重)关系

表1—5

项　　目	2005	2010	2011	2012	2013	2014	2015	2016	2017
一、从业人员中一、二、三产业比例									
第一产业	43.8	30.5	28.6	33.3	32.7	31.6	31.5	31.4	31.1
第二产业	26.1	31.7	32.7	31.2	31.3	32.2	32.2	32.2	32.5
第三产业	30.1	37.8	38.7	35.5	36.0	36.2	36.3	36.4	36.4
二、地区生产总值中一、二、三产业比例									
第一产业	20.5	15.3	14.5	14.5	13.7	13.3	13.1	12.5	11.9
第二产业	42.3	45.7	46.4	45.9	45.2	45.3	44.4	44.8	44.7
第三产业	37.2	39.0	39.1	39.6	41.1	41.4	42.5	42.7	43.4
三、固定资产投资与GDP之比	71.0	103.4	88.0	94.8	93.2	106.3	116.7	118.6	99.6
社会消费品零售总额与GDP之比	39.9	36.1	35.5	35.9	36.7	37.7	38.4	38.8	39.3
四、外贸依存度	36.1	28.6	31.6	31.4	23.0	24.9	23.0	19.3	21.1
出口依存度	16.5	14.7	17.1	14.1	13.1	13.5	11.6	10.1	10.1
五、一般公共预算收入占GDP比重	4.9	11.8	12.7	12.9	12.8	13.2	13.3	8.8	8.1
金融存贷比	71.1	76.1	78.4	79.6	83.4	85.2	84.4	81.9	83.2
六、工业增加值占GDP比重	33.8	36.6	37.2	36.9	36.3	36.6	36.2	36.4	36.3
七、全体居民恩格尔系数					32.9	32.4	32.8	32.4	31.9
城镇居民恩格尔系数	38.6	39.1	38.1	37.1	32.6	32.3	32.7	32.3	31.8
农村居民恩格尔系数	46.1	40.9	36.7	36.4	33.6	32.7	33.0	32.6	32.1
八、农林牧渔业总产值中农林牧渔业比例									
农　　业	48.9	50.0	48.0	47.5	48.0	47.3	47.5	46.8	46.7
林　　业	1.8	3.3	3.1	3.0	2.8	2.8	2.7	2.8	2.6
牧　　业	20.8	23.0	24.5	23.6	21.5	20.8	20.4	20.2	19.3
渔　　业	24.6	19.4	20.1	21.5	22.3	23.5	23.7	24.3	24.9
九、粮食与经济作物播种面积比例									
粮食作物	79.2	82.0	81.1	80.1	79.4	79.4	79.3	79.4	79.8
经济作物	20.7	18.0	18.8	19.9	20.6	20.6	20.6	20.6	20.2
其他作物	0.1		0.1						

连　云　港　的　一　天

表1—6

指　　标	单位	2005	2010	2011	2012	2013	2014	2015	2016	2017
一、全市每天创造的财富										
地区生产总值(当年价)	万元	13626	32926	38963	44349	50111	54444	59882	65895	72337
农业总产值(当年价)	万元	4768	8844	10316	11678	12993	13901	15042	16148	16861
一般公共预算收入	万元	674	3874	4934	5724	6392	7172	7994	5794	5886
发电量	万度	1401	5512	5626	5756	7265	7348	7026	7705	8242
原盐	吨	2096	1465	2198	2152	2402	2389	1759	1620	
布	万米	1.32	4.61	4.31	16.99	23.28	18.96	21.94	20.55	22.11
磷矿石(折30%)	吨	278	275	268	293	280	227	242	179	
纯碱	吨	3771	3660	3904	3623	3478	3870	3815	3662	3644
化肥(折纯)	吨	516	202	242	257	234	234	259	226	167
水泥	吨	2441	9553	8145	15702	24437	33236	23851	28351	22189
啤酒	千升	222	216	197	196	189	201	203	219	188
二、每天其他经济活动										
全社会货运量	万吨	15.42	38.18	35.35	40.64	37.80	41.14	42.14	39.91	44.39
全社会客运量	万人	21.74	36.93	39.53	43.69	16.46	16.76	15.42	14.22	14.05
固定资产投资额	万元	8865	33815	33998	41642	45610	57270	69111	78152	72017
邮电通讯业务收入	万元	436.6	740.7	814.3	937.9	1010.4	1040.8	1060.0	1195.3	1341.3
社会消费品零售额	万元	4988	11799	13705	15767	17961	20287	22759	25570	28447
三、每天人口变动和婚姻										
出生人数	人	172	188	183	263	299	267	220	169	209
死亡人数	人	66	120	42	99	51	78	60	41	192
结婚对数	对	82.6	161	174	184	182	168	146	134	130
离婚对数	对	8.2	17.8	20.7	23.1	27.2	30.1	33.0	37.1	42.3

社会经济主要指标年人均水平

表 1—7

指　　标	单位	2005	2010	2011	2012	2013	2014	2015	2016	2017
一、地区生产总值(当年价格)	元	10910	27179	32384	36819	41403	44757	48977	53626	58577
二、农业总产值(当年价格)	元	3818	7300	8574	9695	10735	11428	12303	13142	13653
三、一般公共预算收入	元	539	3198	4101	4752	5281	5896	6538	4715	4767
一般公共预算支出	元	1006	4585	6254	6935	8203	8467	9544	8319	8665
四、粮食产量	公斤	544	767	788	822	803	809	812	804	804
五、社会消费品零售总额	元	3994	9739	11391	13090	14840	16677	18615	20809	23036
六、每千人拥有固定电话机数	部	307.3	250.5	237.3	235.1	214.3	199.1	175.5	152.7	137.3
每千人拥有移动电话机数	部	163.8	697.5	837.7	869.6	935.4	973.7	952.3	948.1	975.5
七、教　　育										
每万人拥有各类专业技术人员	人	301.9	481.7	494.4	608.1	648.0	734.0	806.5	849.1	889.7
每万人拥有高校在校学生	人	60.4	78.5	77.2	76.8	84.9	85.5	86.3	86.0	88.2
八、卫　　生										
每万人拥有卫生机构床位数	张	18.2	24.6	28.6	35.6	38.7	39.7	41.5	50.4	51.9
每万人拥有医生	人	11.5	12.6	14.6	16.6	17.3	18.1	19.4	24.4	25.5
九、人民生活										
城镇非私营单位在岗职工平均工资	元	15043	33843	38817	44124	46250	50189	56154	61262	69726
居民人均可支配收入	元					16103	17798	19418	21230	23302
# 城镇居民人均可支配收入	元	10006	19020	21695	24342	26898	23595	25728	27853	30293
农村居民人均可支配收入	元	3869	7039	8434	9589	10317	11698	12778	13932	15273
居民人均消费性支出	元					11264	12247	13260	14333	15364
# 城镇居民人均消费性支出	元	7213	12293	14110	15615	17172	16016	17259	18344	19315
农村居民人均消费性支出	元	2574	4766	5498	6210	6932	8282	9052	10113	10825
住户存款	元	5487	12172	14350	16628	19216	21417	23604	26241	28544
居民人均现住房建筑面积	平方米						46.40	46.72	47.25	49.00
# 城镇居民人均现住房建筑面积	平方米						45.26	45.63	46.10	48.00
农村居民人均现住房建筑面积	平方米						47.87	48.17	48.70	51.00
城乡居民人均日生活用电量	度	0.41	0.96	1.05	1.27	1.48	1.44	1.52	1.72	1.88

注:按常住人口计算。

按地区分社会经济主要指标

表1—8 (2017年)

指标	全市	市区	连云区	海州区	赣榆区	开发区	东海县	灌云县	灌南县
一、人口及土地面积									
年末户籍人口(万人)	532.53	222.61	17.62	77.99	119.58	7.43	123.91	104.10	81.91
年末常住人口(万人)	451.84	210.11	19.40	85.30	96.89	8.52	97.11	80.90	63.72
从业人员(万人)	250.60	109.65	7.81	40.55	57.49	3.80	56.61	47.88	36.46
第一产业	77.90	26.09	0.35	7.16	18.38	0.20	18.47	18.36	14.98
第二产业	81.50	39.37	2.20	12.60	22.30	2.28	17.98	13.07	11.08
第三产业	91.20	44.19	5.27	20.79	16.80	1.32	20.15	16.46	10.40
二、地区生产总值(当年价、亿元)	2640.31	1447.84	141.57	348.21	586.02	307.37	483.82	366.44	342.21
第一产业	313.42	123.47	5.61	17.82	85.53	0.48	69.80	66.13	54.02
第二产业	1179.86	642.89	53.41	98.07	278.75	250.57	211.63	162.15	163.19
# 工业	958.61	506.69	45.43	76.87	219.47	241.03	185.20	124.54	142.18
第三产业	1147.03	681.48	82.55	232.32	221.74	56.32	202.39	138.16	125.00
人均地区生产总值(元)	58577	69127	94791	50509	60574	430792	49891	45405	53794
三、固定资产投资									
全社会固定资产投资(亿元)	2628.63	1608.08	222.64	414.92	469.97	351.87	418.81	344.63	257.11
# 规模以上	2603.63	1598.08	221.47	412.04	465.16	350.91	413.31	339.63	252.61
房地产	274.93	202.49	19.76	106.67	16.00	24.57	23.81	15.98	32.65
四、财政、金融									
一般公共预算收入(亿元)	214.85	151.28	10.25	31.41	23.17	36.41	21.12	20.57	21.88
一般公共预算支出(亿元)	390.56	223.54	10.73	32.56	61.58	19.37	61.98	54.85	50.19
年末金融机构存款余款(亿元)	2976.98	1711.29			367.97		360.05	308.89	228.76
# 住户存款	1289.74	518.52			245.23		240.63	161.60	123.76
年末金融机构贷款余款(亿元)	2476.09	1513.61			297.85		294.76	211.87	157.99

注:人口数据中连云区含徐圩新区,海州区含高新区和风景区,开发区含高新区。

表 1—8 续表 1

指　　标	全 市	市 区	连云区	海州区	赣榆区	开发区	东海县	灌云县	灌南县
五、规模以上工业									
工业总产值(当年价、亿元)	5484.19	3201.30	110.28	362.28	1428.56	971.86	1114.94	796.05	371.90
利润总额(亿元)	447.48	304.25	6.40	45.58	102.43	111.62	75.23	44.76	23.24
六、农　　业									
农业总产值(当年价、亿元)	615.41	245.08	10.72	36.75	177.75	1.00	136.67	132.68	100.99
粮食总产量(万吨)	362.35	44.68			56.55		115.37	82.01	63.74
油料总产量(吨)	115647	142			63326		49584	807	1788
七、邮电通信、电力									
邮电通讯业务收入(亿元)	48.96	30.13			7.77		8.46	6.01	4.36
固定电话用户(万户)	62.06	38.96			11.79		9.29	7.76	6.04
移动电话用户(万户)	440.79	239.03			87.74		86.87	64.20	50.69
全社会用电量(亿千瓦时)	182.79	73.30			37.02		25.39	14.64	32.45
# 工业	120.59	47.87			25.50		14.81	7.15	25.26
八、批发零售贸易、外经									
社会消费品零售总额(亿元)	1038.31	605.05	80.53	301.41	191.00	23.71	196.02	133.12	104.12
进出口总额(亿美元)	82.14	72.61	15.42	9.34	5.98	28.99	4.83	2.05	2.65
# 出口总额	39.22	31.33	4.42	7.92	4.97	11.10	3.94	1.83	2.12
新签协议(合同)(个)	73	33			15		14	7	4
协议外资金额(万美元)	119376	51628			32675		13273	12338	9462
实际利用外资(万美元)	70902	35268			10238		10238	8702	6456

表 1—8 续表 2

指　　标	全 市	市 区					东海县	灌云县	灌南县
			连云区	海州区	赣榆区	开发区			
九、教育、科技、卫生									
学校总数(个)	652	277	25	86	146	14	159	137	79
在校学生总数(人)	791343	379853	24820	167157	168515	14411	189964	116618	104908
专任教师总数(人)	51512	25544	1947	10033	12025	1090	11835	6886	7247
初中毕业升学率(%)	96.05	96.07			96.07		96.05	96.01	96.02
各类专业技术人员数(人)	402000	289309	9898	44703	58155	741	59924	28537	24230
卫生机构数(个)	2703	1379	179	484	716		547	409	368
# 医院、卫生院	171	81	8	34	39		30	32	28
卫生机构床位数(张)	24240	13172	1607	7089	4476		4075	3490	3503
# 医院、卫生院	22463	11471	931	6144	4396		4075	3445	3472
卫生技术人员(人)	27540	15691	2095	8818	4778		4365	3846	3638
#执业(助理)医师	11508	6222	907	3303	2012		2043	1683	1560
注册护士	11731	6894	910	4069	1915		1712	1658	1467
十、人民生活									
城镇非私营单位在岗职工人数(人)	420066	281048			67002		43709	46422	48887
城镇非私营单位在岗职工平均工资(元)	69726	76477			60875		59628	56690	56355
居民人均可支配收入(元)	23302	26560			22231		22104	19316	19192
#城镇居民人均可支配收入(元)	30293	32758			29615		29758	25034	26635
农村居民人均可支配收入(元)	15273	16204			16136		15882	14231	13639
居民人均消费性支出(元)	15364	16711			14135		14670	12021	12678
#城镇居民人均消费性支出(元)	19315	20158			17350		19313	14512	16795
农村居民人均消费性支出(元)	10825	11754			11481		10897	9804	9607
十一、社会治安									
刑事案件立案数(件)	4524	106			786		817	725	417
罪犯人数(人)	2978	36			595		150	690	272
民事案件发案数(件)	53698	278			11453		9987	7882	6655
交通事故(起)	398	102			87		77	71	61
火灾事故(起)	1153	364			30		383	93	283

全市主要年份地区生产总值

表 1—9　　（当年价格）　　单位：亿元

年　份	地区生产总值	第一产业	第二产业	# 工业	第三产业	人均地区生产总值（元）
1978	10.45	4.81	3.84	3.45	1.79	321
1980	12.56	6.04	4.35	3.86	2.17	381
1983	20.26	10.33	6.12	4.98	3.82	585
1985	29.64	13.78	8.74	6.97	7.12	833
1990	55.19	25.45	14.70	12.18	15.03	1391
1991	59.51	26.26	15.88	13.07	17.37	1456
1992	68.92	26.62	20.99	17.75	21.31	1660
1993	86.26	32.50	28.58	24.38	25.18	2058
1994	110.61	42.25	35.47	30.68	32.89	2620
1995	139.29	54.14	43.09	35.67	42.06	3240
1996	169.52	63.18	51.17	42.13	55.17	3939
1997	195.86	68.35	62.38	50.21	65.13	4501
1998	216.51	71.91	73.87	58.75	70.73	4916
1999	232.24	74.44	81.11	63.49	76.69	5209
2000	249.07	69.82	94.28	73.95	84.97	5512
2001	269.29	73.86	101.66	78.23	93.77	5884
2002	296.84	77.58	113.41	86.04	105.85	6427
2003	332.75	81.00	129.81	96.55	121.94	7141
2004	392.80	89.27	164.14	121.22	139.39	8579
2005	497.34	101.31	211.30	168.30	184.73	10910
2006	597.43	112.71	268.08	214.52	216.64	13204
2007	704.81	126.64	322.70	262.56	255.47	15706
2008	830.88	142.30	383.18	308.39	305.40	18618
2009	948.50	154.46	442.51	348.65	351.53	21310
2010	1201.79	182.60	552.92	439.69	466.27	27179
2011	1422.16	204.11	665.10	528.64	552.95	32384
2012	1618.75	232.40	750.64	597.81	635.71	36819
2013	1829.04	245.26	834.17	664.72	749.61	41403
2014	1987.19	261.98	909.91	727.15	815.30	44757
2015	2185.70	282.69	982.87	791.14	920.14	48977
2016	2405.16	301.56	1074.19	876.11	1029.41	53626
2017	2640.31	313.42	1179.86	958.61	1147.03	58577

注：2016 年 R&D 支出纳入地区生产总值核算，历史数据调整至 2004 年，下同。

全市主要年份地区生产总值指数

表1—10 （按可比价格计算,1978年=100）

年份	地区生产总值	第一产业	第二产业	#工业	第三产业	人均地区生产总值指数
1978	100.00	100.00	100.00	100.00	100.00	100.00
1980	118.00	122.30	112.00	111.10	112.90	116.60
1983	173.10	170.70	161.90	148.60	194.80	162.60
1985	219.10	181.60	224.80	201.90	323.30	200.50
1990	280.90	226.00	315.00	292.20	399.10	230.70
1991	300.20	242.60	328.70	305.00	434.00	239.00
1992	335.50	243.60	410.60	411.00	509.50	263.10
1993	362.68	252.61	473.83	472.24	543.64	281.85
1994	408.01	271.31	558.65	554.41	615.94	314.90
1995	453.71	290.03	642.45	630.92	691.70	347.31
1996	514.05	323.09	716.33	693.38	815.52	389.32
1997	584.47	345.38	855.29	817.49	937.03	437.64
1998	661.63	369.21	1046.02	998.16	1021.36	489.47
1999	722.50	393.95	1170.50	1107.96	1105.11	528.06
2000	785.35	390.80	1349.59	1281.90	1206.78	566.06
2001	845.04	413.86	1461.60	1367.79	1305.74	601.49
2002	911.80	432.48	1584.38	1466.27	1437.62	643.26
2003	1007.54	449.78	1814.11	1687.68	1594.32	704.37
2004	1147.58	485.31	2138.84	1999.90	1812.74	814.96
2005	1310.54	501.33	2566.61	2391.88	2082.84	934.76
2006	1508.43	542.44	3049.13	2889.39	2391.10	1084.32
2007	1736.20	585.29	3607.12	3438.38	2754.54	1258.90
2008	1963.65	619.24	4137.37	3998.83	3159.46	1432.62
2009	2230.70	644.01	4795.21	4594.66	3639.70	1631.76
2010	2534.08	676.85	5600.81	5407.92	4120.14	1866.73
2011	2863.51	703.92	6485.73	6354.30	4672.24	2124.34
2012	3227.18	744.05	7419.68	7339.22	5288.97	2392.01
2013	3607.98	761.16	8384.24	8374.05	5987.12	2662.30
2014	3976.00	786.28	9365.19	9454.30	6615.76	2920.55
2015	4405.40	814.59	10423.46	10636.09	7429.50	3221.36
2016	4749.03	827.62	11236.49	11550.79	8157.59	3456.52
2017	5100.45	849.96	12045.52	12474.85	8883.62	3691.57

全市主要年份地区生产总值构成

表1—11　　（当年价格）　　单位：%

年份	地区生产总值	第一产业	第二产业	# 工业	第三产业
1978	100	46.1	36.8	33.0	17.1
1980	100	48.1	34.6	22.8	17.3
1983	100	51.0	30.2	24.6	18.8
1985	100	46.5	29.5	23.5	24.0
1990	100	46.1	26.6	22.1	27.3
1991	100	44.1	26.7	22.0	29.2
1992	100	38.6	30.5	25.8	30.9
1993	100	37.7	33.1	28.3	29.2
1994	100	38.2	32.1	27.7	29.7
1995	100	38.9	30.9	25.6	30.2
1996	100	37.3	30.2	24.9	32.5
1997	100	34.9	31.8	25.6	33.3
1998	100	33.2	34.1	27.1	32.7
1999	100	32.1	34.9	27.3	33.0
2000	100	28.0	37.9	29.7	34.1
2001	100	27.4	37.8	29.1	34.8
2002	100	26.1	38.2	29.0	35.7
2003	100	24.3	39.0	29.0	36.7
2004	100	22.7	41.8	30.9	35.5
2005	100	20.4	42.5	33.8	37.1
2006	100	18.9	44.9	35.9	36.2
2007	100	18.0	45.8	37.3	36.2
2008	100	17.1	46.1	37.1	36.8
2009	100	16.3	46.6	36.8	37.1
2010	100	15.2	46.0	36.6	38.8
2011	100	14.3	46.8	37.2	38.9
2012	100	14.3	46.4	36.9	39.3
2013	100	13.4	45.6	36.3	41.0
2014	100	13.2	45.8	36.6	41.0
2015	100	12.9	45.0	36.2	42.1
2016	100	12.5	44.7	36.4	42.8
2017	100	11.9	44.7	36.3	43.4

主要年份分地区生产总值

表 1—12　　（当年价格）　　单位:亿元

年份	全市	市区	#赣榆区	东海县	灌云县	灌南县
1978	10.45	6.11	2.16	1.89	1.60	0.85
1980	12.56	7.12	2.72	2.50	1.90	1.04
1983	20.26	11.11	4.36	4.23	3.31	1.61
1985	29.64	16.82	6.13	6.40	4.31	2.11
1990	55.19	29.14	10.39	10.47	10.53	5.05
1991	59.51	32.07	10.93	10.96	10.72	5.76
1992	68.92	39.73	12.87	12.22	10.16	6.81
1993	86.26	49.67	16.33	17.15	10.46	8.98
1994	110.61	57.47	21.70	26.38	14.63	12.13
1995	139.29	70.52	28.82	34.94	20.69	13.14
1996	169.52	92.06	36.44	38.13	23.89	15.44
1997	195.86	107.99	40.54	42.33	27.29	18.25
1998	216.51	119.46	44.38	47.38	28.86	20.81
1999	232.24	129.07	46.99	49.40	31.04	22.73
2000	249.07	148.13	49.39	51.04	27.89	22.01
2001	269.29	158.26	54.21	55.42	31.72	23.89
2002	296.84	176.17	59.58	59.69	34.56	26.42
2003	332.75	208.45	60.66	58.28	36.92	29.10
2004	392.80	250.79	64.01	67.08	40.52	34.41
2005	497.34	332.99	74.80	77.82	46.48	40.05
2006	597.43	399.74	91.82	92.73	55.93	49.03
2007	704.81	458.24	113.34	114.06	69.98	62.53
2008	830.88	503.39	153.89	137.23	100.41	89.85
2009	948.50	559.35	182.44	162.69	119.36	107.10
2010	1201.79	711.44	223.07	200.14	150.13	140.08
2011	1422.16	801.94	283.07	245.67	192.22	182.33
2012	1618.75	910.69	331.36	277.3	220.29	210.47
2013	1829.04	1022.05	376.41	320.17	250.92	235.90
2014	1987.19	1093.64	426.87	359.32	274.98	259.25
2015	2185.70	1210.40	473.57	393.54	300.13	281.63
2016	2405.16	1336.27	519.21	433.43	328.66	306.80
2017	2640.31	1447.84	586.02	483.82	366.44	342.21

全市居民消费水平

表 1—13

项目	2005	2006	2007	2008	2009	2010
一、当年价格居民消费水平(元)	**4679**	**5080**	**5621**	**6673**	**7867**	**9869**
农村居民	2892	3000	3367	3835	4757	6070
城镇居民	7598	8460	9037	10715	12035	14055
二、居民年平均人口(万人)	**455.84**	**452.46**	**448.75**	**446.27**	**445.11**	**442.18**
农村居民	282.72	280.12	270.38	262.19	254.94	231.80
城镇居民	173.12	172.34	178.37	184.08	190.17	210.38

表 1—13 续表

项目	2011	2012	2013	2014	2015	2016	2017
一、当年价格居民消费水平(元)	**11646**	**13128**	**14485**	**15882**	**17589**	**19322**	**21024**
农村居民	7202	7999	9051	9213	10613	11975	13638
城镇居民	15675	17541	18924	21031	22658	24332	25755
二、居民年平均人口(万人)	**439.16**	**439.65**	**441.76**	**444.00**	**446.27**	**448.51**	**450.74**
农村居民	208.82	203.33	198.63	193.46	187.80	181.86	176.01
城镇居民	230.34	236.32	243.13	250.54	258.47	266.65	274.73

全 市 地 区 生 产 总 值 构 成 项 目

表 1—14　　　　（2017 年）　　　　单位:亿元

行业	地区生产总值	劳动者报酬	生产税净额	固定资产折旧	营业盈余
地区生产总值	2640.31	1126.21	397.33	339.94	776.83
农、林、牧、渔业	335.91	270.08	0.37	21.09	44.37
农业	175.61	141.19	0.37	11.03	23.02
林业	8.38	6.74		0.52	1.12
畜牧业	50.64	40.72		3.18	6.74
渔业	78.79	63.35		4.95	10.49
农、林、牧、渔服务业	22.49	18.08		1.41	3.00
工业	958.61	195.26	218.03	124.70	420.62
采矿业	3.05	0.50	0.54	0.89	1.12
# 开采辅助活动					
制造业	888.42	183.04	205.56	103.01	396.81
# 金属制品、机械和设备修理业					
电力、热力、燃气及水的生产和供应业	67.14	11.72	11.93	20.80	22.69
建筑业	221.25	147.72	27.18	7.12	39.23
房屋建筑业	172.21	117.02	22.29	5.34	27.56
土木工程建筑业	31.90	19.95	2.78	1.36	7.81
建筑安装业	7.59	5.25	0.65	0.20	1.49
建筑装饰和其他建筑业	9.55	5.50	1.46	0.22	2.37
批发和零售业	256.43	102.38	52.81	14.01	87.23
批发业	155.92	62.25	32.11	8.52	53.04
零售业	100.51	40.13	20.70	5.49	34.19
交通运输、仓储和邮政业	110.71	67.08	14.48	25.02	4.13
铁路运输业	20.20	11.07	2.91	3.98	2.24
道路运输业	45.91	27.86	6.62	10.29	1.14
水上运输业	9.03	4.75	1.12	3.08	0.08
航空运输业	0.04				0.04
管道运输业					
装卸搬运和运输代理业	29.28	19.78	3.70	5.73	0.07
仓储业	3.07	1.24	0.05	1.22	0.56
邮政业	3.18	2.38	0.08	0.72	

表 1—14 续表 1　　　　（2017 年）　　　　单位:亿元

行　　业	地区生产总　值	劳动者报酬	生产税净额	固定资产折　旧	营业盈余
住宿和餐饮业	36.89	22.84	11.43	2.18	0.44
住宿业	7.98	4.94	2.47	0.47	0.10
餐饮业	28.91	17.90	8.96	1.71	0.34
信息传输、软件和信息技术服务业	41.10	6.90	3.11	16.77	14.32
电信、广播电视和卫星传输服务	37.54	4.67	2.60	16.65	13.62
互联网和相关服务	0.14	0.06	0.01	0.01	0.06
软件和信息技术服务业	3.42	2.17	0.50	0.11	0.64
金融业	120.16	36.16	16.20	5.00	62.80
货币金融服务	98.67	29.12	9.66	4.16	55.73
资本市场服务	11.33	0.77	5.51	0.30	4.75
保险业	9.63	6.13	0.93	0.42	2.15
其他金融业	0.53	0.14	0.10	0.12	0.17
房地产业	176.81	13.64	38.80	63.41	60.96
房地产开发经营业	109.59	8.92	38.06	2.43	60.18
物业管理业	3.98	2.94	0.43	0.20	0.41
房地产中介服务业	1.30	0.90	0.14	0.03	0.23
自有房地产经营活动	60.68			60.68	
其他房地产业	1.26	0.88	0.17	0.07	0.14
租赁和商务服务业	75.32	20.54	9.35	17.56	27.87
租赁业	4.20	2.45	0.87	0.45	0.43
商务服务业	71.12	18.09	8.48	17.11	27.44
科学研究和技术服务业	17.48	9.08	0.81	3.30	4.29
水利、环境和公共设施管理业	14.28	6.87	0.36	5.40	1.65
居民服务、修理和其他服务业	13.00	9.44	2.77	0.39	0.40
教育	98.17	85.87	0.24	10.13	1.93
卫生和社会工作	40.34	33.13	0.11	3.93	3.17
文化、体育和娱乐业	9.36	6.32	0.70	1.42	0.92
公共管理、社会保障和社会组织	114.49	92.90	0.58	18.51	2.50
第一产业	313.42	252.00	0.37	19.68	41.37
第二产业	1179.86	342.98	245.21	131.82	459.85
第三产业	1147.03	531.23	151.75	188.44	275.61

表1—14续表1　　（2016年）　　单位:亿元

行　　业	地区生产总值	劳动者报酬	生产税净额	固定资产折旧	营业盈余
地区生产总值	2405.16	1015.44	364.23	331.10	694.39
农、林、牧、渔业	321.08	258.14	0.40	20.20	42.34
农业	168.36	135.36	0.40	10.59	22.01
林业	8.74	7.03		0.55	1.16
畜牧业	50.82	40.86		3.20	6.76
渔业	73.64	59.20		4.63	9.80
农、林、牧、渔服务业	19.52	15.69		1.23	2.60
工业	876.11	157.65	204.59	138.15	375.72
采矿业	7.92	3.24	0.14	2.14	2.40
# 开采辅助活动					
制造业	814.50	145.14	198.71	119.85	350.80
# 金属制品、机械和设备修理业					
电力、热力、燃气及水的生产和供应业	53.69	9.27	5.74	16.16	22.52
建筑业	198.08	129.89	25.94	4.27	37.98
房屋建筑业	141.62	97.25	17.35	1.88	25.14
土木工程建筑业	38.35	21.87	5.83	1.96	8.69
建筑安装业	9.98	6.25	1.52	0.25	1.96
建筑装饰和其他建筑业	8.13	4.52	1.24	0.18	2.19
批发和零售业	231.59	92.45	47.70	12.66	78.78
批发业	142.01	56.69	29.25	7.76	48.31
零售业	89.58	35.76	18.45	4.90	30.47
交通运输、仓储和邮政业	102.76	62.95	13.41	23.52	2.88
铁路运输业	18.75	10.28	2.70	3.69	2.08
道路运输业	42.41	25.84	6.12	9.51	0.94
水上运输业	8.38	4.40	1.04	2.86	0.08
航空运输业	0.03	0.07		0.26	-0.30
管道运输业					
装卸搬运和运输代理业	27.18	18.63	3.43	5.32	-0.20
仓储业	3.05	1.23	0.05	1.21	0.56
邮政业	2.96	2.50	0.07	0.67	-0.28

表 1—14 续表 3　　　　（2016 年）　　　　单位：亿元

行　　业	地区生产总　值	劳动者报酬	生产税净额	固定资产折　旧	营业盈余
住宿和餐饮业	32.68	19.93	9.98	2.41	0.36
住宿业	7.23	4.17	2.09	0.90	0.07
餐饮业	25.45	15.76	7.89	1.51	0.29
信息传输、软件和信息技术服务业	34.92	5.87	2.64	14.25	12.16
电信、广播电视和卫星传输服务	31.90	3.97	2.21	14.15	11.57
互联网和相关服务	0.12	0.05	0.01	0.01	0.05
软件和信息技术服务业	2.90	1.85	0.42	0.09	0.54
金融业	106.71	32.11	14.39	4.42	55.79
货币金融服务	87.63	25.86	8.58	3.69	49.50
资本市场服务	10.06	0.69	4.89	0.26	4.22
保险业	8.55	5.44	0.83	0.37	1.91
其他金融业	0.47	0.12	0.09	0.10	0.16
房地产业	146.81	11.34	32.19	52.80	50.48
房地产开发经营业	90.94	7.41	31.58	2.01	49.94
物业管理业	3.30	2.44	0.36	0.20	0.30
房地产中介服务业	1.08	0.76	0.11	0.05	0.16
自有房地产经营活动	51.19			51.19	
其他房地产业	1.04	0.73	0.14	0.09	0.08
租赁和商务服务业	63.99	17.44	7.94	14.92	23.69
租赁业	3.57	2.08	0.74	0.38	0.37
商务服务业	60.42	15.36	7.20	14.54	23.32
科学研究和技术服务业	16.55	8.04	0.71	3.67	4.13
水利、环境和公共设施管理业	13.42	6.45	0.34	5.07	1.56
居民服务、修理和其他服务业	11.89	8.64	2.53	0.36	0.36
教育	93.06	80.71	0.23	10.12	2.00
卫生和社会工作	38.20	31.14	0.11	3.93	3.02
文化、体育和娱乐业	7.95	5.37	0.59	1.21	0.78
公共管理、社会保障和社会组织	108.62	87.32	0.54	18.40	2.36
第一产业	301.56	242.45	0.40	18.97	39.74
第二产业	1074.19	287.54	230.53	142.42	413.70
第三产业	1029.41	485.45	133.30	169.71	240.95

按支出法计算的地区生产总值

表1—15　　（当年价格）　　单位：亿元

指　　标	2016	2017
地区生产总值	2405.16	2640.31
一、最终消费支出	1074.17	1193.99
(一)居民消费支出	866.59	947.62
1、城镇居民	648.82	707.57
食品烟酒	179.95	191.08
衣着	53.54	60.78
居住（含自有住房服务）	123.53	143.64
生活用品及服务	40.35	43.07
交通和通信	69.86	72.80
教育文化娱乐	82.12	90.68
医疗保健	37.85	40.18
银行中介服务	11.87	14.25
保险服务	24.29	28.15
其他商品和服务	25.46	22.94
2、农村居民	217.77	240.05
食品烟酒	60.88	65.05
衣着	11.99	16.39
居住（含自有住房服务）	58.69	61.98
生活用品及服务	11.45	12.81
交通和通信	17.99	19.83
教育文化娱乐	35.12	38.86
医疗保健	9.62	11.94
银行中介服务	3.33	3.72
保险服务	5.84	6.35
其他商品和服务	2.86	3.12
(二)政府消费支出	207.58	246.37
二、资本形成总额	1338.54	1563.20
固定资本形成总额	1315.27	1452.28
存货变动	23.27	110.92
三、货物和服务净流出	-7.55	-116.88

2

人口、就业和工资

主 要 年 份 人 口 数

表 2—1 单位:万人

年份	年末人口(万人) 全市	市区	#赣榆区	东海县	灌云县	灌南县	年平均人口(万人)
1978	323.20	113.29	77.38	79.74	77.80	52.37	321.35
1980	327.84	115.63	77.93	81.40	77.97	52.84	326.00
1983	347.84	126.26	81.02	85.88	79.85	55.85	344.38
1985	358.24	130.68	82.87	88.13	81.82	57.61	355.65
1990	405.05	149.36	95.10	100.20	90.72	64.77	396.29
1991	412.40	151.95	96.77	102.03	92.24	66.18	408.73
1992	417.54	154.29	97.27	103.67	92.66	66.92	414.97
1993	420.41	155.16	98.24	104.33	93.72	67.20	418.98
1994	423.72	157.08	99.04	104.72	94.43	67.49	422.07
1995	427.78	159.15	99.89	105.43	95.04	68.16	425.75
1996	432.96	161.21	100.89	107.07	96.30	68.39	430.37
1997	437.25	163.11	101.58	107.67	97.08	69.40	435.11
1998	443.53	165.26	102.56	109.18	99.13	69.96	440.39
1999	448.15	167.76	103.66	110.00	100.08	70.31	445.84
2000	455.61	169.88	104.88	112.69	101.77	71.26	451.88
2001	459.64	172.10	105.83	113.39	102.47	71.66	457.62
2002	464.03	174.22	106.83	113.97	103.61	72.23	461.83
2003	467.83	176.24	107.91	114.35	104.53	72.71	465.93
2004	468.81	176.35	107.09	114.43	104.61	73.42	468.32
2005	472.18	177.86	107.69	115.26	105.05	74.01	470.50
2006	479.42	179.14	108.18	117.34	107.50	75.45	475.80
2007	482.23	180.51	108.96	118.48	109.10	74.14	480.83
2008	488.25	190.83	109.95	111.79	110.35	75.28	485.24
2009	490.64	199.49	110.80	113.16	101.52	76.47	489.45
2010	497.73	206.21	112.62	115.10	100.26	76.16	494.19
2011	505.18	209.60	114.07	116.24	101.82	77.52	501.45
2012	510.99	212.23	115.58	118.02	102.01	78.73	508.09
2013	520.18	216.06	117.85	120.20	103.58	80.34	515.59
2014	526.52	219.07	119.27	121.95	104.06	81.44	523.35
2015	530.56	220.72	119.63	122.84	104.82	82.17	528.54
2016	533.99	222.69	120.30	123.45	105.21	82.64	532.28
2017	532.53	222.61	119.58	123.91	104.10	81.91	533.26

注:本节除注明外均是户籍人口;2008 年,岗埠农场、浦南镇由东海县划归新浦区;2009 年,板浦镇由灌云县划归海州区;2014 年赣榆撤县并区。

主 要 年 份 人 口 构 成

表 2-2

年份	年末总人口(万人)	男	女	出生人口(人)	死亡人口(人)	自然增长人口(人)
1978	323.20	163.43	159.77	34963	15746	19217
1980	327.84	165.78	162.06	50203	15583	34621
1983	347.84	176.86	170.98	52689	17839	34851
1985	358.24	183.53	174.71	55516	17640	37876
1990	405.05	207.90	197.15	84765	19378	65387
1991	412.40	212.15	200.25	88448	20109	68339
1992	417.54	214.86	202.68	56394	20002	36393
1993	420.41	216.43	203.98	55011	20488	34524
1994	423.72	218.12	205.60	53560	20344	33217
1995	427.78	220.21	207.57	56284	20138	36146
1996	432.96	222.97	209.99	56809	19324	37485
1997	437.25	224.52	212.73	55171	20319	34852
1998	443.53	229.23	214.30	60994	20258	40736
1999	448.15	231.89	216.26	55596	18948	36648
2000	455.61	235.69	219.92	77362	22504	54858
2001	459.64	237.27	222.37	52979	19705	33274
2002	464.03	239.19	224.83	54070	18993	35077
2003	467.83	241.56	226.27	49220	21064	28156
2004	468.81	243.53	225.28	74212	31953	42259
2005	472.18	244.70	227.48	62898	24156	38742
2006	479.42	248.34	231.08	57070	23852	33218
2007	482.23	250.25	231.98	65142	64637	505
2008	488.25	253.53	234.72	56906	31697	25209
2009	490.64	255.65	234.99	61557	37613	23944
2010	497.73	259.34	238.39	68558	43738	24820
2011	505.18	263.29	241.89	66820	15499	51321
2012	510.99	266.62	244.37	95884	35962	59922
2013	520.18	271.36	248.82	109189	18561	90628
2014	526.52	274.75	251.76	97562	28522	69040
2015	530.56	276.93	253.63	80296	21963	58333
2016	533.99	278.75	255.24	61852	15114	46738
2017	532.53	277.95	254.58	76116	70147	5969

市区主要年份年末人口情况

表 2-3

年份	总户数 (万户)	总人口 (万人)	户均人数 (人)	人口密度 (人/平方公里)
1978	8.78	35.91	4.09	485.3
1980	9.83	37.70	3.84	509.5
1983	12.79	45.24	3.54	479.3
1985	14.12	47.81	3.39	506.6
1990	16.48	54.26	3.29	574.8
1991	16.98	55.18	3.25	584.6
1992	17.69	57.02	3.22	604.1
1993	17.64	56.92	3.23	603.0
1994	17.83	58.04	3.25	614.9
1995	18.08	59.26	3.28	627.9
1996	18.28	60.32	3.30	639.1
1997	18.83	61.53	3.27	651.9
1998	19.25	62.70	3.26	664.3
1999	19.57	64.10	3.27	679.2
2000	19.95	65.00	3.26	688.7
2001	20.42	66.27	3.25	702.2
2002	20.91	67.39	3.22	714.0
2003	21.20	68.33	3.22	723.9
2004	21.62	69.26	3.20	733.8
2005	22.00	70.17	3.19	743.4
2006	22.28	70.96	3.18	751.8
2007	22.54	71.56	3.18	758.1
2008	25.06	80.88	3.23	699.7
2009	27.29	88.69	3.25	767.3
2010	28.84	93.59	3.25	759.0
2011	29.40	95.53	3.25	796.1
2012	29.57	96.65	3.27	805.5
2013	29.09	98.21	3.38	818.5
2014	64.81	219.07	3.38	727.3
2015	65.22	220.72	3.38	732.8
2016	65.81	222.69	3.38	739.4
2017	66.19	222.61	3.36	739.1

注:2014 年赣榆撤县并区。

年末总人口数及构成

表 2-4

（2017 年）

地区	年末总人口	男		女	
		人数(人)	比重(%)	人数(人)	比重(%)
全　市	**5325308**	**2779479**	**52.19**	**2545829**	**47.81**
市　区	2226119	1151440	51.72	1074679	48.28
连云区	250494	127380	50.85	123114	49.15
海州区	779850	393792	50.50	386058	49.50
赣榆区	1195775	630268	52.71	565507	47.29
县小计	3099189	1628039	52.53	1471150	47.47
东海县	1239118	645977	52.13	593141	47.87
灌云县	1040972	548242	52.67	492730	47.33
灌南县	819099	433820	52.96	385279	47.04

总户数、平均人口及人口密度

表 2-5

（2017 年）

地区	年末总户数(户)	平均每户人数(人)	年平均人口(人)	人口密度(人/平方公里)
全　市	**1424382**	**3.74**	**5332613**	**699.32**
市　区	661921	3.36	2226532	739.08
连云区	83150	3.01	254019	314.30
海州区	238067	3.28	773108	1112.48
赣榆区	340704	3.51	1199406	789.81
县小计	762461	4.06	3106081	673.30
东海县	292443	4.24	1236795	608.31
灌云县	261847	3.98	1046550	676.83
灌南县	208171	3.93	822737	796.79

人口自然变动情况

表 2-6

（2017 年）

地区	出生		死亡		自然增长	
	人数(人)	出生率(‰)	人数(人)	死亡率(‰)	人数(人)	增长率(‰)
全市	**76116**	**14.29**	**70147**	**13.17**	**5969**	**1.12**
市区	33291	14.95	33511	15.05	–220	–0.10
连云区	3217	12.84	3358	13.41	–141	–0.56
海州区	12207	15.65	10075	12.92	2132	2.73
赣榆区	17867	14.94	20078	16.79	–2211	–1.85
县小计	42825	13.82	36636	11.82	6189	2.00
东海县	18159	14.65	8429	6.80	9730	7.85
灌云县	13564	13.03	15663	15.05	–2099	–2.02
灌南县	11102	13.55	12544	15.31	–1442	–1.76

注：2017 年因公安部等多部门联合对多年死亡未销户的集中销户，导致 2017 年户籍死亡人口奇高。

人口机械变动情况

表 2-7

（2017 年）

单位：人

地区	迁入人口	#省外迁入	迁出人口	#迁往省外	机械增长人口
全市	**28355**	**6911**	**48442**	**11670**	**–20087**
市区	20664	3940	20638	6397	26
连云区	3790	715	4231	762	–441
海州区	13558	1635	7896	2519	5662
赣榆区	3316	1590	8511	3116	–5195
县小计	7691	2971	27804	5273	–20113
东海县	2847	1282	7937	2490	–5090
灌云县	2317	785	11431	1604	–9114
灌南县	2527	904	8436	1179	–5909

计划生育情况

表 2-8　（2017 年）　单位：人

地　区	计划生育率(%)	当年出生率(‰)	育龄妇女人数	已婚育龄妇女人数	现家庭有一孩的妇女人数	独生子女率(%)
全　市	**97.80**	**12.21**	**1371220**	**968106**	**562074**	**58.06**
市　区	98.40	12.72	566341	386943	251153	64.91
赣榆区	97.89	12.15	312306	215450	132135	61.33
海州区	98.58	12.71	178980	118252	82918	70.12
连云区	98.68	12.85	31984	23306	18400	78.95
开发区	98.00	12.90	13585	9883	6535	66.12
徐圩新区	97.01	13.02	9174	6191	3174	51.26
云台山景区	97.29	12.45	7992	6643	3652	54.98
高新区	98.01	12.01	12320	7218	4339	60.12
县小计	97.21	12.06	813460	582737	310921	53.36
东海县	97.25	12.01	318864	209155	117357	56.11
灌云县	97.18	11.98	282745	209989	111588	53.14
灌南县	97.23	12.25	211851	163593	81976	50.11

表 2-8 续表　（2017 年）　单位：人

地　区	有效领证人数	女性初婚人数	晚婚率(%)	应落实措施的人数	累计已采取各种节育措施人数	节育率(%)
全　市	**465998**	**42205**	**54.00**	**865769**	**853711**	**88.18**
市　区	173685	13689	62.00	343514	340765	88.07
赣榆区	101236	7561	51.00	193040	192901	89.53
海州区	54126	3894	68.00	103561	102614	86.78
连云区	5841	879	69.00	20132	19956	85.63
开发区	6012	450	58.00	8632	8530	86.31
徐圩新区	148	58	52.00	5421	5245	84.72
云台山景区	912	215	55.00	5808	5730	86.26
高新区	5410	632	52.00	6920	5789	80.20
县小计	292313	28516	47.51	522255	512946	88.02
东海县	123566	11023	53.60	183142	177137	84.69
灌云县	94512	9981	43.76	193921	191920	91.39
灌南县	74235	7512	40.89	145192	143889	87.96

分县区年末常住人口

表 2-9　　单位:万人

	2006	2007	2008	2009	2010	2011	2012	2013	2014	2015	2016	2017
连云港市	450.52	446.98	445.56	444.65	439.71	438.61	440.69	442.83	445.17	447.37	449.64	451.84
市　区	181.38	181.31	189.86	197.00	203.76	203.61	204.55	205.52	206.64	207.73	208.78	210.11
连云区					26.73	26.83	27.04	27.16	27.32	27.47	27.60	27.92
# 开发区					7.92	7.95	8.03	8.06	8.14	8.22	8.25	8.52
连云区					14.51	14.56	14.66	14.73	14.79	14.84	14.92	14.95
徐圩区					4.3	4.32	4.35	4.37	4.39	4.41	4.43	4.45
海州区					81.9	82.22	82.7	83.12	83.64	84.15	84.58	85.30
赣榆区	100.63	99.34	97.76	97.18	95.13	94.56	94.81	95.24	95.68	96.11	96.60	96.89
东海县	107.33	106.03	98.64	98.06	95.35	94.76	94.96	95.36	95.87	96.35	96.84	97.11
灌云县	97.10	95.84	94.30	87.20	78.32	78.31	78.99	79.47	79.79	80.1	80.51	80.90
灌南县	64.71	63.80	62.76	62.39	62.28	61.93	62.19	62.48	62.87	63.19	63.51	63.72

主要年份城镇化水平

表 2-10　　单位:%

年　份	连云港市	市区	连云区	海州区	赣榆区	东海县	灌云县	灌南县
1990	17.42	100.00			3.78	3.49	6.26	4.72
2000	28.02	83.88			19.6	18.62	19.15	13.63
2003	34.50	87.45			32.27	23.03	24.51	22.79
2004	36.28	57.45			34.22	24.89	26.39	24.72
2005	37.18	52.65			31.24	28.34	26.26	25.46
2006	39.00	54.15			33.39	30.20	28.22	27.35
2007	40.50	55.36			35.00	31.75	29.78	28.93
2008	42.00	55.68			36.52	33.25	31.29	30.47
2009	43.45	54.94			38.22	34.95	33.89	33.87
2010	51.75	65.84	87.55	85.71	43.50	41.85	39.18	39.15
2011	53.15	66.97	88.06	87.32	45.09	43.43	40.80	40.75
2012	54.35	67.01	86.30	85.75	46.68	45.02	42.31	42.26
2013	55.72	68.01	86.73	84.80	48.33	46.67	44.02	43.97
2014	57.13	69.26	87.92	85.54	49.83	48.17	45.62	45.57
2015	58.70	70.80	88.92	86.54	51.83	49.76	47.20	47.15
2016	60.20	72.35	90.25	88.27	53.29	51.23	48.64	48.60
2017	61.70	73.80	92.03	89.22	54.98	52.7	50.19	50.11

注:2005 年起使用最新城乡划分标准。

分县区常住人口出生率、死亡率和自然增长率

表 2-11　　单位:‰

	出生率					死亡率				
	2013	2014	2015	2016	2017	2013	2014	2015	2016	2017
连云港市	11.36	11.76	11.92	12.32	12.43	6.70	6.93	6.99	7.26	7.36
市　区	10.85	11.26	11.44	11.82	12.05	6.56	6.78	6.84	7.05	7.03
连云区	9.65	9.99	10.12	10.29	10.88	5.99	6.23	6.29	6.35	6.75
#开发区		9.92	10.15	10.27	10.54		6.22	6.28	6.3	6.28
连云区		9.90	10.06	10.26	11.10		6.11	6.15	6.28	6.98
徐圩区		10.16	10.26	10.43	10.80		6.79	6.80	6.88	6.87
海州区	10.30	10.74	10.99	11.51	12.03	6.35	6.61	6.68	6.99	6.67
赣榆区	11.68	12.07	12.21	12.53	12.41	6.88	7.08	7.13	7.30	7.43
东海县	11.69	12.09	12.26	12.83	12.87	6.86	7.07	7.14	7.55	7.76
灌云县	11.85	12.23	12.34	12.74	12.83	6.80	7.05	7.09	7.41	7.69
灌南县	11.94	12.33	12.45	12.65	12.50	6.88	7.11	7.15	7.32	7.42

表 2-11 续表　　单位:‰

	自然增长率				
	2013	2014	2015	2016	2017
连云港市	4.66	4.83	4.93	5.06	5.07
市　区	4.29	4.48	4.60	4.77	5.02
连云区	3.66	3.76	3.83	3.94	4.13
#开发区		3.70	3.87	3.97	4.26
连云区		3.79	3.91	3.98	4.12
徐圩区		3.37	3.46	3.55	3.93
海州区	3.95	4.13	4.31	4.52	5.36
赣榆区	4.80	4.99	5.08	5.23	4.98
东海县	4.83	5.02	5.12	5.28	5.11
灌云县	5.05	5.18	5.25	5.33	5.14
灌南县	5.06	5.22	5.30	5.33	5.08

主 要 年 份 从 业 人 员 数

表 2-12　　单位:万人

年　份	从业人员合　计	城镇非私营单位职工人　数	国有经济	集体经济	其他经济	城镇私营企业从业人员和个体劳动者	乡　村劳动者	城镇非私营单位其他从业人员
1978	142.03	28.31	19.38	8.93		0.08	113.64	
1980	146.02	30.34	20.23	10.11		0.16	115.52	
1983	159.56	33.18	22.88	10.30		0.88	125.50	
1985	174.75	36.32	23.96	12.33	0.03	1.82	136.61	
1990	205.54	42.02	28.71	12.93	0.38	1.94	161.58	
1991	214.31	43.28	29.65	13.12	0.51	1.82	169.21	
1992	216.92	43.63	30.54	12.52	0.57	2.32	170.97	
1993	221.23	45.48	32.19	12.40	0.89	6.15	169.41	0.19
1994	223.16	44.44	31.52	11.58	1.34	8.42	170.17	0.13
1995	222.92	44.84	32.42	10.99	1.61	10.04	167.95	0.09
1996	221.10	45.06	32.42	10.76	1.88	8.03	167.82	0.19
1997	218.94	44.76	32.74	10.20	1.82	7.26	166.73	0.19
1998	219.78	44.18	31.86	9.36	2.96	8.32	166.40	0.88
(新口径)	212.45	36.85	24.62	6.98	5.24	8.32	166.40	0.88
1999	209.61	34.72	23.69	5.95	5.08	6.91	166.88	1.10
2000	208.40	31.94	22.57	5.28	4.10	7.19	168.26	1.01
2001	208.03	29.64	21.22	4.12	4.30	8.34	169.14	0.91
2002	208.19	27.78	18.96	3.62	5.21	8.21	164.75	1.17
2003	209.19	26.84	17.47	3.27	6.1	9.18	165.32	1.32
2004	214.55	26.66	15.79	2.74	8.13	10.05	167.17	1.24
2005	227.60	27.97	15.75	2.43	9.79	13.28	168.24	0.78
2006	241.74	28.91	15.82	2.52	10.58	18.80	170.03	1.5
2007	272.91	29.84	15.91	2.56	11.37	25.34	170.54	1.81
2008	276.10	29.86	15.22	2.08	12.57	28.58	170.6	2.66
2009	290.26	30.19	16.11	1.98	15.21	33.21	170.71	3.11
2010	302.08	30.61	15.49	1.70	13.42	36.21	170.79	3.39
2011	308.18	33.09	15.81	1.64	15.64	39.18	170.90	2.07
2012	249.20	33.48	16.10	1.67	15.71	41.82	171.00	2.02
2013	250.20	43.84	15.38	2.31	26.15	39.28	171.20	3.31
2014	251.10	44.47	15.24	2.01	27.21	44.05	171.50	3.76
2015	250.30	43.86	14.97	1.91	26.98	44.79	172.10	3.81
2016	250.50	43.71	14.75	1.85	27.11	55.60	171.90	3.77
2017	250.60	42.14	14.22	1.58	26.35			3.95

注:1998 年后数据中不含离开本单位仍保留劳动关系的职工。

主要年份分三次产业从业人员数

表 2-13 单位:万人

年　份	第一产业	第二产业	工业	建筑业	第三产业	交通仓储邮电通信业	批发零售贸易餐饮业
1978	111.72	13.29	11.67	1.62	17.02	2.91	4.16
1980	114.44	14.61	12.77	1.84	16.97	3.13	4.48
1983	120.74	20.53	17.04	3.49	18.29	3.85	5.84
1985	118.46	31.92	24.58	7.34	24.37	5.13	7.06
1990	138.01	37.14	26.12	11.02	30.39	7.02	9.32
1991	146.02	37.11	26.19	10.92	31.18	7.11	9.68
1992	144.44	38.95	26.85	12.10	33.53	7.38	10.68
1993	140.78	42.91	29.25	13.66	37.54	7.81	12.60
1994	137.42	43.38	30.09	13.29	42.36	8.27	14.46
1995	133.21	45.32	31.65	13.66	44.39	7.57	14.83
1996	132.13	46.38	32.35	14.03	42.59	7.82	13.80
1997	122.62	48.90	32.92	15.98	47.42	8.86	14.48
1998	122.35	48.78	31.97	16.81	48.65	9.05	14.89
(新口径)	122.07	43.98	27.48	16.50	46.40	8.60	13.26
1999	121.83	42.50	25.39	17.11	45.28	7.80	12.94
2000	121.38	42.49	23.99	18.50	45.54	8.06	12.36
2001	118.19	41.47	23.26	18.21	48.37	7.99	12.56
2002	111.11	43.58	25.01	18.57	53.50	8.24	15.01
2003	105.85	47.04	26.64	20.4	56.3	7.68	14.17
2004	103.15	50.32	28.99	21.33	61.08	8.07	13.65
2005	99.68	59.45	34.81	24.64	68.47	8.26	15.15
2006	95.24	71.70	41.97	29.73	74.80	8.87	18.71
2007	93.35	80.52	51.82	28.7	99.04	10.17	20.66
2008	92.81	82.58	54.08	28.5	100.71	10.7	21.56
2009	92.64	91.90	60.84	31.06	105.72	10.9	22.43
2010	92.02	95.85	63.12	32.73	114.21	11.10	23.20
2011	88.02	100.81	66.38	34.43	119.35	11.53	23.70
2012	83.00	77.70			88.50		
2013	81.80	78.30			90.10		
2014	79.40	80.90			90.80		
2015	78.90	80.50			90.90		
2016	78.60	80.70			91.20		
2017	77.90	81.50			91.20		

注:1998 年后数据中不含离开本单位仍保留劳动关系的职工。

主要年份城镇非私营单位职工人数

表2—14　　单位:万人

年　份	全　市	市　区	#赣榆区	东海县	灌云县	灌南县
1978	30.73	16.06	2.42	3.84	6.25	2.16
1980	33.15	18.43	2.81	3.97	5.83	2.11
1983	36.25	20.66	3.07	4.04	6.00	2.48
1985	39.77	22.86	3.45	4.71	5.94	2.81
1990	46.33	27.01	4.31	5.06	6.50	3.45
1991	47.89	27.74	4.61	5.27	6.63	3.64
1992	48.27	27.81	4.64	5.44	6.68	3.70
1993	50.30	29.05	4.82	5.51	7.01	3.91
1994	49.21	28.03	4.77	5.48	7.00	3.93
1995	49.51	28.18	4.67	5.70	7.04	3.92
1996	50.08	28.38	5.02	5.72	6.93	4.03
1997	49.94	28.18	5.18	5.70	6.93	3.95
1998	49.25	27.91	5.07	5.66	6.84	3.77
1999	48.17	27.07	4.99	5.48	6.94	3.69
2000	45.66	24.90	4.95	5.31	6.73	3.77
2001	37.66	22.70	4.31	5.07	6.04	3.85
2002	34.75	21.21	3.83	4.26	5.49	3.79
2003	32.38	19.70	3.57	3.81	5.20	3.67
2004	31.22	19.19	3.58	3.82	4.92	3.29
2005	31.9	19.6	3.5	4.08	4.92	3.3
2006	31.53	19.4	3.72	4.35	4.98	2.78
2007	29.84	17.51	3.58	4.74	4.51	3.08
2008	29.86	18.63	3.46	3.7	4.35	3.18
2009	30.19	19.25	3.44	3.83	3.93	3.18
2010	30.61	19.53	3.55	3.94	3.82	3.32
2011	33.09	22.64	3.58	4.01	3.01	3.43
2012	33.48	23.07	3.74	3.89	3.07	3.45
2013	43.84	30.54	9.14	5.02	4.96	3.32
2014	44.47	31.02	9.31	5.18	4.86	3.41
2015	43.86	30.15	7.91	4.71	4.95	4.05
2016	47.71	28.53	7.03	4.75	5.05	5.38
2017	42.14	28.16	6.69	4.37	4.64	4.97

注:1998年后数据中不含离开本单位仍保留劳动关系的职工。

主要年份城镇非私营单位职工年平均工资

表 2-15　　单位:元

年　份	合　计	国有单位	集体单位	其他单位
1978	487	522	415	
1980	610	666	496	
1983	696	738	599	
1985	1038	1120	974	1467
1990	1838	2059	1357	1608
1991	1966	2168	1518	1863
1992	2255	2506	1667	1822
1993	2811	3075	2120	2896
1994	3891	4351	3663	3519
1995	4663	5114	3411	4313
1996	5175	5697	3740	4470
1997	5578	6144	3883	5100
1998	6547	7105	4694	6436
1999	7083	7556	5009	7367
2000	8006	8543	5382	8432
2001	8982	9522	5716	9587
2002	10075	10663	6389	10553
2003	11262	11719	7005	12257
2004	12713	13754	7367	12512
2005	15043	16512	9112	14161
2006	17760	19683	11700	16337
2007	21482	24066	14584	19353
2008	26596	29621	19024	24186
2009	29548	32497	22539	26990
2010	33843	37386	25286	30832
2011	38817	43526	30788	34861
2012	44124	49535	37499	39248
2013	46250	54063	38775	42263
2014	50189	57754	41561	49198
2015	56154	64023	45794	52436
2016	61262	71074	51031	56634
2017	69726	82349	57177	63669

注:1998 年后数据中不含离开本单位仍保留劳动关系的职工。

城镇非私营单位从业人员数

表 2-16　　（2017 年）　　单位：人

指　　标	全　市	市　区	#赣榆区	东海县	灌云县	灌南县
总　　计	**456562**	**306677**	**75624**	**47607**	**49703**	**51949**
一、按企业、事业、机关分：						
企　　业	325218	232041	49405	24021	31986	37170
事　　业	95254	54465	19294	17131	12710	10948
机　　关	34608	20171	6606	6455	5007	2975
二、按国民经济行业分：						
1、农、林、牧、渔业	6671	4864	106	684	1119	4
2、采　矿　业	759	219			540	
3、制　造　业	97943	65082	7182	9134	15045	8682
4、电力、热力、燃气及水的生产和供应业	6651	5673	163	377	425	176
5、建　筑　业	90399	55799	31203	4061	9944	20595
6、批发和零售业	19413	16880	749	798	836	899
7、交通运输、仓储和邮政业	29959	25637	721	1574	1609	1139
8、住宿和餐饮业	2572	2153	232	419		
9、信息传输、软件和信息技术服务业	5542	4537	355	585	175	245
10、金融业	28431	21698	4401	2190	2056	2487
11、房地产业	5074	3798	168	321	788	167
12、租赁和商务服务业	17064	13934	630	2336	403	391
13、科学研究和技术服务业	7910	6430	1350	1127	117	236
14、水利、环境和公共设施管理业	10390	7420	1031	1187	1020	763
15、居民服务、修理和其他服务业	2541	1160	969	735	70	576
16、教育	52538	27941	11824	11118	6875	6604
17、卫生和社会工作	26620	15987	5026	3857	3289	3487
18、文化、体育和娱乐业	1901	1594	277	108	55	144
19、公共管理、社会保障和社会组织	44184	26497	9237	6996	5337	5354

城镇非私营单位女性从业人员数

表 2-17　　（2017 年）　　单位:人

指标	全市	市区	#赣榆区	东海县	灌云县	灌南县
总计	**155110**	**103470**	**22094**	**20025**	**16955**	**14392**
一、按企业、事业、机关分:						
企业	96483	69780	11221	9309	9792	7602
事业	48980	28290	9401	9249	6076	5365
机关	8891	5400	1378	1467	1087	937
二、按国民经济行业分:						
1、农、林、牧、渔业	2285	1812	8	198	275	
2、采矿业	138	28			110	
3、制造业	38537	25500	3569	4030	5783	3224
4、电力、热力、燃气及水的生产和供应业	1329	998	62	131	129	71
5、建筑业	7055	4429	2107	796	1284	546
6、批发和零售业	6281	5226	333	367	278	410
7、交通运输、仓储和邮政业	6533	5330	220	480	397	326
8、住宿和餐饮业	1606	1338	139	268		
9、信息传输、软件和信息技术服务业	2376	2069	87	154	58	95
10、金融业	15638	11661	2815	1368	1118	1491
11、房地产业	2327	1883	52	89	287	68
12、租赁和商务服务业	5956	4915	221	881	122	38
13、科学研究和技术服务业	1960	1536	439	325	30	69
14、水利、环境和公共设施管理业	3836	2730	298	293	349	464
15、居民服务、修理和其他服务业	375	148	100	151	12	64
16、教育	29227	16001	6595	6289	3425	3512
17、卫生和社会工作	17160	10302	3151	2514	2047	2297
18、文化、体育和娱乐业	874	742	88	49	21	62
19、公共管理、社会保障和社会组织	11617	7090	1810	1642	1230	1655

城镇非私营单位在岗职工人数

表 2-18　（2017 年）　单位:人

指　　标	全　市	市　区	#赣榆区	东海县	灌云县	灌南县
总　　计	**420066**	**281048**	**67002**	**43709**	**46422**	**48887**
一、按企业、事业、机关分:						
企　　业	297146	210480	43366	22500	29076	35090
事　　业	90206	50297	17255	16608	12437	10864
机　　关	32714	20271	6381	4601	4909	2933
二、按国民经济行业分:						
1、农、林、牧、渔业	6216	4411	106	682	1119	4
2、采　矿　业	763	223			540	
3、制　造　业	95380	62796	7138	8918	15038	8628
4、电力、热力、燃气及水的生产和供应业	6581	5605	163	377	425	174
5、建　筑　业	87350	54827	28574	3984	8113	20426
6、批发和零售业	18688	16208	701	795	823	862
7、交通运输、仓储和邮政业	29638	25417	695	1529	1602	1090
8、住宿和餐饮业	2558	2139	232	419		
9、信息传输、软件和信息技术服务业	4001	2998	355	583	175	245
10、金融业	11564	8656	1289	1103	1031	774
11、房地产业	4950	3710	168	321	762	157
12、租赁和商务服务业	15762	12658	628	2314	399	391
13、科学研究和技术服务业	7642	6200	1240	1094	117	231
14、水利、环境和公共设施管理业	9504	6571	964	1150	1020	763
15、居民服务、修理和其他服务业	2507	1126	903	735	70	576
16、教育	50866	26548	11345	10930	6837	6551
17、卫生和社会工作	24926	14869	4752	3538	3062	3457
18、文化、体育和娱乐业	1877	1583	254	97	53	144
19、公共管理、社会保障和社会组织	40676	25051	7772	5140	5236	5249

城镇非私营单位从业人员平均工资

表 2-19　　(2017 年)　　单位:元

指　　标	全　市	市　区	#赣榆区	东海县	灌云县	灌南县
总　　计	**66952**	**72551**	**57431**	**58003**	**55246**	**55596**
一、按企业、事业、机关分:						
企　　业	60820	66964	51339	48680	43040	49098
事　　业	79454	85651	70963	67695	74756	72401
机　　关	91789	100671	63061	68536	83022	96549
二、按国民经济行业分:						
1、农、林、牧、渔业	49754	35224	14915	43136	118245	42750
2、采　矿　业	35047	35243			34967	
3、制　造　业	60108	67310	53297	48493	41553	50900
4、电力、热力、燃气及水的生产和供应业	125798	139357	37835	42764	44092	59114
5、建　筑　业	48919	52208	50097	39473	40598	47138
6、批发和零售业	81140	87511	53394	35413	34887	47251
7、交通运输、仓储和邮政业	68701	70980	61838	67717	45488	52295
8、住宿和餐饮业	38097	39892	31657	28278		
9、信息传输、软件和信息技术服务业	61818	64328	45837	53340	61226	36110
10、金融业	68321	70491	48071	64681	70149	50389
11、房地产业	56517	57795	55617	50975	50697	63665
12、租赁和商务服务业	54274	56701	48248	44202	43101	39555
13、科学研究和技术服务业	103192	113210	49893	60683	78276	41741
14、水利、环境和公共设施管理业	50988	56408	53772	42241	38206	33374
15、居民服务、修理和其他服务业	78186	77351	81837	73104	86200	85459
16、教育	86485	94784	81247	71339	85207	78116
17、卫生和社会工作	74841	83029	65746	61577	64622	61206
18、文化、体育和娱乐业	75452	75348	48223	73963	73537	78557
19、公共管理、社会保障和社会组织	85072	92824	56071	68161	70006	83787

城镇非私营单位在岗职工平均工资

表 2-20　（2017 年）　单位:元

指标	全市	市区	#赣榆区	东海县	灌云县	灌南县
总　　计	**69726**	**76477**	**60875**	**59628**	**56690**	**56355**
一、按企业、事业、机关分:						
企　　业	63390	70683	54255	49702	43878	49804
事　　业	81918	89715	76541	68947	75537	72739
机　　关	94472	102701	63511	73219	84125	97217
二、按国民经济行业分:						
1、农、林、牧、渔业	52238	36691	14915	43160	118245	42750
2、采　矿　业	35047	35243			34967	
3、制　造　业	60130	67490	53225	48380	41538	50699
4、电力、热力、燃气及水的生产和供应业	127081	141034	37835	42764	44092	59063
5、建　筑　业	49931	54147	51051	39907	41401	47163
6、批发和零售业	81895	88337	55419	35474	34736	47749
7、交通运输、仓储和邮政业	69226	71443	63115	69500	45572	52795
8、住宿和餐饮业	38212	40086	31657	28278		
9、信息传输、软件和信息技术服务业	68526	74573	45837	53398	61226	36110
10、金融业	113785	118883	110998	93597	109490	91638
11、房地产业	56609	57962	55617	50975	50656	62631
12、租赁和商务服务业	56453	59612	48210	44316	43246	39555
13、科学研究和技术服务业	105203	115622	51790	61510	78276	41551
14、水利、环境和公共设施管理业	51255	56744	55038	43066	38206	33374
15、居民服务、修理和其他服务业	79340	79906	85052	73104	86200	85459
16、教育	88138	97751	83305	72176	85525	78413
17、卫生和社会工作	76365	84506	67020	64444	66354	61308
18、文化、体育和娱乐业	77006	76863	51635	78021	75308	78557
19、公共管理、社会保障和社会组织	89496	98877	62698	72377	70820	84759

城镇非私营其他单位从业人员、平均工资

表 2-21　　（2017 年）

指　　标	全　市	市　区	#赣榆区	东海县	灌云县	灌南县
一、从业人员(人)	**289081**	**197323**	**41348**	**20414**	**26950**	**44394**
(一)内资	237740	158738	37879	11877	25535	41590
1、股份合作	2059	1625		414	20	
2、联营	25					17
其中:国有联营	17					17
集体联营						
3、有限责任公司	181653	115458	27608	7862	21506	36827
其中:国有独资	31612	28141	1219	2000	805	666
4、股份有限公司	47674	38495	8353	2929	3664	2586
5、其他	6329	3160	1918	664	345	2160
其中;私营单位						
(二)港、澳、台商投资	19684	12646	1689	5210	775	1053
(三)外商投资	31657	25939	1780	3327	640	1751
二、平均工资(元)	**61430**	**68508**	**53098**	**47647**	**41681**	**48296**
(一)内资	60089	67142	53128	47002	41769	48151
1、股份合作	85868	90167		71589	32200	
2、联营	48320			28500		57647
其中:国有联营	57647					57647
集体联营						
3、有限责任公司	59851	67980	54508	44096	41858	48238
其中:国有独资	72219	74172	35779	54971	40477	79862
4、股份有限公司	60613	64458	46581	49679	40989	43570
5、其他	54615	57414	61775	54497	45101	52077
其中;私营单位						
(二)港、澳、台商投资	62178	68328	49654	53183	40114	49071
(三)外商投资	71040	76955	55719	41280	40047	51287

城镇非私营单位各行业从业人员数和从业人员平均工资

表 2-22 （2017 年）

指　　标	从业人员数（人）				从业人员平均工资（元）			
	合计	国有单位	集体单位	其他单位	合计	国有单位	集体单位	其他单位
总　　计	**460914**	**152292**	**19541**	**289081**	**66952**	**79135**	**53690**	**61430**
（一）农、林、牧、渔业	6835	6669	4	162	49754	50060	42750	37340
1、农业	6138	5976		162	50256	50606		37340
2、林业	544	544			42721	42721		
3、畜牧业	119	119			50387	50387		
4、渔业	10	6			69700	87667	42750	
5、农、林、牧、渔服务业	24	24			69250	69250		
（二）、采矿业	763			763	35047			35047
5、非金属矿采选业	763			763	35047			35047
6、开采辅助活动								
7、其他采矿业								
（三）、制造业	96997	342	544	96111	60108	34716	40642	60309
1、农副食品加工业	4032		19	4013	45924		40158	45951
2、食品制造业	2734	10		2724	60415	34400		60510
3、酒、饮料和精制茶制造业	1899		48	1851	43973		39000	44102
5、纺织业	2254			2254	36638			36638
6、纺织服装、服饰业	4528			4528	40472			40472
7、皮革、毛皮、羽毛(绒)及其制品业	1002			1002	41761			41761
8、木材加工及木、竹、藤、棕、草制品业	1068			1068	36538			36538
9、家具制造业	307		16	291	41143		32813	41601
10、造纸及纸制品业	202			202	33455			33455
11、印刷业和记录媒介的复制	466	31	7	428	41940	41613	25286	42236
12、文教、工美、体育和娱乐用品制造业	3394			3394	40422			40422
13、石油加工、炼焦及核燃料加工业	1282		33	1249	57189		21576	58130
14、化学原料及化学制品制造业	16448	161	40	16247	61972	41739	29600	62252
15、医药制造业	26990			26990	73720			73720
16、化学纤维制造业	822			822	52090			52090
17、橡胶和塑料制品业	1023	1	109	913	47342	36000	34165	48928

表 2-22 续表 1　　　　（2017 年）

指　　　标	从业人员数（人）				从业人员平均工资（元）			
	合计	国有单位	集体单位	其他单位	合计	国有单位	集体单位	其他单位
18、非金属矿物制品业	6165	129	128	5908	60059	24341	57063	60904
19、黑色金属冶炼和压延加工业	241			241	52564			52564
20、有色金属冶炼和压延加工业	1258			1258	65727			65727
21、金属制品业	2743		80	2663	68808		44225	69546
22、通用设备制造业	3049		12	3037	54371		23167	54494
23、专用设备制造业	3418		26	3392	55920		49923	55966
24、汽车制造业	612			612	55333			55333
25、铁路、船舶、航空航天和其他运输设备制造业	738			738	63107			63107
26、电气机械及器材制造业	4285		8	4277	55888		37750	55922
27、计算机、通信和其他电子设备制造业	5219			5219	62798			62798
28、仪器仪表制造业	395	10		385	32387	34300		32338
29、其他制造业	20		18	2	24050		24000	24500
30、废弃资源综合利用业	403			403	69099			69099
（四）、电力、热力、燃气及水生产和供应业	6664	631	348	5685	125798	52708	82124	136585
1、电力、热力生产和供应业	4743	105	336	4302	153378	94638	83792	160247
2、燃气生产和供应业	325	27		298	70711	68037		70953
3、水的生产和供应业	1596	499	12	1085	55054	43056	35417	60789
（五）、建筑业	98809	8369	6692	83748	48919	58660	41006	48578
1、房屋建筑业	68465	786	3503	64176	48495	47333	42228	48852
2、土木工程建筑业	23633	6483	2942	14208	49401	62750	38401	45587
3、建筑安装业	3052			3052	52990			52990
4、建筑装饰和其他建筑业	3659	1100	247	2312	50343	42645	54692	53541
（六）、批发和零售业	19000	2415	283	16302	81140	68588	34519	83809
1、批发业	14569	2034	120	12415	92144	75790	43133	95297
2、零售业	4431	381	163	3887	44961	30144	28178	47117
（七）、交通运输、仓储和邮政业	30150	2702	2219	25229	68701	66065	52307	70425
2、道路运输业	6908	360	528	6020	55584	54678	60057	55246
3、水上运输业	13360	87		13273	76316	77816		76306

表 2-22 续表 2 （2017 年）

指标	从业人员数（人）				从业人员平均工资（元）			
	合计	国有单位	集体单位	其他单位	合计	国有单位	集体单位	其他单位
4、航空运输业	548	548			93257	93257		
6、装卸搬运和其他运输代理业	7253		1564	5689	67336		49026	72369
7、仓储业	587	280	120	187	82511	86536	58917	91626
8、邮政业	1494	1427	7	60	53448	53762	87571	42000
（八）、住宿和餐饮业	2627	383	10	2234	38097	46399	12800	36787
1、住宿业	1963	356	0	1607	39703	47652		37942
2、餐饮业	664	27	10	627	33349	29889	12800	33826
（九）、信息传输、软件和信息技术服务业	5547	622		4925	61818	51495		63122
1、电信、广播电视和卫星传输服务业	3699	622		3077	65654	51495		68516
2、互联网和相关服务	1642			1642	45748			45748
3、软件和信息技术服务业	206			206	121024			121024
（十）、金融业	26291	3316	1395	21580	68321	96494	101867	61823
1、货币金融服务业	9523	3169	1395	4959	118303	98259	101867	135736
2、资本市场服务业	118			118	128051			128051
3、保险业	16579	106		16473	39234	55226		39131
4、其他金融业	71	41		30	57000	66732		43700
（十一）、房地产业	5035	511	50	4474	56517	81170	18000	54132
其中：(1)房地产开发经营	2479	121		2358	70159	72174		70056
(2)物业管理	2113	105		2008	36746	50648		36019
(3)房地产中介服务	30	21		9	65700	50190		101889
（十二）、租赁和商务服务业	17061	2541	986	13534	54274	42567	24450	58645
1、租赁业	375	304		71	52907	49151		68986
2、商务服务业	16686	2237	986	13463	54305	41673	24450	58590
（十三）、科学研究、技术服务业	7898	2904	5	4989	103192	81360	26000	115977
1、研究和试验发展	2948	565	5	2378	159481	122110	26000	168640
2、专业技术服务业	3706	1682		2024	73693	69324		77325
3、科技推广和应用服务业	1244	657		587	57678	77131		35905
（十四）、水利、环境和公共设施管理业	9713	7682	1330	701	50988	47652	58064	74121

表 2-22 续表 3 （2017 年）

指　　标	从业人员数（人）				从业人员平均工资（元）			
	合计	国有单位	集体单位	其他单位	合计	国有单位	集体单位	其他单位
1、水利管理业	2373	2307		66	65611	64895		90621
2、生态保护和环境治理业	77	55		22	89597	87927		93773
3、公共设施管理业	7263	5320	1330	613	45801	39758	58064	71639
（十五）、居民服务、修理和其他服务业	2576	278	54	2244	78186	70083	53611	79781
1、居民服务业	1825	258	21	1546	81373	72640	95905	82633
2、机动车、电子产品和日用产品修理业	139	20	33	86	40288	37100	26697	46244
3、其他服务业	612			612	77288			77288
（十六）、教育	52508	48867	366	3275	86485	88972	43145	54215
其中：1、初等教育	20316	19741	74	501	82709	83732	88811	41497
2、中等教育	24902	22766		2136	87393	90503		54243
3、高等教育	4292	4043		249	119761	121762		87273
（十七）、卫生和社会工作	26330	18348	5186	2796	74841	79865	63842	62276
1、卫生	25968	17992	5180	2796	74794	79885	63870	62276
2、社会工作	362	356	6		78215	78862	39833	
（十八）、文化、体育和娱乐业	1946	1554	69	323	75452	81458	53275	51294
1、新闻和出版业	263	263			80437	80437		
2、广播、电影、电视和影视录音制作业	807	746		61	83245	86949		37951
3、文化艺术业	669	417	69	183	70571	79261	53275	57290
4、体育	48	48			66646	66646		
5、娱乐业	159	80		79	50843	53938		47709
（十九）、公共管理、社会保障和社会组织	44164	44158		6	85072	85073		73667
其中：（1）中国共产党机关	728	728			124484	124484		
（2）国家机构	42447	42447			84142	84142		
（3）人民政协、民主党派	205	205			130410	130410		
（4）社会保障	178	178			81669	81669		
（5）群众团体、社会团体和其他成员组织	606	600		6	88530	88678		73667

3

人民生活、价格指数

主要年份居民生活收支情况

表 3–1　　　　单位:元

指　　标	2013	2014	2015	2016	2017
全体居民人均年可支配收入	16103	17798	19418	21230	23302
全体居民人均年消费性支出	11264	12247	13260	14333	15364
全体居民恩格尔系数(%)	32.9	32.4	32.8	32.4	31.9
城镇居民人均年可支配收入	21461	23595	25728	27853	30293
城镇居民人均年消费性支出	14885	16016	17259	18344	19315
城镇居民恩格尔系数(%)	32.6	32.3	32.7	32.3	31.8
农村居民人均年可支配收入	10465	11698	12778	13932	15273
农村居民人均年消费性支出	7454	8282	9052	10113	10825
农村居民恩格尔系数(%)	33.6	32.7	33.0	32.6	32.1

注:因一体化住户调查改革,所有数据均为新口径数据。

表 3-1 续表　　单位:元

年　　份	城市居民人均年可支配收入	城市居民人均年消费性支出	城市居民恩格尔系数(%)	农村居民人均年纯收入	农村居民人均年生活消费支出	农村居民恩格尔系数(%)
1984				462		
1985	815	668	51.05	495	439	57.18
1986	1016	871	46.61	530	470	57.23
1987	1084	906	50.99	567	503	57.26
1988	1325	1204	48.92	607	538	57.25
1989	1471	1181	53.34	650	576	57.29
1990	1501	1224	55.39	696	617	57.21
1991	1731	1445	55.09	745	661	57.34
1992	1997	1626	52.95	803	656	60.37
1993	2623	2214	47.74	941	757	64.60
1994	3881	3118	47.92	1375	1081	63.18
1995	4504	3726	47.67	2011	1415	59.22
1996	4993	3649	51.90	2396	1596	58.65
1997	5296	3668	50.19	2705	1538	57.93
1998	5458	3945	47.20	2938	1356	56.86
1999	5981	4091	44.93	3051	1317	54.97
2000	6457	4737	38.65	2597	1541	45.88
2001	6981	4908	38.51	2763	1627	46.47
2002	7630	5059	36.94	2991	1723	44.86
2002(新)	6953	5059	36.94			
2003	7782	5768	36.04	3139	1778	47.69
2004	8872	6218	38.81	3501	2048	49.85
2005	10006	7213	38.55	3869	2574	46.08
2006	11475	8324	34.65	4265	2797	45.26
2007	13254	8357	38.90	4828	3317	43.71
2008	15255	10598	38.57	5454	3746	42.18
2009	16958	11577	37.22	6111	4291	39.86
2010	19020	12293	39.07	7039	4766	40.85
2011	21695	14110	38.06	8434	5498	36.71
2012	24342	15615	37.06	9589	6210	36.37
2013	26898	17172	36.51	10745	6932	35.44

注:本页数据为老口径数据。

分地区全体居民基本情况

表 3-2　　(2017 年)

指标名称	单位	连云港	市区	赣榆	东海	灌云	灌南
一、调查样本住户数	**户**	**982**	**395**	**174**	**200**	**200**	**187**
(一)城镇住户	户	554	261	87	100	100	93
(二)农村住户	户	428	134	87	100	100	94
二、期内住户常住成员数	**人**	**3094**	**1207**	**543**	**635**	**674**	**578**
三、本季度从事主要行业	**人**	**1789**	**637**	**310**	**399**	**439**	**314**
(一)第一产业	人	567	142	112	124	174	127
(二)第二产业	人	501	214	105	117	74	96
1.采矿业	人	2	2				
2.制造业	人	237	102	51	57	29	49
3.电力、热力、燃气及水生产供应业	人	29	21	1	3	4	1
4.建筑业	人	233	89	53	57	41	46
(三)第三产业	人	721	281	93	158	191	91
1.批发和零售业	人	211	65	21	57	55	34
2.交通运输、仓储和邮政业	人	113	63	14	13	24	13
3.住宿和餐饮业	人	65	26	13	5	24	10
4.信息传输、软件业和信息技术服务业	人	15	4	2	2	9	
5.金融业	人	9	6	3	1	1	1
6.房地产业	人	5	3		1	1	
7.租赁和商务服务业	人	21	5	1	2	9	5
8.科学研究和技术服务业	人	3	2	2	1		
9.水利、环境和公共设施管理业	人	11	5		1	2	3
10.居民服务、修理和其他服务业	人	110	42	15	20	40	8
11.教育	人	41	15	7	18	7	1
12.卫生和社会工作	人	36	9	3	12	7	8
13.文化、体育和娱乐业	人	6	6	1			
14.公共管理、社会保障和社会组织	人	75	30	11	25	12	8
15.国际组织	人						

注:因一体化住户调查改革,所有数据均为新口径数据。

分地区全体居民平均每人收入情况

表 3-3　　　　　　　　　　　　（2017 年）

指　标　名　称	单　位	连云港	市　区	赣　榆	东　海	灌　云	灌　南
总收入（未扣除生产费用）	元	29163	36180	27862	28874	21098	24815
可支配收入	**元**	**23302**	**26560**	**22231**	**22104**	**19316**	**19192**
一、工资性收入	**元**	**12154**	**15078**	**12104**	**10975**	**9851**	**8799**
（一）工资	元	11756	14522	11886	10203	8840	8497
（二）实物福利	元	28	58	42	2	318	25
（三）其他	元	369	498	175	770	693	277
二、经营净收入	**元**	**5546**	**5632**	**6312**	**6840**	**5891**	**4044**
（一）第一产业经营净收入	元	2605	2560	4251	3313	2305	1834
（二）第二产业经营净收入	元	651	569	787	972	1246	360
（三）第三产业经营净收入	元	2290	2503	1274	2555	2341	1850
三、财产净收入	**元**	**1493**	**1361**	**799**	**1560**	**1079**	**1332**
（一）利息净收入	元	118	129	9	351	46	70
（二）红利收入	元	106	34		285	62	
（三）储蓄性保险净收益	元	10	2		4	13	
（四）转让承包土地经营权租金净收入	元	152	133	344	30	184	77
（五）出租房屋财产性收入	元	106	107		53	119	82
（六）出租机械、专利、版权等资产的收入	元	7				40	
（七）其他财产净收入	元	56	1		27	70	
（八）房屋虚拟租金	元	939	955	447	809	544	1102
四、转移净收入	**元**	**4110**	**4490**	**3017**	**2729**	**2494**	**5017**
（一）转移性收入	元	4943	5747	3400	3404	2768	5873
1.养老金或离退休金	元	2518	3587	1400	1207	1951	1622
2.社会救济和补助	元	77	106	19	8	137	111
3.政策性生活补贴	元	5	2		1	46	
4.报销医疗费	元	213	324	69	48	131	272
5.家庭外出从业人员寄回带回收入	元	1363	836	1354	1756	242	2992
6.赡养收入	元	496	465	100	257	118	753
7.其他经常转移收入	元	41	79	36	6	39	15
8.从政府和组织得到的实物产品和服务折价	元	2	4		6	20	2
9.现金政策性惠农补贴	元	226	346	422	101	85	106
（二）转移性支出	元	833	1258	383	675	274	856
1.个人所得税	元	56	136	3	10	25	2
2.社会保障支出	元	625	885	335	601	189	720
3.外来从业人员寄给家人的支出	元					6	
4.赡养支出	元	103	166	7	27	48	132
5.其他转移性支出	元	48	72	38	37	6	3

分地区全体居民平均每人支出情况

表 3-4　　(2017 年)

指标名称	单位	连云港	市区	赣榆	东海	灌云	灌南
总支出	元	24090	28713	25935	24865	16028	20198
消费支出	**元**	**15364**	**16711**	**14135**	**14670**	**12021**	**12678**
(一)食品烟酒	**元**	**4908**	**4625**	**4592**	**5105**	**4116**	**4515**
1.食品	元	3705	3462	3419	4094	2589	3843
2.烟酒	元	503	464	462	474	885	460
3.饮料	元	84	55	57	61	148	46
4.饮食服务	元	615	644	654	476	494	166
(二)衣着	**元**	**1187**	**1374**	**1217**	**1088**	**739**	**990**
1.衣类	元	905	1056	910	814	581	661
2.鞋类	元	282	317	308	275	158	329
(三)居住	**元**	**2962**	**3555**	**2671**	**2875**	**2067**	**1839**
1.租赁房房租	元	51	66	4		77	12
2.住房维修及管理	元	461	594	401	261	478	228
3.水电燃料及其他	元	612	707	541	441	359	453
4.自有住房折算租金	元	1838	2189	1725	2174	1153	1145
(四)生活用品及服务	**元**	**954**	**1229**	**1045**	**820**	**855**	**645**
1.家具及室内装饰品	元	207	292	133	240	192	118
2.家用器具	元	242	277	303	147	166	152
3.家用纺织品	元	112	143	93	76	102	74
4.家庭日用杂品	元	233	273	316	217	139	187
5.个人用品	元	131	174	184	121	119	106
6.家庭服务	元	29	70	15	18	138	8
(五)交通通信	**元**	**1475**	**1688**	**1241**	**1372**	**1144**	**1088**
1.交通	元	800	983	607	634	545	497
2.通信	元	675	705	633	737	599	591
(六)教育文化娱乐	**元**	**2683**	**2670**	**2604**	**2646**	**2099**	**2389**
1.教育	元	1593	1325	1848	1696	1069	1934
2.文化娱乐	元	1090	1345	756	950	1030	456
(七)医疗保健	**元**	**866**	**1146**	**621**	**506**	**635**	**964**
1.医疗器具及药品	元	251	377	291	147	269	230
2.医疗服务	元	614	769	330	359	366	735
(八)其他用品和服务	**元**	**330**	**423**	**145**	**258**	**365**	**249**
1.其他用品	元	193	247	68	158	192	148
2.其他服务	元	137	176	77	101	173	101

分地区全体居民居住情况

表 3-5

（2017 年）

指标名称	单位	连云港	市区	赣榆	东海	灌云	灌南
一、本住户居住类型	**户**	**982**	**395**	**174**	**200**	**200**	**187**
1.普通住宅	户	982	395	174	200	200	187
2.集体宿舍和工棚	户						
3.工作地住宿	户						
二、人均现住房建筑面积	**平方米**	**49**	**53**	**51**	**51**	**43**	**54**
1.10 平方米以内	户						
2.10–20 平方米	户						
3.20–30 平方米	户	6	2			2	1
4.30–60 平方米	户	74	37	13	6	17	12
5.60–90 平方米	户	134	63	16	18	25	26
6.90–120 平方米	户	217	70	32	58	63	29
7.120–200 平方米	户	270	95	42	66	57	54
8.200 平方米以上	户	281	128	71	52	36	65
三、住宅外道路路面情况	**户**	**982**	**395**	**174**	**200**	**200**	**187**
1.水泥或柏油路面	户	777	330	125	127	151	169
2.沙石或石板等硬质路面	户	173	63	48	64	38	8
3.其他	户	32	2	1	9	11	10
四、住宅有管道供水情况	**户**	**982**	**395**	**174**	**200**	**200**	**187**
1.管道供水入户	户	943	389	168	170	198	186
2.管道供水至公共取水点	户	2			2		
3.没有管道设施	户	37	6	6	28	2	1
五、主要炊用能源状况	**户**	**982**	**395**	**174**	**200**	**200**	**187**
1.柴草	户	18	14	10	1	3	
2.煤炭	户	6	6	6			
3.罐装液化石油气	户	509	190	105	149	88	82
4.管道液化石油气	户	5	2	2	3		
5.管道煤气	户						
6.管道天然气	户	159	94	2	32	32	1
7.电	户	284	88	48	15	77	104
8.燃料用油	户						
9.沼气	户	1	1	1			
10.其他	户						
11.无炊用行为	户						

分地区全体居民平均每百户耐用消费品拥有量

表 3-6 （2017 年）

指 标 名 称	单 位	连云港	市 区	赣 榆	东 海	灌 云	灌 南
1.家用汽车	辆	19	21	17	26	12	18
2.摩托车	辆	36	26	31	55	39	30
3.助力车	台	131	142	151	119	101	155
4.洗衣机	台	98	101	105	98	97	98
5.电冰箱(柜)	台	92	99	96	80	91	92
6.微波炉	台	51	63	59	53	37	43
7.彩色电视机	台	138	143	137	132	126	144
8.其中:接入有线电视	台	111	85	65	114	122	126
9.空调	台	125	152	117	104	100	129
10.热水器	台	92	97	94	95	87	87
11.其中:太阳能热水器	台	83	85	91	83	83	83
12.洗碗机	台					1	
13.排油烟机	台	47	69	59	51	26	26
14.固定电话	线	56	51	65	79	80	18
15.移动电话	部	243	248	248	225	217	277
16.其中:接入互联网	部	108	139	101	70	115	127
17.计算机	台	67	75	77	79	56	52
18.其中:接入互联网	台	52	61	57	59	40	44
19.照相机	台	15	19	11	20	5	7
20.中高档乐器	架	3	4	1	8	1	
21.健身器材	台	6	7	5	11	2	2

分地区全体居民平均每百人主要消费品消费量

表 3-7　　（2017 年）

指标名称	单位	连云港	市区	赣榆	东海	灌云	灌南
一、食品							
1.谷物	公斤	11888	11981	12407	11826	8035	11298
2.薯类	公斤	131	152	167	129	111	75
3.豆类	公斤	1253	1228	1168	671	1392	1567
4.油脂类	公斤	1453	1017	869	1099	1825	1294
5.鲜菜	公斤	8816	10464	8762	6588	5923	13733
6.猪肉	公斤	1304	1364	1131	1337	1299	1492
7.牛肉	公斤	171	121	140	173	279	1
8.羊肉	公斤	65	66	51	98	89	5
9.鸡	公斤	507	442	246	338	519	555
10.鸭	公斤	39	41	9	22	34	27
11.鹅	公斤	3	1		6	2	1
12.鱼类	公斤	1094	1188	725	750	1049	1000
13.虾、贝、蟹类	公斤	446	687	587	193	526	230
14.鲜蛋	公斤	1226	1357	1492	985	919	1160
15.鲜奶	公斤	876	830	895	1011	588	621
16.酸奶	公斤	249	297	405	367	238	13
17.鲜瓜果	公斤	4569	5426	5077	4539	4231	3276
18.食糖	公斤	105	90	78	61	172	106
19.糖果	公斤	46	77	84	51	27	6
20.糕点	公斤	460	517	524	362	360	296
21.茶叶	公斤	8	13	20	11	6	1
22.白酒	公斤	439	359	303	357	1080	308
23.啤酒	公斤	484	467	392	413	542	603
二、主要能源							
1.水	吨	2755	2994	2137	2601	2873	2162
2.天然气	立方米	1176	2307	523	829	674	177
3.液化石油气	公斤	2018	1861	2012	1552	2223	1977
4.汽油	升	2477	3944	2475	3269	1729	2747
5.电	度	70404	78087	70486	55078	69759	68217

分地区城镇居民基本情况

表 3-8 （2017 年）

指标名称	单位	连云港	市区	赣榆	东海	灌云	灌南
一、调查样本住户数	**户**	**554**	**261**	**87**	**100**	**100**	**93**
（一）城镇住户	户	554	261	87	100	100	93
（二）农村住户	户						
二、期内住户常住成员数	**人**	**1718**	**786**	**280**	**331**	**319**	**282**
三、本季度从事主要行业	**人**	**944**	**398**	**152**	**187**	**207**	**152**
（一）第一产业	人	171	40	36	27	56	48
（二）第二产业	人	238	131	45	35	33	39
1.采矿业	人	2	2				
2.制造业	人	118	65	20	15	15	23
3.电力、热力、燃气及水生产供应业	人	18	11		3	3	1
4.建筑业	人	100	53	25	17	15	15
（三）第三产业	人	535	227	71	125	118	65
1.批发和零售业	人	156	54	17	45	32	25
2.交通运输、仓储和邮政业	人	81	47	11	10	14	10
3.住宿和餐饮业	人	45	20	8	4	13	8
4.信息传输、软件业和信息技术服务业	人	12	4	2	2	6	
5.金融业	人	8	6	3	1		1
6.房地产业	人	5	3		1	1	
7.租赁和商务服务业	人	10	4		2	1	3
8.科学研究和技术服务业	人	3	2	2	1		
9.水利、环境和公共设施管理业	人	7	4		1	1	1
10.居民服务、修理和其他服务业	人	69	28	10	7	30	4
11.教育	人	34	13	5	15	5	1
12.卫生和社会工作	人	33	8	3	12	7	6
13.文化、体育和娱乐业	人	5	5				
14.公共管理、社会保障和社会组织	人	67	29	10	24	8	6
15.国际组织	人						

分地区城镇居民平均每人收入情况

表 3-9　　（2017 年）

指标名称	单位	连云港	市区	赣榆	东海	灌云	灌南
总收入(未扣除生产费用)	元	37108	46063	38644	34879	26282	33398
可支配收入	**元**	**30293**	**32758**	**29615**	**29758**	**25034**	**26635**
一、工资性收入	**元**	**16545**	**19757**	**17288**	**16598**	**12915**	**12715**
(一)工资	元	15890	18960	16849	14876	11921	12189
(二)实物福利	元	42	84	94	4	155	14
(三)其他	元	613	713	345	1718	839	512
二、经营净收入	**元**	**5821**	**5789**	**7419**	**7117**	**6365**	**4081**
(一)第一产业经营净收入	元	1665	1889	4609	1108	2050	771
(二)第二产业经营净收入	元	760	623	866	809	1502	542
(三)第三产业经营净收入	元	3397	3277	1943	5200	2813	2768
三、财产净收入	**元**	**2601**	**2082**	**1530**	**3096**	**2088**	**2953**
(一)利息净收入	元	169	192	18	509	94	120
(二)红利收入	元	182	53		636	109	
(三)储蓄性保险净收益	元	13	2		9	15	
(四)转让承包土地经营权租金净收入	元	188	139	523	5	276	84
(五)出租房屋财产性收入	元	186	171		87	234	169
(六)出租机械、专利、版权等资产的收入	元	13				71	
(七)其他财产净收入	元	94			46	121	
(八)房屋虚拟租金	元	1756	1526	988	1805	1169	2580
四、转移净收入	**元**	**5325**	**5130**	**3378**	**2946**	**3665**	**6886**
(一)转移性收入	元	6571	6928	3925	4156	4015	8059
1.养老金或离退休金	元	4012	5256	2799	1734	3083	3033
2.社会救济和补助	元	78	84	5		124	112
3.政策性生活补贴	元	2	3			48	
4.报销医疗费	元	284	424	74	9	193	263
5.家庭外出从业人员寄回带回收入	元	1225	213	464	2235	305	3446
6.赡养收入	元	673	522	106	167	141	1074
7.其他经常转移收入	元	49	57	33		44	
8.从政府和组织得到的实物产品和服务折价	元	2	5		10	12	1
9.现金政策性惠农补贴	元	244	364	443	2	64	130
(二)转移性支出	元	1245	1798	546	1210	349	1173
1.个人所得税	元	101	217	5	23	39	2
2.社会保障支出	元	924	1241	456	1115	234	1043
3.外来从业人员寄给家人的支出	元					11	
4.赡养支出	元	145	239	11	32	58	125
5.其他转移性支出	元	74	101	74	40	7	3

分地区城镇居民平均每人支出情况

表 3-10

（2017 年）

指 标 名 称	单 位	连云港	市 区	赣 榆	东 海	灌 云	灌 南
总支出	元	30041	36737	34704	29067	17958	22871
消费支出	**元**	**19315**	**20158**	**17350**	**19313**	**14512**	**16795**
（一）食品烟酒	**元**	**6152**	**5646**	**5570**	**6693**	**5012**	**5818**
1.食品	元	4624	4239	4141	5660	3153	5116
2.烟酒	元	528	448	559	468	1078	467
3.饮料	元	106	62	67	83	180	47
4.饮食服务	元	894	896	803	483	601	188
（二）衣着	**元**	**1646**	**1715**	**1584**	**1510**	**956**	**1482**
1.衣类	元	1268	1333	1197	1083	752	940
2.鞋类	元	378	382	387	427	205	541
（三）居住	**元**	**3726**	**4361**	**3349**	**4198**	**2529**	**2697**
1.租赁房房租	元	92	112	8		91	22
2.住房维修及管理	元	470	673	506	506	569	286
3.水电燃料及其他	元	746	829	639	723	427	678
4.自有住房折算租金	元	2419	2747	2197	2969	1442	1712
（四）生活用品及服务	**元**	**1189**	**1488**	**1174**	**856**	**1184**	**873**
1.家具及室内装饰品	元	247	351	138	133	288	160
2.家用器具	元	276	294	343	121	224	141
3.家用纺织品	元	147	187	114	108	137	96
4.家庭日用杂品	元	297	309	350	253	188	293
5.个人用品	元	184	235	211	227	161	171
6.家庭服务	元	38	112	18	13	186	13
（五）交通通信	**元**	**1791**	**2112**	**1556**	**1681**	**1205**	**1259**
1.交通	元	953	1195	780	711	617	510
2.通信	元	838	916	776	970	588	749
（六）教育文化娱乐	**元**	**3261**	**2844**	**3225**	**3436**	**2296**	**3219**
1.教育	元	1853	1408	2268	2450	1075	2720
2.文化娱乐	元	1408	1436	957	986	1222	498
（七）医疗保健	**元**	**1085**	**1419**	**668**	**501**	**824**	**1016**
1.医疗器具及药品	元	329	402	325	249	348	229
2.医疗服务	元	757	1017	343	252	475	787
（八）其他用品和服务	**元**	**465**	**573**	**223**	**438**	**506**	**432**
1.其他用品	元	285	313	108	278	266	312
2.其他服务	元	181	260	116	160	240	120

分地区城镇居民居住情况

表 3-11

（2017 年）

指标名称	单位	连云港	市区	赣榆	东海	灌云	灌南
一、本住户居住类型	**户**	**554**	**261**	**87**	**100**	**100**	**93**
1.普通住宅	户	554	261	87	100	100	93
2.集体宿舍和工棚	户						
3.工作地住宿	户						
二、人均现住房建筑面积	**平方米**	**48**	**51**	**53**	**45**	**43**	**53**
1.10 平方米以内	户						
2.10-20 平方米	户						
3.20-30 平方米	户	2				1	
4.30-60 平方米	户	47	27	6	4	11	5
5.60-90 平方米	户	79	41	2	6	13	19
6.90-120 平方米	户	137	54	20	38	34	12
7.120-200 平方米	户	155	68	23	33	26	28
8.200 平方米以上	户	134	71	36	19	15	29
三、住宅外道路路面情况	**户**	**554**	**261**	**87**	**100**	**100**	**93**
1.水泥或柏油路面	户	485	229	69	85	84	87
2.沙石或石板等硬质路面	户	52	30	17	9	12	1
3.其他	户	17	2	1	6	4	5
四、住宅有管道供水情况	**户**	**554**	**261**	**87**	**100**	**100**	**93**
1.管道供水入户	户	546	256	82	98	100	92
2.管道供水至公共取水点	户						
3.没有管道设施	户	8	5	5	2		1
五、主要炊用能源状况	**户**	**554**	**261**	**87**	**100**	**100**	**93**
1.柴草	户	2	2	1			
2.煤炭	户	1	1	1			
3.罐装液化石油气	户	252	99	40	63	36	54
4.管道液化石油气	户	5	2	2	3		
5.管道煤气	户						
6.管道天然气	户	159	94	2	32	32	1
7.电	户	135	63	41	2	32	38
8.燃料用油	户						
9.沼气	户						
10.其他	户						
11.无炊用行为	户						

分地区城镇居民平均每百户耐用消费品拥有量

表 3-12

（2017 年）

指标名称	单位	连云港	市区	赣榆	东海	灌云	灌南
1.家用汽车	辆	23	25	21	34	11	20
2.摩托车	辆	25	18	21	43	28	24
3.助力车	台	136	147	166	132	103	146
4.洗衣机	台	102	102	108	103	102	104
5.电冰箱(柜)	台	95	100	94	88	92	94
6.微波炉	台	67	72	69	74	56	60
7.彩色电视机	台	140	145	145	140	127	140
8.其中:接入有线电视	台	116	125	74	111	124	130
9.空调	台	153	174	139	144	114	145
10.热水器	台	100	103	99	115	87	92
11.其中:太阳能热水器	台	87	86	95	94	85	84
12.洗碗机	台					1	
13.排油烟机	台	70	84	75	79	48	44
14.固定电话	线	56	49	64	79	79	27
15.移动电话	部	245	245	244	250	220	266
16.其中:接入互联网	部	122	160	128	71	117	122
17.计算机	台	83	85	80	105	70	66
18.其中:接入互联网	台	69	72	66	89	49	61
19.照相机	台	22	26	17	32	7	9
20.中高档乐器	架	5	6	2	10	1	
21.健身器材	台	9	10	9	18	1	4

分地区城镇居民平均每百人主要消费品消费量

表 3-13

（2017 年）

指 标 名 称	单 位	连云港	市 区	赣 榆	东 海	灌 云	灌 南
一、食品							
1.谷物	公斤	12357	12271	13707	13017	9169	10885
2.薯类	公斤	154	173	241	115	140	92
3.豆类	公斤	1409	1327	1390	818	1239	1732
4.油脂类	公斤	1599	1104	1183	1145	1790	1365
5.鲜菜	公斤	10710	11899	11129	8487	7804	12079
6.猪肉	公斤	1494	1520	1367	1151	1367	1616
7.牛肉	公斤	187	127	192	191	286	3
8.羊肉	公斤	92	76	62	185	98	6
9.鸡	公斤	583	502	259	436	607	605
10.鸭	公斤	51	55	7	34	37	22
11.鹅	公斤	4	1		13	3	
12.鱼类	公斤	1298	1347	865	866	1078	1134
13.虾、贝、蟹类	公斤	591	813	739	265	725	294
14.鲜蛋	公斤	1391	1421	1603	1203	985	1139
15.鲜奶	公斤	1040	1122	951	810	512	583
16.酸奶	公斤	277	315	515	403	209	12
17.鲜瓜果	公斤	5190	5815	5485	5444	4425	3453
18.食糖	公斤	105	101	97	61	153	92
19.糖果	公斤	60	86	89	88	28	4
20.糕点	公斤	515	556	622	522	276	261
21.茶叶	公斤	10	14	27	13	6	1
22.白酒	公斤	473	402	320	358	1346	271
23.啤酒	公斤	422	445	231	357	530	451
二、主要能源							
1.水	吨	3504	3736	3144	3873	4024	3057
2.天然气	立方米	2156	3501	990	1787	1358	353
3.液化石油气	公斤	1929	1708	1932	1569	2446	2384
4.汽油	升	3355	4699	3369	5528	2705	3886
5.电	度	83581	88050	81620	75302	83462	84059

分地区农村居民基本情况

表 3-14　　(2017 年)

指标名称	单位	连云港	市区	赣榆	东海	灌云	灌南
一、调查样本住户数	**户**	**428**	**134**	**87**	**100**	**100**	**94**
(一)城镇住户	户						
(二)农村住户	户	428	134	87	100	100	94
二、期内住户常住成员数	**人**	**1376**	**421**	**262**	**304**	**355**	**296**
三、本季度从事主要行业	**人**	**845**	**239**	**158**	**212**	**232**	**162**
(一)第一产业	人	396	102	76	97	118	79
(二)第二产业	人	263	83	60	82	41	57
1.采矿业	人						
2.制造业	人	119	37	31	42	14	26
3.电力、热力、燃气及水生产供应业	人	11	10	1		1	
4.建筑业	人	133	36	28	40	26	31
(三)第三产业	人	186	54	22	33	73	26
1.批发和零售业	人	55	11	4	12	23	9
2.交通运输、仓储和邮政业	人	32	16	3	3	10	3
3.住宿和餐饮业	人	20	6	5	1	11	2
4.信息传输、软件业和信息技术服务业	人	3				3	
5.金融业	人	1				1	
6.房地产业	人						
7.租赁和商务服务业	人	11	1	1		8	2
8.科学研究和技术服务业	人						
9.水利、环境和公共设施管理业	人	4	1			1	2
10.居民服务、修理和其他服务业	人	41	14	5	13	10	4
11.教育	人	7	2	2	3	2	
12.卫生和社会工作	人	3	1				2
13.文化、体育和娱乐业	人	1	1	1			
14.公共管理、社会保障和社会组织	人	8	1	1	1	4	2
15.国际组织	人						

分地区农村居民平均每人收入情况

表 3-15

（2017 年）

指标名称	单位	连云港	市区	赣榆	东海	灌云	灌南
总收入(未扣除生产费用)	元	20037	19665	18962	23992	16487	18410
可支配收入	**元**	**15273**	**16204**	**16136**	**15882**	**14231**	**13639**
一、工资性收入	**元**	**7109**	**7258**	**7824**	**6404**	**7126**	**5877**
（一）工资	元	7008	7104	7788	6404	6100	5743
（二）实物福利	元	13	15			463	33
（三）其他	元	89	139	35		563	101
二、经营净收入	**元**	**5230**	**5370**	**5398**	**6615**	**5470**	**4017**
（一）第一产业经营净收入	元	3686	3683	3955	5105	2532	2628
（二）第二产业经营净收入	元	526	477	721	1105	1017	224
（三）第三产业经营净收入	元	1018	1211	721	405	1920	1166
三、财产净收入	**元**	**220**	**156**	**197**	**311**	**182**	**122**
（一）利息净收入	元	60	24	1	222	10	33
（二）红利收入	元	18	4			22	
（三）储蓄性保险净收益	元	5	2			10	
（四）转让承包土地经营权租金净收入	元	109	124	196	50	85	72
（五）出租房屋财产性收入	元	14			26	17	17
（六）出租机械、专利、版权等资产的收入	元					13	
（七）其他财产净收入	元	13	2		12	25	
（八）房屋虚拟租金	元						
四、转移净收入	**元**	**2714**	**3420**	**2718**	**2553**	**1452**	**3623**
（一）转移性收入	元	3073	3775	2967	2794	1660	4242
1.养老金或离退休金	元	803	797	244	778	944	569
2.社会救济和补助	元	76	142	31	15	148	111
3.政策性生活补贴	元	9			2	43	1
4.报销医疗费	元	130	158	65	79	76	278
5.家庭外出从业人员寄回带回收入	元	1522	1875	2089	1367	186	2653
6.赡养收入	元	294	370	95	355	98	513
7.其他经常转移收入	元	32	115	38	13	35	27
8.从政府和组织得到的实物产品和服务折价	元	1	1		3	27	3
9.现金政策性惠农补贴	元	206	317	405	181	103	88
（二）转移性支出	元	359	355	249	241	207	619
1.个人所得税	元	5	1	1		12	2
2.社会保障支出	元	282	289	235	183	150	479
3.外来从业人员寄给家人的支出	元					2	
4.赡养支出	元	54	42	4	23	39	136
5.其他转移性支出	元	18	22	9	34	4	3

分地区农村居民平均每人支出情况

表 3-16

（2017 年）

指标名称	单位	连云港	市区	赣榆	东海	灌云	灌南
总支出	元	17254	17171	18696	21451	14329	18204
消费支出	**元**	**10825**	**11754**	**11481**	**10897**	**9804**	**9607**
（一）食品烟酒	**元**	**3479**	**3157**	**3784**	**3814**	**3319**	**3542**
1.食品	元	2650	2345	2822	2822	2087	2892
2.烟酒	元	475	486	382	478	714	455
3.饮料	元	59	45	49	43	119	46
4.饮食服务	元	294	280	531	471	398	149
（二）衣着	**元**	**660**	**884**	**915**	**746**	**545**	**623**
1.衣类	元	488	658	673	595	429	452
2.鞋类	元	172	225	242	151	117	171
（三）居住	**元**	**2084**	**2396**	**2110**	**1800**	**1656**	**1199**
1.租赁房房租	元	5				64	5
2.住房维修及管理	元	450	479	314	60.92	397	185
3.水电燃料及其他	元	459	531	461	212.03	299	286
4.自有住房折算租金	元	1170	1386	1336	1527.05	897	723
（四）生活用品及服务	**元**	**684**	**856**	**938**	**790**	**563**	**475**
1.家具及室内装饰品	元	160	207	128	328	107	87
2.家用器具	元	204	253	271	168	114	160
3.家用纺织品	元	71	81	76	50	70	59
4.家庭日用杂品	元	160	220	288	187	96	107
5.个人用品	元	70	85	162	35	82	57
6.家庭服务	元	19	11	12	22	95	5
（五）交通通信	**元**	**1112**	**1079**	**981**	**1120**	**1090**	**960**
1.交通	元	624	678	465	572	482	487
2.通信	元	488	401	516	548	608	473
（六）教育文化娱乐	**元**	**2019**	**2419**	**2091**	**2005**	**1923**	**1770**
1.教育	元	1295	1205	1501	1084	1063	1347
2.文化娱乐	元	724	1215	591	921	860	424
（七）医疗保健	**元**	**613**	**755**	**582**	**510**	**467**	**926**
1.医疗器具及药品	元	162	341	263	64	198	230
2.医疗服务	元	451	414	319	446	270	696
（八）其他用品和服务	**元**	**175**	**208**	**80**	**112**	**240**	**112**
1.其他用品	元	88	153	36	60	126	25
2.其他服务	元	86	55	44	52	114	87

分地区农村居民居住情况

表 3-17

（2017 年）

指标名称	单位	连云港	市区	赣榆	东海	灌云	灌南
一、本住户居住类型	**户**	**428**	**134**	**87**	**100**	**100**	**94**
1.普通住宅	户	428	134	87	100	100	94
2.集体宿舍和工棚	户						
3.工作地住宿	户						
二、人均现住房建筑面积	**平方米**	**51**	**56**	**50**	**57**	**44**	**55**
1.10 平方米以内	户						
2.10–20 平方米	户						
3.20–30 平方米	户	4	2			1	1
4.30–60 平方米	户	27	10	7	2	6	7
5.60–90 平方米	户	54	22	14	12	12	7
6.90–120 平方米	户	80	16	12	20	29	17
7.120–200 平方米	户	116	27	19	33	31	26
8.200 平方米以上	户	147	57	35	33	21	36
三、住宅外道路路面情况	**户**	**428**	**134**	**87**	**100**	**100**	**94**
1.水泥或柏油路面	户	292	101	56	42	67	82
2.沙石或石板等硬质路面	户	121	33	31	55	26	7
3.其他	户	15			3	7	5
四、住宅有管道供水情况	**户**	**428**	**134**	**87**	**100**	**100**	**94**
1.管道供水入户	户	397	133	86	72	98	94
2.管道供水至公共取水点	户	2			2		
3.没有管道设施	户	29	1	1	26	2	
五、主要炊用能源状况	**户**	**428**	**134**	**87**	**100**	**100**	**94**
1.柴草	户	16	12	9	1	3	
2.煤炭	户	5	5	5			
3.罐装液化石油气	户	257	91	65	86	52	28
4.管道液化石油气	户						
5.管道煤气	户						
6.管道天然气	户						
7.电	户	149	25	7	13	45	66
8.燃料用油	户						
9.沼气	户	1	1	1			
10.其他	户						
11.无炊用行为	户						

分地区农村居民平均每百户耐用消费品拥有量

表 3-18

（2017 年）

指 标 名 称	单 位	连云港	市 区	赣 榆	东 海	灌 云	灌 南
1.家用汽车	辆	15	14	14	18	13	15
2.摩托车	辆	48	41	41	66	49	36
3.助力车	台	126	134	136	105	99	164
4.洗衣机	台	94	99	102	92	92	92
5.电冰箱(柜)	台	88	96	98	72	89	91
6.微波炉	台	32	45	48	31	18	27
7.彩色电视机	台	137	140	130	124	125	147
8.其中:接入有线电视	台	106	65	56	117	120	122
9.空调	台	94	110	95	64	85	112
10.热水器	台	83	87	90	74	86	82
11.其中:太阳能热水器	台	80	84	86	71	81	82
12.洗碗机	台					1	
13.排油烟机	台	21	42	44	22	3	9
14.固定电话	线	56	54	66	79	80	9
15.移动电话	部	240	256	253	200	214	289
16.其中:接入互联网	部	91	98	74	68	113	132
17.计算机	台	48	57	74	52	42	39
18.其中:接入互联网	台	32	39	48	28	30	28
19.照相机	台	7	6	6	7	3	6
20.中高档乐器	架	1			5	1	
21.健身器材	台	2	1	1	4	2	

分地区农村居民平均每百人主要消费品消费量

表 3-19

（2017 年）

指标名称	单位	连云港	市区	赣榆	东海	灌云	灌南
一、食品							
1.谷物	公斤	11639	11782	11369	10859	7017	11691
2.薯类	公斤	104	112	107	140	84	59
3.豆类	公斤	1074	1025	988	551	1529	1410
4.油脂类	公斤	1286	803	611	1062	1857	1227
5.鲜菜	公斤	6640	7882	6829	5044	4233	15308
6.猪肉	公斤	1086	1023	940	1488	1237	1375
7.牛肉	公斤	152	106	98	158	272	
8.羊肉	公斤	35	45	41	29	80	4
9.鸡	公斤	420	331	237	258	440	507
10.鸭	公斤	26	21	12	13	32	31
11.鹅	公斤	1	1			1	2
12.鱼类	公斤	860	875	611	655	1023	873
13.虾、贝、蟹类	公斤	279	442	463	134	348	170
14.鲜蛋	公斤	1036	1243	1405	808	859	1181
15.鲜奶	公斤	683	651	850	1174	657	657
16.酸奶	公斤	217	243	315	338	264	13
17.鲜瓜果	公斤	3856	4699	4754	3803	4057	3107
18.食糖	公斤	106	70	63	61	188	119
19.糖果	公斤	30	58	80	20	27	8
20.糕点	公斤	396	446	444	232	437	331
21.茶叶	公斤	7	11	15	10	5	1
22.白酒	公斤	400	287	289	356	842	343
23.啤酒	公斤	555	514	526	459	553	748
二、主要能源							
1.水	吨	1895	1608	1064	1568	2116	1309
2.天然气	立方米	51	74	23	49	68	
3.液化石油气	公斤	2120	2148	2105	1539	2325	1588
4.汽油	升	1468	2533	1524	1432	980	1663
5.电	度	55268	59458	58763	38640	66072	53124

历 年 物 价 指 数

表 3-20

年　　份	商品零售价格指数	居民消费价格指数
	上年 =100	上年 =100
1978	100.7	100.7
1980	106.0	107.5
1983	100.8	100.8
1985	109.6	109.0
1990	102.7	103.6
1991	107.3	107.2
1992	106.9	108.2
1993	115.4	117.3
1994	122.5	125.9
1995	113.2	116.1
1996	107.5	111.5
1997	99.2	101.2
1998	98.1	99.6
1999	96.2	98.4
2000	98.4	101.2
2001	98.8	100.7
2002	97.5	98.9
2003	99.7	101.6
2004	101.3	102.9
2005	101.1	102.0
2006	100.6	101.4
2007	102.4	104.2
2008	104.6	104.8
2009	98.7	99.3
2010	102.6	103.5
2011	104.5	104.9
2012	102.0	102.3
2013	101.5	102.2
2014	101.9	102.4
2015	100.8	101.8
2016	100.8	102.1
2017	102.2	101.8

居民消费价格总指数(一)

表 3-21

指标	以上年价格为 100										
	2005	2006	2007	2008	2009	2010	2011	2012	2013	2014	2015
居民消费价格总指数	**102.0**	**101.4**	**104.2**	**104.8**	**99.3**	**103.5**	**104.9**	**102.3**	**102.2**	**102.4**	**101.8**
服务项目价格指数	**101.6**	**103.4**	**106.1**	**103.7**	**100.3**	**104.2**	**103.0**	**101.1**	**101.7**	**102.3**	**102.3**
一、食　　品	105.4	102.1	109.3	111.8	99.1	106.9	109.6	105.2	104.4	103.9	102.4
#粮　　食	102.0	101.1	103.0	107.3	103.0	111.0	110.8	102.2	104.6	104.0	103.0
油　　脂	92.8	100.2	138.2	123.2	76.8	101.8	113.7	104.8	100.9	88.4	95.7
肉禽及其制品	107.1	97.4	129.4	118.2	89.2	102.8	121.8	101.3	106.0	99.3	104.0
蛋	104.2	94.2	126.0	104.6	99.8	109.9	117.6	97.5	102.9	112.5	90.9
水 产 品	107.7	93.2	86.2	101.5	102.4	105.7	108.6	105.5	103.2	104.2	102.9
鲜　　菜	124.9	108.7	96.3	102.9	111.5	124.5	94.5	114.9	105.1	95.3	109.6
液体乳及乳制品	99.4	100.9	101.4	133.8	102.9	103.6	108.4	103.7	104.0	118.6	101.9
干鲜瓜果	97.8	126.9	105.6	112.2	103.1	109.3	111.4	99.6	107.4	112.3	93.3
二、烟　　酒	99.5	99.9	100.7	103.9	101.8	101.2	104.2	105.4	99.0	98.2	103.1
三、衣　　着	98.0	99.4	99.2	96.6	101.4	99.3	104.1	102.0	102.9	104.5	103.4
#服　　装	99.3	98.5	98.2	96.4	100.3	99.9	105.6	101.6	102.4	103.4	104.4
衣着材料	101.8	101.5	98.1	103.3	109.9	108.8	106.2	100.4	104.3	101.0	101.3
四、家庭设备用品及维修服务	98.6	102.2	103.8	102.3	101.3	99.8	106.0	99.8	101.1	102.1	102.2
#耐用消费品	97.3	101.7	102.9	102.8	99.8	95.5	104.4	98.9	100.1	101.5	100.2
五、医疗保健和个人用品	99.3	103.6	101.2	101.1	99.2	101.0	101.2	100.6	100.0	101.1	103.6
六、交通和通信	97.1	96.3	98.1	97.6	98.3	100.2	101.0	100.1	100.5	99.8	98.6
七、娱乐教育文化用品及服务	100.7	100.4	103.4	102.6	98.3	100.2	100.9	98.6	100.5	102.4	101.3
#教育服务	101.8	105.0	110.6	109.3	100.4	100.6	99.0	100.4	98.8	101.7	101.9
八、居　　住	105.6	104.4	103.0	104.2	99.5	106.9	104.5	102.5	102.2	101.7	101.0

注:本页价格指数为老口径数据。

居民消费价格总指数(二)

表 3-22

指　　标	以上年价格为 100	
	2016	2017
居民消费价格总指数	**102.1**	**101.8**
服务项目价格指数	**103.2**	**101.9**
一、食品烟酒	102.9	101.0
粮　　食	95.8	100.8
食 用 油	100.5	105.4
鲜　　菜	108.6	93.3
畜　　肉	111.0	97.0
水 产 品	105.6	105.1
蛋	96.0	92.5
鲜　　果	92.5	113.6
二、衣着	100.6	102.0
服　　装	100.3	101.9
服装材料	103.2	100.6
三、居住	100.8	103.3
四、生活用品及服务	100.3	102.4
五、交通和通信	100.3	101.6
交　　通	100.4	103.2
通　　讯	100.3	99.1
六、教育文化和娱乐	100.1	101.1
七、医疗保健	112.9	101.7
八、其他用品和服务	101.0	100.9

商品零售价格总指数

表 3-23

指标	以上年价格为100												
	2005	2006	2007	2008	2009	2010	2011	2012	2013	2014	2015	2016	2017
商品零售价格总指数	**101.1**	**100.6**	**102.4**	**104.6**	**98.7**	**102.6**	**104.5**	**102.0**	**101.5**	**101.9**	**100.8**	**100.8**	**102.2**
一、食品	105.4	102.1	109.2	111.9	99.4	107.2	109.7	105.2	104.3	104.4	102.2	103.1	100.6
#粮食	101.4	101.2	103.7	107.3	103.4	111.5	110.5	102.2	104.6	104.0	103.0	96.0	100.8
食用油	92.5	100.3	138.3	123.2	76.9	101.8	113.7	104.8	100.9	88.4	95.7	100.5	105.4
肉禽及其制品	110.0	97.7	128.6	118.1	89.8	101.7	121.5	101.5	105.8	99.4	104.0	109.3	96.7
畜肉类												111.6	96.7
禽肉类												100.5	96.7
水产品	104.6	93.4	85.9	101.3	101.2	105.8	108.6	105.5	103.2	104.2	102.9	104.7	104.6
鲜菜	124.9	108.7	96.3	102.9	111.5	124.5	93.9	114.9	105.1	95.3	109.6	108.6	93.3
鲜瓜果	96.3	134.5	101.2	112.0	105.7	108.8	111.0	98.9	107.4	114.3	91.8	92.5	113.6
二、饮料、烟酒	99.8	100.3	100.1	103.1	99.9	102.2	103.2	104.4	99.7	99.3	102.4	100.2	102.4
三、服装、鞋帽	97.8	99.1	99.3	96.4	101.0	99.2	103.8	102.0	102.7	104.4	103.3	100.7	102.1
四、纺织品	99.8	98.9	97.6	100.5	101.2	93.6	116.9	101.0	103.5	97.0	106.0	99.6	102.8
五、家用电器及音像器材	95.8	97.2	95.6	95.8	92.5	91.8	100.6	97.7	97.4	99.6	99.5	98.3	101.9
六、文化办公用品	97.6	94.5	90.4	84.3	89.3	96.8	98.5	91.4	100.6	100.5	100.9	98.1	98.2
七、日用品	99.1	99.5	99.4	103.1	105.7	99.6	101.9	99.3	101.5	99.9	101.3	101.6	102.9
八、体育娱乐用品	99.9	98.6	102.1	104.8	99.5	95.5	96.7	104.6	99.7	102.7	109.7	99.5	102.5
九、交通、通信用品	90.3	88.3	90.8	91.3	93.4	98.9	95.6	98.5	99.8	100.9	100.4	101.8	99.9
十、家具	98.3	101.7	104.8	106.0	104.6	97.7	107.0	94.1	103.9	105.5	101.7	100.7	102.0
十一、化妆品	99.4	101.2	100.4	102.7	100.9	97.0	102.1	103.7	101.5	98.0	103.3	101.7	103.9
十二、金银珠宝	109.7	145.2	111.1	119.9	88.2	107.7	116.9	104.4	93.0	93.2	95.7	100.4	100.7
十三、中西药品及医疗保健用品	97.3	98.6	100.3	99.3	96.1	102.3	98.1	100.1	101.2	101.6	100.9	101.7	106.3
十四、书报杂志及电子出版物	102.1	100.2	99.0	105.5	112.5	99.7	99.7	100.0	100.1	108.5	102.6	101.0	101.1
十五、燃料	112.7	111.4	102.6	111.6	83.8	116.4	109.4	102.1	99.5	101.2	87.8	95.7	108.4
十六、建筑材料及五金电料	101.2	103.5	107.0	105.4	98.0	102.4	105.6	101.2	100.4	100.4	98.7	100.4	103.5

注:食用油2015年(含)以前名称为油脂。

4

固定资产投资

全社会固定资产投资完成情况

表 4-1　　单位：万元

	2017 年	2016 年	增减%
总　　计	**26286306**	**28525432**	**-7.8**
#工业投资	16525170	16328537	1.2
一、规模以上投资	26036306	23851577	9.2
#工业投资	16455170	14873352	10.6
#项目投资	23286967	21497444	8.3
#房地产投资	2749339	2354133	16.8
二、规模以下投资	250000	4673855	-94.7
#工业投资	70000	1455185	-95.2

分县区全社会投资完成情况

表 4-2　　（2017 年）　　单位：万元

	全　市	三　县			
			东海县	灌云县	灌南县
总　　计	**26286306**	**10205508**	**4188136**	**3446298**	**2571074**
#工业投资	16525170	7344948	3088567	2551463	1704918
一、规模以上投资	26036306	10055508	4133136	3396298	2526074
#工业投资	16455170	7302948	3073167	2537463	1692318
#项目投资	23286967	9331063	3895004	3236482	2199577
#房地产投资	2749339	724445	238132	159816	326497
二、规模以下投资	250000	150000	55000	50000	45000
#工业投资	70000	42000	15400	14000	12600

表 4-2 续表　　（2017 年）　　单位：万元

	市　区				
		连云区	海州区	赣榆区	开发区
总　　计	**16080798**	**2226355**	**4149185**	**4699736**	**3518684**
#工业投资	9180222	1078533	1574557	3630232	2451983
一、规模以上投资	15980798	2214655	4120385	4651616	3509084
#工业投资	9152222	1075263	1566497	3616832	2449383
#项目投资	13955904	2017090	3053712	4491637	3263399
#房地产投资	2024894	197565	1066673	159979	245685
二、规模以下投资	100000	11700	28800	48120	9600
#工业投资	28000	3270	8060	13400	2600

注：规模以上投资指计划总投资或实际需要总投资在 500 万元以上的项目或单位及全部房地产投资。其余为规模以下投资。

主要年份全社会固定资产投资完成额

表 4-3　　　　单位:万元

年　　份	全　市	市　区	#赣榆区	东海县	灌云县	灌南县
1978	9326	7703	481	476	549	598
1980	13347	11303	972	1106	549	389
1983	23888	21524	1415	965	1044	355
1985	53275	46211	1905	3229	2826	1009
1990	106764	83709	11947	10517	5041	7497
1991	102070	69532	14106	16653	7062	8823
1992	180282	132504	22604	25260	13193	9325
1993	356145	282140	76833	40823	12537	20645
1994	421577	303802	97130	71587	27947	18241
1995	607286	444003	145373	91891	49459	21933
1996	596143	409012	120500	92733	65635	28763
1997	655189	420689	97484	76434	112837	45229
1998	838307	556498	107848	101222	101366	79221
1999	1088270	745452	139176	121657	135102	86059
2000	1278297	869259	165218	163487	141682	103869
2001	1518275	1097536	176793	175180	140184	105375
2002	1805422	1341277	192875	186262	160826	117057
2003	2123858	1525930	244380	228195	222538	147195
2004	2463014	1620335	327407	321898	291989	228792
2005	3235953	1974802	501304	484647	418828	357676
2006	4238887	2514934	701722	630586	568297	525070
2007	5846184	3266259	1065641	918735	879421	781769
2008	7776820	4241730	1385318	1117484	1235656	1181950
2009	11789819	5163101	1788839	1584112	1679156	1574611
2010 老口径	12342481	6292783	2203860	1916424	2066637	2066637
2010 新口径	9943569	5286538	1760573	1595012	1523003	1539016
2011 新口径	12409297	6932650	2063816	1880279	1795300	1801068
2012 老口径	15199404	8592699	2484834	2269497	2168722	2168486
2012 新口径	13531937	7968747	2145993	1929279	1820509	1813403
2013	16647714	9831774	2625126	2347571	2234810	2233559
2014	20903558	12417449	3246596	2912777	2803585	2769747
2015	25225458	15632281	3903464	3420321	3226171	2946684
2016	28525432	17491941	4609702	4041700	3765327	3226464
2017	26286306	16080798	4699736	4188136	3446298	2571074

全市规模以上项目投资增减情况

表 4–4

指 标 名 称	2017 年	2016 年	增长(%)
一、计划总投资(万元)			
1、建设项目计划总投资	54084424	44872802	20.5
其中:本年新开工项目	22551011	16176127	39.4
2、自开始建设至本年底累计完成投资	39529527	30417916	30.0
二、自年初累计完成投资(万元)	**23286967**	**21497444**	**8.3**
其中:本年新开工	15474598	11991463	29.1
其中:国有经济控股	5925466	6658863	–11.0
其中:住宅	15410	95135	–83.8
其中:基础设施投资	4960668	4778735	3.8
其中:民间投资	16484008	13940020	18.3
其中:高新投资	3961263	3547716	11.7
其中:高耗能投资	4754560	4933726	–3.6
其中:城建投资	2164198	1528246	41.6
其中:服务业投资	6372353	6149359	3.6
1、按构成分			
建筑工程	11404410	10276222	11.0
安装工程	1179194	2187927	–46.1
设备工器具购置	8910821	6905508	29.0
其他费用	1792542	2127787	–15.8
其中:建设用地费	659948	483434	36.5
2、按建设性质分			
其中:(1)新建	13558682	13577492	–0.1
其中:(2)扩建	2331083	2931452	–20.5
其中:(3)改建	7221606	4857416	48.7
其中:(7)单纯购置	58953	43669	35.0

表 4-4 续表 1

指 标 名 称	2017 年	2016 年	增长(%)
3、按登记注册类型分			
内资企业	21890734	20197354	8.4
国有企业	2246215	2387478	-5.9
集体企业	105654	127075	-16.9
股份合作企业		7186	-100.0
联营企业	7115	14574	-51.2
国有联营企业		14574	-100.0
集体联营企业	7115		
有限责任公司	5526760	6121962	-9.7
国有独资公司	1495109	1231653	21.4
其他有限责任公司	4031651	4890309	-17.6
股份有限公司	384975	419454	-8.2
私营企业	13498598	10970197	23.1
私营独资企业	1493163	1249820	19.5
私营合伙企业	18203	11700	55.6
私营有限责任公司	11608895	9554723	21.5
私营股份有限公司	378337	153954	145.8
其他企业	121417	149428	-18.8
港、澳、台商投资企业	713307	683999	4.3
合资经营企业(港或澳、台资)	278714	321545	-13.3
合作经营企业(港或澳、台资)	6326		
港、澳、台商独资经营企业	425301	337315	26.1
港、澳、台商投资股份有限公司	2966	25139	-88.2
外商投资企业	666504	605573	10.1
中外合资经营企业	359662	283592	26.8
外资企业	294176	268875	9.4
外商投资股份有限公司	12666	53106	-76.2
个体经营	16422	10518	56.1
个体户	10962	9370	17.0
个人合伙	5460	1148	375.6

表4–4 续表2

指 标 名 称	2017年	2016年	增长(%)
4、按产业分			
①第一产业	348629	425822	–18.1
②第二产业	16565985	14922263	11.0
工业	16455170	14873352	10.6
工业技改投资	7945831	5446088	45.9
能源工业	1972226	2343136	–15.8
原材料工业	4639542	4819050	–3.7
机电工业	3706066	3220270	15.1
轻纺工业	6538008	4887609	33.8
③第三产业	6372353	6149359	3.6
5、按国民经济行业分			
农、林、牧、渔业	449985	475414	–5.4
农业	187937	227688	–17.5
林业	2420	3100	–21.9
畜牧业	114072	106287	7.3
渔业	44200	88747	–50.2
农、林、牧、渔服务业	101356	49592	104.4
采矿业	13275	7500	77.0
非金属矿采选业	7295	7500	–2.7
制造业	14515719	12535652	15.8
农副食品加工业	1528572	821824	86.0
食品制造业	232728	295913	–21.4
酒、饮料和精制茶制造业	126390	150976	–16.3
纺织业	328611	313346	4.9
纺织服装、服饰业	741078	418183	77.2
皮革、毛皮、羽毛及其制品和制鞋业	180160	174459	3.3

表 4-4 续表 3

指 标 名 称	2017 年	2016 年	增长(%)
木材加工和木、竹、藤、棕、草制品业	346871	350841	-1.1
家具制造业	248792	170604	45.8
造纸和纸制品业	104832	82201	27.5
印刷和记录媒介复制业	197039	184880	6.6
文教、工美、体育和娱乐用品制造业	267036	198743	34.4
石油加工、炼焦和核燃料加工业	226526	135022	67.8
化学原料和化学制品制造业	2092864	2522113	-17.0
医药制造业	891366	594062	50.1
化学纤维制造业	88661	17322	411.8
橡胶和塑料制品业	623775	344650	81.0
非金属矿物制品业	2001878	1639780	22.1
黑色金属冶炼和压延加工业	265130	359449	-26.2
有色金属冶炼和压延加工业	56457	146076	-61.4
金属制品业	612476	458040	33.7
通用设备制造业	543097	520794	4.3
专用设备制造业	813043	684737	18.7
汽车制造业	293428	203997	43.8
铁路、船舶、航空航天和其他运输设备制造业	79378	73444	8.1
电气机械和器材制造业	941590	990420	-4.9
计算机、通信和其他电子设备制造业	351865	180979	94.4
仪器仪表制造业	71189	107859	-34.0
其他制造业	37089	198910	-81.4
废弃资源综合利用业	217233	151632	43.3
金属制品、机械和设备修理业	6565	44396	-85.2
电力、热力、燃气及水生产和供应业	1932741	2374596	-18.6
电力、热力生产和供应业	1700030	2187392	-22.3

表 4–4 续表 4

指标名称	2017 年	2016 年	增长(%)
燃气生产和供应业	45670	20722	120.4
水的生产和供应业	187041	166482	12.4
建筑业	110815	48911	126.6
房屋建筑业	14207	6366	123.2
土木工程建筑业	56237	32323	74.0
建筑安装业	11881	3622	228.0
建筑装饰和其他建筑业	28490	6600	331.7
批发和零售业	333570	187343	78.1
批发业	108248	74150	46.0
零售业	225322	113193	99.1
交通运输、仓储和邮政业	1081139	831139	30.1
铁路运输业	50000		
道路运输业	421675	347701	21.3
水上运输业	260271	250841	3.8
装卸搬运和运输代理业	68102	37360	82.3
仓储业	271412	195237	39.0
邮政业	9679		
住宿和餐饮业	59541	24410	143.9
住宿业	41391	19490	112.4
餐饮业	18150	4920	268.9
信息传输、软件和信息技术服务业	132394	224114	–40.9
电信、广播电视和卫星传输服务	55612	49798	11.7
互联网和相关服务		49840	
软件和信息技术服务业	76782	124476	–38.3

表 4-4 续表 5

指 标 名 称	2017 年	2016 年	增长(%)
金融业	12843	19970	-35.7
货币金融服务	8043		
资本市场服务	4800	3500	37.1
其他金融业		16470	
房地产业	201953	543051	-62.8
房地产业	201953	543051	-62.8
租赁和商务服务业	1370934	1800812	-23.9
租赁业	9715	4812	101.9
商务服务业	1361219	1796000	-24.2
科学研究和技术服务业	156965	116881	34.3
研究和试验发展	25557	28465	-10.2
专业技术服务业	58060	18093	220.9
科技推广和应用服务业	73348	70323	4.3
水利、环境和公共设施管理业	2162588	1668599	29.6
水利管理业	267654	397528	-32.7
生态保护和环境治理业	60247	58458	3.1
公共设施管理业	1834687	1212613	51.3
居民服务、修理和其他服务业	79660	21827	265.0
居民服务业	11860	2016	488.3
机动车、电子产品和日用产品修理业	25620	9840	160.4
其他服务业	42180	9971	323.0
教育	217396	161492	34.6
教育	217396	161492	34.6

表 4-4 续表 6

指 标 名 称	2017 年	2016 年	增长(%)
卫生和社会工作	114026	46132	147.2
卫生	97451	22781	327.8
社会工作	16575	23351	-29.0
文化、体育和娱乐业	132658	36657	261.9
新闻和出版业			
广播、电视、电影和影视录音制作业	2500	10475	-76.1
文化艺术业	54150	12532	332.1
体育	23926	4650	414.5
娱乐业	52082	9000	478.7
公共管理、社会保障和社会组织	208765	372944	-44.0
国家机构	194028	365280	-46.9
基层群众自治组织	14737	7664	92.3
三、本年新增固定资产(万元)	**17208697**	**14415907**	**19.4**
四、项目个数(个)			
1、施工项目个数	3109	2001	55.4
其中:本年新开工	2412	1530	57.7
2、本年投产项目个数	2343	1427	64.2
五、房屋建筑面积(平方米)			
1、本年施工房屋面积	15854402	17358859	-8.7
其中:住宅	29041	321797	-91.0
2、本年竣工房屋面积	8101438	6884865	17.7
其中:住宅	19780	226004	-91.3

表4-4续表7

指 标 名 称	2017年	2016年	增长(%)
六、本年资金来源合计	**22144950**	**21133022**	**4.8**
1.上年末结余资金	396862	876208	-54.7
2.本年资金来源小计	21748088	20256814	7.4
(1)国家预算资金	280379	274002	2.3
其中:中央预算资金	44243	8100	446.2
(2)国内贷款	2727511	2400515	13.6
(3)债券	15363	51201	-70.0
(4)利用外资	81960	129121	-36.5
(5)自筹资金	17968438	16954953	6.0
(6)其他资金来源	674437	447022	50.9
七、各项应付款合计	**1429441**	**1008799**	**41.7**
其中:工程款	813549	557508	45.9

全市规模以上工业项目投资增减情况

表4-5

指 标 名 称	2017年	2016年	增长(%)
一、计划总投资(万元)			
1、建设项目计划总投资	35457266	29279949	21.1
其中:本年新开工项目	15657087	11730777	33.5
2、自开始建设至本年底累计完成投资	26268455	20598494	27.5
二、自年初累计完成投资(万元)	**16455170**	**14873352**	**10.6**
其中:本年新开工	11374947	8967784	26.8
其中:国有经济控股	1775536	2351743	-24.5
其中:民间投资	13866173	11670780	18.8
其中:高新投资	3884481	3423240	13.5
其中:高耗能投资	4754560	4933726	-3.6
1、按构成分			
建筑工程	6405428	5390456	18.8
安装工程	998080	1782357	-44.0
设备工器具购置	7934146	6253897	26.9
其他费用	1117516	1446642	-22.8
其中:建设用地费	354382	252402	40.4
2、按建设性质分			
其中:(1)新建	7383473	7709721	-4.2
其中:(2)扩建	2003651	2565079	-21.9
其中:(3)改建	6964480	4546305	53.2
其中:(7)单纯购置	11533	32269	-64.3
3、按登记注册类型分			
内资企业	15156462	13622205	11.3
国有企业	258327	309232	-16.5
集体企业		3925	
股份合作企业		7186	
联营企业		3832	
国有联营企业		3832	
有限责任公司	2867079	3348420	-14.4
国有独资公司	277155	257314	7.7
其他有限责任公司	2589924	3091106	-16.2
股份有限公司	374303	412631	-9.3
私营企业	11611485	9512697	22.1
私营独资企业	1220278	1037274	17.6
私营合伙企业		6900	-100.0
私营有限责任公司	10020270	8314569	20.5
私营股份有限公司	370937	153954	140.9
其他企业	45268	24282	86.4
港、澳、台商投资企业	656225	638267	2.8
合资经营企业(港或澳、台资)	278714	321545	-13.3

表 4-5 续表 1

指 标 名 称	2017 年	2016 年	增长(%)
合作经营企业(港或澳、台资)	6326		
港、澳、台商独资经营企业	368219	291583	26.3
港、澳、台商投资股份有限公司	2966	25139	-88.2
外商投资企业	640183	602362	6.3
中外合资经营企业	340291	282381	20.5
外资企业	287226	266875	7.6
外商投资股份有限公司	12666	53106	-76.2
个体经营	2300	10518	-78.1
个体户	2300	9370	-75.5
个人合伙		1148	
4、按国民经济行业分			
采矿业	13275	7500	77.0
有色金属矿采选业	5980		
非金属矿采选业	7295	7500	-2.7
制造业	14509154	12491256	16.2
农副食品加工业	1528572	821824	86.0
食品制造业	232728	295913	-21.4
酒、饮料和精制茶制造业	126390	150976	-16.3
纺织业	328611	313346	4.9
纺织服装、服饰业	741078	418183	77.2
皮革、毛皮、羽毛及其制品和制鞋业	180160	174459	3.3
木材加工和木、竹、藤、棕、草制品业	346871	350841	-1.1
家具制造业	248792	170604	45.8
造纸和纸制品业	104832	82201	27.5
印刷和记录媒介复制业	197039	184880	6.6
文教、工美、体育和娱乐用品制造业	267036	198743	34.4
石油加工、炼焦和核燃料加工业	226526	135022	67.8
化学原料和化学制品制造业	2092864	2522113	-17.0
医药制造业	891366	594062	50.1
化学纤维制造业	88661	17322	411.8
橡胶和塑料制品业	623775	344650	81.0
非金属矿物制品业	2001878	1639780	22.1
黑色金属冶炼和压延加工业	265130	359449	-26.2
有色金属冶炼和压延加工业	56457	146076	-61.4

表 4-5 续表 2

指　标　名　称	2017 年	2016 年	增长(%)
金属制品业	612476	458040	33.7
通用设备制造业	543097	520794	4.3
专用设备制造业	813043	684737	18.7
汽车制造业	293428	203997	43.8
铁路、船舶、航空航天和其他运输设备制造业	79378	73444	8.1
电气机械和器材制造业	941590	990420	-4.9
计算机、通信和其他电子设备制造业	351865	180979	94.4
仪器仪表制造业	71189	107859	-34.0
其他制造业	37089	198910	-81.4
废弃资源综合利用业	217233	151632	43.3
三、本年新增固定资产(万元)	**12676638**	**10398484**	**21.9**
四、项目个数(个)			
1、施工项目个数	2153	1330	61.9
其中:本年新开工	1721	1061	62.2
2、本年投产项目个数	1735	988	75.6
五、房屋建筑面积(平方米)			
1、本年施工房屋面积	10162594	11509537	-11.7
其中:住宅	25441	18831	35.1
2、本年竣工房屋面积	4971030	4669373	6.5
其中:住宅	16714	17952	-6.9
六、本年资金来源合计	**15529265**	**14552538**	**6.7**
1.上年末结余资金	113292	291032	-61.1
2.本年资金来源小计	15415973	14261506	8.1
(1)国家预算资金	55366	104012	-46.8
其中:中央预算资金	18024		
(2)国内贷款	2283779	2045265	11.7
(3)债券	11238	30005	-62.6
(4)利用外资	76060	108929	-30.2
(5)自筹资金	12659749	11700428	8.2
(6)其他资金来源	329781	272867	20.9
七、各项应付款合计	**1123052**	**648872**	**73.1**
其中:工程款	628528	333881	88.3

表4-6

(不含房地产投资)

指标	全市	市区	连云区	海州区	赣榆区
一、计划总投资(万元)					
1、建设项目计划总投资	54084424	39089739	11430065	4569007	8909046
其中:本年新开工项目	22551011	12147350	975047	2178867	6020716
2、自开始建设至本年底累计完成投资	39529527	28254911	6945623	5033318	5971903
二、自年初累计完成投资(万元)	**23286967**	**13955904**	**2017090**	**3053712**	**4491637**
其中:本年新开工	15474598	8436501	578741	1767979	3292368
其中:国有经济控股	5925466	4812994	1821221	783189	538054
其中:住宅	15410	1434			1434
其中:基础设施投资	4960668	3697445	1631091	299182	466747
其中:民间投资	16484008	8753241	188131	2154516	3891651
其中:高新投资	3727708	2025097	38266	346207	449367
其中:高耗能投资	4754560	2019267	59524	222105	900868
其中:城建投资	2164198	1743230	451981	180020	201015
其中:服务业投资	6372353	4615211	907387	1460390	762584
1、按构成分					
建筑工程	11404410	7195088	920811	2180054	1930136
安装工程	1179194	613926	149610	107681	270990
设备工器具购置	8910821	4783130	463909	585064	1931124
其他费用	1792542	1363760	482760	180913	359387
其中:建设用地费	659948	467741	52382	139571	220734
2、按建设性质分					
其中:(1)新建	13558682	8175370	792779	1875349	2320402
其中:(2)扩建	2331083	1789772	1084376	92132	579220
其中:(3)改建	7221606	3815166	85427	1076327	1583976
其中:(7)单纯购置	58953	58953	50033		4139
3、按产业分					
①第一产业	348629	82206	34440	2885	34962
②第二产业	16565985	9258487	1075263	1590437	3694091
工业	16455170	9152222	1075263	1566497	3616832
工业技改投资	7945831	4286568	39174	1021717	2077124
能源工业	1972226	1599744	985622	54310	400680
原材料工业	4639542	1808609	57803	207480	711368
机电工业	3706066	2119176	12058	767784	712079
轻纺工业	6538008	3722047	16780	713784	1664585
③第三产业	6372353	4615211	907387	1460390	762584

资产投资完成情况

（2017年）　　　　　　　　　　　　　　　　　　　　　　　　　　　　单位:万元

开发区	高新区	徐圩新区	风景区	东海县	灌云县	灌南县
3610087	840975	9654829	75730	5509276	5686463	3798946
2322992	61040	542604	46084	4241378	3777276	2385007
3882443	671357	5685933	64334	4585505	3907047	2782064
3263399	**106964**	**969828**	**53274**	**3895004**	**3236482**	**2199577**
2586931	43710	128094	38678	3326621	2308701	1402775
932321	60071	624864	53274	395628	348377	368467
				7900	6076	
776590	2970	506191	14674	328169	647983	287071
2139875	34104	344964		3266539	2731756	1732472
1035497	21514	134246		320268	820025	562318
454332		382438		1042961	916186	776146
676522	2970	221063	9659	120151	92138	208679
808317	72661	559833	44039	668244	624640	464258
1454558	40950	618108	50471	1621877	1264966	1322479
43311	19863	20228	2243	315637	168098	81533
1645035	43951	113487	560	1786654	1605514	735523
120495	2200	218005		170836	197904	60042
50270		4784		97081	54223	40903
2155336	72661	905569	53274	2258042	1758675	1366595
32576		1468		367313	131291	42707
1022363	34303	12770		1269649	1346516	790275
4781						
5699			4220	153593	69829	43001
2449383	34303	409995	5015	3073167	2542013	1692318
2449383	34303	404929	5015	3073167	2537463	1692318
1051459	34303	62791		1385338	1483650	790275
97950		56167	5015	68717	256659	47106
483586		348372		1133690	862807	834436
606461	20794			849047	352278	385565
1313389	13509			1385609	1072191	358161
808317	72661	559833	44039	668244	624640	464258

表4-6续表1 (不含房地产投资)

指　　标	全 市	市 区			
			连云区	海州区	赣榆区
5、按国民经济行业分					
农、林、牧、渔业	449985	107566	49190	2885	34962
农业	187937	40244	4000		26945
林业	2420	620			
畜牧业	114072	2885		2885	
渔业	44200	38457	30440		8017
农、林、牧、渔服务业	101356	25360	14750		
采矿业	13275	7025			1045
有色金属矿采选业	5980	5980			
非金属矿采选业	7295	1045			1045
制造业	14515719	7711992	90427	1489050	3424755
农副食品加工业	1528572	843943	10900	31775	647084
食品制造业	232728	172964		80234	30660
酒、饮料和精制茶制造业	126390	51936		5595	46341
纺织业	328611	151377		25264	119622
纺织服装、服饰业	741078	266407	580	48504	206568
皮革、毛皮、羽毛及其制品和制鞋业	180160	91613		11592	80021
木材加工和木、竹、藤、棕、草制品业	346871	125180		11950	73319
家具制造业	248792	141296		44362	69039
造纸和纸制品业	104832	31394	800	4150	14269
印刷和记录媒介复制业	197039	175823		5976	85880
文教、工美、体育和娱乐用品制造业	267036	204394		100952	91760
石油加工、炼焦和核燃料加工业	226526	226526	1721	3500	221305
化学原料和化学制品制造业	2092864	664770	39694	22533	293779
医药制造业	891366	811680		18546	78899
化学纤维制造业	88661	87315		5880	4960
橡胶和塑料制品业	623775	368085		105526	211811
非金属矿物制品业	2001878	798131	3500	179072	298516
黑色金属冶炼和压延加工业	265130	242932	14609		63652
有色金属冶炼和压延加工业	56457	35842			23616
金属制品业	612476	360815		40475	181382

（2017 年）

单位:万元

				东海县	灌云县	灌南县
开发区	高新区	徐圩新区	风景区			
5699		10610	4220	171686	95564	75169
5699			3600	132053	13240	2400
			620		1800	
				21540	49046	40601
					5743	
		10610		18093	25735	32168
5980				6250		
5980						
				6250		
2325085	34303	348372		2953107	2251803	1598817
154184				308610	323598	52421
49281	12789			33560	22939	3265
				38864	14064	21526
6491				66978	84609	25647
10755				236873	193370	44428
					66525	22022
39911				103652	78605	39434
27895				48280	29600	29616
12175				12750	23520	37168
83967				13060	8156	
11682				48742	13900	
102492		206272		50485	747994	629615
713515	720				59350	20336
76475				1346		
50748				54255	118482	82953
317043				988176	105293	110278
22571		142100		4300		17898
12226					9520	11095
138958				84885	58402	108374

表 4-6 续表 2 (不含房地产投资)

指标	全市	市区	连云区	海州区	赣榆区
通用设备制造业	543097	453285		158670	202325
专用设备制造业	813043	509033	2100	242095	70711
汽车制造业	293428	172861		52647	113831
铁路、船舶、航空航天和其他运输设备制造业	79378	45600		13800	18200
电气机械和器材制造业	941590	379476	8785	213323	80821
计算机、通信和其他电子设备制造业	351865	135222	646	26442	33309
仪器仪表制造业	71189	62884	527	20332	11500
其他制造业	37089	33689		9980	19770
废弃资源综合利用业	217233	60954		5875	31805
金属制品、机械和设备修理业	6565	6565	6565		
电力、热力、燃气及水生产和供应业	1932741	1439770	991401	77447	191032
电力、热力生产和供应业	1700030	1351726	983901	50810	157883
燃气生产和供应业	45670	21492			21492
水的生产和供应业	187041	66552	7500	26637	11657
建筑业	110815	106265		23940	77259
房屋建筑业	14207	14207			14207
土木工程建筑业	56237	56237			56237
建筑安装业	11881	11881			6815
建筑装饰和其他建筑业	28490	23940		23940	
批发和零售业	333570	249127	7300	104938	124114
批发业	108248	51943	4100		47843
零售业	225322	197184	3200	104938	76271
交通运输、仓储和邮政业	1081139	506189	169312	23970	144205
铁路运输业	50000	50000	50000		
道路运输业	421675	78352	10000	6370	40025
水上运输业	260271	185427	91680		
装卸搬运和运输代理业	68102	62102	4721		57381
仓储业	271412	125529	12911	17600	42020
邮政业	9679	4779			4779
住宿和餐饮业	59541	32990	9426	9710	13854
住宿业	41391	23010	8760	9710	4540
餐饮业	18150	9980	666		9314

（2017年） 单位:万元

开发区	高新区	徐圩新区	风景区	东海县	灌云县	灌南县
92290				51052	13860	24900
194127				147437	127533	29040
6383				59558	14690	46319
13600				1000	9000	23778
76547				484420	48147	29547
54031	20794			20695	80646	115302
30525						8305
3939				3400		
23274				90729		65550
118318		56557	5015	113810	285660	93501
97950		56167	5015	49189	252009	47106
				19528	4650	
20368		390		45093	29001	46395
		5066			4550	
		5066				
					4550	
12775				24914	29649	29880
				21214	16888	18203
12775				3700	12761	11677
36497		132205		213866	304907	56177
17385		4572		111229	191561	40533
6371		87376			62703	12141
				6000		
12741		40257		91737	50643	3503
				4900		
				18381	8170	
				18381		
					8170	

表 4-6 续表 3 (不含房地产投资)

指　　标	全　市	市　区	连云区	海州区	赣榆区
信息传输、软件和信息技术服务业	132394	80772		55612	25160
电信、广播电视和卫星传输服务	55612	55612		55612	
软件和信息技术服务业	76782	25160			25160
金融业	12843	12843		4800	
货币金融服务	8043	8043			
资本市场服务	4800	4800		4800	
房地产业	201953	104187	50523		
房地产业	201953	104187	50523		
租赁和商务服务业	1370934	1144054	75902	863852	111982
租赁业	9715	9715		5400	
商务服务业	1361219	1134339	75902	858452	111982
科学研究和技术服务业	156965	80475	8840		20850
研究和试验发展	25557	22526			10454
专业技术服务业	58060	48233	8840		680
科技推广和应用服务业	73348	9716			9716
水利、环境和公共设施管理业	2162588	1821403	483289	159753	173530
水利管理业	267654	182280	12898	6370	29857
生态保护和环境治理业	60247	38268	25910		8500
公共设施管理业	1834687	1600855	444481	153383	135173
居民服务、修理和其他服务业	79660	71200	3400	988	61011
居民服务业	11860	3400	3400		
机动车、电子产品和日用产品修理业	25620	25620			19819
其他服务业	42180	42180		988	41192
教育	217396	161505	11280	93370	11814
教育	217396	161505	11280	93370	11814
卫生和社会工作	114026	73962	5150	44000	12342
卫生	97451	63467	4500	44000	2497
社会工作	16575	10495	650		9845

（2017 年）　　　　　　　　　　　　　　　　　　　　单位：万元

开发区	高新区	徐圩新区	风景区	东海县	灌云县	灌南县
					50423	1199
					50423	1199
	8043					
	8043					
	810	52854			5112	92654
	810	52854			5112	92654
42643	49675			172992	15510	38378
4315						
38328	49675			172992	15510	38378
19185	542	478	30580	26331	10779	39380
12072				3031		
7113	542	478	30580		9827	
				23300	952	39380
634516	2970	357686	9659	92230	108059	140896
		133155		31750	44466	9158
		3858		4950	4950	12079
634516	2970	220673	9659	55530	58643	119659
5801					8460	
					8460	
5801						
30620	10621		3800	4900	28070	22921
30620	10621		3800	4900	28070	22921
6470		6000		30903	5030	4131
6470		6000		24823	5030	4131
				6080		

表 4-6 续表 4 (不含房地产投资)

指　　标	全 市	市 区			
			连云区	海州区	赣榆区
文化、体育和娱乐业	132658	115386	56850	51734	6802
广播、电视、电影和影视录音制作业	2500	2500	2500		
文化艺术业	54150	41500	41500		
体育	23926	19304	7550	11754	
娱乐业	52082	52082	5300	39980	6802
公共管理、社会保障和社会组织	208765	129193	4800	47663	56920
国家机构	194028	127942	4800	47663	55669
基层群众自治组织	14737	1251			1251
三、本年新增固定资产(万元)	**17208697**	**10271299**	**531284**	**2420124**	**3469539**
四、项目个数(个)					
1、施工项目个数	3109	1727	184	295	736
其中:本年新开工	2412	1291	148	218	580
2、本年投产项目个数	2343	1207	121	242	470
五、房屋建筑面积(平方米)					
1、本年施工房屋面积	15854402	6314991	123548	152079	4142924
其中:住宅	29041	6387			6387
2、本年竣工房屋面积	8101438	2463048	14950	134089	855134
其中:住宅	19780	6096			6096
六、本年资金来源合计					
1.上年末结余资金	396862	331961	880	23754	37039
2.本年资金来源小计	21748088	13419265	2126183	3009108	4330963
(1)国家预算资金	280379	190694	86001	52477	52216
其中:中央预算资金	44243	42719	0	0	42719
(2)国内贷款	2727511	1625017	925602	103235	565687
(3)债券	15363	9000	0	9000	0
(4)利用外资	81960	43833	0	6000	22375
(5)自筹资金	17968438	11111213	1019865	2676148	3596626
(6)其他资金来源	674437	439508	94715	162248	94059
七、各项应付款合计	**1429441**	**406793**	**22067**	**60601**	**156313**
其中:工程款	813549	142703	2700	14350	57790

（2017 年） 单位:万元

开发区	高新区	徐圩新区	风景区	东海县	灌云县	灌南县
				6022	11250	
				4900	7750	
				1122	3500	
19810				59612	13486	6474
19810				59612		6474
					13486	
3101218	**384521**	**340554**	**24059**	**2873882**	**2436804**	**1626712**
371	19	111	11	480	565	337
314	5	20	6	420	473	228
349	8	10	7	392	474	270
1275431	621009			1695952	1225015	6618444
				6204	16450	
1052125	406750			666133	793840	4178417
				5669	8015	
51509	32912	185067	800	39502	14223	11176
3118179	101870	680385	52577	3613467	3253108	1462248
				3268	86417	
				1524		
30493				865707	179903	56884
				6363		
2458	13000			28926	3900	5301
3060766	36167	673084	48557	2619401	2924611	1313213
24462	52703	7301	4020	89802	58277	86850
104197	**11671**	**51944**		**281477**	**6015**	**735156**
62219	5144	500		78047	2385	590414

固定资产投资竣工的房屋建筑面积

表 4-7 (规模以上不含房地产) 单位:万平方米

年份	全市	市区	#赣榆区	东海县	灌云县	灌南县
1978	29.73	34.72	2.20	1.68	1.37	1.96
1980	45.23	36.20	3.24	4.22	3.05	1.76
1983	51.07	43.62	5.48	3.54	3.25	0.66
1985	77.82	60.18	7.82	6.85	6.52	4.30
1990	56.60	49.09	8.17	3.96	1.60	1.95
1991	62.32	50.05	9.16	4.60	4.82	2.85
1992	61.85	44.52	9.32	6.28	6.20	4.85
1993	111.77	87.82	10.04	7.44	9.75	6.76
1994	105.19	81.24	13.13	6.94	11.22	5.79
1995	118.76	101.56	10.64	7.97	5.78	3.45
1996	105.61	73.54	11.35	13.58	14.30	4.19
1997	95.40	73.83	15.30	6.08	10.19	5.30
1998	101.84	60.99	17.99	18.10	13.51	9.24
1999	128.04	78.39	16.91	12.83	25.48	11.34
2000	77.95	50.70	15.50	7.87	10.70	8.68
2001	123.85	92.72	28.61	11.99	7.36	11.78
2002	90.06	61.91	9.92	10.64	15.78	1.73
2003	81.54	49.91	11.71	12.83	18.80	
2004	120.71	96.60	13.95	13.57	10.54	
2005	193.48	91.91	55.49	55.50	46.07	
2006	139.75	60.65	20.74	19.67	32.19	27.24
2007	225.84	125.70	64.82	65.90	27.83	6.41
2008	288.67	100.93	71.71	133.39	54.35	
2009	483.39	269.14	119.42	113.39	42.46	58.40
2010	444.96	262.97	64.86	78.37	27.87	75.75
2011	499.21	228.39	18.57	83.26	56.55	131.01
2012	830.55	425.30	70.60	168.50	51.00	185.70
2013	804.54	273.32	48.47	196.89	127.6	206.74
2014	936.67	408.50	73.02	210.54	50.18	267.44
2015	669.98	276.53	22.83	244.67	85.99	62.79
2016	688.49	289.62	74.78	81.41	134.62	182.84
2017	810.14	246.30	85.51	66.61	79.38	417.84

固定资产投资竣工的住宅建筑面积

表 4-8　　(规模以上不含房地产)　　单位:万平方米

年份	全市	市区		东海县	灌云县	灌南县
			#赣榆区			
1978	7.59	6.85	0.43	0.42	0.19	0.13
1980	20.12	17.20	0.72	1.22	0.92	0.78
1983	25.12	23.12	1.86	0.92	0.75	0.33
1985	30.04	25.43	1.92	1.91	1.52	1.18
1990	19.96	17.61	0.87	0.84	0.64	0.87
1991	18.68	15.20	2.31	1.42	0.91	1.15
1992	26.66	19.90	4.98	4.12	1.40	1.24
1993	44.64	38.40	4.13	3.01	1.75	1.48
1994	32.86	26.36	8.11	1.93	2.27	2.30
1995	56.34	50.53	4.29	2.98	0.84	1.99
1996	75.88	61.10	5.89	7.63	5.60	1.55
1997	68.40	56.97	6.04	4.68	3.24	3.51
1998	81.34	58.70	10.43	10.77	6.24	5.63
1999	134.08	105.50	12.34	9.82	12.15	6.61
2000	85.08	65.49	7.66	5.45	5.52	8.62
2001	111.56	98.45	21.52	2.16	2.59	8.36
2002	102.75	90.06	6.03	7.64	3.15	1.90
2003	98.74	84.25	6.66	7.42	5.21	1.86
2004	115.31	99.28	11.11	4.00	12.03	
2005	112.82	96.60	3.20	10.18	6.04	
2006	150.80	105.51	23.33	22.08	17.41	5.80
2007	213.60	156.26	28.51	29.86	27.48	
2008	27.64			7.54	20.10	
2009	6.76	6.76				
2010	24.58	24.58				
2011	21.09	21.67	1.00		0.43	
2012	26.77	26.70	4.40		0.07	
2013	12.30	3.90	3.90		3.60	4.80
2014	7.61	1.25			2.10	4.25
2015	6.44			1.72	4.45	0.23
2016	22.60	2.15	2.15	5.34	15.11	
2017	1.98	0.61	0.61	0.57	0.80	

高新技术产业投资完成情况

表 4–9

指 标 名 称	2017 年	2016 年	增速(%)
一、计划总投资(万元)			
1、建设项目计划总投资	7731381	6264815	23.4
其中:本年新开工项目	3377980	2383180	41.7
2、自开始建设至本年底累计完成投资	6416588	5092238	26.0
二、自年初累计完成投资(万元)	**3727708**	**3221776**	**15.7**
其中:本年新开工	2583793	1900212	36.0
其中:国有经济控股	90495	182938	–50.5
其中:民间投资	3475921	2804707	23.9
1、按构成分			
建筑工程	1417302	1097899	29.1
安装工程	211801	338866	–37.5
设备工器具购置	1915060	1508388	27.0
其他费用	183545	276623	–33.7
其中:建设用地费	64254	35718	79.9
2、按建设性质分			
其中:(1)新建	1396445	1506317	–7.3
其中:(2)扩建	124500	187847	–33.7
其中:(3)改建	2190837	1526932	43.5
其中:(7)单纯购置	4933		
3、按登记注册类型分			
内资企业	3322367	2834722	17.2
国有企业	37332	43900	–15.0
股份合作企业		7186	
有限责任公司	499968	502419	–0.5
国有独资公司	40710	44691	–8.9
其他有限责任公司	459258	457728	0.3
股份有限公司	107232	89494	19.8
私营企业	2671845	2191723	21.9
私营独资企业	220168	169210	30.1
私营有限责任公司	2307242	1958214	17.8
私营股份有限公司	144435	64299	124.6
其他企业	5990		

表 4-9 续表

指　标　名　称	2017 年	2016 年	增速(%)
港、澳、台商投资企业	193723	183114	5.8
合资经营企业(港或澳、台资)	133183	169819	-21.6
港、澳、台商独资经营企业	57574	13295	333.1
港、澳、台商投资股份有限公司	2966		
外商投资企业	211618	203940	3.8
中外合资经营企业	170655	107006	59.5
外资企业	33933	48828	-30.5
外商投资股份有限公司	7030	48106	-85.4
4、按国民经济行业分			
电子计算机及办公设备制造业	21979	8259	166.1
电子及通讯设备制造业	356178	268017	32.9
医药制造业	1017865	684831	48.6
仪器仪表制造业	71189	107859	-34.0
智能装备制造业	529371	381280	38.8
新材料制造业	1533186	1586109	-3.3
新能源制造业	197940	185421	6.8
三、本年新增固定资产(万元)	**3072955**	**2759861**	**11.3**
四、项目个数(个)			
1、施工项目个数	459	250	83.6
其中:本年新开工	366	182	101.1
2、本年投产项目个数	390	189	106.4
五、房屋建筑面积(平方米)			
1、本年施工房屋面积	2085731	1699747	22.7
其中:住宅	865	1425	-39.3
2、本年竣工房屋面积	1161769	655175	77.3
其中:住宅	865	560	54.5
六、本年资金来源合计	**3439889**	**3006438**	**14.4**
1.上年末结余资金	39632	90342	-56.1
2.本年资金来源小计	3400257	2916096	16.6
(1)国家预算资金	4120		
(2)国内贷款	194163	199305	-2.6
(3)债券	1000		
(4)利用外资	8509	2458	246.2
(5)自筹资金	3138426	2646394	18.6
(6)其他资金来源	54039	67939	-20.5
七、各项应付款合计	**249259**	**149307**	**66.9**
其中:工程款	191565	100991	89.7

民间投资完成情况

表 4-10

指 标 名 称	2017 年	2016 年	增速(%)
一、计划总投资(万元)			
1、建设项目计划总投资	30774536	23260952	32.3
其中:本年新开工项目	17202620	12043919	42.8
2、自开始建设至本年底累计完成投资	23101307	17628955	31.0
二、自年初累计完成投资(万元)	**16484008**	**13940020**	**18.3**
其中:本年新开工	12074630	9194054	31.3
其中:住宅	14217	66714	-78.7
其中:基础设施投资	1114903	788244	41.4
其中:高新投资	3614852	2964346	21.9
其中:高耗能投资	4173718	4305383	-3.1
其中:城建投资	470850	292041	61.2
其中:服务业投资	2216762	1845141	20.1
1、按构成分			
建筑工程	7387958	6005785	23.0
安装工程	860354	1589447	-45.9
设备工器具购置	7412507	5289188	40.1
其他费用	823189	1055600	-22.0
其中:建设用地费	425831	284697	49.6
2、按建设性质分			
其中:(1)新建	9038852	8631232	4.7
其中:(2)扩建	1099611	1250995	-12.1
其中:(3)改建	6301865	4010792	57.1
其中:(7)单纯购置	5320	15390	-65.4
3、按登记注册类型分			
内资企业	15985839	13577620	17.7
集体企业	105654	127075	-16.9
股份合作企业		7186	
联营企业	7115		
集体联营企业	7115		
有限责任公司	1983808	1970806	0.7
其他有限责任公司	1983808	1970806	0.7
股份有限公司	269247	352928	-23.7
私营企业	13498598	10970197	23.1
私营独资企业	1493163	1249820	19.5
私营合伙企业	18203	11700	55.6
私营有限责任公司	11608895	9554723	21.5
私营股份有限公司	378337	153954	145.8
其他企业	121417	149428	-18.8

表 4-10 续表 1

指 标 名 称	2017 年	2016 年	增速(%)
港、澳、台商投资企业	256659	239145	7.3
合资经营企业(港或澳、台资)	250333	221694	12.9
合作经营企业(港或澳、台资)	6326		
港、澳、台商投资股份有限公司		17451	
外商投资企业	225088	112737	99.7
中外合资经营企业	225088	107737	108.9
外商投资股份有限公司		5000	
个体经营	16422	10518	56.1
个体户	10962	9370	17.0
个人合伙	5460	1148	375.6
4、按产业分			
①第一产业	322298	405923	-20.6
②第二产业	13944948	11688956	19.3
工业	13866173	11670780	18.8
工业技改投资	7024394	4674260	50.3
能源工业	702168	603345	16.4
原材料工业	4109766	4206547	-2.3
机电工业	3482787	2851893	22.1
轻纺工业	6034856	4374203	38.0
③第三产业	2216762	1845141	20.1
5、按国民经济行业分			
农、林、牧、渔业	366812	439040	-16.5
农业	168037	226188	-25.7
林业	1800		
畜牧业	108261	90988	19.0
渔业	44200	88747	-50.2
农、林、牧、渔服务业	44514	33117	34.4
采矿业	13275	7500	77.0
有色金属矿采选业	5980		
非金属矿采选业	7295	7500	-2.7
制造业	13326491	11199202	19.0
农副食品加工业	1452225	730181	98.9
食品制造业	214408	289226	-25.9
酒、饮料和精制茶制造业	122090	146476	-16.7
纺织业	297732	313346	-5.0
纺织服装、服饰业	637520	351433	81.4
皮革、毛皮、羽毛及其制品和制鞋业	164036	151353	8.4
木材加工和木、竹、藤、棕、草制品业	310220	292894	5.9
家具制造业	245558	149241	64.5
造纸和纸制品业	104832	82201	27.5
印刷和记录媒介复制业	197039	184880	6.6
文教、工美、体育和娱乐用品制造业	249900	192543	29.8
石油加工、炼焦和核燃料加工业	226526	135022	67.8

表 4–10 续表 2

指　标　名　称	2017 年	2016 年	增速(%)
化学原料和化学制品制造业	1895070	2237170	–15.3
医药制造业	874243	541366	61.5
化学纤维制造业	16659	3500	376.0
橡胶和塑料制品业	593780	333794	77.9
非金属矿物制品业	1682122	1384431	21.5
黑色金属冶炼和压延加工业	265130	358293	–26.0
有色金属冶炼和压延加工业	44231	131403	–66.3
金属制品业	555790	435275	27.7
通用设备制造业	513586	429548	19.6
专用设备制造业	805334	635920	26.6
汽车制造业	291444	176271	65.3
铁路、船舶、航空航天和其他运输设备制造业	65578	73444	–10.7
电气机械和器材制造业	859586	833898	3.1
计算机、通信和其他电子设备制造业	320807	159678	100.9
仪器仪表制造业	70662	107859	–34.5
其他制造业	33150	198910	–83.3
废弃资源综合利用业	217233	95250	128.1
金属制品、机械和设备修理业		44396	
电力、热力、燃气及水生产和供应业	526407	508474	3.5
电力、热力生产和供应业	441841	448824	–1.6
燃气生产和供应业	33801	19499	73.4
水的生产和供应业	50765	40151	26.4
建筑业	78775	18176	333.4
房屋建筑业	1200	6366	–81.2
土木工程建筑业	46820	4560	926.8
建筑安装业	6815	2600	162.1
建筑装饰和其他建筑业	23940	4650	414.8
批发和零售业	202480	164971	22.7
批发业	108248	72300	49.7
零售业	94232	92671	1.7

表 4-10 续表 3

指 标 名 称	2017 年	2016 年	增速(%)
交通运输、仓储和邮政业	406565	255199	59.3
道路运输业	103925	49450	110.2
水上运输业	37593	62673	–40.0
装卸搬运和运输代理业	29342	2990	881.3
仓储业	226026	140086	61.4
邮政业	9679		
住宿和餐饮业	50665	19490	160.0
住宿业	32631	19490	67.4
餐饮业	18034		
信息传输、软件和信息技术服务业	76782	1268	5955.4
软件和信息技术服务业	76782	1268	5955.4
金融业	4800	3500	37.1
资本市场服务	4800	3500	37.1
房地产业	3470	61935	–94.4
房地产业	3470	61935	–94.4
租赁和商务服务业	724377	814926	–11.1
租赁业	5400	4812	12.2
商务服务业	718977	810114	–11.3
科学研究和技术服务业	98413	99516	–1.1
研究和试验发展	16319	26608	–38.7
专业技术服务业	16746	2585	547.8
科技推广和应用服务业	65348	70323	–7.1
水利、环境和公共设施管理业	407957	164657	147.8
水利管理业	58297		
生态保护和环境治理业	26879	18768	43.2
公共设施管理业	322781	145889	121.3
居民服务、修理和其他服务业	69120	19811	248.9
居民服务业	11260		
机动车、电子产品和日用产品修理业	15680	9840	59.4
其他服务业	42180	9971	323.0
教育	21446	53029	–59.6
教育	21446	53029	–59.6

表 4-10 续表 4

指标名称	2017 年	2016 年	增速(%)
卫生和社会工作	36470	9580	280.7
卫生	30920	2980	937.6
社会工作	5550	6600	-15.9
文化、体育和娱乐业	68452	26182	161.5
广播、电视、电影和影视录音制作业	2500		
文化艺术业	22250	12532	77.6
体育	6100	4650	31.2
娱乐业	37602	9000	317.8
公共管理、社会保障和社会组织	1251	73564	-98.3
国家机构		66700	
基层群众自治组织	1251	6864	-81.8
三、本年新增固定资产(万元)	**13031342**	**10574094**	**23.2**
四、项目个数(个)			
1、施工项目个数	2329	1389	67.7
其中:本年新开工	1872	1105	69.4
2、本年投产项目个数	1834	1023	79.3
五、房屋建筑面积(平方米)			
1、本年施工房屋面积	12345744	12912403	-4.4
其中:住宅	27791	156231	-82.2
2、本年竣工房屋面积	6382419	5687566	12.2
其中:住宅	18530	153852	-88.0
六、本年资金来源合计	**15500276**	**13645436**	**13.6**
1.上年末结余资金	141995	378799	-62.5
2.本年资金来源小计	15358281	13266637	15.8
(1)国家预算资金	35764	99547	-64.1
(2)国内贷款	1514551	1394625	8.6
(3)债券	11238	36875	-69.5
(4)利用外资	38485	54055	-28.8
(5)自筹资金	13387321	11393674	17.5
(6)其他资金来源	370922	287861	28.9
七、各项应付款合计	**1075904**	**667659**	**61.2**
其中:工程款	628274	374147	67.9

基础设施行业投资完成情况

表 4-11

指 标 名 称	2017 年	2016 年	增速(%)
一、计划总投资(万元)			
1、建设项目计划总投资	18234728	14965939	21.8
其中:本年新开工项目	4358215	2690781	62.0
2、自开始建设至本年底累计完成投资	11586125	8560630	35.3
二、自年初累计完成投资(万元)	**4960668**	**4778735**	**3.8**
其中:本年新开工	2273089	1717348	32.4
其中:国有经济控股	3639661	3941666	-7.7
其中:民间投资	1114903	788244	41.4
1、按构成分			
建筑工程	2898776	2357715	23.0
安装工程	257989	438651	-41.2
设备工器具购置	1068657	1140673	-6.3
其他费用	735246	841696	-12.7
其中:建设用地费	86693	50955	70.1
2、按建设性质分			
其中:(1)新建	3445817	2861659	20.4
其中:(2)扩建	1147851	1610584	-28.7
其中:(3)改建	319819	304492	5.0
其中:(7)单纯购置	43281	2000	2064.1
3、按登记注册类型分			
内资企业	4730998	4714191	0.4
国有企业	1241750	1431721	-13.3
集体企业	24849	30387	-18.2
联营企业		8575	
国有联营企业		8575	
有限责任公司	2658809	2687083	-1.1
国有独资公司	946699	617380	53.3
其他有限责任公司	1712110	2069703	-17.3
股份有限公司	21341	14022	52.2
私营企业	779049	542403	43.6
私营独资企业	176128	74996	134.9
私营有限责任公司	598625	467407	28.1
私营股份有限公司	4296		
其他企业	5200		
港、澳、台商投资企业	170736	48825	249.7
港、澳、台商独资经营企业	170736	48825	249.7
外商投资企业	58934	15719	274.9
中外合资经营企业	23566	15719	49.9
外资企业	35368		

表 4-11 续表 1

指 标 名 称	2017 年	2016 年	增速(%)
4、按国民经济行业分			
电力、热力、燃气及水生产和供应业	1932741	2374596	-18.6
电力、热力生产和供应业	1700030	2187392	-22.3
燃气生产和供应业	45670	20722	120.4
水的生产和供应业	187041	166482	12.4
交通运输、仓储和邮政业	809727	635902	27.3
铁路运输业	50000		
道路运输业	421675	347701	21.3
水上运输业	260271	250841	3.8
装卸搬运和运输代理业	68102	37360	82.3
邮政业	9679		
信息传输、软件和信息技术服务业	55612	99638	-44.2
电信、广播电视和卫星传输服务	55612	49798	11.7
互联网和相关服务		49840	
水利、环境和公共设施管理业	2162588	1668599	29.6
水利管理业	267654	397528	-32.7
生态保护和环境治理业	60247	58458	3.1
公共设施管理业	1834687	1212613	51.3
三、本年新增固定资产(万元)	**2403087**	**2024931**	**18.7**
四、项目个数(个)			
1、施工项目个数	548	405	35.3
其中:本年新开工	397	305	30.2
2、本年投产项目个数	361	280	28.9
五、房屋建筑面积(平方米)			
1、本年施工房屋面积	1175819	2584455	-54.5
其中:住宅	500	77994	-99.4
2、本年竣工房屋面积	737294	336041	119.4
其中:住宅	500	17840	-97.2
六、本年资金来源合计	**4903724**	**4757902**	**3.1**
1.上年末结余资金	212074	377986	-43.9
2.本年资金来源小计	4691650	4379916	7.1
(1)国家预算资金	209306	112868	85.4
其中:中央预算资金	42719	3000	1324.0
(2)国内贷款	1052855	935225	12.6
(4)利用外资	1450		
(5)自筹资金	3328919	3298388	0.9
(6)其他资金来源	99120	33435	196.5
七、各项应付款合计	**201697**	**150542**	**34.0**
其中:工程款	122964	82128	49.7

工业技改投资完成情况

表4-12

指标名称	2017年	2016年	增速(%)
一、计划总投资(万元)			
1、建设项目计划总投资	11334003	6803689	66.6
其中:本年新开工项目	7855533	4320245	81.8
2、自开始建设至本年底累计完成投资	9594272	5886078	63.0
二、自年初累计完成投资(万元)	**7945831**	**5446088**	**45.9**
其中:本年新开工	6143658	3808253	61.3
其中:国有经济控股	404031	233748	72.9
其中:民间投资	7024394	4674260	50.3
其中:高新投资	2359421	1840062	28.2
其中:高耗能投资	3002338	2174590	38.1
1、按构成分			
建筑工程	2770734	1861796	48.8
安装工程	456671	676733	-32.5
设备工器具购置	4334047	2662365	62.8
其他费用	384379	245194	56.8
其中:建设用地费	107507	30896	248.0
2、按建设性质分			
其中:(1)新建	328804	660623	-50.2
其中:(2)扩建	567545	529619	7.2
其中:(3)改建	6964480	4240668	64.2
3、按登记注册类型分			
内资企业	7177172	4789671	49.9
国有企业	111495	51373	117.0
集体企业		3925	
股份合作企业		7186	
有限责任公司	776293	802463	-3.3
国有独资公司	125852	44896	180.3
其他有限责任公司	650441	757567	-14.1
股份有限公司	320936	140426	128.5
私营企业	5957858	3760016	58.5
私营独资企业	535828	609411	-12.1
私营有限责任公司	5200648	3028835	71.7
私营股份有限公司	221382	121770	81.8
其他企业	10590	24282	-56.4
港、澳、台商投资企业	361894	300465	20.4
合资经营企业(港或澳、台资)	155583	113710	36.8
合作经营企业(港或澳、台资)	6326		
港、澳、台商独资经营企业	197019	179067	10.0
港、澳、台商投资股份有限公司	2966	7688	-61.4
外商投资企业	404465	351302	15.1
中外合资经营企业	203798	210989	-3.4
外资企业	188001	92207	103.9
外商投资股份有限公司	12666	48106	-73.7
个体经营	2300	4650	-50.5
个体户	2300	4650	-50.5

表 4-12 续表 1

指 标 名 称	2017 年	2016 年	增速(%)
4、按国民经济行业分			
采矿业	11975		
有色金属矿采选业	5980		
非金属矿采选业	5995		
制造业	7651129	5197925	47.2
农副食品加工业	608601	290147	109.8
食品制造业	157003	94433	66.3
酒、饮料和精制茶制造业	91138	106161	-14.2
纺织业	171721	105202	63.2
纺织服装、服饰业	374986	105607	255.1
皮革、毛皮、羽毛及其制品和制鞋业	98356	91904	7.0
木材加工和木、竹、藤、棕、草制品业	213261	119926	77.8
家具制造业	87560	53066	65.0
造纸和纸制品业	42945	49908	-14.0
印刷和记录媒介复制业	155888	78416	98.8
文教、工美、体育和娱乐用品制造业	132063	81041	63.0
石油加工、炼焦和核燃料加工业	183173	94798	93.2
化学原料和化学制品制造业	1669584	1239604	34.7
医药制造业	419214	371801	12.8
化学纤维制造业	80965	7345	1002.3
橡胶和塑料制品业	270359	148974	81.5
非金属矿物制品业	956329	546553	75.0
黑色金属冶炼和压延加工业	91453	210852	-56.6
有色金属冶炼和压延加工业	18650	68761	-72.9
金属制品业	297132	188013	58.0
通用设备制造业	324028	261190	24.1
专用设备制造业	407117	320210	27.1
汽车制造业	53679	68124	-21.2
铁路、船舶、航空航天和其他运输设备制造业	39505	1806	2087.4
电气机械和器材制造业	467968	262273	78.4
计算机、通信和其他电子设备制造业	97806	92234	6.0
仪器仪表制造业	45547	50330	-9.5
其他制造业	18870	7880	139.5

表 4-12 续表 2

指 标 名 称	2017 年	2016 年	增速(%)
废弃资源综合利用业	76228	81366	-6.3
电力、热力、燃气及水生产和供应业	282727	248163	13.9
电力、热力生产和供应业	199723	209698	-4.8
燃气生产和供应业	17050		
水的生产和供应业	65954	38465	71.5
三、本年新增固定资产(万元)	6733946	4521742	48.9
四、项目个数(个)			
1、施工项目个数	1163	606	91.9
其中:本年新开工	986	490	101.2
2、本年投产项目个数	988	480	105.8
五、房屋建筑面积(平方米)			
1、本年施工房屋面积	3202688	2637479	21.4
其中:住宅	3676	2856	28.7
2、本年竣工房屋面积	1723738	1754396	-1.8
其中:住宅	2950	2856	3.3
六、本年资金来源合计	7515551	5380374	39.7
1.上年末结余资金	45869	127941	-64.2
2.本年资金来源小计	7469682	5252433	42.2
(1)国家预算资金	31496	13770	128.7
(2)国内贷款	637914	481373	32.5
(3)债券	9720	5200	86.9
(4)利用外资	24901	8368	197.6
(5)自筹资金	6626570	4599785	44.1
(6)其他资金来源	139081	143937	-3.4
七、各项应付款合计	473815	281841	68.1
其中:工程款	213098	132540	60.8

按地区分房地产

表 4-13 (2017 年)

项目	连云港市	连云区	海州区	赣榆区
项目个数	325	31	57	54
计划总投资	13849552	2281794	3455926	1328050
累计完成投资	9934724	1013269	3141393	1009635
本年完成投资	2749339	197565	1066673	159979
按工程用途分				
住宅	2225963	115436	876070	133819
其中:90 平方米及以下	253504	13646	103263	7373
144 平方米及以上	293502	30857	130023	7372
其中:别墅、高档公寓	66702		25282	410
办公楼	57083	33754	10397	253
商业营业用房	223672	23925	85006	20363
其他	242621	24450	95200	5544
按构成分				
建筑工程	1934185	151357	706672	127169
安装工程	318792	26526	119840	22475
设备工器具购置	46123	1640	19991	5825
其他费用	450239	18042	220170	4510
其中:旧建筑物购置费	5808		5276	
土地购置费	375927	8500	184519	1919
本年新增固定资产	717934	17085	295061	55990

开发投资情况

单位：万元

东海县	灌云县	灌南县	徐圩新区	市开发区	高新区
44	48	51	1	17	22
1033123	1031258	1612209	46626	1035040	2025526
800864	777769	1279508	3800	600307	1308179
238132	159816	326497	3800	245685	351192
213987	135515	279676	3100	201845	266515
12499	6074	4383		30752	75514
6046	12695	5072		60565	40872
1548	3169			36293	
10	1568				11101
14888	12809	9083	345	14491	42762
9247	9924	37738	355	29349	30814
202216	127174	239441	30	168603	211523
32618	21873	15189		21722	58549
1668	6109	4645		3302	2943
1630	4660	67222	3770	52058	78177
		532			
440	2600	56083	3770	46948	71148
37808	92332	40804		128442	50412

按地区分房地产

表 4-14

(2017 年)

项　　目	连云港市	连云区	海州区	赣榆区
单位个数	304	25	56	46
上年末结余资金	724677	175848	195386	59365
本年实际到位资金小计	3773586	286932	1106267	441556
国内贷款	288104	5000	160747	20400
银行贷款	265923		145787	20100
非银行金融机构贷款	22181	5000	14960	300
利用外资	2851		2850	
自筹资金	963755	61017	350713	45378
其他资金来源	2518876	220915	591957	375778
其中:定金及预收款	1381617	130431	369574	234135
个人按揭贷款	975870	80315	178445	109935
本年各项应付款	1117487	135867	404793	47634
其中:工程款	589888	49074	173570	37462
待开发土地面积(平方米)	1800931	45102	775448	95721
本年购置土地面积(平方米)	736536		311526	
本年土地成交价款	165001		97195	
其中:拆迁补偿费	14549		5244	

开发资金情况

单位:万元、平方米

东海县	灌云县	灌南县	徐圩新区	市开发区	高新区
53	44	45	1	13	21
106532	46065	21037		35957	84487
340278	246320	365684		249889	736660
2900	19743	661			78653
2900	18043	440			78653
	1700	221			
		1			
55697	40238	137338		77080	196294
281681	186339	227684		172809	461713
118839	120614	80373		99793	227858
162119	65041	120255		34291	225469
57656	131661	147198		73432	119246
41705	78027	79456		33142	97452
79435	157691	155873		378010	113651
	89800	141669		101890	91651
	12484	19237		18000	18085
					9305

按登记注册类型分房地产开发投资情况

表 4-15　　(2017 年)　　单位:万元

项　　目	连云港市	内资企业	港、澳、台商投资企业	外商投资企业
项目个数	325	317	4	4
计划总投资	13849552	12759608	336978	752966
累计完成投资	9934724	9584012	224480	126232
本年完成投资	2749339	2654083	59270	35986
按工程用途分				
住宅	2225963	2146518	50226	29219
其中:90 平方米及以下	253504	235101	18080	323
144 平方米及以上	293502	289773	3500	229
其中:别墅、高档公寓	66702	66702		
办公楼	57083	57083		
商业营业用房	223672	214708	8429	535
其他	242621	235774	615	
按构成分				
建筑工程	1934185	1869955	32990	31240
安装工程	318792	310512	8280	
设备工器具购置	46123	46123		
其他费用	450239	427493	18000	4746
其中:旧建筑物购置费	5808	5808		
土地购置费	375927	357927	18000	
本年新增固定资产	717934	717299	635	

按登记注册类型分房地产开发资金情况

表 4-16　　(2017 年)　　单位:万元、平方米

项　　目	连云港市	内资企业	港、澳、台商投资企业	外商投资企业
单位个数	304	295	4	5
上年末结余资金	724677	671973	1022	51682
本年实际到位资金小计	3773586	3596492	114485	62609
国内贷款	288104	258104	30000	
银行贷款	265923	235923	30000	
非银行金融机构贷款	22181	22181		
利用外资	2851	2851		
自筹资金	963755	889835	65620	8300
其他资金来源	2518876	2445702	18865	54309
其中:定金及预收款	1381617	1345398	3150	33069
个人按揭贷款	975870	947580	7050	21240
本年各项应付款	1117487	1054677	29251	33559
其中:工程款	589888	541050	28444	20394
待开发土地面积(平方米)	1800931	1709280	91651	
本年购置土地面积(平方米)	736536	542995	193541	
本年土地成交价款	165001	128916	36085	
其中:拆迁补偿费	14549	5244	9305	

按地区分商品房

表 4-17

(2017 年)

项　　目	连云港市	连云区	海州区	赣榆区
项目个数	325	31	57	54
房屋施工面积	21449280	2221929	4505917	3224908
住宅	17470175	1338759	3679786	2710700
其中:90 平方米及以下	2182552	215273	678436	183786
144 平方米以上	2186835	343742	632359	199498
别墅、高档公寓	308667	48000	160212	16037
办公楼	466034	347695	60970	1006
商业营业用房	1454172	229272	223431	266253
其他	2058899	306203	541730	246949
房屋新开工面积	5501883	659500	1175326	425741
住宅	4522773	429592	985578	329986
其中:90 平方米及以下	449179	21232	99922	5556
144 平方米以上	448114	35425	107140	7732
别墅、高档公寓	77338			5120
办公楼	104701	68174	33435	1006
商业营业用房	281205	51543	46489	36480
其他	593204	110191	109824	58269
房屋竣工面积	1701507	91253	562653	181877
住宅	1402614	54822	459430	140205
其中:90 平方米及以下	211668	4962	140856	1000
144 平方米以上	133891	13885	75264	11543
别墅、高档公寓	11543			11543
办公楼	18583	5048	9843	1006
商业营业用房	120765	20657	39419	16050
其他	159545	10726	53961	24616
住宅竣工套数_住宅(套)	11981	472	4187	1049
其中:90 平方米及以下	2841	57	1682	12
144 平方米以上	799	94	446	54
别墅、高档公寓	54			54

施工和销售情况

单位：平方米

东海县	灌云县	灌南县	徐圩新区	市开发区	高新区
44	48	51	1	17	22
2522116	2328942	2351893	39000	1157114	3097461
2068672	1964033	2178573	35200	993837	2500615
83446	161253	61016		198478	600864
63733	182804	95753		160628	508318
15550	14684			54184	
603	43813				11947
225183	234700	126637	3700	40933	104063
227658	86396	46683	100	122344	480836
664614	693753	514374	39000	589959	739616
550607	664605	493382	35200	468420	565403
9046	1703	10403		78638	222679
11943	44097	25353		64184	152240
3350	14684			54184	
	2086				
35655	24062	14538	3700	12599	56139
78352	3000	6454	100	108940	118074
101252	223236	121822		325993	93421
78213	207637	121822		247064	93421
7115	1200			25760	30775
	33199				
	2686				
22914	11913			9812	
125	1000			69117	
722	1442	1023		2264	822
87	16			640	347
	205				

表 4-17 续表 (2017 年)

项　　目	连云港市	连云区	海州区	赣榆区
房屋竣工价值(万元)	496492	17085	152095	48311
住宅	419399	10079	124376	38080
其中:90 平方米及以下	68489	891	36747	200
144 平方米以上	37265	2498	21744	7000
别墅、高档公寓	7000			7000
办公楼	5221	1876	2504	253
商业营业用房	33637	2650	11111	4335
其他	38235	2480	14104	5643
商品房销售面积(平方米)	6439070	347153	1336558	943154
住宅	6087420	326921	1283887	876000
其中:90 平方米及以下	337623	27863	167075	10674
144 平方米以上	531088	50116	247093	78989
别墅、高档公寓	54574	1734	30122	8368
办公楼	46596	1459	2359	
商业营业用房	194211	8345	39892	49974
其他	110843	10428	10420	17180
本年商品房销售额(万元)	3705516	221784	1022195	484763
住宅	3449660	208071	980501	404756
其中:90 平方米及以下	213379	14228	113441	3939
144 平方米以上	364968	48857	169462	38743
别墅、高档公寓	39635	1092	24409	5357
办公楼	20410	1730	1697	
商业营业用房	182681	10060	35138	74794
其他	52765	1923	4859	5213
待售面积(平方米)	1312954	246698	326847	190585
住宅	888889	77710	288189	163853
其中:90 平方米及以下	165396	9301	112557	24507
144 平方米以上	196804	43784	65415	26174
别墅、高档公寓	76616	32952	33180	3456
办公楼	75808	69541	3099	
商业营业用房	271171	79378	18144	26732
其他	77086	20069	17415	

单位:平方米

东海县	灌云县	灌南县	徐圩新区	市开发区	高新区
26694	47949	25504		128442	50412
20275	44032	25504		106641	50412
1900	251			12008	16492
	6023				
	588				
6393	3149			5999	
26	180			15802	
1086255	933760	804078		410157	577955
1000426	859418	769450		398750	572568
25023	31678	5556		19201	50553
29802	24803	698		480	99107
3350	11000				
	42778				
23799	30671	31689		7308	2533
62030	893	2939		4099	2854
589311	354931	346010		206652	479870
534368	322684	324491		200109	474680
12631	13927	2225		13655	39333
15311	14006	313		288	77988
2177	6600				
	16983				
18546	14986	20803		5339	3015
36397	278	716		1204	2175
45827	84040	232072		83585	103300
19680	74217	163413		327	101500
	2490	2201			14340
151	5731				55549
	4943				2085
				3168	
26147	8869	68659		41442	1800
	954			38648	

表 4-18

(2017 年)

项　　目	连云港市	连云区	海州区	赣榆区
单位个数	304	25	56	46
一、年初存货	40588031	5263877	12188198	5368080
二、期末资产负债				
流动资产合计	87907993	11246599	23546711	10679923
其中:应收账款	2974005	157126	1564353	319975
存货	45228109	6640026	12323969	5381915
固定资产合计	2014270	310799	516219	529195
固定资产原价	2388651	393899	561695	595706
其中:房屋和构筑物	1391368	297571	236338	426806
机器设备	135266	6961	15660	44680
运输工具	103314	17116	13205	17989
累计折旧	472730	124405	74267	74587
其中:本年折旧	75843	9305	15130	16159
在建工程	913921		122685	256001
资产总计	107573542	12534828	27707216	12030836
流动负债合计	66745156	9600872	19144328	8446323
其中:应付账款	5378640	1089729	1083169	458491
非流动负债合计	17063097	1106370	4249749	405423
负债合计	83808253	10707242	23394077	8851746
所有者权益合计	23765289	1827586	4313139	3179090
其中:实收资本	16364938	1648124	3104428	1368994
三、损益及分配				
营业收入	29081591	1149042	10350979	1910914
其中:主营业务收入	29040589	1130336	10344450	1906499

企业财务状况

单位：千元

东海县	灌云县	灌南县	徐圩新区	市开发区	高新区
53	44	45	1	13	21
1429048	3208062	1803754	446925	2209355	8670732
5465901	5709266	5090145	937028	8352599	16879821
147903	100834	238712		425890	19212
2185302	3320401	2375792	446925	3980171	8573608
97194	124856	39742	110	51930	344225
148275	156980	62904	110	72321	396761
55256	8049	2513		65781	299054
29138	2427	9967	59	2678	23696
34714	7660	6289		2468	3873
58289	36726	25186	96	21929	57245
15276	3077	3907	1	4462	8526
14537	1796	13048	27203	25	478626
6161259	6122919	5488132	3296763	8643997	25587592
3642297	4475354	4331748	74696	4922046	12107492
443614	308337	291253	1260	388775	1314012
39040	215329	239622	838059	1891910	8077595
3681337	4690683	4571370	912755	6813956	20185087
2479922	1432236	916762	2384008	1830041	5402505
2001884	1204278	693649	1717100	1995629	2630852
5838539	1401716	2344912	41663	1460146	4583680
5838539	1400217	2336785	41663	1458462	4583638

表 4-18

(2017 年)

项　　目	连云港市	连云区	海州区	赣榆区
土地转让收入	277848			135825
商品房销售收入	28636030	1095042	10334623	1765132
自持物业收入	42342	7569	3610	3020
其中:房屋出租收入	25745	7569	3610	3020
其他收入	84369	27725	6217	2522
营业成本	21814469	852487	7622867	1465079
其中:主营业务成本	21416799	852487	7618487	1367061
税金及附加	1166992	43310	373853	66041
其中:主营业务税金及附加	1098142	34799	322536	63898
其他业务利润	34544	18706	13320	122
销售费用	735611	44186	260076	67240
管理费用	697506	73272	172606	119240
财务费用	139672	30812	14105	20861
其中:利息收入	20157	1150	2578	632
利息支出	100714	31473	11399	14935
资产减值损失	69829	-15939	4698	
公允价值变动收益				
投资收益	34780	2973	31783	
其他收益	1			1
营业利润	4276830	131390	1943611	131313
营业外收入	92470	4378	15012	15069
营业外支出	91088	5077	29266	9807
利润总额	4278212	130691	1929357	136575
所得税费用	876872	23294	282975	39207
四、人工成本				
应付职工薪酬	485394	43410	105978	58202
应交增值税	898716	36178	264906	28080

单位:千元

东海县	灌云县	灌南县	徐圩新区	市开发区	高新区
	103				141920
5836039	1374064	2336724		1454808	4439598
2500	21928	61		3654	
2500	5331	61		3654	
	4122		41663		2120
4477431	1096117	1865683	28223	1184143	3222439
4477350	1096065	1862784	28223	1184143	2930199
184461	72283	70474	5318	60350	290902
184461	71124	70474	5318	55504	290028
	502	210		1684	
107356	44565	64488		61635	86065
55112	62095	67515	5642	46659	95365
10694	7531	25317	1469	30894	-2011
4127	911	891		1277	8591
4490	6604	19030	1469	10616	698
189		361		63232	17288
	15	9			
1003766	63377	129035	1011	13233	860094
18104	29882	7689	825	409	1102
4235	15107	14161	1	758	12676
1017635	78152	122563	1835	12884	848520
242895	27984	32184		53792	174541
55378	65603	46041	6295	21558	82929
423431	27750	49076		17148	52147

5

财政、金融

主要年份分地区一般公共预算收入

表 5-1　　单位:万元

年份	全市	市区	#赣榆区	东海县	灌云县	灌南县
1997	98638	66724	16080	14057	12901	4956
1998	107785	70149	19245	17392	14690	5554
1999	111279	70820	17680	19404	15100	5955
2000	94767	69517	11764	10221	9361	5668
2001	124680	90814	14096	15762	10517	7587
2002	136481	99101	16422	17691	10926	8763
2003	156691	113601	18740	19516	13284	10290
2004	185762	136829	21186	20435	14384	14114
2005	245920	186252	26118	26891	15432	17345
2006	339593	250107	40023	40023	23308	26155
2007	487851	338138	63018	63018	42133	44562
2008	662115	442229	80186	75022	70087	74777
2009	902133	567621	117132	113479	105029	116004
2010	1413888	887216	183999	180157	164685	181830
2011	1800800	1127506	238099	235008	216093	222193
2012	2089396	1300250	292104	274607	258598	255941
2013	2333030	1391163	349262	327753	308766	305348
2014	2617723	1538607	401690	372008	355892	351216
2015	2917698	1726767	445077	410162	393200	387569
2016	2114667	1449084	250181	226068	215179	224336
2017	2148464	1512801	231745	211167	205658	218838

主要年份分地区一般公共预算支出

表 5-2　　　　单位:万元

年　　份	全　市	市　区	#赣榆区	东海县	灌云县	灌南县
1997	143882	91156	20590	20240	19124	13362
1998	151762	92406	24774	23511	20948	14897
1999	160402	94062	21050	27746	21799	16795
2000	166016	102221	25361	26549	19205	18041
2001	202771	128564	32885	27910	24038	22259
2002	231308	145169	37744	35206	25926	25007
2003	279784	177094	46032	42581	30511	29598
2004	324841	197491	49423	50045	38257	39048
2005	458548	279132	71007	74318	54872	50226
2006	576435	348295	99524	95944	67910	64286
2007	806647	464999	138124	132799	101374	107475
2008	1064297	596588	187856	172444	140634	154631
2009	1403077	764545	222959	220576	197007	220949
2010	2027515	1115127	330259	319384	288577	304427
2011	2746339	1577007	446294	433497	359118	376717
2012	3048809	1731713	527998	486842	410088	420166
2013	3623814	2106519	594652	539656	499939	477700
2014	3759482	2059322	664898	617361	557402	525397
2015	4259227	2344945	755798	687167	618031	609084
2016	3731249	2173478	602247	580905	496431	480435
2017	3905576	2235399	325624	619818	548464	501895

财 政 预 算 收 入

表 5-3　　（2017 年）　　单位：万元

指 标	全 市	市 区	#赣榆区	东海县	灌云县	灌南县
一般公共预算收入	2148464	1512801	231745	211167	205658	218838
一、税收收入	1593711	1124177	166422	156349	143125	170060
增值税	765014	557375	75539	70809	59717	77113
营业税	5657	3054	1127	302	399	1902
企业所得税	192742	147746	17791	11161	11732	22103
个人所得税	74518	56282	4652	5200	8187	4849
资源税	8904	2042	1246	6590	272	
城市维护建设税	107566	87202	7891	6328	5761	8275
房产税	51874	35423	5436	6626	5119	4706
印花税	24839	18929	3871	1751	1652	2507
城镇土地使用税	117305	63299	22546	12815	18971	22220
土地增值税	97084	60360	10227	11513	14010	11201
车船税	17325	10943	2470	2664	1669	2049
耕地占用税	10357	2502	27	5867	937	1051
契税	120526	79020	13599	14723	14699	12084
二、非税收入	554753	388624	65323	54818	62533	48778
专项收入	157102	129286	9038	8621	10094	9101
行政事业性收费收入	184564	140727	39055	16322	14071	13444
罚没收入	71349	40659	12297	9646	11157	9887
国有资本经营收入						
国有资源(资产)有偿使用收入	78398	52508	4295	7842	16605	1443
其他收入	49100	11366	638	12341	10490	14903
政府性基金预算收入	1410938	738764	188644	146885	323544	201745
国有资本经营预算收入	21128	19059	2009	1269		800
社会保险基金预算收入	1493637	935478	196277	210006	181894	166259

表 5-3 续表 单位:万元

指　　标	市 区								
		市 直	连云区	海州区	赣榆区	开发区	景 区	徐圩新区	高新区
一般公共预算收入	1512801	359993	102462	314099	231745	364138	13476	40007	86881
一、税收收入	1124177	121112	87418	293062	166422	340407	2516	30251	82989
增值税	557375	56158	41782	134903	75539	210106	1384	6830	30673
营业税	3054	-40	197	1194	1127	146	10		420
企业所得税	147746	21041	10201	29123	17791	52396	205	1354	15635
个人所得税	56282	10133	5537	17191	4652	12862	225	2248	3434
资源税	2042	20	155	2	1246	565		54	
城市维护建设税	87202	15761	5905	19449	7891	32266	261	900	4769
房产税	35423	5539	3645	8208	5436	7493	22	2232	2848
印花税	18929	1917	2240	3636	3871	4749	186	1474	856
城镇土地使用税	63299	3160	8315	9063	22546	6990	129	10123	2973
土地增值税	60360	59	2556	25157	10227	5628	3	48	16682
车船税	10943	7322	201	662	2470	181	31	59	17
耕地占用税	2502	5		1513	27				957
契税	79020	37	6684	42961	13599	7025	60	4929	3725
二、非税收入	388624	238881	15044	21037	65323	23731	10960	9756	3892
专项收入	129286	74978	4185	13831	9038	23017	184	651	3402
行政事业性收费收入	140727	90094	5611	4925	39055	192		656	194
罚没收入	40659	24025	2470	1781	12297	21	3	55	7
国有资本经营收入									
国有资源(资产)有偿使用收入	52508	34379	2778	432	4295	501	9873	231	19
其他收入	11366	1327		68	638		900	8163	270
政府性基金预算收入	738764	339642	45090		188644	33134		132254	
国有资本经营预算收入	19059	10550	500	6000	2009				
社会保险基金预算收入	935478	678416	6781	43848	196277	4151	2548	1441	2016

财 政 预 算 支 出

表 5-4　　（2017 年）　　单位：万元

指　　标	全　市	市　区	#赣榆区	东海县	灌云县	灌南县
一般公共预算支出	3905576	2235399	615787	619818	548464	501895
一、一般公共服务支出	483824	294661	50820	86237	43012	59914
二、外交支出						
三、国防支出	6674	4744	193	1349	291	290
四、公共安全支出	224810	144606	33047	28763	29317	22124
五、教育支出	757669	417203	170956	146439	110502	83525
六、科学技术支出	88065	62337	4425	17187	1276	7265
七、文化体育与传媒支出	42961	30850	5717	6614	3269	2228
八、社会保障和就业支出	410693	205279	54874	70003	59590	75821
九、医疗卫生与计划生育支出	319306	143957	60613	61370	60090	53889
十、节能环保支出	109988	62923	17431	3548	31514	12003
十一、城乡社区支出	355143	228450	15747	40646	42271	43776
十二、农林水支出	428947	193828	102835	83753	83876	67490
十三、交通运输支出	246623	170495	31192	24497	36540	15091
十四、资源勘探信息等支出	60909	48371	11133	8118	1651	2769
十五、商业服务业等支出	41674	36077	977	2016	2731	850
十六、金融支出	957	615		16	268	58
十七、援助其他地区支出	5404	4635	903	769		
十八、国土海洋气象等支出	109509	55044	23766	15242	16589	22634
十九、住房保障支出	146417	93649	17107	13925	19189	19654
二十、粮油物资储备支出	9060	4123	1861	1346	1731	1860
二十一、其他支出	12086	11418	5064	379	151	138
二十二、债务付息支出	44552	21971	7200	7576	4589	10416
其中:地方政府一般债券付息支出	44552	21971	7200	7576	4589	10416
二十三、债务发行费用支出	305	163	26	25	17	100
政府性基金预算支出	1642720	871583	189710	190968	355166	225003
国有资本经营预算支出	8920	8511	175	409		

表 5-4 续表　　　　单位:万元

指　　标	市 区	市 直	连云区	海州区	赣榆区	开发区	景 区	徐圩新区	高新区
一般预算支出	2235399	848738	107318	325624	615787	193703	33160	68870	42199
一、一般公共服务支出	294661	149150	18502	34920	50820	23284	2053	5014	10918
二、外交支出									
三、国防支出	4744	3893	166	492	193				
四、公共安全支出	144606	87373	5595	10695	33047	3774	155	3764	203
五、教育支出	417203	99286	30100	82502	170956	17909	5869	10581	
六、科学技术支出	62337	7490	1412	4727	4425	34834		172	9277
七、文化体育与传媒支出	30850	21408	879	1592	5717	451	65	319	419
八、社会保障和就业支出	205279	80974	8429	47881	54874	6346	2210	1789	2776
九、医疗卫生与计划生育支出	143957	52082	4585	18909	60613	3472	942	1610	1744
十、节能环保支出	62923	13987	5889	10911	17431	4836	229	9587	53
十一、城乡社区支出	228450	36776	11291	56582	15747	70736	2233	24938	10147
十二、农林水支出	193828	50231	5410	24567	102835	2288	2712	2293	3492
十三、交通运输支出	170495	125675	255	3099	31192	4543	1141	4590	
十四、资源勘探信息等支出	48371	20935	578	5917	11133	7355	12	2371	70
十五、商业服务业等支出	36077	12432	1463	2613	977	1817	15105	23	1647
十六、金融支出	615	615							
十七、援助其他地区支出	4635	3832			803				
十八、国土海洋气象等支出	55044	25097	3124	1414	23766	175	22	446	1000
十九、住房保障支出	93649	45740	8647	15912	17107	5884			359
二十、粮油物资储备支出	4123	1652	380	230	1861				
二十一、其他支出	11418	5340	55	351	5064	466	142		
二十二、债务付息支出	21971	4710	548	2273	7200	5523	263	1363	91
其中:地方政府一般债券付息支出	21971	4710	548	2273	7200	5523	263	1363	91
二十三、债务发行费用支出	163	60	10	37	26	10	7	10	3
政府性基金预算支出	871583	411076	26943	73588	189710	31961	25	138280	
国有资本经营预算支出	8511	2336		6000	175				

主要年份金融机构存款余额

表 5-5 单位:亿元

年　　份	全　市	市　区	#赣榆区	东海县	灌云县	灌南县
1978	1.83	1.26	0.38	0.30	0.25	0.02
1980	3.08	1.75	0.70	0.67	0.53	0.12
1983	5.49	3.62	0.72	1.00	0.65	0.22
1985	9.52	6.95	1.02	1.43	0.77	0.37
1990	28.94	21.21	3.08	3.79	2.66	1.29
1991	36.30	26.84	3.56	4.38	3.41	1.66
1992	44.42	32.06	4.46	5.37	4.90	2.09
1993	54.70	38.94	6.50	7.39	5.46	2.91
1994	78.06	57.57	9.36	8.21	8.15	4.12
1995	101.80	69.72	12.53	14.60	11.46	6.03
1996	128.08	91.06	16.19	17.06	13.36	6.60
1997	141.18	99.47	17.87	19.11	14.96	7.63
1998	161.07	116.60	20.38	20.75	15.55	8.17
1999	175.65	128.54	23.69	22.67	15.69	8.75
2000	192.89	140.57	26.32	25.37	16.82	10.13
2001	214.59	156.57	28.30	28.25	18.48	11.29
2002	249.51	147.52	32.43	32.33	23.55	13.67
2003	293.55	178.31	35.93	37.37	26.25	15.69
2004	369.09	272.10	43.51	46.34	31.61	19.05
2005	437.39	319.75	50.81	56.34	38.01	23.27
2006	518.67	380.79	59.55	63.80	45.90	28.18
2007	643.06	467.83	70.37	74.29	62.54	38.41
2008	821.25	610.54	87.98	87.91	79.42	43.38
2009	1019.44	762.16	109.22	110.36	93.18	53.74
2010	1243.81	923.24	130.47	141.63	113.17	65.77
2011	1388.69	1023.75	158.42	165.84	126.24	72.86
2012	1538.04	1117.64	189.53	188.19	143.85	88.34
2013	1709.93	1217.24	219.55	219.75	163.49	109.46
2014	1887.31	1327.56	247.28	244.74	189.51	125.50
2015	2163.92	1525.71	286.16	273.27	217.20	147.74
2016	2555.48	1464.18	327.07	322.30	261.49	180.44
2017	2976.98	1711.29	367.97	360.05	308.89	228.76

注:2004 年始金融机构存贷款余额含外币,下同。

主要年份居民储蓄存款余额

表 5-6　　　　　　　　　　　　　　　　　　　　　　　　　　单位:亿元

年　　份	全　市	市　区	#赣榆区	东海县	灌云县	灌南县
1978	0.38	0.21	0.07	0.06	0.08	0.03
1980	0.76	0.50	0.19	0.11	0.10	0.05
1983	2.07	0.77	0.40	0.53	0.30	0.07
1985	3.74	2.23	0.65	0.82	0.49	0.20
1990	15.90	10.04	2.41	2.92	2.04	0.90
1991	20.23	13.04	3.05	3.52	2.50	1.17
1992	24.59	15.42	3.85	4.32	3.33	1.52
1993	31.35	19.46	4.72	5.45	4.26	2.18
1994	45.98	27.85	7.12	8.63	6.30	3.20
1995	62.17	38.21	9.64	10.66	8.57	4.72
1996	77.34	49.70	12.14	12.17	10.31	5.16
1997	88.43	59.30	14.11	13.69	11.04	4.41
1998	96.92	64.24	15.33	14.96	11.68	6.04
1999	107.47	72.23	18.13	16.63	12.05	6.56
2000	114.37	76.66	19.64	18.67	12.08	6.97
2001	129.28	86.20	21.04	21.10	13.61	8.36
2002	159.20	106.66	24.35	24.98	17.57	9.99
2003	184.63	124.35	27.61	28.54	20.05	11.69
2004	217.73	144.55	32.66	34.27	24.59	14.32
2005	250.13	164.09	38.24	40.31	28.31	17.42
2006	285.96	187.73	44.17	45.28	32.91	20.03
2007	318.24	202.21	50.96	50.98	39.56	25.48
2008	398.42	258.69	61.99	60.15	48.94	30.64
2009	452.92	292.85	68.87	69.42	54.94	35.70
2010	538.24	344.35	85.03	86.69	64.77	42.43
2011	629.42	402.70	102.84	103.31	73.42	50.00
2012	732.79	460.30	121.63	122.78	87.34	62.37
2013	850.95	530.83	142.63	142.14	104.49	73.49
2014	953.41	585.48	164.58	164.93	119.01	83.99
2015	1055.97	640.96	189.49	188.48	132.39	94.14
2016	1179.91	491.88	218.43	214.11	147.28	108.21
2017	1289.74	518.52	245.23	240.63	161.60	123.76

主要年份金融机构贷款余额

表 5-7　　　　单位:亿元

年　　份	全　市	市　区	#赣榆区	东海县	灌云县	灌南县
1978	4.02	2.53	0.74	0.70	0.63	0.16
1980	5.40	2.97	0.94	1.19	0.78	0.46
1983	9.41	5.59	1.12	1.61	1.14	1.07
1985	17.33	11.55	2.23	2.56	1.79	1.42
1990	46.37	34.51	4.51	4.73	3.96	3.17
1991	55.96	41.15	5.43	5.67	5.23	3.92
1992	64.97	47.13	6.35	6.77	6.70	4.38
1993	73.23	53.54	8.24	7.54	6.95	5.20
1994	89.88	64.17	9.80	10.07	9.26	6.38
1995	108.57	72.58	11.66	13.85	13.95	8.20
1996	127.07	83.33	13.98	17.45	16.44	9.84
1997	149.18	96.03	17.04	21.86	19.43	11.86
1998	164.94	106.07	18.27	23.74	23.15	11.99
1999	163.39	108.89	17.36	23.48	20.10	10.91
2000	151.70	102.70	15.89	21.72	17.96	9.33
2001	163.86	111.74	17.82	21.87	18.98	11.28
2002	179.36	105.90	19.37	22.06	20.58	11.46
2003	210.72	131.86	22.45	23.00	21.15	12.27
2004	282.69	221.70	24.84	26.40	22.79	11.81
2005	311.00	248.30	25.94	29.03	22.73	10.94
2006	382.41	314.02	33.01	32.39	23.70	12.30
2007	474.56	395.88	41.52	36.60	26.30	15.79
2008	558.53	473.09	46.70	40.08	28.87	16.49
2009	772.48	636.97	77.07	61.91	44.14	29.46
2010	946.26	753.96	98.72	87.28	63.14	41.88
2011	1088.17	840.38	117.64	110.02	82.87	54.89
2012	1285.20	984.74	141.03	133.41	97.79	69.26
2013	1425.50	1067.01	170.77	154.00	115.82	88.67
2014	1607.42	1183.14	205.10	181.51	135.81	106.95
2015	1827.40	1334.49	241.15	210.19	165.91	116.82
2016	2093.90	1266.28	261.02	248.71	183.80	134.09
2017	2476.09	1513.61	297.85	294.76	211.87	157.99

金融机构综合存贷款（本外币）

表 5-8 （2017 年末） 单位：亿元

指　　标	全　市	市　区	#赣榆区	东海县	灌云县	灌南县
一、各项存款	**2976.98**	**1711.29**	**367.97**	**360.05**	**308.89**	**228.76**
（一）境内存款	2975.97	1710.56	367.91	359.98	308.87	228.65
1.住户存款	1289.74	518.52	245.23	240.63	161.60	123.76
（1）活期存款	556.80	208.21	95.92	122.36	68.78	61.53
（2）定期及其他存款	732.94	310.31	149.31	118.28	92.82	62.23
2.非金融企业存款	1023.10	770.47	61.94	67.25	63.70	59.73
（1）活期存款 2	512.01	333.38	36.44	49.11	45.48	47.61
（2）定期及其他存款 2	511.09	437.09	25.50	18.15	18.22	12.13
3.广义政府存款	639.30	399.55	60.13	51.59	83.12	44.91
（1）财政性存款	79.00	52.31	7.27	3.32	10.00	6.11
（2）机关团体存款	560.30	347.24	52.86	48.27	73.12	38.80
4.非银行业金融机构存款	23.82	22.02	0.60	0.50	0.45	0.25
（二）境外存款	1.01	0.73	0.07	0.08	0.02	0.11
二、各项贷款	**2476.09**	**1513.61**	**297.85**	**294.76**	**211.87**	**157.99**
（一）境内贷款	2475.99	1513.52	297.85	294.76	211.87	157.99
1.住户贷款	1017.95	461.98	151.34	195.10	111.75	97.78
（1）短期贷款	275.11	82.84	57.82	67.42	41.49	25.54
消费贷款	103.80	59.65	11.76	13.63	11.14	7.63
经营贷款	171.30	23.20	46.06	53.79	30.35	17.91
（2）中长期贷款 2	742.84	379.14	93.52	127.69	70.26	72.24
消费贷款 2	692.43	358.47	86.08	117.45	62.87	67.57
经营贷款 1	50.41	20.67	7.44	10.23	7.39	4.67
2.非金融企业及机关团体贷款	1458.04	1051.54	146.51	99.66	100.12	60.21
（1）短期贷款	578.43	449.57	50.86	30.78	30.10	17.12
（2）中长期贷款	786.95	560.49	68.96	59.70	64.53	33.28
（3）票据融资	91.17	40.45	26.67	8.74	5.50	9.81
（4）融资租赁						
（5）各项垫款	1.49	1.03	0.01	0.44		
3.非银行业金融机构贷款						
（二）境外贷款	0.10	0.09				

金融机构存贷款(人民币)

表 5-9　　(2017 年末)　　单位:亿元

指　标	全　市	市　区	#赣榆区	东海县	灌云县	灌南县
一、各项存款	**2917.49**	**1662.48**	**362.77**	**356.03**	**308.40**	**227.81**
(一)境内存款	2916.58	1661.84	362.72	355.96	308.38	227.70
1.住户存款	1279.49	511.45	244.70	238.34	161.38	123.62
(1)活期存款	550.20	204.31	95.56	120.24	68.66	61.43
(2)定期及其他存款	729.29	307.14	149.14	118.09	92.72	62.19
2.非金融企业存款	974.02	728.85	57.29	65.53	63.43	58.92
(1)活期存款 2	469.77	297.93	32.13	47.52	45.21	46.99
(2)定期及其他存款 2	504.24	430.92	25.16	18.01	18.22	11.93
3.广义政府存款	639.27	399.52	60.13	51.59	83.12	44.91
(1)财政性存款	79.00	52.31	7.27	3.32	10.00	6.11
(2)机关团体存款	560.27	347.21	52.86	48.27	73.12	38.80
4.非银行业金融机构存款	23.81	22.01	0.60	0.50	0.45	0.25
(二)境外存款	0.90	0.64	0.06	0.07	0.02	0.11
二、各项贷款	**2433.32**	**1474.79**	**294.17**	**294.63**	**211.87**	**157.85**
(一)境内贷款	2433.22	1474.70	294.17	294.63	211.87	157.85
1.住户贷款	1017.92	461.96	151.34	195.10	111.75	97.78
(1)短期贷款	275.08	82.82	57.82	67.42	41.49	25.53
消费贷款 1	103.78	59.63	11.76	13.63	11.14	7.63
经营贷款 1	171.30	23.20	46.06	53.79	30.35	17.91
(2)中长期贷款 1	742.84	379.14	93.52	127.69	70.26	72.24
消费贷款	692.43	358.47	86.07	117.45	62.87	67.57
经营贷款	50.41	20.67	7.44	10.23	7.39	4.67
2.非金融企业及机关团体贷款	1415.30	1012.74	142.83	99.53	100.12	60.07
(1)短期贷款	567.11	438.55	50.83	30.65	30.10	16.98
(2)中长期贷款	755.53	532.71	65.31	59.70	64.53	33.28
(3)票据融资	91.17	40.45	26.67	8.74	5.50	9.81
(4)融资租赁						
(5)各项垫款	1.49	1.03	0.01	0.44		
3.非银行业金融机构贷款						
(二)境外贷款	0.10	0.09				

近年全市保险费收入

表 5-10　　　　单位:万元

年　　份	保险费收入总额	财产保险	寿　险	意外险	健康险
2008	216573	61043	141410	5385	8735
2009	255407	75952	163355	5459	10641
2010	334245	93248	222177	6980	11840
2011	351677	109218	220999	8003	13457
2012	389913	128329	234728	9204	17652
2013	440564	156723	250430	10864	22548
2014	495209	173626	268236	12895	40452
2015	621561	199949	358998	13384	49231
2016	755197	235581	441729	14626	63261
2017	918882	260287	559900	14536	84159

近年全市保险赔付支出

表 5-11　　　　单位:万元

年　　份	保险赔付支出总额	财产保险	寿　险	意外险	健康险
2008					
2009	88179	44857	38767	1605	2949
2010	76827	41313	30897	1619	2999
2011	92699	52969	34814	1926	2991
2012	115192	70054	39152	2442	3544
2013	156974	87228	62741	2418	4587
2014	171731	93582	63809	3145	11195
2015	195947	97709	81981	3843	12414
2016	255676	127509	105694	3824	18649
2017	289274	136322	135968	8962	8022

6

对外经济贸易

主要年份全市利用外资情况

表 6-1　　单位:万美元

年份	签订合同数(个)	合同利用外资额				实际利用外资			
		合计	对外借款	外商直接投资	外商其他投资	合计	对外借款	外商直接投资	外商其他投资
1985	6	326		59	267	111		111	
1986	11	2710	1667	487	556	1137	1027	49	61
1987	9	1404	232	523	639	889	283	268	338
1988	17	2809	2294	329	186	1047	723	246	78
1989	10	1726	724	971	31	2267	850	736	681
1990	13	1062	799	262	1	1169	1016	140	13
1991	27	3216	162	3011	43	1136	981	151	4
1992	269	33433	786	32566	81	3897	792	3024	81
1993	404	25478	134	24775	569	7412	349	6495	568
1994	253	20537	6224	13595	718	8433	2169	5845	419
1995	313	28026	1464	26213	349	9495	2064	7089	342
1996	209	38395	5884	32511		17848	9534	8314	
1997	187	9489	470	7728	1291	16731	5842	10613	276
1998	117	11390	2114	9261	15	13145	2822	10308	15
1999	121	210620	199600	11020		16180	11512	4668	
2000	118	17642	7440	10202		17360	12590	4770	
2001	93	10113		10113		19495	13714	5781	
2002	161	19677		19677		53726	43717	10009	
2003	237	50976		50976		80892	59577	21405	
2004	274	69075		69075		48730	24071	24659	
2005	271	103634		103634		27480		27480	
2006	221	111786		111786		34569		34569	
2007	207	168292		168292		73787		73787	
2008	147	181367		181367		93528		93528	
2009	159	185793		185793		103992		103992	
2010	141	182234		182234		110120		110120	
2011	128	120538		120538		60986		60986	
2012	109	85565		85565		73354		73354	
2013	147	113330		113330		86987		86987	
2014	166	151455		151455		95437		95437	
2015	91	128346		128346		80109		80109	
2016	112	132072		132072		55044		55044	
2017	73	119376		119376		70902		70902	

主要年份分地区利用外资签订合同数

表 6-2 单位:项

年份	全市	市区	#赣榆区	东海县	灌云县	灌南县
1984	4	4				
1985	6	6	1			
1986	11	11				
1987	9	9	1			
1988	17	17	3			
1989	10	9	2	1		
1990	13	11		1	1	
1991	27	25	4		2	
1992	269	215	42	27	24	3
1993	404	352	70	34	14	4
1994	253	216	52	25	4	8
1995	313	254	62	30	26	3
1996	209	156	51	18	35	
1997	187	138	52	12	32	5
1998	117	79	22	8	28	2
1999	121	81	14	11	24	5
2000	118	71	18	19	17	11
2001	93	73	13	11	4	5
2002	161	106	29	30	21	4
2003	237	138	38	58	32	9
2004	274	168	55	39	45	22
2005	271	171	71	48	34	18
2006	221	145	39	39	25	12
2007	207	136	34	30	24	17
2008	147	109	16	16	11	11
2009	159	124	21	21	7	7
2010	141	96	30	20	14	11
2011	128	80	21	26	9	13
2012	109	71	18	15	22	1
2013	147	106	25	25	14	2
2014	166	114	33	31	16	5
2015	91	77	16	9	2	3
2016	112	70	12	31	8	3
2017	73	33	15	14	7	4

主要年份分地区合同利用外资额

表6-3　　　　　　　　　　　　　　　　　　　　　　　　　　　　　单位:万美元

年份	全市	市区	#赣榆区	东海县	灌云县	灌南县
1984	1691	1691				
1985	326	326	20			
1986	2710	2710				
1987	1404	1404	88			
1988	2809	2809	46			
1989	1726	1616	12	110		
1990	1062	1025		20	17	
1991	3216	3180	2111		36	
1992	33433	30720	2983	643	2024	46
1993	25478	24432	2915	702	307	37
1994	20537	18812	1156	1027	618	80
1995	28026	25213	1922	1604	1108	101
1996	38395	29069	1132	7749	1577	
1997	9489	7984	1068	382	1081	42
1998	11390	9727	468	115	1288	260
1999	210620	209303	503	395	741	181
2000	17642	15664	833	334	1080	564
2001	10113	9139	632	539	248	187
2002	19677	15904	1878	1941	1798	34
2003	50976	39175	8334	7736	2559	1506
2004	69075	51810	10921	8372	5309	3584
2005	103634	69776	17494	17866	8125	7867
2006	111786	88882	15783	10142	4290	8472
2007	168292	118979	18518	20036	15873	13404
2008	181367	132040	14552	17895	15641	15791
2009	185793	133632	18998	24650	13585	13926
2010	182234	111883	31430	21403	22690	26258
2011	120538	91386	8390	11334	5508	12310
2012	85565	58808	14980	12200	19128	-4571
2013	113330	90131	17820	17425	5654	120
2014	151455	119749	28528	16321	11333	4052
2015	128346	115295	13283	5469	1863	5719
2016	132072	107146	8008	15693	7358	1875
2017	119376	51628	32675	13273	12338	9462

主要年份分地区实际利用外资额

表 6-4　　　　　　　　　　　　　　　　　　　　　　　　单位:万美元

年　　份	全　市	市　区	#赣榆区	东海县	灌云县	灌南县
1984	840	840				
1985	111	111	20			
1986	1137	1137				
1987	889	889	88			
1988	1047	1047	46			
1989	2267	2267	12			
1990	1169	1079		90		
1991	1136	1132	31		4	
1992	3897	3564	425	171	116	46
1993	7412	6955	475	366	85	6
1994	8433	7658	588	532	203	40
1995	9495	8199	883	627	568	101
1996	17848	16350	493	891	607	
1997	16731	14199	915	1821	657	54
1998	13145	10017	1035	2015	908	205
1999	16180	14805	598	242	929	204
2000	17360	15943	553	456	660	301
2001	19495	18607	664	451	235	202
2002	53726	51647	1061	937	1081	61
2003	80892	76082	2510	2066	1723	1021
2004	48730	38945	4484	3659	2682	3444
2005	27480	18005	2133	7994	154	1327
2006	34569	23792	5744	4469	2302	4006
2007	73787	45740	11086	8430	8290	11327
2008	93528	51455	14092	13810	15000	13263
2009	103992	58299	15367	15074	15186	15433
2010	110120	61850	16021	17110	15059	16101
2011	60986	50228	5660	7630	1555	1573
2012	73354	51707	13010	13936	5457	2254
2013	86987	62907	12004	13802	9759	519
2014	95437	76756	15366	11534	6907	240
2015	80109	67512	5930	5503	3349	3745
2016	55044	42914	9605	9421	2426	283
2017	70902	35268	10238	10238	8702	6456

外国和港澳台直接投资情况

表 6-5　　　　　　　　　　　　　(2017 年)

项　　目	新签协议合同数(项)	协议合同外资金额(万美元)	实际利用外资金额(万美元)	期末实有企业数(个)
合　计				
一、按登计注册类型分				
1.中外合资经营				
#港澳台商合资经营				
2.中外合作经营				
#港澳台商合作经营				
3.外资企业				
#港澳台商独资				
4.外商投资股份有限公司				
二、按国民经济行业分				
农、林、牧、渔业				
采矿业				
制造业				
电力、燃气及水的生产和供应业				
建筑业				
交通运输、仓储和邮政业	2	1100	3105	
信息传输、计算机服务和软件业	2	1840	340	
批发和零售业	16	25388	12775	
住宿和餐饮业	2	111	100	
金融业	0	8500	7000	
房地产业	4	4240	1183	
租赁和商务服务业	6	14832	5646	
科学研究、技术服务和地质勘查业	4	2200	2120	
居民服务和其他服务业			302	
文化、体育和娱乐业				

表 6-5 续表　　(2017 年)

项　　目	新签协议合同数(项)	协议合同外资金额(万美元)	实际利用外资金额(万美元)	期末实有企业数(个)
合　计	73	119376	70902	
三、按国别、地区分				
亚洲	55	93540	60415	
香港	39	80333	55149	
印度				
本		976	3998	
澳门				
马来西亚				
菲律宾				
新加坡	4	1965	594	
韩国	3	8529	163	
台湾省	5	847	451	
非洲				
欧洲	3	633	405	
英国				
德国				
法国		357	354	
哈萨克斯坦				
俄罗斯				
乌克兰				
南美洲		470	10	
北美洲	5	4284	328	
加拿大	3	610	306	
美国				
百慕大				
大洋洲	2	1688	325	
澳大利亚	1	1488	230	
萨摩亚	1	200	70	
其他	8	18761	9419	
投资性公司投资	8	18761	9419	

分地区利用外资情况

表 6-6　　(2017 年)　　单位:万美元

指　　标	全　市	市　区	赣榆区	东海县	灌云县	灌南县
一、新签协议个数(个)	**73**	**48**	**15**	**14**	**7**	**4**
1.对外借款						
2.外商直接投资	73	48	15	14	7	4
合资经营	30	19	8	7	3	1
合作经营						
独资经营	43	29	7	7	4	3
股份制经营						
3.外商其它投资						
二、新签协议金额	**119376**	**84123**	**32675**	**13273**	**12338**	**9642**
1.对外借款						
2.外商直接投资	119376	84123	32675	13273	12338	9642
合资经营	49670	38027	12765	5618	1026	4999
合作经营						
独资经营	69294	46276	19910	7243	11312	4463
股份制经营	412			412		
3.外商其它投资						
三、实际利用外资	**67837**	**42639**	**8294**	**10237**	**8505**	**6456**
1.对外借款						
2.外商直接投资	67837	42639	8294	10237	8505	6456
合资经营	27528	17877	4063	4977	160	4514
合作经营						
独资经营	39911	24762	4231	4862	8345	1942
股份制经营	398			398		
3.外商其它投资						

主要年份对外承包和劳务合作情况

表 6-7

指　　标	单位	2005	2010	2011	2012	2013	2014	2015	2016	2017
一、新签合同数	**个**	**724**		**50**	**51**					
#承包工程	个			15	21					
劳务合作	个	724		35	30					
二、合同金额	**万美元**	**15842**	**12717**	**25868**	**21234**					
#承包工程	万美元			6866	4696	5434	991	47		
劳务合作	万美元	15842	12717	19002	16538	15059	15932	16597	4610	7162
三、完成营业额	**万美元**	**16595**	**11304**	**12612**	**15164**					
#承包工程	万美元			16451	4723	4950	2306	218		154
劳务合作	万美元	16595	11304	3839	10441	10826	11500	12120	962	3849
四、新派人数		**6385**	**4710**	**12612**	**5401**					
#承包工程				92	2			11		
劳务合作		6385	4710	5230	5399	5618	5928	6182	1950	2799
五、年末在外人数	**人**	**15134**		**6274**	**8065**					
#承包工程	人			266	81					
劳务合作	人	15134		6008	7984				3769	6279

主要年份分地区进出口总额

表 6-8　　　　单位:万美元

指　　标	全　市	市　区	赣榆区	东海县	灌云县	灌南县
1988	597	597				
1989	1244	889			355	
1990	2095	1698		4	393	
1991	3534	2541		195	798	
1992	4452	4011		239	202	
1993	10233	9800	415	157	276	
1994	17855	17073	667	462	299	21
1995	27675	26153	1882	831	664	27
1996	36525	34243	990	1205	1060	17
1997	36955	34146	304	1202	1314	293
1998	32824	28524	1830	1870	1858	572
1999	41872	39799	2000	1045	923	105
2000	48509	45476	820	1579	1286	168
2001	68078	64352	1112	1934	896	896
2002	74691	69898	1000	3153	715	925
2003	95167	88851	1560	4435	1570	311
2004	153923	143132	1597	7519	1903	1369
2005	203906	191531	2406	8686	1918	1771
2006	271309	253875	3613	11911	2348	3175
2007	325302	301327	5678	12187	8224	3564
2008	444874	411482	8489	13852	13651	5889
2009	386010	345094	8811	17873	14396	8647
2010	507608	448296	14339	28714	19490	11108
2011	690008	619184	26324	28797	29181	12846
2012	800158	732974	39059	27556	23470	16158
2013	664117	591515	42135	31717	18287	22598
2014	802991	724758	62750	36482	18395	23356
2015	804485	722692	63717	36931	19784	25078
2016	704006	612349	51252	45794	23339	22524
2017	821087	726052	59844	48257	20529	26528

主要年份分地区出口总额

表 6-9　　　　单位:万美元

指　　标	全　市	市　区	赣榆区	东海县	灌云县	灌南县
1988	419	419				
1989	655	300			355	
1990	1567	1170		4	393	
1991	2911	1918		195	798	
1992	3601	3160		239	202	
1993	7328	6895	415	157	276	
1994	12355	11573	667	462	299	21
1995	21999	20477	1882	831	664	27
1996	30163	27881	990	1205	1060	17
1997	33119	30310	304	1202	1314	293
1998	26524	22224	1830	1870	1858	572
1999	32051	30226	2000	1045	675	105
2000	38830	36586	729	1396	680	168
2001	48768	45448	943	1774	673	873
2002	50316	46248	784	2679	504	885
2003	57747	52812	1369	3554	1074	307
2004	76106	67661	1468	5952	1358	1135
2005	93179	83321	2086	6598	1632	1628
2006	144793	130992	3356	9502	2096	2203
2007	184680	163895	5303	10001	7510	3274
2008	229158	199045	7318	12312	12391	5410
2009	195398	161441	8011	13652	12512	7793
2010	260143	214964	12668	18116	17862	9201
2011	373577	313772	20975	21894	27082	10829
2012	360086	303925	27871	21201	21532	13428
2013	378364	316781	32209	26545	16543	18495
2014	435523	370294	41511	28986	15962	20281
2015	405967	338301	36989	28951	17895	20820
2016	368390	294257	40360	36835	20319	16979
2017	390746	313271	49727	39435	18307	21156

连云港经济技术开发区主要综合指标

表 6–10

指　　标	单位	2005	2010	2011	2012	2013	2014	2015	2016	2017
1.地区生产总值(当年价)	万元	655367	2005500	2555000	3300500	4120250	2552400	2755200	2960400	3073700
2.工业总产值(当年价)	万元	1766260	6012135	8032077	10051314	12504210	11298772	12971303	14092978	10063978
# 三资企业	万元	1120331	3684800	4717825	5591080	6456982	7423388	8491483	9086741	6488965
3.固定资产投资额	万元	320898	1566012	1453504	1875130	1870728	2370391	2922808	3097539	3509084
# 基础设施及配套	万元	117850	185428	163546	127465	258737	343531	274229	313910	748287
4.新批准成立企业数	个	523	917	834	518	591	1223	974	882	905
三资企业	个	49	39	30	17	25	36	28	37	32
内联企业	个	474	878	804	501	566	1187	946	845	873
5.建设项目总投资										
三资企业	万美元	24260	162219	129067	59398	104640	105262	92546	84816	75484
内联企业	万元	154803	3068565	3710018	705207	1385784	1745508	1658745	1250132	1325485
6.新签利用外资协议	个	49	41	30	14	20	39	19	20	18
7.合同利用外资额	万美元	38895	63076	64996	16787	43885	48245	62003	57725	56847
8.实际利用外资额	万美元	12237	32085	34716	19458	35173	36029	35209	11832	11849
9.新投产(开业)生产企业	个	24	41	56	57	59	53	51	50	41
三资企业	个	6	9	7	8	11	7	5	6	3
内联企业	个	18	32	49	49	48	46	46	44	38
10.外贸出口供货额	万元	236751	681092	724183	683025	699688	702864	618252	698028	699305

表 6-10 续表

指　　标	单位	2005	2010	2011	2012	2013	2014	2015	2016	2017
11.出口总额	万美元	26034	99512	147337	137691	141050	145399	130635	95859	111000
# 三资企业	万美元	22265	65943	83585	78124	650876	74059	82118	62674	65847
12.进口总额	万美元	69739	168131	210737	304822	205568	211202	227469	150744	178923
# 三资企业	万美元	62356	112586	128218	185447	97451	76640	116725	114844	138472
13.财政收入	万元	111338	553007	792052	936508	654255	707131	767245	689775	705492
# 税收	万元	109337	314315	361710	496602	553888	610862	690430	610644	648627
14.累计开发土地面积	平方公里	14	21	21	21	21	21	21	21	21
15.年末总人口	人	64090	72627	74368	76291	77716	78728	79838	80215	82501
16.年末从业人员数	人	22120	50900	60865	64334	68644	72899	77335	79762	79885
职工年平均工资	元	14612	29211	33399	36562	39458	46563	50381	67566	69884
17.乡村劳动力	人	23100	25398	26853	30901	31502	31445	33522	32147	37400
18.农业总产值(不变价)	万元	5875	7056	6336	6475	7616	11858	12323	11649	9840
农业总产值(当年价)	万元	11124	9410	9222	10946	11976	12206	12782	12156	9977
19.农业增加值	万元	5923	4660	5453	5573	6928	6300	6867	6420	4800
20.农民人均纯收入	元	5450	9589.5	10754	12310	15968	18045	21609	24433	27365
21.中小学教师数	人	1003	736	811	774	786	781	776	787	805
22.中小学在校学生数	人	10156	8539	6144	6275	6104	6152	6163	13012	12879

7

农　　业

农村基本情况

表 7-1

(2017 年)

指　　标	单 位	全 市	市 区	赣榆区	东海县	灌云县	灌南县
一、农村基层组织							
乡镇个数	个	60	20	15	17	12	11
#镇政府	个	50	19	15	11	10	10
村民小组	个	11930	3499	2537	2990	3331	2110
二、乡村户数 人口							
乡村户数	万 户	93.9	38.0	27.8	22.2	19.7	14.0
乡村人口	万 人	370.7	140.7	103.1	90.4	83.7	55.9
三、乡村劳动力	万 人	179.5	66.3	46.6	43.8	38.8	30.6
(一)按性别分							
男劳动力	万 人	98.3	38.6	27.1	23.6	20.1	16.0
女劳动力	万 人	83.0	29.5	19.5	20.2	18.7	14.6
(二)按行业分							
农林牧渔业	万 人	80.1	26.4	18.8	18.9	20.1	14.7
#种植业	万 人	67.0	20.0	13.7	16.6	16.8	13.6
工　　业	万 人	31.9	13.8	9.1	7.8	5.6	4.7
建 筑 业	万 人	32.0	14.5	11.5	8.6	4.2	4.7
交通运输 仓储 邮电业	万 人	8.6	3.1	2.0	2.3	1.1	2.1
信息服务业	万 人	1.0	0.5	0.2	0.3	0.1	0.1
批发零售贸易 餐饮业	万 人	8.7	3.7	1.7	2.0	1.4	1.6
住宿餐饮业	万 人	4.4	1.5	0.8	0.8	1.0	1.1
金融保险业	万 人	0.8	0.4	0.2	0.2	0.1	0.1
其他非农行业	万 人	13.8	2.3	2.3	3.0	5.2	1.6

主要年份农林牧渔业总产值

表 7-2

（当年价格）

单位:万元

年份	全市	市区	赣榆区	东海县	灌云县	灌南县
1978	54752	5788	14754	14630	12868	6712
1980	69437	6311	18371	18804	18050	7901
1983	139201	10436	34155	44552	32183	17875
1985	205903	14009	58070	70883	41682	21259
1990	402461	30896	101537	120770	104844	44378
1991	418029	33271	104388	124195	105034	51141
1992	439509	33589	122078	129349	98948	55545
1993	539101	38782	165053	163725	98909	72632
1994	942010	61628	269782	290021	195750	124829
1995	1113436	87251	385452	378980	293513	153240
1996	1233118	105380	361463	324198	297404	144673
1997	1443301	118638	399831	390212	350176	184444
1998	1504006	126281	414089	405489	356969	201178
1999	1529595	132126	387783	413839	382566	213281
2000	1407111	135339	386509	397354	304125	183784
2001	1490493	130587	424048	417542	320125	198191
2002	1554817	136474	431268	438423	337048	211604
2003	1511573	148448	397343	394325	358578	212879
2004	1643084	160540	404372	453551	394180	230441
2005	1740161	175581	464544	478436	381885	239715
2006	1800246	186001	478679	482773	403096	249697
2007	1962994	182671	516986	528125	459417	275795
2008	2305389	266233	647889	532747	544860	313660
2009	2841647	322916	759478	647575	653548	458130
2010	3228001	355589	844979	731116	752220	544097
2011	3765336	459811	1023000	844367	804956	633202
2012	4262364	534034	1167266	953437	908537	699090
2013	4742442	561697	1317855	1063106	1018157	781627
2014	5073931	4931380	1422040	1131831	1090880	836890
2015	5490300	2177132	1545777	1215420	1187887	909861
2016	5894159	2340270	1675457	1303138	1280036	970715
2017	6154120	2450775	1777524	1366678	1326751	1009916

主要年份农林牧渔业总产值指数

表 7-3

（1978 年为 100）

年　　份	全　市	市　区	赣榆区	东海县	灌云县	灌南县
1978	100.0	100.0	100.0	100.0	100.0	100.0
1980	127.0	118.1	125.6	127.5	141.9	117.8
1983	167.2	113.2	162.1	172.8	207.6	169.5
1985	216.8	115.0	223.7	232.7	266.7	201.2
1990	261.4	139.1	276.4	265.9	326.0	256.5
1991	281.7	171.5	283.4	276.4	368.6	285.0
1992	292.7	179.1	295.9	289.2	374.1	299.7
1993	323.2	180.9	365.6	338.5	334.0	329.3
1994	394.8	206.9	429.6	412.9	444.5	404.4
1995	464.9	248.5	501.4	477.2	561.5	449.6
1996	441.4	293.0	480.5	429.9	554.8	382.7
1997	507.3	331.5	511.7	470.5	679.6	527.8
1998	535.3	363.2	525.9	496.1	703.1	592.6
1999	566.6	390.3	536.4	518.2	769.3	646.2
2000	534.8	394.9	533.6	509.2	650.5	582.1
2001	567.3	394.6	555.7	535.6	707.6	650.6
2002	595.3	414.0	564.9	565.4	746.7	708.1
2003	598.7	456.3	547.9	544.2	795.8	693.6
2004	641.3	475.3	551.5	587.5	907.7	755.1
2005	679.2	519.8	633.6	619.7	879.4	785.5
2006	706.9	526.3	701.2	611.4	936.8	790.5
2007	737.2	483.1	733.3	683.8	925.7	867.4
2008	789.5	510.2	777.3	712.5	992.4	932.5
2009	844.6	534.4	822.0	770.4	1067.5	994.5
2010	889.4	543.0	859.0	794.3	1133.7	1069.1
2011	928.6	521.0	902.1	828.9	1194.9	1121.1
2012	974.1	559.0	936.4	871.2	1257.0	1153.6
2013	1004.3	544.0	973.9	901.7	1312.3	1198.6
2014	1043.5	563.0	1013.8	934.2	1366.1	1246.5
2015	1082.1	581.9	1051.7	963.2	1425.9	1302.4
2016	1105.0	594.0	1076.6	1050.8	1459.3	1330.0
2017	1141.4	597.6	1127.1	1090.5	1494.5	1372.8

主要年份农林牧渔业总产值

表 7–4　　（当年价格）　　单位：万元

年　　份	合　计	农业产值	林业产值	牧业产值	渔业产值
1978	54752	45456	481	5875	2940
1980	69437	57112	580	7909	3836
1983	139201	110272	1853	18682	8394
1985	205903	151739	3072	37817	13275
1990	402461	275400	5034	80609	41418
1991	418029	281380	5112	83624	47913
1992	439509	281768	7800	90046	59895
1993	539101	327136	10139	124082	77744
1994	942010	562923	11119	244498	123470
1995	1113436	736373	17730	156715	202618
1996	1233118	806859	16140	170757	239362
1997	1443301	895356	19192	250351	278402
1998	1504006	903202	20046	266244	314514
1999	1529595	965446	20935	238280	304934
2000	1407111	841946	23637	241560	299968
2001	1490493	899086	22009	241896	327502
2002	1554817	883158	24939	254036	392684
2003	1511573	703840	25147	282470	376108
2004	1643084	844677	22934	326294	387037
2005	1740161	850837	31312	362399	428483
2006	1800246	901392	34962	336565	451929
2007	1962994	945853	57232	432829	449128
2008	2305389	1092055	70360	529626	520312
2009	2841647	1331508	89755	686841	605465
2010	3228001	1613708	106090	740941	626788
2011	3765336	1807058	115487	920835	757024
2012	4262364	2024439	126239	1007966	915298
2013	4742442	2275794	134096	1021415	1058412
2014	5073931	2402144	140787	1057214	1192225
2015	5490300	2608033	147827	1119339	1303917
2016	5894159	2755611	165368	1190124	1432360
2017	6154120	2876457	158889	1185850	1531713

主要年份农林牧渔业总产值指数

表7-5

（1978=100）

年　份	农林牧渔业总产值指数	农业产值	林业产值	牧业产值	渔业产值
1978	100.0	100.0	100.0	100.0	100.0
1980	127.0	124.9	120.2	135.1	129.0
1983	167.2	174.2	92.3	180.8	121.5
1985	216.8	211.7	155.1	284.1	165.6
1990	261.4	250.5	173.3	327.3	248.9
1991	281.7	265.6	157.6	344.6	309.5
1992	292.7	268.6	187.6	376.9	333.5
1993	323.2	284.6	232.6	464.6	382.7
1994	394.8	341.8	289.5	587.9	472.3
1995	464.9	381.1	336.5	738.4	615.0
1996	441.4	404.0	319.7	408.9	741.7
1997	507.3	454.4	869.8	526.5	831.4
1998	535.3	468.5	908.4	576.9	911.0
1999	566.6	502.7	925.0	578.7	971.9
2000	534.8	455.1	1093.2	597.2	941.7
2001	567.3	491.8	1082.8	605.4	991.4
2002	595.3	497.1	1251.4	637.1	1137.0
2003	598.7	449.2	1360.9	683.7	1147.8
2004	641.3	506.7	1269.2	697.5	1235.4
2005	679.2	510.4	1732.9	774.7	1367.7
2006	706.9	528.0	1732.3	710.3	1544.7
2007	737.2	566.8	1737.2	803.9	1470.5
2008	789.5	603.6	2001.3	845.7	1586.7
2009	844.6	635.0	2228.0	944.0	1646.5
2010	889.4	675.0	2533.2	993.1	1671.2
2011	928.6	697.3	2577.2	1043.3	1755.2
2012	974.1	730.1	2682.9	1077.7	1862.3
2013	1004.3	749.1	2715.1	1060.3	1957.3
2014	1043.5	762.6	2753.1	1093.2	2110.0
2015	1082.1	790.1	2838.5	1107.4	2228.2
2016	1105.0	803.8	3058.7	1099.0	2302.8
2017	1141.4	827.4	2891.3	1104.3	2424.6

主要年份主要农产品产量

表 7-6

年　　份	粮食(万吨)	棉花(万吨)	油料(万吨)
1978	120.24	0.62	5.49
1980	144.90	1.26	6.60
1983	198.98	2.42	9.70
1985	212.57	2.48	14.23
1990	233.38	2.28	12.73
1991	243.64	3.82	12.89
1992	240.17	3.22	10.53
1993	227.17	3.06	12.04
1994	235.08	4.31	13.83
1995	256.86	5.19	12.94
1996	269.72	5.14	12.56
1997	280.04	5.05	12.03
1998	251.93	5.60	12.48
1999	280.98	3.96	12.72
2000	207.03	2.73	14.85
2001	226.34	5.02	16.78
2002	230.64	4.10	15.31
2003	203.47	3.00	10.92
2004	260.29	4.82	13.52
2005	248.00	1.89	10.30
2006	274.38	2.11	9.99
2007	293.09	1.17	8.19
2008	320.12	0.73	10.78
2009	334.54	0.37	11.46
2010	339.36	0.39	11.17
2011	345.98	0.39	11.64
2012	361.35	0.28	11.78
2013	354.73	0.28	12.11
2014	359.33	0.17	11.39
2015	362.15	0.15	11.42
2016	360.80	0.05	11.40
2017	362.35		11.56

农 业 总 产 值

表 7-7 （2017 年）（当年价格） 单位:万元

县 区	合 计	农 业	林 业	牧 业	渔 业	农林牧渔服务业
合 计	**6154120**	**2876457**	**158889**	**1185850**	**1531713**	**401211**
市 区	2450775	793025	62482	358607	1150002	86659
连 云 区	107233	4756	2113	135	99634	595
海 州 区	367529	238872	9779	54117	31838	32923
赣 榆 区	1777524	486299	44601	237145	974558	34921
开 发 区	9977	5197	426	1720	1324	1310
东 海 县	1366678	782632	44929	265323	125674	148120
灌 云 县	1326751	645164	28955	356979	174970	120683
灌 南 县	1009916	655636	22523	204941	81067	45749

农 业 总 产 值 构 成

表 7-8 （2017 年）（当年价格） 单位:%

县 区	合 计	农 业	林 业	牧 业	渔 业	农林牧渔服务业
合 计	**100**	**46.7**	**2.6**	**19.3**	**24.9**	**6.5**
市 区	100	32.4	2.5	14.6	46.9	3.5
连 云 区	100	4.4	2.0	0.1	92.9	0.6
海 州 区	100	65.0	2.7	14.7	8.7	9.0
赣 榆 区	100	27.4	2.5	13.3	54.8	2.0
开 发 区	100	52.1	4.3	17.2	13.3	13.1
东 海 县	100	57.3	3.3	19.4	9.2	10.8
灌 云 县	100	48.6	2.2	26.9	13.2	9.1
灌 南 县	100	64.9	2.2	20.3	8.0	4.5

农 业 增 加 值

表 7-9　　(2017 年)(当年价格)　　单位:万元

指　　标	总 产 值	中间消耗	中间物资消　耗	对非物资生产部门劳务支出	增加值	增加值率(%)
总　　计	**6154120**	**2795003**	**2235897**	**382755**	**3359117**	**54.6**
农　　业	2876457	1120287	884621	235666	1756170	61.1
林　　业	158889	75092	65567	9525	83797	52.7
牧　　业	1185850	679448	629456	49992	506402	42.7
渔　　业	1531713	743825	656253	87572	787888	51.4
农林牧渔服务业	401211	176351			224860	56.0

分 地 区 农 业 增 加 值

表 7-10　　(2017 年)(当年价格)　　单位:万元

县　　区	合　计	农　业	林　业	牧　业	渔　业	农林牧渔服务业
合　计	**3359117**	**1756170**	**83797**	**506402**	**787888**	**224860**
市　　区	1285419	473289	31302	152091	578182	50555
连 云 区	56382	2774	974	58	52243	333
海 州 区	196527	140033	4889	18083	15208	18314
赣 榆 区	926307	291780	22486	102670	488418	20953
开 发 区	5581	3107	206	746	673	849
东 海 县	786554	479390	25628	121592	71332	88612
灌 云 县	732866	408044	12411	145732	95087	71592
灌 南 县	554278	395447	14456	86987	43287	14101

农业总产值分项情况

表 7-11　　(2017 年)

指　　标	按现行价格计算
农业总产值	**6154120**
一、农业产值	2876457
1、谷物及其他作物	1076100
2、蔬菜及园艺作物	1442822
3、水果、坚果、饮料和香料作物	356572
4、中药材	963
二、林业产值	158889
三、牧业产值	1185850
牲畜饲养	263691
猪的饲养	634264
家禽	229550
狩猎和捕捉动物	
其他畜牧业	58345
四、渔业产值	1531713
海水产品	1021005
淡水产品	510708
五、农林牧渔服务业产值	401211

农 作 物 播 种 面 积

表 7-12　　（2017 年）　　单位:千公顷

年　　份	全　市	市　区	#赣榆区	东海县	灌云县	灌南县
农作物播种面积	**628.5**	**73.0**	**105.9**	**204.7**	**135.8**	**109.2**
一、粮食作物	501.3	63.0	79.0	160.0	112.4	86.9
1.夏收粮食	241.1	30.0	39.1	76.1	51.3	44.6
#小　　麦	237.6	30.1	36.3	76.1	51.0	44.1
2.秋收粮食	260.2	33.0	39.9	83.9	61.1	42.3
#稻　　谷	206.3	29.5	28.4	64.9	46.6	37.0
玉　　米	41.0	2.9	7.8	14.5	12.0	3.8
豆　　类	6.5	0.5	1.9	1.0	2.1	1.0
薯　　类	6.3	0.1	1.8	3.5	0.4	0.6
二、油料作物	24.4		13.0	10.3	0.3	0.7
1.花　　生	23.5		13.0	10.3	0.1	
2.油 菜 籽	0.9				0.2	0.7
3.芝　　麻	79.8					
三、棉　　花						
四、麻　　类						
五、糖　　料						
六、烟　　叶						
七、药　　材	0.5			0.4		0.1
八、蔬 菜 类	87.2	8.8	12.6	24.0	21.8	20.0
九、瓜果类(果用瓜)	14.8	1.1	1.3	9.7	1.2	1.5
十、其他农作物	0.3			0.3		

农 作 物 总 产 量 和 单 产

表 7-13　（2017 年）

年　份	全　市	市　区	#赣榆区	东海县	灌云县	灌南县
一、农作物总产量(吨)						
(一)粮食作物	3623532	446793	565491	1153705	820110	637433
1.夏收粮食	1433070	178297	225818	452217	308689	268049
#小　麦	1412581	178297	209517	452217	307142	265408
2.秋收粮食	2190462	268496	339673	701488	511421	369384
#稻　谷	1863971	247784	264429	576862	432185	342711
玉　米	259660	18687	53929	95484	70956	20604
豆　类	18333	1170	6577	2701	5520	2365
薯　类(干品)	48498	855	14738	26441	2760	3704
(二)油料作物	115647	142	63326	49584	807	1788
#花　生	113384	127	63326	49584	262	85
油菜籽	2236	15			518	1703
(三)棉花(皮棉)						
二、农作物单产(公斤/公顷)						
(一)粮食作物	7228	7092	7161	7209	7296	7338
1.夏收粮食	5944	5943	5774	5943	6017	6014
#小　麦	5946	5943	5775	5943	6019	6016
2.秋收粮食	8418	8136	8522	8357	8370	8732
#稻　谷	9034	8399	9324	8883	9274	9275
玉　米	6329	6444	6914	6572	5913	5408
豆　类	2816	2340	3462	2701	2629	2413
薯　类(干品)	7662	8550	8188	7620	6900	6614
(二)油料作物	4732	2840	4864	4800	2445	2518
#花　生	4825	3175	4864	4800	3275	2833
油菜籽	2430	1500			2252	2504
(三)棉花(皮棉)						

畜牧业生产情况

表 7-14　　　　（2017 年）

指　　标	单位	全市	市区	赣榆县	东海县	灌云县	灌南县
一、年末存栏头数							
1、大牲畜	万头	7.55	0.74	1.48	3.72	1.29	0.32
#牛	万头	7.01	0.74	1.41	3.28	1.29	0.29
驴	万头	0.44		0.03	0.40		0.01
2、生猪	万头	150.08	5.78	36.45	34.56	27.07	46.22
其中:能繁母猪	万头	16.27	0.45	3.74	3.30	2.51	6.27
3、羊	万只	23.37	6.15	5.79	4.49	5.35	1.59
4、家禽	万只	1234.62	146.62	348.28	314.57	249.11	176.04
二、畜产品总产量							
1、猪牛羊出栏数							
生猪	万头	267.71	20.53	66.13	64.91	49.30	66.84
牛	万头	10.82	0.21	2.47	3.78	3.91	0.45
羊	万只	39.57	1.90	12.60	10.79	12.27	2.01
2、肉类及其他总产量	吨	267674	19083	74925	71692	49937	52037
①大牲畜肉产量	吨	20504	800	4618	7578	6452	1056
#牛肉产量	吨	20412	800	4618	7518	6452	1024
②猪肉产量	吨	194867	13567	49800	48100	36610	46790
③羊肉产量	吨	6403	350	1812	2106	1841	294
④禽肉产量	吨	39417	4345	14538	12262	4790	3482
⑤兔肉产量	吨	2083	21	157	1246	244	415
⑥其他肉产量	吨	4400		4000	400		
3、奶类产量	吨	49760	39450	717	4657	4936	
4、绵羊毛产量	公斤	14904			13000	1904	
5、蜂蜜产量	吨	90	1		28	47	14
6、禽蛋产量	吨	100873	7915	16803	49869	15122	11164

8

工业、能源

全市及分县规模以上工业企业单位数

表 8-1　　　　（2017 年）　　　　单位:个

年　份	全　市	市　区	东海县	灌云县	灌南县
总　计	**1504**	**682**	**449**	**227**	**146**
一、按登记注册类型分组:					
内资企业	1357	594	415	216	132
国有企业	2	1	1		
中央企业					
地方企业	2	1	1		
集体企业	2	1		1	
股份合作企业	1	1			
联营企业					
国有联营企业					
集体联营企业					
国有与集体联营企业					
其他联营企业					
有限责任公司	240	65	12	121	42
国有独资公司	13	7	3	2	1
其他有限责任公司	227	58	9	119	41
股份有限公司	29	21	1	3	4
私营企业	1081	504	400	91	86
私营独资企业	96	23	60	13	
私营合作企业					
私营有限责任公司	947	462	332	73	80
私营股份有限公司	38	19	8	5	6
其他企业	2	1	1		
港、澳、台商投资企业	51	25	19	3	4
合资经营企业(港或澳、台资)	22	14	6		2
合作经营企业(港或澳、台资)	1	1			
港澳台商独资经营企业	25	8	12	3	2
港澳台商投资股份有限公司	3	2	1		
其他港澳台商投资企业					
外商投资企业	96	63	15	8	10
中外合资经营企业	39	23	7	3	6
中外合作经营企业					
外资企业	54	38	7	5	4
外商投资股份有限公司	3	2	1		

表 8-1 续表 （2017 年） 单位:个

年　　份	全　市	市　区	东海县	灌云县	灌南县
二、按经济组织类型分组					
独资企业	179	71	80	22	6
国有企业	2	1	1		
集体企业	2	1		1	
私营独资企业	96	23	60	13	
港澳台商独资经营企业	25	8	12	3	2
外资企业	54	38	7	5	4
合作、合伙企业	4	3	1		
股份合作企业	1	1			
国有联营企业					
集体联营企业					
国有与集体联营企业					
其他联营企业					
私营合伙企业					
合作经营企业(港或澳、台资)	1	1			
中外合作经营企业					
其他企业(内资)	2	1	1		
其他港澳台商投资企业					
其他外商投资企业					
股份有限公司	73	44	11	8	10
股份有限公司(内资)	29	21	1	3	4
私营股份有限公司	38	19	8	5	6
港澳台商投资股份有限公司	3	2	1		
外商投资股份有限公司	3	2	1		
有限责任公司	1248	564	357	197	130
国有独资公司	13	7	3	2	1
私营有限责任公司	947	462	332	73	80
合资经营企业(港或澳、台资)	22	14	6		2
中外合资经营企业	39	23	7	3	6
其他有限责任公司	227	58	9	119	41
三、在总计中:亏损企业	113	75	9	5	24
在总计中:国有控股企业	44	34	5	3	2
在总计中:轻工业	653	339	174	101	39
重工业	851	343	275	126	107
在总计中:大型企业	25	18	2	1	4
中型企业	95	55	9	14	17
小型企业	1326	578	433	195	120
微型企业	58	31	5	17	5

全市及分县规模以上工业总产值

表 8-2　　　　（2017 年）　　　　单位:万元

年　　份	全　市	市　区	东海县	灌云县	灌南县
总　　计	**54841879**	**32012967**	**11149421**	**7960503**	**3718989**
一、按登记注册类型分组:					
内资企业	44841044	23768932	9833013	7731550	3507549
国有企业	28752	13994	14759		
中央企业					
地方企业	28752	13994	14759		
集体企业	8191	3100		5091	
股份合作企业	20551	20551			
联营企业					
国有联营企业					
集体联营企业					
国有与集体联营企业					
其他联营企业					
有限责任公司	9843928	5165889	157020	4026136	494882
国有独资公司	397905	245270	23483	125617	3536
其他有限责任公司	9446022	4920619	133537	3900519	491347
股份有限公司	2697491	2492300	81960	73136	50095
私营企业	32235946	16069083	9577105	3627187	2962571
私营独资企业	2200609	539127	1507537	153945	
私营合作企业					
私营有限责任公司	28210187	14271274	7765241	3290121	2883550
私营股份有限公司	1825150	1258682	304327	183121	79021
其他企业	6186	4016	2170		
港、澳、台商投资企业	2574944	1494030	881592	86456	112866
合资经营企业(港或澳、台资)	732783	183113	536007		13663
合作经营企业(港或澳、台资)	234862	234862			
港澳台商独资经营企业	1585002	1059620	339723	86456	99204
港澳台商投资股份有限公司	22296	16435	5862		
其他港澳台商投资企业					
外商投资企业	7425891	6750004	434816	142498	98574
中外合资经营企业	3052872	2657579	238800	100881	55611
中外合作经营企业					
外资企业	2738195	2461620	191995	41616	42963
外商投资股份有限公司	1634825	1630805	4020		

表 8-2 续表　　（2017 年）　　单位:个

年　份	全　市	市　区	东海县	灌云县	灌南县
二、按经济组织类型分组					
独资企业	6560750	4077461	2054014	287108	142167
国有企业	28752	13994	14759		
集体企业	8191	3100		5091	
私营独资企业	2200609	539127	1507537	153945	
港澳台商独资经营企业	1585002	1059620	339723	86456	99204
外资企业	2738195	2461620	191995	41616	42963
合作、合伙企业	261599	259429	2170		
股份合作企业	20551	20551			
国有联营企业					
集体联营企业					
国有与集体联营企业					
其他联营企业					
私营合伙企业					
合作经营企业(港或澳、台资)	234862	234862			
中外合作经营企业					
其他企业（内资）	6186	4016	2170		
其他港澳台商投资企业					
其他外商投资企业					
股份有限公司	6179761	5398221	396169	256256	129116
股份有限公司(内资)	2697491	2492300	81960	73136	50095
私营股份有限公司	1825150	1258682	304327	183121	79021
港澳台商投资股份有限公司	22296	16435	5862		
外商投资股份有限公司	1634825	1630805	4020		
有限责任公司	41839769	22277856	8697068	7417138	3447706
国有独资公司	397905	245270	23483	125617	3536
私营有限责任公司	28210187	14271274	7765241	3290121	2883550
合资经营企业(港或澳、台资)	732783	183113	536007		13663
中外合资经营企业	3052872	2657579	238800	100881	55611
其他有限责任公司	9446022	4920619	133537	3900519	491347
三、在总计中:亏损企业	1205100	749730	233694	31364	190312
在总计中:国有控股企业	3663645	3467249	49927	134360	12110
在总计中:轻工业	21537116	13808259	4110135	3115264	503458
重工业	33304763	18204708	7039285	4845239	3215531
在总计中:大型企业	15671899	13411080	234956	592163	1433701
中型企业	11701696	8306912	637769	1737733	1019282
小型企业	26699541	9620296	10252955	5576428	1249861
微型企业	768744	674679	23741	54179	16145

主要工业产品产量

表 8-3　　(2017 年)

产品名称	单位	全市	市区	东海县	灌云县	灌南县
小麦粉	吨	540730		540730		
大米	吨	1299993	360402	937841	1750	
饲料	吨	542838	347902	194936		
其中:配合饲料	吨	222747	157068	65679		
混合饲料	吨	50429	50429			
精制食用植物油	吨	393503	336543	56960		
鲜、冷藏肉	吨	63402	63402			
熟肉制品	吨	8669		8669		
糖果	吨	30483	30483			
乳制品	吨	10124	10124			
液体乳	吨	10124	10124			
食品添加剂	吨	14346	14346			
发酵酒精(折 96 度,商品量)	千升	1875883	1701518	69527		104838
饮料酒	千升	79280	68648	469		10163
其中:白酒(折 65 度,商品量)	千升	10163				10163
啤酒	千升	68648	68648			
纱	吨	10546	4503		4120	1923
棉纱	吨	7498	1455		4120	1923
棉混纺纱	吨	3048	3048			
布	万米	8072	8072			
其中:棉布	万米	3822	3822			
棉混纺布	万米	4250	4250			
印染布	万米	2838			2838	
化纤长丝机织物	万米	40	40			
非织造布(无纺布)	吨	24646		24646		

表 8-3 续表 1　　　　　　　　　　　　(2017 年)

产品名称	单位	全市	市区	东海县	灌云县	灌南县
服装	万件	7717	4406	2819	395	96
梭织服装	万件	6197	4406	1343	395	53
西服套装	万件	158	158			
针织服装	万件	1520		1477		43
人造板	立方米	2107921	773518	1010714		323689
其中:胶合板	立方米	1068494	559250	329725		179519
纤维板	立方米	1020423	214268	680989		125166
机制纸及纸板(外购原纸加工除外)	吨	75962	33894		42068	
包装用纸及纸板	吨	42068			42068	
其中:箱纸板	吨	42068			42068	
纸制品	吨	34876		34733	143	
其中:瓦楞纸箱	吨	34876		34733	143	
单色印刷品	令	7619	7619			
多色印刷品	对开色令	117455	117455			
原油加工量	吨	3012837	3012837			
汽油	吨	223086	223086			
柴油	吨	717671	717671			
燃料油	吨	775810	775810			
石脑油	吨	240047	240047			
液化石油气	吨	338612	338612			
石油焦	吨	621940	621940			
硫酸(折 100%)	吨	61850	61850			
烧碱(折 100%)	吨	156816	156816			
其中:离子膜法烧碱(折 100%)	吨	156816	156816			
纯碱(碳酸钠)	吨	1329969	1329969			

表 8-3 续表 2

(2017 年)

产品名称	单位	全市	市区	东海县	灌云县	灌南县
冰乙酸(冰醋酸)	吨	150738	150738			
合成氨(无水氨)	吨	70253	70253			
农用氮、磷、钾化学肥料(折纯)	吨	60856	60856			
氮肥(折含氮 100%)	吨	55507	55507			
磷肥(折五氧化二磷 100%)	吨	5349	5349			
化学农药原药(折有效成分 100%)	吨	1909	1909			
其中:杀虫剂(杀螨剂)原药	吨	476	476			
初级形态塑料	吨	9340	9340			
合成纤维单体	吨	1455152	1455152			
其中:精对苯二甲酸(PTA)	吨	1455152	1455152			
碳纤维增强复合材料	吨	1454	1454			
稀土磁性材料	吨	3490	3490			
多晶硅	千克	166655	166655			
化学药品原药	吨	22792	22792			
中成药	吨	2271	2271			
化学纤维	吨	13036	13036			
合成纤维	吨	13036	13036			
氨纶纤维	吨	13036	13036			
塑料制品	吨	13521	10514		3007	
其中:塑料薄膜	吨	10514	10514			
水泥	吨	8098903	1741971	6356932		
商品混凝土	立方米	2281610	2034576	142353	104681	
水泥混凝土排水管	千米	44	44			
水泥混凝土电杆	根	90382	62529	27853		
预应力混凝土桩	米	1996851	1996851			

表 8-3 续表 3 (2017 年)

产品名称	单位	全市	市区	东海县	灌云县	灌南县
平板玻璃	重量箱	8131803		8131803		
玻璃包装容器	吨	7237	7237			
玻璃纤维纱	吨	620	620			
纤维增强塑料制品	吨	2602		2602		
耐火材料制品	吨	19524	19524			
石墨及碳素制品	吨	78110		78110		
粗钢	吨	8047269	5991185			2056084
铸铁件	吨	861490	861490			
铸钢件	吨	36356	36356			
钢材	吨	8115455	4108092			4007363
棒材	吨	65579	65579			
钢筋	吨	2040099	2040099			
线材(盘条)	吨	1950886	1950886			
焊接钢管	吨	51528	51528			
其他钢材	吨	4007363				4007363
用外购国产钢材再加工生产钢材	吨	51528	51528			
用外购钢材再加工生产钢材	吨	51528	51528			
铁合金	吨	850303	848394		1909	
黄金	千克	1				1
铜材	吨	1017				1017
铝材	吨	7734		7734		
钢结构	吨	25400				25400
金属集装箱	立方米	9411997	9411997			
铸造机械	台	65				65
齿轮	吨	1052			1052	

表 8-3 续表 4

(2017 年)

产品名称	单位	全市	市区	东海县	灌云县	灌南县
矿山专用设备	吨	5400		5400		
模具	套	227	227			
工业机器人	套	158	158			
民用钢质船舶	载重吨	963935			18020	945915
钢质机动货船	载重吨	963935			18020	945915
高压开关板	面	377	377			
低压开关板	面	564	564			
太阳能电池(光伏电池)	千瓦	1077330	818630	258700		
太阳能热水器	平方米	38000		38000		
电光源	万只	93664		93664		
彩色电视机	台	89580	89580			
其中:智能电视	台	89580	89580			
半导体分立器件	万只	119430	119430			
电子元件	万只	14123	14026			97
印制电路板	平方米	22335		22335		
发电量	万千瓦小时	3008478	2916921	35359	18863	37335
火力发电量	万千瓦小时	1224407	1172427	14645		37335
核能发电量	万千瓦小时	1728045	1728045			
太阳能发电量	万千瓦小时	19903	16449	2311	1143	
风力发电量	万千瓦小时	36123		18403	17720	
垃圾焚烧发电量	万千瓦小时	7600	7600			
生物质发电量	万千瓦小时	30443	15798	14645		
煤气	万立方米	350069	52740			297329
自来水生产量	万立方米	8589	8589			

表 8-4

指　　标	单位	1990	1995	2000	2001	2002	2003	2004	2005
原　　盐	万吨	151.64	187.69	99.26	91.05	97.76	73.12	86.25	76.49
纱	万吨	0.82	1.31	1.49	1.48	2.37	2.05	2.04	2.43
布	万米	3268	4433	921	629	795	434	520	482
机制纸及纸板	万吨	3.23	5.02	0.37	5.04	4.31	3.87	3.57	1.70
磷矿石(折 30%)	万吨	30.11	12.88	14.03	16.69	16.62	17.55	9.50	10.15
硫　　酸	万吨	4.72	9.23	15.30	15.68	13.29	13.67	25.73	25.38
纯　　碱	万吨	12.15	48.04	98.29	101.45	108.41	121.37	127.82	137.65
农用化肥	万吨	14.65	14.60	24.18	16.34	15.00	20.26	21.58	18.82
水　　泥	万吨	34.37	75.82	48.69	64.95	71.88	79.86	46.76	89.08
啤　　酒	万千升	2.23	5.56	5.90	6.89	6.27	5.06	6.31	8.11
发 电 量	亿度	8.90	32.02	26.16	28.76	30.63	33.38	34.96	51.13

业产品产量

2006	2007	2008	2009	2010	2011	2012	2013	2014	2015	2016	2017
66.42		55.89	55.96	53.49	80.23	78.54	87.67	87.19	64.19	59.15	
2.10	1.82	2.95	2.38	2.20	2.17	1.76	2.06	1.77	2.09	2.03	1.05
463	112	1187	1424	1683	1573	6201	8497	6919	8008.40	7501.10	8071.89
2.19	0.63	7.63	5.49	4.78	4.02	4.36	5.31	10.13	10.07	13.22	7.60
9.29		9.04	9.72	10.04	9.79	10.69	10.22	8.29	8.82	6.54	
21.69	18.69	11.96	15.31	20.68	16.83	11.38	7.88	5.70	2.47	5.68	6.19
148.92	169.10	169.47	152.73	133.61	142.49	132.24	126.93	141.24	139.25	133.67	133.00
15.50	16.11	16.09	14.01	7.36	8.85	9.40	8.55	8.60	9.44	8.23	6.09
141.86	201.60	226.01	344.49	348.70	297.30	573.11	891.94	1213.09	870.55	1034.80	809.89
11.13	12.35	9.10	6.77	7.90	7.21	7.15	6.89	7.40	7.42	8.00	6.86
63.69	148.54	189.37	185.14	201.18	205.36	210.09		268.19	256.44	281.22	300.85

规模以上工业企业主要经济效益指标

表 8-5　　(2017 年)　　单位:%

	总资产贡献率	资产负债率	成本费用利润率	产品销售率
总　　计	**20.75**	**53.18**	**9.16**	**98.56**
一、按登记注册类型分组:				
内资企业	19.55	54.90	8.76	98.42
国有企业	12.17	42.37	7.45	93.91
中央企业				
地方企业	12.17	42.37	7.45	93.91
集体企业	31.82	50.49	3.47	99.36
股份合作企业	29.64	49.20	4.83	100.00
联营企业				
国有联营企业				
集体联营企业				
国有与集体联营企业				
其他联营企业				
有限责任公司	11.60	67.24	10.42	99.24
国有独资公司	6.20	57.95	7.58	95.81
其他有限责任公司	11.95	67.84	10.55	99.38
股份有限公司	19.25	32.29	20.75	90.47
私营企业	27.78	49.17	7.41	98.83
私营独资企业	53.59	24.27	7.60	98.49
私营合作企业				
私营有限责任公司	25.72	50.64	7.34	98.83
私营股份有限公司	52.18	38.34	8.26	99.38
其他企业	4.42	77.58	0.90	100.00
港、澳、台商投资企业	29.42	34.19	13.73	99.28
合资经营企业(港或澳、台资)	20.59	24.40	7.09	99.10
合作经营企业(港或澳、台资)	53.61	60.92	14.46	100.00
港澳台商独资经营企业	32.72	34.85	17.39	99.26
港澳台商投资股份有限公司	-1.98	54.36	-7.55	98.64
其他港澳台商投资企业				
外商投资企业	25.45	48.79	9.99	99.17
中外合资经营企业	17.52	59.85	5.90	100.57
中外合作经营企业				
外资企业	16.99	44.67	5.07	100.43
外商投资股份有限公司	48.04	38.46	35.89	94.42

表 8-5 续表 1 （2017 年） 单位:%

	总资产贡献率	资产负债率	成本费用利润率	产品销售率
二、按经济组织类型分组				
独资企业	27.94	38.17	8.62	99.47
国有企业	12.17	42.37	7.45	93.91
集体企业	31.82	50.49	3.47	99.36
私营独资企业	53.59	24.27	7.60	98.49
港澳台商独资经营企业	32.72	34.85	17.39	99.26
外资企业	16.99	44.67	5.07	100.43
合作、合伙企业	51.64	60.76	13.54	100.00
股份合作企业	29.64	49.20	4.83	100.00
国有联营企业				
集体联营企业				
国有与集体联营企业				
其他联营企业				
私营合伙企业				
合作经营企业(港或澳、台资)	53.61	60.92	14.46	100.00
中外合作经营企业				
其他企业(内资)	4.42	77.58	0.90	100.00
其他港澳台商投资企业				
其他外商投资企业				
股份有限公司	27.99	34.37	19.42	94.18
股份有限公司(内资)	19.25	32.29	20.75	90.47
私营股份有限公司	52.18	38.34	8.26	99.38
港澳台商投资股份有限公司	-1.98	54.36	-7.55	98.64
外商投资股份有限公司	48.04	38.46	35.89	94.42
有限责任公司	18.29	58.88	7.93	99.05
国有独资公司	6.20	57.95	7.58	95.81
私营有限责任公司	25.72	50.64	7.34	98.83
合资经营企业(港或澳、台资)	20.59	24.40	7.09	99.10
中外合资经营企业	17.52	59.85	5.90	100.57
其他有限责任公司	11.95	67.84	10.55	99.38
三、在总计中:亏损企业	-1.87	71.19	-5.80	99.93
在总计中:国有控股企业	7.34	72.31	12.41	104.17
在总计中:轻工业	32.18	36.94	12.54	96.94
重工业	15.33	60.87	7.19	99.60
在总计中:大型企业	16.57	58.72	13.53	96.99
中型企业	20.34	52.89	7.21	100.12
小型企业	26.64	45.63	7.07	98.68
微型企业	46.98	22.76	33.47	102.62

表 8-5 续表 2　　（2017 年）　　单位:%

	总资产贡献率	资　产负债率	成本费用利润率	产　品销售率
四、按行业分组				
黑色金属矿采选业	7.73	131.78	0.61	96.19
有色金属矿采选业				
非金属矿采选业	16.29	46.83	5.30	97.46
开采辅助活动				
农副食品加工业	21.49	49.78	6.91	98.88
食品制造业	11.00	36.60	5.66	98.52
酒、饮料和精制茶制造业	58.86	43.86	8.36	99.80
纺织业	24.56	32.05	7.26	99.30
纺织服装、服饰业	56.00	29.54	9.04	99.29
皮革、毛皮、羽毛及其制品和制鞋业	19.76	46.03	6.06	99.12
木材加工和木、竹、藤、棕、草制品业	35.78	46.42	7.82	97.80
家具制造业	48.12	33.76	10.22	98.33
造纸和纸制品业	25.89	39.66	5.33	97.04
印刷和记录媒介复制业	34.14	42.49	8.95	99.32
文教、工美、体育和娱乐用品制造业	29.51	29.24	7.89	99.21
石油加工、炼焦和核燃料加工业	24.16	68.83	4.20	98.24
化学原料和化学制品制造业	15.21	58.57	6.80	98.30
医药制造业	38.93	28.82	25.97	93.26
化学纤维制造业	0.60	58.87	–5.62	97.66
橡胶和塑料制品业	23.03	33.23	6.60	98.56
非金属矿物制品业	34.64	35.87	7.36	99.00
黑色金属冶炼和压延加工业	10.75	68.02	4.63	99.49
有色金属冶炼和压延加工业	60.43	43.38	4.72	99.85
金属制品业	42.00	36.24	7.39	101.66
通用设备制造业	17.27	48.86	10.89	105.17
专用设备制造业	28.86	36.51	7.02	100.22
汽车制造业	19.54	50.07	7.92	99.16
铁路、船舶、航空航天和其他运输设备制造业	27.57	42.48	4.73	99.08
电气机械和器材制造业	20.76	45.54	6.47	99.97
计算机、通信和其他电子设备制造业	15.45	52.03	6.98	100.52
仪器仪表制造业	5.16	51.74	5.44	93.06
其他制造业	82.51	14.81	9.09	98.93
废弃资源综合利用业	30.94	47.83	11.41	99.51
电力、热力生产和供应业	5.78	75.36	26.95	99.96
燃气生产和供应业	34.60	46.71	9.83	99.16
水的生产和供应业	2.65	60.33	4.67	100.00

规模以上工业企业主要经济指标

表 8-6　　(2017 年)　　单位:万元

指标	企业		工业	工业销售
	单位数（个）	#亏损企业	总产值	产值
总计	**1504**	**113**	**54841879**	**54051652**
一、按登记注册类型分组:				
内资企业	1357	85	44841044	44131390
国有企业	2	1	28752	27001
中央企业				
地方企业	2	1	28752	27001
集体企业	2		8191	8139
股份合作企业	1		20551	20551
联营企业				
国有联营企业				
集体联营企业				
国有与集体联营企业				
其他联营企业				
有限责任公司	240	20	9843928	9768898
国有独资公司	13	1	397905	381230
其他有限责任公司	227	19	9446022	9387669
股份有限公司	29	3	2697491	2440413
私营企业	1081	61	32235946	31860203
私营独资企业	96	2	2200609	2167443
私营合作企业				
私营有限责任公司	947	55	28210187	27878857
私营股份有限公司	38	4	1825150	1813903
其他企业	2		6186	6186
港、澳、台商投资企业	51	12	2574944	2556333
合资经营企业(港或澳、台资)	22	4	732783	726169
合作经营企业(港或澳、台资)	1		234862	234862
港澳台商独资经营企业	25	6	1585002	1573309
港澳台商投资股份有限公司	3	2	22296	21993
其他港澳台商投资企业				
外商投资企业	96	16	7425891	7363929
中外合资经营企业	39	4	3052872	3070236
中外合作经营企业				
外资企业	54	12	2738195	2750104
外商投资股份有限公司	3		1634825	1543589

表 8-6 续表 1　　(2017 年)　　单位:万元

指　　标	企业		工　业	工业销售
	单位数(个)	#亏损企业	总产值	产　值
二、按经济组织类型分组				
独资企业	179	21	6560750	6525996
国有企业	2	1	28752	27001
集体企业	2		8191	8139
私营独资企业	96	2	2200609	2167443
港澳台商独资经营企业	25	6	1585002	1573309
外资企业	54	12	2738195	2750104
合作、合伙企业	4		261599	261599
股份合作企业	1		20551	20551
国有联营企业				
集体联营企业				
国有与集体联营企业				
其他联营企业				
私营合伙企业				
合作经营企业(港或澳、台资)	1		234862	234862
中外合作经营企业				
其他企业(内资)	2		6186	6186
其他港澳台商投资企业				
其他外商投资企业				
股份有限公司	73	9	6179761	5819899
股份有限公司(内资)	29	3	2697491	2440413
私营股份有限公司	38	4	1825150	1813903
港澳台商投资股份有限公司	3	2	22296	21993
外商投资股份有限公司	3		1634825	1543589
有限责任公司	1248	83	41839769	41444159
国有独资公司	13	1	397905	381230
私营有限责任公司	947	55	28210187	27878857
合资经营企业(港或澳、台资)	22	4	732783	726169
中外合资经营企业	39	4	3052872	3070236
其他有限责任公司	227	19	9446022	9387669
三、在总计中:亏损企业	113	113	1205100	1204235
在总计中:国有控股企业	44	10	3663645	3816380
在总计中:轻工业	653	50	21537116	20878624
重工业	851	63	33304763	33173028
在总计中:大型企业	25	1	15671899	15200068
中型企业	95	12	11701696	11715711
小型企业	1326	90	26699541	26347004
微型企业	58	10	768744	788869

表 8-6 续表 2　　(2017 年)　　单位:万元

指　　标	企业 单位数 (个)	#亏损 企业	工业 总产值	工业销售 产值
四、按行业分组				
黑色金属矿采选业	3	1	37563	36132
有色金属矿采选业				
非金属矿采选业	7	1	230446	224601
开采辅助活动				
农副食品加工业	164	8	3742665	3700762
食品制造业	38	4	787384	775731
酒、饮料和精制茶制造业	15	2	1846451	1842712
纺织业	32	2	492093	488671
纺织服装、服饰业	89	3	1671707	1659875
皮革、毛皮、羽毛及其制品和制鞋业	25	1	366045	362809
木材加工和木、竹、藤、棕、草制品业	37	2	771845	754854
家具制造业	15	2	225005	221245
造纸和纸制品业	16		243854	236639
印刷和记录媒介复制业	30	6	400876	398160
文教、工美、体育和娱乐用品制造业	46	4	898394	891252
石油加工、炼焦和核燃料加工业	6		1555280	1527884
化学原料和化学制品制造业	245	28	9810972	9644060
医药制造业	51	3	6940603	6472798
化学纤维制造业	6	3	56922	55587
橡胶和塑料制品业	44	5	698577	688551
非金属矿物制品业	261	12	6122669	6061261
黑色金属冶炼和压延加工业	33	6	3674022	3655200
有色金属冶炼和压延加工业	14		1682555	1680030
金属制品业	45	3	2284888	2322724
通用设备制造业	31	1	1348340	1418102
专用设备制造业	65	4	1488384	1491594
汽车制造业	15	1	795558	788847
铁路、船舶、航空航天和其他运输设备制造业	10	1	1174890	1164083
电气机械和器材制造业	79	3	3142654	3141574
计算机、通信和其他电子设备制造业	27	2	495478	498048
仪器仪表制造业	7		51628	48043
其他制造业	4		89990	89028
废弃资源综合利用业	11	2	345916	344204
电力、热力生产和供应业	20	2	1176341	1175897
燃气生产和供应业	5		141465	140273
水的生产和供应业	8	1	50423	50423

表 8-6 续表 3　　(2017 年)　　单位:万元

指　　标	资　产 合　计	流动资产 合　计	应收帐款 净　额	产成品 存　货	固定资产 净　值
总　计	**34706493**	**13414814**	**3539749**	**1091676**	**13371921**
一、按登记注册类型分组:					
内资企业	28750495	9959937	2554311	838046	11497752
国有企业	22574	8723	1310	1245	12093
中央企业					
地方企业	22574	8723	1310	1245	12093
集体企业	2216	1416	301	158	768
股份合作企业	3008	2218	1194	521	784
联营企业					
国有联营企业					
集体联营企业					
国有与集体联营企业					
其他联营企业					
有限责任公司	12625003	3677138	1222750	245961	3728143
国有独资公司	764845	286494	55117	18157	420410
其他有限责任公司	11860158	3390645	1167633	227805	3307734
股份有限公司	3753172	1879963	416496	68140	1129296
私营企业	12343084	4389124	911705	521996	6626585
私营独资企业	465346	132614	41277	16731	262817
私营合作企业					
私营有限责任公司	11405624	4087886	827995	492348	6155068
私营股份有限公司	472115	168624	42433	12917	208700
其他企业	1439	1355	556	25	84
港、澳、台商投资企业	1607484	827953	363697	38810	541278
合资经营企业(港或澳、台资)	382766	178846	36555	14019	178332
合作经营企业(港或澳、台资)	67886	14490	6741		53496
港澳台商独资经营企业	1097005	613312	313138	23742	280432
港澳台商投资股份有限公司	59827	21305	7264	1049	29017
其他港澳台商投资企业					
外商投资企业	4348514	2626924	621741	214820	1332891
中外合资经营企业	1654324	1035287	188615	99692	509774
中外合作经营企业					
外资企业	1537124	780750	286411	66041	664913
外商投资股份有限公司	1157066	810888	146716	49087	158204

表 8-6 续表 4　　(2017 年)　　单位:万元

指　　标	资　产 合　计	流动资产 合　计	应收帐款 净　额	产成品 存　货	固定资产 净　值
二、按经济组织类型分组					
独资企业	3124264	1536814	642436	107917	1221023
国有企业	22574	8723	1310	1245	12093
集体企业	2216	1416	301	158	768
私营独资企业	465346	132614	41277	16731	262817
港澳台商独资经营企业	1097005	613312	313138	23742	280432
外资企业	1537124	780750	286411	66041	664913
合作、合伙企业	72333	18062	8491	546	54364
股份合作企业	3008	2218	1194	521	784
国有联营企业					
集体联营企业					
国有与集体联营企业					
其他联营企业					
私营合伙企业					
合作经营企业(港或澳、台资)	67886	14490	6741		53496
中外合作经营企业					
其他企业(内资)	1439	1355	556	25	84
其他港澳台商投资企业					
其他外商投资企业					
股份有限公司	5442180	2880781	612908	131194	1525216
股份有限公司(内资)	3753172	1879963	416496	68140	1129296
私营股份有限公司	472115	168624	42433	12917	208700
港澳台商投资股份有限公司	59827	21305	7264	1049	29017
外商投资股份有限公司	1157066	810888	146716	49087	158204
有限责任公司	26067716	8979157	2275915	852020	10571317
国有独资公司	764845	286494	55117	18157	420410
私营有限责任公司	11405624	4087886	827995	492348	6155068
合资经营企业(港或澳、台资)	382766	178846	36555	14019	178332
中外合资经营企业	1654324	1035287	188615	99692	509774
其他有限责任公司	11860158	3390645	1167633	227805	3307734
三、在总计中:亏损企业	2237227	893185	223040	87829	875239
在总计中:国有控股企业	10567911	2255694	666770	99349	3272135
在总计中:轻工业	11157751	6008678	1658784	424685	3700350
重工业	23548742	7406136	1880966	666991	9671571
在总计中:大型企业	17364894	6107309	1378698	405195	5312769
中型企业	6427254	3003061	729835	276110	2754766
小型企业	10385895	3959579	1190824	400758	5157808
微型企业	528450	344865	240393	9613	126577

表 8-6 续表 5　　(2017 年)　　单位:万元

指　　标	资　产 合　计	流动资产 合　计	应收帐款 净　额	产成品 存　货	固定资产 净　值
四、按行业分组					
黑色金属矿采选业	9536	7172	-9998	4221	2318
有色金属矿采选业					
非金属矿采选业	105567	31837	3146	1717	57080
开采辅助活动					
农副食品加工业	1615885	958660	221386	73185	528234
食品制造业	544691	227391	67546	26804	268695
酒、饮料和精制茶制造业	474983	162876	27563	39871	256000
纺织业	209255	87761	21445	12891	109626
纺织服装、服饰业	382251	121567	40291	15328	232725
皮革、毛皮、羽毛及其制品和制鞋业	170455	75288	20296	7488	84588
木材加工和木、竹、藤、棕、草制品业	212308	101453	24742	13681	86175
家具制造业	72995	21937	5996	2152	48087
造纸和纸制品业	80932	33509	5155	6742	37246
印刷和记录媒介复制业	151472	62842	13126	6060	71216
文教、工美、体育和娱乐用品制造业	329916	106062	29854	15272	199638
石油加工、炼焦和核燃料加工业	517897	267359	45173	58612	141014
化学原料和化学制品制造业	6066632	2133071	444457	265359	3246680
医药制造业	5051356	3523587	1070428	163335	954235
化学纤维制造业	134315	34874	8058	9405	85568
橡胶和塑料制品业	280913	102224	25701	13064	158965
非金属矿物制品业	1993501	725770	206384	57842	1129265
黑色金属冶炼和压延加工业	1936946	757097	59501	108170	844132
有色金属冶炼和压延加工业	258787	143235	81603	5397	93605
金属制品业	629886	282376	76085	10239	286199
通用设备制造业	1168940	775376	326359	78848	241100
专用设备制造业	630260	335453	108138	29826	218305
汽车制造业	402437	237799	104266	12137	127203
铁路、船舶、航空航天和其他运输设备制造业	332286	130297	34357	2144	210481
电气机械和器材制造业	1633630	599024	259083	35519	563261
计算机、通信和其他电子设备制造业	347273	186873	55800	12334	137758
仪器仪表制造业	58621	34190	7906	1137	5356
其他制造业	14077	2482	245	219	11489
废弃资源综合利用业	149908	46201	13660	1208	96417
电力、热力生产和供应业	8364295	929575	125197	1049	2667998
燃气生产和供应业	45111	20815	1877	422	22857
水的生产和供应业	329177	148780	14924		148408

表 8-6 续表 6	(2017 年)				单位:万元
指　　　　标	负债合计	所有者权益合计	主　营业务收入	主　营业务成本	主营业务税金及附加
总　　计	**18455253**	**16208143**	**53387710**	**43154534**	**485242**
一、按登记注册类型分组:					
内资企业	15783946	12926148	43457836	35825602	414640
国有企业	9564	13010	27001	23827	96
中央企业					
地方企业	9564	13010	27001	23827	96
集体企业	1119	1097	8139	7057	8
股份合作企业	1480	1528	12520	11050	37
联营企业					
国有联营企业					
集体联营企业					
国有与集体联营企业					
其他联营企业					
有限责任公司	8489624	4131159	9574792	7648565	98372
国有独资公司	443242	321603	389241	301348	3128
其他有限责任公司	8046382	3809556	9185551	7347218	95244
股份有限公司	1211845	2541327	2456673	1123239	37110
私营企业	6069198	6237704	31372530	27005907	279011
私营独资企业	112934	348949	2169473	1907351	21519
私营合作企业					
私营有限责任公司	5775270	5613573	27403187	23590714	233616
私营股份有限公司	180994	275182	1799870	1507841	23876
其他企业	1116	323	6182	5957	7
港、澳、台商投资企业	549572	1057911	2567198	1713596	22975
合资经营企业(港或澳、台资)	93382	289384	732056	650291	4901
合作经营企业(港或澳、台资)	41354	26532	234862	188209	2327
港澳台商独资经营企业	382315	714691	1575667	852257	15635
港澳台商投资股份有限公司	32522	27305	24612	22839	112
其他港澳台商投资企业					
外商投资企业	2121734	2224085	7362676	5615337	47627
中外合资经营企业	990065	664258	3116292	2787368	13859
中外合作经营企业					
外资企业	686648	847782	2887854	2574220	9954
外商投资股份有限公司	445022	712044	1358530	253748	23814

表 8-6 续表 7　　(2017 年)　　单位:万元

指　　标	负债合计	所有者权益合计	主营业务收入	主营业务成本	主营业务税金及附加
二、按经济组织类型分组					
独资企业	1192579	1925529	6668133	5364713	47212
国有企业	9564	13010	27001	23827	96
集体企业	1119	1097	8139	7057	8
私营独资企业	112934	348949	2169473	1907351	21519
港澳台商独资经营企业	382315	714691	1575667	852257	15635
外资企业	686648	847782	2887854	2574220	9954
合作、合伙企业	43950	28382	253564	205216	2371
股份合作企业	1480	1528	12520	11050	37
国有联营企业					
集体联营企业					
国有与集体联营企业					
其他联营企业					
私营合伙企业					
合作经营企业(港或澳、台资)	41354	26532	234862	188209	2327
中外合作经营企业					
其他企业(内资)	1116	323	6182	5957	7
其他港澳台商投资企业					
其他外商投资企业					
股份有限公司	1870384	3555857	5639686	2907667	84911
股份有限公司(内资)	1211845	2541327	2456673	1123239	37110
私营股份有限公司	180994	275182	1799870	1507841	23876
港澳台商投资股份有限公司	32522	27305	24612	22839	112
外商投资股份有限公司	445022	712044	1358530	253748	23814
有限责任公司	15348341	10698375	40826327	34676938	350747
国有独资公司	443242	321603	389241	301348	3128
私营有限责任公司	5775270	5613573	27403187	23590714	233616
合资经营企业(港或澳、台资)	93382	289384	732056	650291	4901
中外合资经营企业	990065	664258	3116292	2787368	13859
其他有限责任公司	8046382	3809556	9185551	7347218	95244
三、在总计中:亏损企业	1592727	644499	1167301	1107786	6369
在总计中:国有控股企业	7642012	2925898	3910285	3184558	25981
在总计中:轻工业	4121591	7029789	20415406	14582897	248622
重工业	14333662	9178354	32972304	28571637	236620
在总计中:大型企业	10196445	7168448	14935153	10441069	132160
中型企业	3399665	3027588	11513477	9809054	96140
小型企业	4738870	5647018	26185374	22376020	251036
微型企业	120273	365089	753705	528391	5906

表 8-6 续表 8　　(2017 年)　　单位:万元

指　　标	负债合计	所有者权益合计	主营业务收入	主营业务成本	主营业务税金及附加
四、按行业分组					
黑色金属矿采选业	12567	-3031	92536	87872	52
有色金属矿采选业					
非金属矿采选业	49433	56135	219891	188678	2309
开采辅助活动					
农副食品加工业	804339	810949	3670728	3215308	31662
食品制造业	199370	345321	776256	652545	6436
酒、饮料和精制茶制造业	208308	266675	1846401	1528186	43541
纺织业	67069	141071	475021	399336	4349
纺织服装、服饰业	112900	269350	1641264	1362447	19048
皮革、毛皮、羽毛及其制品和制鞋业	78455	89404	326512	280377	2840
木材加工和木、竹、藤、棕、草制品业	98557	113750	736855	640100	6707
家具制造业	24641	48354	225492	177933	3587
造纸和纸制品业	32094	48838	236878	205548	1557
印刷和记录媒介复制业	64366	87106	390332	317246	5539
文教、工美、体育和娱乐用品制造业	96483	233422	881449	745564	10379
石油加工、炼焦和核燃料加工业	356484	161413	1524625	1411431	18460
化学原料和化学制品制造业	3553353	2505656	9270591	7821639	67492
医药制造业	1456010	3595346	6203736	2530938	85188
化学纤维制造业	79076	55239	55269	47240	177
橡胶和塑料制品业	93341	180906	685446	569352	10072
非金属矿物制品业	715011	1259113	6046114	5304411	46507
黑色金属冶炼和压延加工业	1317417	619528	3613259	3332175	12247
有色金属冶炼和压延加工业	112261	146526	1782078	1631420	8516
金属制品业	228281	400998	2380881	2022352	20374
通用设备制造业	571103	596803	1375546	1074567	14039
专用设备制造业	230091	396701	1521857	1347333	8960
汽车制造业	201489	200947	788703	650653	5530
铁路、船舶、航空航天和其他运输设备制造业	141169	191117	1154793	1023128	8760
电气机械和器材制造业	744030	889600	3095120	2769444	15419
计算机、通信和其他电子设备制造业	180685	166588	498470	406903	3618
仪器仪表制造业	30329	28292	39194	31934	137
其他制造业	2085	11991	88861	74735	1664
废弃资源综合利用业	71702	78206	340029	275342	3903
电力、热力生产和供应业	6303095	2061200	1216192	870496	14269
燃气生产和供应业	21071	24040	138451	116398	1171
水的生产和供应业	198589	130588	48884	41505	734

表 8-6 续表 9　　(2017 年)　　单位:万元

指　　标	销售费用	管理费用	财务费用	利息支出	利润总额
总　　计	**2728715**	**2157541**	**556172**	**460523**	**4474787**
一、按登记注册类型分组:					
内资企业	1730049	1630185	528173	411732	3495511
国有企业	153	887	88	92	1858
中央企业					
地方企业	153	887	88	92	1858
集体企业	311	311	175	63	273
股份合作企业	710	710	118	118	608
联营企业					
国有联营企业					
集体联营企业					
国有与集体联营企业					
其他联营企业					
有限责任公司	403511	450350	145576	122143	909309
国有独资公司	13250	35356	11905	11709	27552
其他有限责任公司	390260	414993	133671	110434	881757
股份有限公司	543911	351779	28840	31327	432387
私营企业	781428	826101	353373	257987	2151022
私营独资企业	48499	33839	20074	17559	152713
私营合作企业					
私营有限责任公司	685491	736161	302585	220315	1862688
私营股份有限公司	47438	56101	30714	20113	135621
其他企业	24	47	3	2	55
港、澳、台商投资企业	371253	152100	15909	9234	311119
合资经营企业(港或澳、台资)	11515	14781	4185	3444	48285
合作经营企业(港或澳、台资)	2143	11190	1623		29371
港澳台商独资经营企业	357384	122737	9957	5108	235503
港澳台商投资股份有限公司	212	3392	144	682	-2040
其他港澳台商投资企业					
外商投资企业	627414	375257	12090	39557	668157
中外合资经营企业	68138	63812	637	23708	173623
中外合作经营企业					
外资企业	57681	87921	12626	15495	140016
外商投资股份有限公司	501596	223524	-1174	355	354518

表 8-6 续表 10　　(2017 年)　　单位:万元

指　　标	销售费用	管理费用	财务费用	利息支出	利润总额
二、按经济组织类型分组					
独资企业	464027	245695	42919	38317	530363
国有企业	153	887	88	92	1858
集体企业	311	311	175	63	273
私营独资企业	48499	33839	20074	17559	152713
港澳台商独资经营企业	357384	122737	9957	5108	235503
外资企业	57681	87921	12626	15495	140016
合作、合伙企业	2877	11946	1744	121	30033
股份合作企业	710	710	118	118	608
国有联营企业					
集体联营企业					
国有与集体联营企业					
其他联营企业					
私营合伙企业					
合作经营企业(港或澳、台资)	2143	11190	1623		29371
中外合作经营企业					
其他企业(内资)	24	47	3	2	55
其他港澳台商投资企业					
其他外商投资企业					
股份有限公司	1093157	634796	58525	52476	920486
股份有限公司(内资)	543911	351779	28840	31327	432387
私营股份有限公司	47438	56101	30714	20113	135621
港澳台商投资股份有限公司	212	3392	144	682	-2040
外商投资股份有限公司	501596	223524	-1174	355	354518
有限责任公司	1168654	1265104	452983	369610	2993904
国有独资公司	13250	35356	11905	11709	27552
私营有限责任公司	685491	736161	302585	220315	1862688
合资经营企业(港或澳、台资)	11515	14781	4185	3444	48285
中外合资经营企业	68138	63812	637	23708	173623
其他有限责任公司	390260	414993	133671	110434	881757
三、在总计中:亏损企业	24710	73338	32101	20380	-73518
在总计中:国有控股企业	70955	157702	117339	104386	449791
在总计中:轻工业	2004744	1189034	170448	145452	2255122
重工业	723971	968507	385723	315071	2213665
在总计中:大型企业	1668174	905539	130578	130270	1791238
中型企业	303770	421506	130481	111154	773575
小型企业	747183	800676	291587	216932	1713668
微型企业	9588	29820	3526	2167	191305

表 8-6 续表 11　　(2017 年)　　单位:万元

指　　标	销售费用	管理费用	财务费用	利息支出	利润总额
四、按行业分组					
黑色金属矿采选业	3665	286	97	6	563
有色金属矿采选业					
非金属矿采选业	6595	9971	1668	848	10972
开采辅助活动					
农副食品加工业	95176	71254	8438	21782	235098
食品制造业	33644	33587	7071	5015	41352
酒、饮料和精制茶制造业	51709	48277	37542	28633	139332
纺织业	16663	16417	6762	4338	31972
纺织服装、服饰业	59118	39594	23917	18166	134280
皮革、毛皮、羽毛及其制品和制鞋业	9876	10033	4966	3593	18540
木材加工和木、竹、藤、棕、草制品业	15265	15595	8611	6630	53121
家具制造业	11697	7543	4061	3048	20585
造纸和纸制品业	7996	7076	2846	2933	11920
印刷和记录媒介复制业	15054	13260	6899	5493	31543
文教、工美、体育和娱乐用品制造业	28299	23728	10683	4198	64553
石油加工、炼焦和核燃料加工业	13411	12865	7539	7481	60747
化学原料和化学制品制造业	250464	431457	114743	100230	594391
医药制造业	1581654	758371	13886	14215	1269987
化学纤维制造业	2105	4863	2724	2559	-3202
橡胶和塑料制品业	29833	21752	11003	3319	41767
非金属矿物制品业	112133	118280	54947	46293	411337
黑色金属冶炼和压延加工业	56475	52210	18251	1675	160483
有色金属冶炼和压延加工业	26777	20975	15252	14594	80332
金属制品业	81697	66541	25816	10012	162366
通用设备制造业	59959	74753	17516	13968	134343
专用设备制造业	32256	43205	10740	8318	100660
汽车制造业	20770	50792	2878	6854	57491
铁路、船舶、航空航天和其他运输设备制造业	21511	43345	6403	5757	51812
电气机械和器材制造业	43992	67015	27503	21789	190395
计算机、通信和其他电子设备制造业	22867	27670	1621	2881	32073
仪器仪表制造业	1581	3401	248	224	2024
其他制造业	2524	1531	961	90	7249
废弃资源综合利用业	6430	16368	3929	1934	34471
电力、热力生产和供应业	373	36167	93698	88129	276955
燃气生产和供应业	4757	4802	101	123	12453
水的生产和供应业	2390	4557	2853	5397	2826

表 8-6 续表 12　　(2017 年)　　单位:万元

指　　标	亏损企业亏损总额	本年应交增值税
总　计	**73518**	**1799430**
一、按登记注册类型分组:		
内资企业	49140	1321303
国有企业	216	702
中央企业		
地方企业	216	702
集体企业		396
股份合作企业		128
联营企业		
国有联营企业		
集体联营企业		
国有与集体联营企业		
其他联营企业		
有限责任公司	15634	335029
国有独资公司	1366	7561
其他有限责任公司	14268	327468
股份有限公司	4323	230914
私营企业	28968	754133
私营独资企业	141	60620
私营合作企业		
私营有限责任公司	28238	626787
私营股份有限公司	589	66726
其他企业		
港、澳、台商投资企业	7553	131513
合资经营企业(港或澳、台资)	435	23228
合作经营企业(港或澳、台资)		4697
港澳台商独资经营企业	4702	103522
港澳台商投资股份有限公司	2416	66
其他港澳台商投资企业		
外商投资企业	16825	346613
中外合资经营企业	2759	74803
中外合作经营企业		
外资企业	14066	95897
外商投资股份有限公司		175913

表 8-6 续表 13　　(2017 年)　　单位:万元

指　　标	亏损企业 亏损总额	本年应交 增 值 税
二、按经济组织类型分组		
独资企业	19125	261138
国有企业	216	702
集体企业		396
私营独资企业	141	60620
港澳台商独资经营企业	4702	103522
外资企业	14066	95897
合作、合伙企业		4825
股份合作企业		128
国有联营企业		
集体联营企业		
国有与集体联营企业		
其他联营企业		
私营合伙企业		
合作经营企业(港或澳、台资)		4697
中外合作经营企业		
其他企业(内资)		
其他港澳台商投资企业		
其他外商投资企业		
股份有限公司	7328	473620
股份有限公司(内资)	4323	230914
私营股份有限公司	589	66726
港澳台商投资股份有限公司	2416	66
外商投资股份有限公司		175913
有限责任公司	47066	1059847
国有独资公司	1366	7561
私营有限责任公司	28238	626787
合资经营企业(港或澳、台资)	435	23228
中外合资经营企业	2759	74803
其他有限责任公司	14268	327468
三、在总计中:亏损企业	73518	4963
在总计中:国有控股企业	12602	194196
在总计中:轻工业	23463	945449
重工业	50055	853981
在总计中:大型企业	2095	832412
中型企业	19006	318673
小型企业	51764	599414
微型企业	652	48931

表 8-6 续表 14 (2017 年) 单位:万元

指　　标	亏损企业 亏损总额	本年应交 增 值 税
四、按行业分组		
黑色金属矿采选业	32	116
有色金属矿采选业		
非金属矿采选业	376	3131
开采辅助活动		
农副食品加工业	2290	55003
食品制造业	2832	7345
酒、饮料和精制茶制造业	1465	68353
纺织业	557	10739
纺织服装、服饰业	580	42564
皮革、毛皮、羽毛及其制品和制鞋业	104	8712
木材加工和木、竹、藤、棕、草制品业	367	9533
家具制造业	64	7907
造纸和纸制品业		5172
印刷和记录媒介复制业	477	9144
文教、工美、体育和娱乐用品制造业	1503	18390
石油加工、炼焦和核燃料加工业		40226
化学原料和化学制品制造业	20366	163242
医药制造业	3628	605031
化学纤维制造业	3471	1041
橡胶和塑料制品业	1857	9581
非金属矿物制品业	4031	191101
黑色金属冶炼和压延加工业	10446	35134
有色金属冶炼和压延加工业		53301
金属制品业	799	72647
通用设备制造业	2610	37611
专用设备制造业	1686	64566
汽车制造业	886	11408
铁路、船舶、航空航天和其他运输设备制造业	1514	25117
电气机械和器材制造业	1293	111698
计算机、通信和其他电子设备制造业	4606	15274
仪器仪表制造业		638
其他制造业		2612
废弃资源综合利用业	1598	6210
电力、热力生产和供应业	2716	102536
燃气生产和供应业		2140
水的生产和供应业	1366	2207

国有工业企业主要经济指标

表 8-7　　(2017 年)　　单位:万元

指标	企业单位数(个)	#亏损企业	工业总产值(现价)	工业销售产值(现价)
合计	**44**	**10**	**3663645**	**3816380**
非金属矿采选业	1		116569	113701
农副食品加工业	2		14589	14547
食品制造业	2		19392	18539
酒、饮料和精制茶制造业	1	1	12940	13043
印刷和记录媒介复制业	1		2776	2776
化学原料和化学制品制造业	6	3	268667	253861
医药制造业	1	1	6269	6028
化学纤维制造业	3	3	49492	48325
非金属矿物制品业	4	1	336237	355642
金属制品业	1		839209	885835
通用设备制造业	3		336200	421755
专用设备制造业	2		18089	15990
汽车制造业	1		12479	13151
电气机械和器材制造业	2		236965	245127
计算机、通信和其他电子设备制造业	1		31601	45785
废弃资源综合利用业	1		234862	234862
电力、热力生产和供应业	8		1090464	1090569
燃气生产和供应业	1		6799	6799
水的生产和供应业	3	1	30047	30047

表 8-7 续表 1　　(2017 年)　　单位:万元

指　　标	资　产 合　计	流动资产 平均余额	应收帐款 净　额	产成品 存　货	固定资产 净　值 平均余额
合　计	**10567911**	**2255694**	**666770**	**99349**	**3272135**
非金属矿采选业	35308	13023	707		22285
农副食品加工业	9343	7696	580	331	1074
食品制造业	32201	15765	7068	2947	11375
酒、饮料和精制茶制造业	21951	14099	7318	343	7205
印刷和记录媒介复制业	5175	3098	675	3	962
化学原料和化学制品制造业	379348	109131	4833	14310	141040
医药制造业	19806	5606	1838	853	8794
化学纤维制造业	125063	31730	6879	9158	79533
非金属矿物制品业	186189	43085	6400	2350	137787
金属制品业	162965	134337	40630	2548	28628
通用设备制造业	787303	550430	265221	50347	119019
专用设备制造业	23372	15050	5014	568	7632
汽车制造业	19216	11869	4066	1016	6521
电气机械和器材制造业	279174	239980	162233	12801	37284
计算机、通信和其他电子设备制造业	73700	65321	20728	1554	6983
废弃资源综合利用业	67886	14490	6741		53496
电力、热力生产和供应业	8047576	842259	112570	221	2479570
燃气生产和供应业	8438	2111	231		5704
水的生产和供应业	283898	136615	13040		117243

表 8-7 续表 2　　(2017 年)　　单位:万元

指　　标	负债合计	所有者权益合计	主　营业务收入	主　营业务成本	主营业务税金及附加
合　计	**7642012**	**2925898**	**3910285**	**3184558**	**25981**
非金属矿采选业	22961	12348	113701	96134	1023
农副食品加工业	3930	5413	15878	14974	31
食品制造业	16850	15351	20022	15815	121
酒、饮料和精制茶制造业	26772	-4821	13200	10846	2044
印刷和记录媒介复制业	3476	1699	2747	2225	7
化学原料和化学制品制造业	194644	184704	253896	210867	2038
医药制造业	23451	-3644	2979	3737	63
化学纤维制造业	73834	51228	48319	41808	149
非金属矿物制品业	118155	68034	372038	336556	539
金属制品业	124150	38815	938268	854645	538
通用设备制造业	434536	352767	408803	301524	2035
专用设备制造业	12923	10449	17112	13267	198
汽车制造业	6739	12477	12998	10938	47
电气机械和器材制造业	242174	37000	238400	223517	529
计算机、通信和其他电子设备制造业	26082	47618	45785	25422	246
废弃资源综合利用业	41354	26532	234862	188209	2327
电力、热力生产和供应业	6091577	1955999	1130431	798293	13556
燃气生产和供应业	5117	3321	5141	4256	59
水的生产和供应业	173288	110610	35708	31526	430

表 8-7 续表 3　　(2017 年)　　单位:万元

指　　标	销售费用	管理费用	财务费用		利润总额
				利息支出	
合　　计	**70955**	**157702**	**117339**	**104386**	**449791**
非金属矿采选业	2956	6367	625	625	6595
农副食品加工业	41	293	127	128	409
食品制造业	2533	1283	79	19	312
酒、饮料和精制茶制造业	7	709	782	779	-1121
印刷和记录媒介复制业	58	372	73	78	72
化学原料和化学制品制造业	7178	26013	3709	3454	5993
医药制造业	461	1824	286	290	-3380
化学纤维制造业	1809	4096	2557	2475	-3471
非金属矿物制品业	2542	6086	2771	2595	26924
金属制品业	11835	9517	3666	54	57970
通用设备制造业	22783	32678	4001	2848	46818
专用设备制造业	813	2700	183	27	911
汽车制造业	381	1323	108	115	236
电气机械和器材制造业	8689	8663	4445	662	1767
计算机、通信和其他电子设备制造业	3997	8377	-53	100	8411
废弃资源综合利用业	2143	11190	1623		29371
电力、热力生产和供应业	47	32149	89803	84979	269945
燃气生产和供应业	574	367	-6		944
水的生产和供应业	2109	3695	2560	5158	1085

表 8-7 续表 4　　(2017 年)　　单位:万元

指　　标	亏损企业 亏损总额	本年应交 增 值 税
合　　计	**12602**	**194196**
非金属矿采选业		1671
农副食品加工业		187
食品制造业		85
酒、饮料和精制茶制造业	1121	1012
印刷和记录媒介复制业		65
化学原料和化学制品制造业	2905	5991
医药制造业	3380	
化学纤维制造业	3471	908
非金属矿物制品业	360	19415
金属制品业		39144
通用设备制造业		12376
专用设备制造业		121
汽车制造业		402
电气机械和器材制造业		3233
计算机、通信和其他电子设备制造业		1211
废弃资源综合利用业		4697
电力、热力生产和供应业		101413
燃气生产和供应业		245
水的生产和供应业	1366	2020

集体工业企业主要经济指标

表 8-8　　(2017 年)　　单位:万元

指　　标	合　　计	农副食品加工业
企业单位数	2	2
#亏 损 企 业		
工业总产值(现价)	8191	8191
工业销售产值(现价)	8139	8139
资产合计	2216	2216
流动资产平均余额	1416	1416
应收账款净额	301	301
产成品存货	158	158
固定资产净值	768	768
负债合计	1119	1119
所有者权益合计	1097	1097
主营业务收入	8139	8139
主营业务成本	7057	7057
主营业务税金及附加	8	8
销售费用	311	311
管理费用	311	311
财务费用	175	175
利息支出	63	63
利润总额	273	273
亏损企业亏损额		
本年应交增值税	396	396

“三资”工业企业主要经济指标

表 8-9 (2017 年) 单位:万元

指　　标	企　业 单位数 (个)	#亏损 企业	工　业 总产值 (现　价)	工业销售 产　值 (现　价)
合　　计	**147**	**28**	**10000835**	**9920262**
农副食品加工业	19	3	1060734	1044138
食品制造业	6	1	213150	207237
酒、饮料和精制茶制造业	1		547539	546723
纺织业	7		109230	108408
纺织服装、服饰业	8	1	170308	169650
皮革、毛皮、羽毛及其制品和制鞋业	3		56432	57608
木材加工和木、竹、藤、棕、草制品业	1		11422	11294
家具制造业	1	1	3744	3744
印刷和记录媒介复制业	2	1	30026	30026
文教、工美、体育和娱乐用品制造业	8	1	151610	151826
化学原料和化学制品制造业	27	8	976439	989248
医药制造业	4		2690859	2570503
化学纤维制造业	3	1	46824	46065
橡胶和塑料制品业	6	3	40197	39801
非金属矿物制品业	15	2	658361	656560
有色金属冶炼和压延加工业	3		925857	925552
金属制品业	5		909395	954961
通用设备制造业	3	1	11785	12418
专用设备制造业	6		524246	549511
汽车制造业	2		285720	285267
电气机械和器材制造业	6	1	201489	191910
计算机、通信和其他电子设备制造业	4	2	66596	58941
废弃资源综合利用业	2	1	244423	244423
电力、热力生产和供应业	2	1	16005	16005
燃气生产和供应业	1		41567	41567
水的生产和供应业	2		6876	6876

表 8-9 续表 1 (2017 年) 单位:万元

指标	资产合计	流动资产平均余额	应收帐款净额	产成品存货	固定资产净值平均余额
合计	**5955997**	**3454877**	**985438**	**253631**	**1874168**
农副食品加工业	893478	707082	152766	50722	119824
食品制造业	317359	113117	37033	7731	175009
酒、饮料和精制茶制造业	142694	39288	6762	5430	89041
纺织业	97002	48815	14149	3300	42620
纺织服装、服饰业	80310	35249	6774	7143	44727
皮革、毛皮、羽毛及其制品和制鞋业	31401	11283	1814	3561	16454
木材加工和木、竹、藤、棕、草制品业	6933	5668	345	348	1194
家具制造业	4830	1683	238		2701
印刷和记录媒介复制业	16364	6856	2278	466	3771
文教、工美、体育和娱乐用品制造业	47432	25456	6373	2665	21414
化学原料和化学制品制造业	989000	492608	178202	71809	395672
医药制造业	1676784	1105707	279643	54669	266751
化学纤维制造业	87908	23913	6689	6075	55302
橡胶和塑料制品业	37048	14488	2535	758	21636
非金属矿物制品业	364070	161429	31470	11827	184531
有色金属冶炼和压延加工业	154471	114707	67600	1764	39765
金属制品业	253718	194837	57854	5635	48923
通用设备制造业	13105	9757	3291	461	1436
专用设备制造业	80948	49944	12263	6099	27496
汽车制造业	213671	150749	82590	4673	48755
电气机械和器材制造业	125811	29516	10523	2049	86273
计算机、通信和其他电子设备制造业	115474	48851	12019	6025	56532
废弃资源综合利用业	73767	18903	7118		54946
电力、热力生产和供应业	76709	21446	3180		38961
燃气生产和供应业	22259	14909	291	422	6458
水的生产和供应业	33455	8619	1639		23979

表 8-9 续表 2　　(2017 年)　　单位:万元

指　　标	负债合计	所有者权益合计	主　营业务收入	主　营业务成本	主营业务税金及附加
合　　计	**2671307**	**3281996**	**9929874**	**7328932**	**70602**
农副食品加工业	562029	331448	1039653	983070	2082
食品制造业	94769	222590	204863	159250	1530
酒、饮料和精制茶制造业	70626	72067	546723	448313	8501
纺织业	27258	69744	110930	99482	385
纺织服装、服饰业	28440	51869	164603	135193	1144
皮革、毛皮、羽毛及其制品和制鞋业	18806	12595	57371	48659	499
木材加工和木、竹、藤、棕、草制品业	1286	5647	11294	8234	145
家具制造业	672	4158	3749	3085	109
印刷和记录媒介复制业	1812	14552	30325	28163	837
文教、工美、体育和娱乐用品制造业	13438	33994	152448	127669	1597
化学原料和化学制品制造业	566337	422662	996180	887928	3240
医药制造业	577491	1099292	2397868	643534	37532
化学纤维制造业	38325	49583	45747	38698	64
橡胶和塑料制品业	16628	20419	39627	37056	93
非金属矿物制品业	65268	296108	654607	564746	4977
有色金属冶炼和压延加工业	76843	77628	1029855	981588	348
金属制品业	146778	106940	1008403	905842	935
通用设备制造业	11152	1952	12362	10789	23
专用设备制造业	17136	63812	575627	531747	643
汽车制造业	97392	116279	283314	207720	2198
电气机械和器材制造业	32850	92961	192771	167316	869
计算机、通信和其他电子设备制造业	77337	38136	62316	57072	170
废弃资源综合利用业	44015	29752	244423	197623	2327
电力、热力生产和供应业	55210	21498	16535	16422	48
燃气生产和供应业	12548	9711	41402	34697	155
水的生产和供应业	16857	16598	6876	5039	150

表 8-9 续表 3　　(2017 年)　　单位:万元

指　　标	销售费用	管理费用	财务费用		利润总额
				利息支出	
合　　计	**998667**	**527356**	**27999**	**48791**	**979275**
农副食品加工业	20510	11585	–22512	3883	33458
食品制造业	13925	17447	2380	3346	8512
酒、饮料和精制茶制造业	12839	12901	14579	14579	49590
纺织业	2273	4092	903	–113	4739
纺织服装、服饰业	4233	6094	3340	3180	14577
皮革、毛皮、羽毛及其制品和制鞋业	2538	2450	410		2764
木材加工和木、竹、藤、棕、草制品业	221	442	246		2047
家具制造业	127	416	65		–62
印刷和记录媒介复制业	162	202	100	42	860
文教、工美、体育和娱乐用品制造业	3929	6377	313	81	13526
化学原料和化学制品制造业	29608	28675	12509	9159	36901
医药制造业	845546	324805	–1012	844	561261
化学纤维制造业	1478	3112	1251	1069	–547
橡胶和塑料制品业	804	2430	729	215	–1470
非金属矿物制品业	12911	16987	7745	6829	48220
有色金属冶炼和压延加工业	9202	3367	2404	2046	33847
金属制品业	16510	16900	3916	462	65100
通用设备制造业	425	933	192	204	–1888
专用设备制造业	3499	4680	379	314	35630
汽车制造业	8779	36958	–1470	104	28398
电气机械和器材制造业	5128	5892	1144	1001	12797
计算机、通信和其他电子设备制造业	612	5110	–2272	537	–2697
废弃资源综合利用业	2149	11211	1743		29370
电力、热力生产和供应业		1472	944	760	–304
燃气生产和供应业	1172	2188	–265	11	3633
水的生产和供应业	87	630	239	239	1013

表 8-9 续表 4　　(2017 年)　　单位:万元

指　　标	亏损企业亏损总额	本年应交增值税
合　　计	**24377**	**478126**
农副食品加工业	994	9873
食品制造业	985	2503
酒、饮料和精制茶制造业		10987
纺织业		673
纺织服装、服饰业	216	8110
皮革、毛皮、羽毛及其制品和制鞋业		662
木材加工和木、竹、藤、棕、草制品业		
家具制造业	62	
印刷和记录媒介复制业	65	907
文教、工美、体育和娱乐用品制造业	159	4070
化学原料和化学制品制造业	8290	9399
医药制造业		274349
化学纤维制造业	623	965
橡胶和塑料制品业	1751	611
非金属矿物制品业	1341	22329
有色金属冶炼和压延加工业		43434
金属制品业		40798
通用设备制造业	2610	-30
专用设备制造业		31291
汽车制造业		2875
电气机械和器材制造业	1042	7885
计算机、通信和其他电子设备制造业	4606	834
废弃资源综合利用业	1	4703
电力、热力生产和供应业	1635	
燃气生产和供应业		871
水的生产和供应业		27

分地区规模以上工业企业主要经济指标

表 8-10　　（2017 年）　　单位:万元

指　　标	全　市	市　区	东海县	灌云县	灌南县
企业单位数(个)	1504	682	449	227	146
#亏损企业数(个)	113	75	9	5	24
工业总产值(现价)	54841879	32012967	11149421	7960503	3718989
工业销售产值(现价)	54051652	31571120	10976462	7836356	3667714
#出口交货值	1940111	1462665	317224	71529	88693
资产合计	34706493	26685019	3688709	1586928	2745838
流动资产合计	13414814	10328011	1246549	431820	1408435
应收帐款	3539749	2717047	441609	113711	267382
存货	2867642	2093545	199205	110840	464051
产成品	1091676	746369	98372	32217	214719
固定资产合计	13564842	9402643	2021603	1091224	1049372
固定资产净值	13371921	9188204	2019607	1086309	1077800
负债合计	18455253	14741951	1355703	705276	1652323
所有者权益合计	16208143	11935287	2333004	846340	1093512
主营业务收入	53387710	31030679	10972527	7792412	3592092
主营业务成本	43154534	23743149	9696688	6601367	3113330
主营业务税金及附加	485242	306834	80802	71159	26448
销售费用	2728715	2260096	155696	263736	49188
管理费用	2157541	1448946	184457	369913	154226
财务费用	556172	365894	108080	57354	24844
#利息支出	460523	302096	104100	31487	22840
利润总额	4474787	3042465	752290	447604	232428
亏损企业亏损额	73518	51689	6391	2986	12452
本年应交增值税	1799430	1255403	357759	106059	80209

表 8-10 续表　　　　（2017 年）　　　　单位:万元

指标	市区	市直	连云区	海州区	赣榆区	徐圩	开发	高新
企业单位数(个)	682	2	39	94	428	13	91	15
#亏损企业数(个)	75		7	15	21	3	27	2
工业总产值(现价)	32012967	798928	1102756	3622788	14285610	1877885	9718610	606390
工业销售产值(现价)	31571120	781424	1087700	3483290	14191865	1858003	9554410	614429
#出口交货值	1462665	40833	83543	163600	536275	15002	437904	185508
资产合计	26685019	6852662	914580	4138810	4204542	3141481	6695402	737541
流动资产合计	10328011	704198	399053	1875337	1577982	802106	4565576	403759
应收帐款	2717047	40061	65885	450284	449801	52223	1495715	163080
存货	2093545	251449	115066	386923	382850	189480	697746	70032
产成品	746369	11698	48181	139936	174666	70474	283760	17655
固定资产合计	9402643	1599491	423644	1339520	2312887	1848834	1593133	285134
固定资产净值	9188204	1593473	423000	1317434	2245106	1848835	1490358	269999
负债合计	14741951	5232887	471055	2071158	1834200	2195060	2665690	271902
所有者权益合计	11935287	1619775	443524	2067651	2362565	946422	4029712	465639
主营业务收入	31030679	777602	1097638	3236490	14011519	1535768	9763589	608073
主营业务成本	23743149	460196	976333	1863038	11758230	1351339	6879500	454513
主营业务税金及附加	306834	11131	3104	36397	188838	2729	60037	4599
销售费用	2260096	4984	25504	551618	474521	25461	1147470	30538
管理费用	1448946	43454	26579	333800	346871	30147	596787	71308
财务费用	365894	63203	7096	37084	210888	43090	3297	1235
#利息支出	302096	59892	9415	35027	132215	33934	27773	3841
利润总额	3042465	238616	63994	455806	1024252	99663	1116188	43946
亏损企业亏损额	51689		3595	11840	5338	9775	16777	4365
本年应交增值税	1255403	85272	20309	233516	288182	22829	598467	6827

分地区规模以上国有工业企业主要经济指标

表 8-11　　（2017 年）　　单位:万元

指　　标	全　市	市　区	东海县	灌云县	灌南县
企业单位数(个)	44	34	5	3	2
#亏损企业数(个)	10	8	1		1
工业总产值(现价)	3663645	3467249	49927	134360	12110
工业销售产值(现价)	3816380	3622072	50110	131404	12794
#出口交货值	136249	136249			
资产合计	10567911	10278924	125727	109096	54165
流动资产合计	2255694	2155655	37662	19942	42435
应收帐款	666770	644619	12793	4661	4698
存货	488625	477703	7439	2196	1287
产成品	99349	96488	2038	501	321
固定资产合计	3370817	3190128	83391	87059	10239
固定资产净值	3272135	3093155	83190	87059	8731
负债合计	7642012	7448550	89270	72969	31224
所有者权益合计	2925898	2830373	36457	36127	22941
主营业务收入	3910285	3715346	50741	131404	12794
主营业务成本	3184558	3024807	40433	108418	10901
主营业务税金及附加	25981	24522	160	1120	178
销售费用	70955	66437	1068	3396	54
管理费用	157702	149002	1335	6742	623
财务费用	117339	109446	2778	3078	2037
#利息支出	104386	96666	2751	2934	2036
利润总额	449791	435427	6643	8747	-1026
亏损企业亏损额	12602	11021	216		1366
本年应交增值税	194196	191261	245	1888	803

表 8-11 续表　　（2017 年）　　单位:万元

指　　标	市　区	市　直	连云区	海州区	赣榆区	徐圩	开发	高新
企业单位数(个)	34	2	4	7	3	4	12	2
# 亏损企业数(个)	8			2			5	1
工业总产值(现价)	3467249	798928	67491	481572	434499	60345	1586544	37870
工业销售产值(现价)	3622072	781424	67196	485932	446451	60296	1728961	51812
# 出口交货值	136249	40833		7372	71702		16342	
资产合计	10278924	6852662	143706	1220482.8	316839	379073	1272654	93506
流动资产合计	2155655	704198	38772	202144	233123	129258	777233	70927
应收帐款	644619	40061	6723	61144	157010	25299	331817	22566
存货	477703	251449	8105	36905	12521	5605	145693	17426
产成品	96488	11698	3301	3061	9115	496	66410	2406
固定资产合计	3190128	1599491	79493	860240	83716	100299	451336	15554
固定资产净值	3093155	1593473	79493	860188	83816	100299	360109	15777
负债合计	7448550	5232887	84729	816202	262388	252855	749957	49533
所有者权益合计	2830373	1619775	58977	404281	54452	126218	522697	43974
主营业务收入	3715346	777602	66306	526044	441871	69452	1785308	48763
主营业务成本	3024807	460196	53376	480677	384069	62245	1555085	29159
主营业务税金及附加	24522	11131	512	6429	2754	114	3273	309
销售费用	66437	4984	3741	4643	9783	857	37971	4458
管理费用	149002	43454	4947	13662	18416	3315	55007	10201
财务费用	109446	63203	1465	23362	5659	2971	12553	233
# 利息支出	96666	59892	1582	21409	679	5446	7268	390
利润总额	435427	238616	3275	32301	30225	1016	124963	5031
亏损企业亏损额	11021			1904			5738	3380
本年应交增值税	191261	85272	718	23302	8086	440	72232	1211

分地区规模以上集体工业企业主要经济指标

表 8-12　　（2017 年）　　单位:万元

指　　标	全　市	市　区	东海县	灌云县	灌南县
企业单位数(个)	2	1		1	
#亏损企业数(个)					
工业总产值(现价)	8191	3100		5091	
工业销售产值(现价)	8139	3047		5091	
#出口交货值					
资产合计	2216	1705		511	
流动资产合计	1416	1116		300	
应收帐款	301	279		22	
存货	784	582		202	
产成品	158			158	
固定资产合计	768	556		211	
固定资产净值	768	556		211	
负债合计	1119	857		262	
所有者权益合计	1097	848		250	
主营业务收入	8139	3047		5091	
主营业务成本	7057	2960		4097	
主营业务税金及附加	8			8	
销售费用	311	6		305	
管理费用	311	56		255	
财务费用	175			175	
#利息支出	63			63	
利润总额	273	22		251	
亏损企业亏损额					
本年应交增值税	396	396			

表 8-12 续表　　　　（2017 年）　　　　单位:万元

指　　标	市　区	市　直	连云区	海州区	赣榆区	徐圩	开发	高新
企业单位数(个)	1		1					
#亏损企业数(个)								
工业总产值(现价)	3100		3100					
工业销售产值(现价)	3047		3047					
#出口交货值								
资产合计	1705		1705					
流动资产合计	1116		1116					
应收帐款	279		279					
存货	582		582					
产成品								
固定资产合计	556		556					
固定资产净值	556		556					
负债合计	857		857					
所有者权益合计	848		848					
主营业务收入	3047		3047					
主营业务成本	2960		2960					
主营业务税金及附加								
销售费用	6		6					
管理费用	56		56					
财务费用								
#利息支出								
利润总额	22		22					
亏损企业亏损额								
本年应交增值税	396		396					

分地区规模以上"三资"工业企业主要经济指标

表 8–13　　（2017 年）　　单位:万元

指　　标	全　市	市　区	东海县	灌云县	灌南县
企业单位数(个)	147	88	34	11	14
#亏损企业数(个)	28	21	5		2
工业总产值(现价)	10000835	8244035	1316408	228953	211440
工业销售产值(现价)	9920262	8166774	1315762	229767	207959
#出口交货值	1205854	933509	232650	7499	32197
资产合计	5955997	4746974	879364	73845	255814
流动资产合计	3454877	2884002	409839	21899	139138
应收帐款	985438	759736	195211	4057	26434
存货	647409	532332	52615	5083	57380
产成品	253631	211017	18043	1505	23066
固定资产合计	1895105	1359218	397384	48380	90123
固定资产净值	1874168	1344684	392879	48380	88225
负债合计	2671307	2251836	233883	29991	155596
所有者权益合计	3281996	2495137	645481	41160	100218
主营业务收入	9929874	8186117	1315299	229795	198662
主营业务成本	7328932	5813304	1154777	196416	164435
主营业务税金及附加	70602	61309	7190	1443	659
销售费用	998667	965263	21765	7475	4164
管理费用	527356	472527	31111	10601	13118
财务费用	27999	8555	14374	3194	1875
#利息支出	48791	35597	10831	816	1547
利润总额	979275	864524	88648	10644	15459
亏损企业亏损额	24377	19268	4391		718
本年应交增值税	478126	429657	47450	4100	-3081

表 8-13 续表　　　　（2017 年）　　　　单位:万元

指　　标	市　区	市　直	连云区	海州区	赣榆区	徐圩	开发	高新
企业单位数(个)	88		11	16	20	1	30	10
#亏损企业数(个)	21		2	6	3	1	8	1
工业总产值(现价)	8244035		266707	1787140	1099608	2620	4555667	532292
工业销售产值(现价)	8166774		257943	1687258	1098097	2594	4594531	526351
#出口交货值	933509		55402	30344	329656	2573	342699	172836
资产合计	4746974		417170	1324710	318857	1973	2093135	591129
流动资产合计	2884002		164611	892373	94317	1326	1428274	303100
应收帐款	759736		47064	166341	23717	1038	392728	128848
存货	532332		41189	120119	19431	68	305442	46083
产成品	211017		18137	58516	7390	22	113788	13164
固定资产合计	1359218		217067	229581	202133	484	455255	254699
固定资产净值	1344684		217067	231362	202233	484	453959	239580
负债合计	2251836		243500	571296	130453	2282	1100146	204159
所有者权益合计	2495137		173670	753414	188404	-309	992989	386970
主营业务收入	8186117		267527	1496534	1097819	2594	4798604	523038
主营业务成本	5813304		231753	378587	892096	1933	3911496	397439
主营业务税金及附加	61309		481	23896	15951	10	17080	3890
销售费用	965263		12399	506791	26822	464	395602	23185
管理费用	472527		7440	230803	33987	187	143065	57045
财务费用	8555		3691	-2135	20023	87	-13532	420
#利息支出	35597		4923	704	17282		9417	3271
利润总额	864524		13907	348892	108737	-97	354507	38578
亏损企业亏损额	19268		3150	7541	231	97	7264	985
本年应交增值税	429657		6874	177988	23445		215945	5405

分地区规模以上私营工业企业主要经济指标

表 8-14　　（2017 年）　　单位:万元

指　　标	全　市	市　区	东海县	灌云县	灌南县
企业单位数(个)	1081	504	400	91	86
#亏损企业数(个)	61	44	2	1	14
工业总产值(现价)	32235946	16069083	9577105	3627187	2962571
工业销售产值(现价)	31860203	15974277	9400398	3572402	2913125
#出口交货值	439711	295423	84574	19841	39873
资产合计	12343084	7321622	2496791	591414	1933256
流动资产合计	4389124	2529338	709426	137580	1012781
应收帐款	911705	453743	225287	33791	198884
存货	1225090	755702	128402	35217	305769
产成品	521996	292401	76616	7139	145840
固定资产合计	6693165	4088571	1465026	413171	726397
固定资产净值	6626585	3986052	1468530	413071	758932
负债合计	6069198	3761792	906729	236235	1164442
所有者权益合计	6237704	3552051	1590062	326780	768812
主营业务收入	31372530	15547944	9401509	3562768	2860310
主营业务成本	27005907	13126075	8328326	3047256	2504250
主营业务税金及附加	279011	162917	71511	32840	11743
销售费用	781428	506805	125296	117586	31741
管理费用	826101	415450	143022	163934	103696
财务费用	353373	230451	87690	21415	13817
#利息支出	257987	144194	87771	12838	13184
利润总额	2151022	1113644	646774	196999	193605
亏损企业亏损额	28968	21198	879	873	6017
本年应交增值税	754133	338236	303438	44467	67992

表 8-14 续表　　　　　　　　　　　　（2017 年）　　　　　　　　　　　　单位:万元

指　　标	市　区	市　直	连云区	海州区	赣榆区	徐圩	开发	高新
企业单位数(个)	504		14	57	382	7	43	1
# 亏损企业数(个)	44		4	6	18	2	14	
工业总产值(现价)	16069083		619068	930850	11211495	1810919	1494088	2664
工业销售产值(现价)	15974277		620409	904238	11139189	1790624	1517153	2664
# 出口交货值	295423		13614	83225	132330	12429	53825	
资产合计	7321622		244729	786341	2968773	2758432	560797	2552
流动资产合计	2529338		139605	528451	931267	670159	258057	1799
应收帐款	453743		6367	152877	216651	25594	51266	988
存货	755702		52374	170483	236203	183103	113116	424
产成品	292401		18986	56819	96158	69599	50840	
固定资产合计	4088571		90448	159382	1871744	1747412	218971	615
固定资产净值	3986052		89803	135644	1803863	1747412	208718	612
负债合计	3761792		82003	342786	1088240	1938654	308532	1577
所有者权益合计	3552051		162725	443554	1872754	819778	252265	975
主营业务收入	15547944		622904	851446	10974271	1459232	1637471	2621
主营业务成本	13126075		566639	700508	9084768	1282857	1489073	2230
主营业务税金及附加	162917		1647	3937	152195	2592	2537	10
销售费用	506805		7374	28107	423071	24080	23998	175
管理费用	415450		7618	58044	288025	26567	35000	196
财务费用	230451		1170	8660	176140	40010	4440	30
# 利息支出	144194		2180	5957	104546	28488	3024	
利润总额	1113644		39451	56667	834633	98733	84141	18
亏损企业亏损额	21198		441	2019	5108	9678	3953	
本年应交增值税	338236		10572	24886	219179	22299	61221	79.5

资产总计最大的50家企业

表 8-15　　(2017年)

序号	企业名称	序号	企业名称
1	江苏核电有限公司	26	连云港福润食品有限公司
2	江苏恒瑞医药股份有限公司	27	东方国际集装箱(连云港)有限公司
3	江苏斯尔邦石化有限公司	28	丰益高分子材料(连云港)有限公司
4	正大天晴药业集团股份有限公司	29	丰益油脂科技(连云港)有限公司
5	江苏新海发电有限公司	30	江苏金茂源生物化工有限责任公司
6	江苏康缘集团有限责任公司	31	晶海洋半导体材料(东海)有限公司
7	江苏虹港石化有限公司	32	江苏方洋水务有限公司
8	益海(连云港)粮油有限公司	33	中国石化集团南京化学工业有限公司连云港碱厂
9	日出东方太阳能股份有限公司	34	中复神鹰碳纤维有限责任公司
10	连云港中复连众复合材料集团有限公司	35	江苏德邦兴华化工股份有限公司
11	江苏豪森药业集团有限公司	36	韩华新能源科技有限公司
12	江苏新海石化有限公司	37	台玻东海玻璃有限公司
13	江苏省镔鑫钢铁集团有限公司	38	连云港启创铝制品有限公司
14	连云港亚新钢铁有限公司	39	江苏天明机械集团有限公司
15	连云港润众制药有限公司	40	江苏东成生物科技集团有限公司
16	连云港兴鑫钢铁有限公司	41	江苏太平洋石英股份有限公司
17	罗盖特(中国)精细化工有限公司	42	江苏盛迪医药有限公司
18	番禺珠江钢管(连云港)有限公司	43	连云港立本农药化工有限公司
19	连云港神舟新能源有限公司	44	江苏华尔化工有限公司
20	江苏宝通镍业有限公司	45	连云港市自来水有限责任公司
21	国电联合动力技术(连云港)有限公司	46	中广核太阳能连云港有限公司
22	连云港虹洋热电有限公司	47	丰益表面活性材料(连云港)有限公司
23	连云港天明装备有限公司	48	江苏金桥盐化集团利海化工有限公司
24	大陆汽车电子(连云港)有限公司	49	东海晶澳太阳能科技有限公司
25	连云港华乐合金有限公司	50	江苏海中洲船业有限公司

工业总产值最高的50家企业

表 8-16　　（2017 年）

序号	企业名称	序号	企业名称
1	江苏恒瑞医药股份有限公司	26	连云港润众制药有限公司
2	正大天晴药业集团股份有限公司	27	连云港兴怡紧固件有限公司
3	江苏新海石化有限公司	28	江苏远征化工有限公司
4	江苏省镔鑫钢铁集团有限公司	29	中复神鹰碳纤维有限责任公司
5	江苏豪森药业集团有限公司	30	江苏明盛化工有限公司
6	江苏斯尔邦石化有限公司	31	江苏和利瑞科技发展有限公司
7	江苏康缘集团有限责任公司	32	大陆汽车电子（连云港）有限公司
8	连云港启创铝制品有限公司	33	江苏德源药业有限公司
9	东方国际集装箱（连云港）有限公司	34	江苏汇联铝业有限公司
10	连云港亚新钢铁有限公司	35	连云港宝诚化工有限公司
11	韩华新能源科技有限公司	36	连云港天明装备有限公司
12	益海（连云港）粮油有限公司	37	连云港中复连众复合材料集团有限公司
13	江苏虹港石化有限公司	38	连云港神舟新能源有限公司
14	江苏核电有限公司	39	江苏太平洋石英股份有限公司
15	连云港五洲船舶重工有限公司	40	连云港市艾伦钢铁有限公司
16	连云港华乐合金有限公司	41	中国石化集团南京化学工业有限公司连云港碱厂
17	江苏金茂源生物化工有限责任公司	42	江苏海中洲船业有限公司
18	连云港兴鑫钢铁有限公司	43	江苏西德电梯有限公司
19	连云港市易达酒业有限公司	44	连云港金辰新材料有限公司
20	江苏广晟健发再生资源股份有限公司	45	丰益油脂科技（连云港）有限公司
21	连云港海赣科技有限公司	46	晶海洋半导体材料（东海）有限公司
22	重山风力设备（连云港）有限公司	47	连云港市正丰焊条有限公司
23	连云港市兆昱新材料实业有限公司	48	罗盖特（中国）精细化工有限公司
24	江苏东成生物科技集团有限公司	49	江苏鑫涌特钢有限公司
25	江苏新海发电有限公司	50	江苏名洋船业有限公司

主营业务收入最高的50家企业

表8-17　　（2017年）

序号	企业名称	序号	企业名称
1	江苏恒瑞医药股份有限公司	26	连云港润众制药有限公司
2	正大天晴药业集团股份有限公司	27	连云港兴怡紧固件有限公司
3	江苏新海石化有限公司	28	中复神鹰碳纤维有限责任公司
4	江苏省镔鑫钢铁集团有限公司	29	江苏远征化工有限公司
5	连云港启创铝制品有限公司	30	江苏德源药业有限公司
6	江苏豪森药业集团有限公司	31	江苏明盛化工有限公司
7	东方国际集装箱(连云港)有限公司	32	江苏和利瑞科技发展有限公司
8	韩华新能源科技有限公司	33	大陆汽车电子(连云港)有限公司
9	江苏斯尔邦石化有限公司	34	江苏汇联铝业有限公司
10	连云港亚新钢铁有限公司	35	连云港宝诚化工有限公司
11	益海(连云港)粮油有限公司	36	连云港神舟新能源有限公司
12	江苏康缘集团有限责任公司	37	国电联合动力技术(连云港)有限公司
13	江苏虹港石化有限公司	38	连云港中复连众复合材料集团有限公司
14	江苏核电有限公司	39	江苏太平洋石英股份有限公司
15	连云港五洲船舶重工有限公司	40	连云港天明装备有限公司
16	连云港兴鑫钢铁有限公司	41	晶海洋半导体材料(东海)有限公司
17	连云港华乐合金有限公司	42	连云港市艾伦钢铁有限公司
18	江苏金茂源生物化工有限责任公司	43	江苏西德电梯有限公司
19	重山风力设备(连云港)有限公司	44	丰益油脂科技(连云港)有限公司
20	连云港市易达酒业有限公司	45	江苏海中洲船业有限公司
21	江苏广晟健发再生资源股份有限公司	46	连云港市正丰焊条有限公司
22	连云港海赣科技有限公司	47	连云港金辰新材料有限公司
23	江苏新海发电有限公司	48	中国石化集团南京化学工业有限公司连云港碱厂
24	连云港市兆昱新材料实业有限公司	49	江苏鑫涌特钢有限公司
25	江苏东成生物科技集团有限公司	50	罗盖特(中国)精细化工有限公司

利润总额最高的50家企业

表 8-18　　（2017 年）

序号	企业名称	序号	企业名称
1	江苏恒瑞医药股份有限公司	26	大陆汽车电子(连云港)有限公司
2	正大天晴药业集团股份有限公司	27	江苏华尔化工有限公司
3	江苏核电有限公司	28	连云港市易达酒业有限公司
4	江苏豪森药业集团有限公司	29	中复神鹰碳纤维有限责任公司
5	连云港润众制药有限公司	30	连云港五洲船舶重工有限公司
6	江苏斯尔邦石化有限公司	31	江苏省镔鑫钢铁集团有限公司
7	江苏康缘集团有限责任公司	32	江苏西德电梯有限公司
8	东方国际集装箱(连云港)有限公司	33	连云港天明装备有限公司
9	连云港亚新钢铁有限公司	34	江苏远征化工有限公司
10	江苏金茂源生物化工有限责任公司	35	江苏明盛化工有限公司
11	连云港兴怡紧固件有限公司	36	江苏虹港石化有限公司
12	江苏广晟健发再生资源股份有限公司	37	赣榆县文峰木业有限公司
13	江苏新海石化有限公司	38	江苏和利瑞科技发展有限公司
14	韩华新能源科技有限公司	39	江苏太平洋石英股份有限公司
15	连云港华乐合金有限公司	40	连云港丰泰海藻有限公司
16	连云港市兆昱新材料实业有限公司	41	国电联合动力技术(连云港)有限公司
17	江苏东成生物科技集团有限公司	42	连云港宝诚化工有限公司
18	连云港启创铝制品有限公司	43	连云港市正丰焊条有限公司
19	江苏德源药业有限公司	44	连云港金辰新材料有限公司
20	连云港中复连众复合材料集团有限公司	45	连云港立本农药化工有限公司
21	连云港兴鑫钢铁有限公司	46	江苏天明机械集团有限公司
22	江苏汇联铝业有限公司	47	益海(连云港)粮油有限公司
23	重山风力设备(连云港)有限公司	48	赣榆县铭鑫服饰有限公司
24	连云港海赣科技有限公司	49	江苏丽鑫炭业有限公司
25	江苏新海发电有限公司	50	江苏迪安化工有限公司

从业人员最多的50家企业

表 8-19　　（2017年）

序号	企业名称	序号	企业名称
1	江苏恒瑞医药股份有限公司	26	晶海洋半导体材料(东海)有限公司
2	正大天晴药业集团股份有限公司	27	中复神鹰碳纤维有限责任公司
3	江苏豪森药业集团有限公司	28	江苏盛迪医药有限公司
4	江苏康缘集团有限责任公司	29	江苏太平洋石英股份有限公司
5	连云港五洲船舶重工有限公司	30	江苏明盛化工有限公司
6	江苏省镔鑫钢铁集团有限公司	31	江苏远征化工有限公司
7	连云港亚新钢铁有限公司	32	连云港桃盛熔融石英有限公司
8	连云港兴鑫钢铁有限公司	33	连云港润众制药有限公司
9	连云港中复连众复合材料集团有限公司	34	连云港东港针织有限公司
10	中国石化集团南京化学工业有限公司连云港碱厂	35	江苏苏云医疗器材有限公司
11	江苏核电有限公司	36	福泰克(连云港)电子有限公司
12	江苏斯尔邦石化有限公司	37	禧玛诺(连云港)实业有限公司
13	江苏新海发电有限公司	38	国电联合动力技术(连云港)有限公司
14	大陆汽车电子(连云港)有限公司	39	连云港柏兴无纺布制品有限公司
15	江苏汤沟两相和酒业有限公司	40	重山风力设备(连云港)有限公司
16	连云港茉织华服饰有限公司	41	江苏亚飞特种玻璃有限公司
17	连云港康达智精密技术有限公司	42	江苏宝通镍业有限公司
18	连云港华乐合金有限公司	43	江苏鹰游纺机有限公司
19	连云港东霞制衣有限公司	44	连云港晶三亿石英制品有限公司
20	韩华新能源科技有限公司	45	东海县磊晶石英制品厂
21	东方国际集装箱(连云港)有限公司	46	连云港艾业无纺布制品有限公司
22	江苏新海石化有限公司	47	连云港大江木业有限公司
23	江苏华尔化工有限公司	48	丰益高分子材料(连云港)有限公司
24	连云港启创铝制品有限公司	49	东海县飞亚电光源有限公司
25	日出东方太阳能股份有限公司	50	台玻东海玻璃有限公司

大中型工业企业一览表

表 8-20

(2017 年)

企业名称	企业规模	隶属关系	注册类型
一、大型工业企业(25 户)			
江苏新海发电有限公司	大型	省(自治区、直辖市)	股份有限公司
江苏核电有限公司	大型	中央	其他有限责任公司
日出东方太阳能股份有限公司	大型	其他	股份有限公司
连云港中复连众复合材料集团有限公司	大型	中央	其他有限责任公司
连云港华乐合金有限公司	大型	其他	私营有限责任公司
江苏斯尔邦石化有限公司	大型	其他	私营有限责任公司
连云港茉织华服饰有限公司	大型	其他	私营有限股份公司
江苏豪森药业集团有限公司	大型	其他	港澳台商独资
大陆汽车电子(连云港)有限公司	大型	其他	外资企业
正大天晴药业集团股份有限公司	大型	省(自治区、直辖市)	外商投资股份有限公司
连云港五洲船舶重工有限公司	大型	其他	私营有限责任公司
江苏新海石化有限公司	大型	其他	其他有限责任公司
连云港启创铝制品有限公司	大型	其他	外资企业
江苏省镔鑫钢铁集团有限公司	大型	其他	私营有限责任公司
晶海洋半导体材料(东海)有限公司	大型	其他	港澳台商独资
连云港亚新钢铁有限公司	大型	其他	私营有限责任公司
江苏恒瑞医药股份有限公司	大型	市(地、州、盟)	股份有限公司
江苏康缘集团有限责任公司	大型	市(地、州、盟)	其他有限责任公司
连云港兴鑫钢铁有限公司	大型	其他	私营有限责任公司
江苏汤沟两相和酒业有限公司	大型	其他	其他有限责任公司
韩华新能源科技有限公司	大型	其他	私营有限责任公司
东方国际集装箱(连云港)有限公司	大型	其他	中外合资经营
江苏华尔化工有限公司	大型	其他	私营有限责任公司
连云港东霞制衣有限公司	大型	其他	私营有限责任公司
中国石化集团南京化学工业有限公司连云港碱厂	大型	市(地、州、盟)	国有独资公司
二、中型工业企业(95 户)			
江苏克胜作物科技有限公司	中型	其他	私营有限责任公司
江苏恒隆作物保护有限公司	中型	其他	其他有限责任公司
江苏鹰游纺机有限公司	中型	市(地、州、盟)	其他有限责任公司
连云港远洋流体装卸设备有限公司	中型	中央	国有独资公司
江苏中金玛泰医药包装有限公司	中型	其他	中外合资经营

表 8-20 续表 1　　(2017 年)

企业名称	企业规模	隶属关系	注册类型
江苏苏云医疗器材有限公司	中型	其他	与港澳台商合资经营
连云港市自来水有限责任公司	中型	市(地、州、盟)	其他有限责任公司
江苏东成生物科技集团有限公司	中型	其他	私营有限责任公司
赣榆县文峰木业有限公司	中型	其他	私营有限责任公司
江苏太平洋石英股份有限公司	中型	其他	与港澳台商合资经营
连云港市金囤农化有限公司	中型	其他	私营有限责任公司
江苏盛迪医药有限公司	中型	其他	私营有限责任公司
连云港东霞实业有限公司	中型	其他	私营有限责任公司
江苏天明特种车辆有限公司	中型	其他	私营有限责任公司
连云港神鹰碳纤维自行车股份有限公司	中型	其他	私营有限责任公司
丰益高分子材料(连云港)有限公司	中型	其他	外资企业
江苏盛吉化工有限公司	中型	其他	其他有限责任公司
江苏西德电梯有限公司	中型	其他	私营有限责任公司
连云港康达智精密技术有限公司	中型	其他	外资企业
连云港神舟新能源有限公司	中型		其他有限责任公司
连云港艾信无纺布制品有限公司	中型	其他	港澳台商独资
连云港海赣科技有限公司	中型	其他	私营有限责任公司
江苏虹港石化有限公司	中型	其他	私营有限责任公司
江苏汇联铝业有限公司	中型	市(地、州、盟)	与港澳台商合作经营
江苏道博化工有限公司	中型	其他	私营有限责任公司
连云港马诗龙生物科技有限公司	中型	其他	其他有限责任公司
江苏迪安化工有限公司	中型	其他	私营有限责任公司
江苏广晟健发再生资源股份有限公司	中型	其他	私营有限责任公司
青岛啤酒(连云港)有限公司	中型	市(地、州、盟)	股份有限公司
禧玛诺(连云港)实业有限公司	中型	其他	外商投资股份有限公司
福泰克(连云港)电子有限公司	中型	其他	外资企业
连云港味之素如意食品有限公司	中型	其他	中外合资经营
江苏东浦管桩有限公司	中型	其他	私营有限责任公司
连云港东港针织有限公司	中型		与港澳台商合资经营
江苏远征化工有限公司	中型	其他	私营有限责任公司
江苏湛蓝科技开发有限公司	中型	其他	其他有限责任公司

表 8-20 续表 2　(2017 年)

企业名称	企业规模	隶属关系	注册类型
东海力音电子有限公司	中型	其他	港澳台商独资
连云港市永旺玻璃制品有限公司	中型	其他	私营有限责任公司
连云港索欧服饰有限公司	中型	其他	其他有限责任公司
连云港市兆昱新材料实业有限公司	中型	其他	私营有限股份公司
江苏海中洲船业有限公司	中型	其他	私营有限责任公司
江苏名洋船业有限公司	中型	其他	私营有限责任公司
连云港和利通船舶重工有限公司	中型	其他	其他有限责任公司
江苏石光光伏有限公司	中型	其他	中外合资经营
连云港光鼎电子有限公司	中型	县级及以下	中外合资经营
连云港花茂日用品有限公司	中型	其他	港澳台商独资
连云港兴怡紧固件有限公司	中型	其他	私营有限责任公司
江苏雅仕保鲜产业有限公司	中型	其他	其他有限责任公司
连云港胜华船舶修造有限公司	中型	其他	私营有限责任公司
国电联合动力技术(连云港)有限公司	中型	中央	其他有限责任公司
连云港市工投集团日晒制盐有限公司	中型	其他	国有独资公司
番禺珠江钢管(连云港)有限公司	中型	其他	私营有限责任公司
江苏和利瑞科技发展有限公司	中型	其他	其他有限责任公司
江苏天明机械集团有限公司	中型	其他	私营有限责任公司
益海(连云港)粮油有限公司	中型	其他	中外合资经营
连云港福东正佑照明电器有限公司	中型	其他	私营有限责任公司
衡所华威电子有限公司	中型	市(地、州、盟)	其他有限责任公司
连云港味之素冷冻食品有限公司	中型	其他	中外合资经营
罗盖特(中国)精细化工有限公司	中型	其他	外资企业
连云港水表有限公司	中型	市(地、州、盟)	其他有限责任公司
连云港立本农药化工有限公司	中型	其他	港澳台商独资
连云港飞雁毛毯有限责任公司	中型	市(地、州、盟)	其他有限责任公司
江苏德邦兴华化工股份有限公司	中型	市(地、州、盟)	股份有限公司
江苏花果山鹅业食品有限公司	中型	其他	私营有限责任公司
连云港市易达酒业有限公司	中型	其他	私营有限股份公司
江苏嘉隆化工有限公司	中型	其他	私营有限责任公司
连云港高发玩具礼品有限公司	中型	其他	外资企业

表 8-20 续表 3　　(2017 年)

企　业　名　称	企　业 规　模	隶　属 关　系	注　册 类　型
台玻东海玻璃有限公司	中型	其他	外资企业
江苏得乐康食品有限公司	中型	其他	私营有限责任公司
江苏永凯化学有限公司	中型	其他	私营有限责任公司
连云港市华通化学有限公司	中型	其他	其他有限责任公司
连云港艾业无纺布制品有限公司	中型	其他	外资企业
连云港杰瑞电子有限公司	中型	市(地、州、盟)	其他有限责任公司
连云港美步家居有限公司	中型	其他	私营有限责任公司
江苏德源药业有限公司	中型	其他	私营有限责任公司
江苏仁欣化工股份有限公司	中型	其他	私营有限股份公司
连云港杜钟新奥神氨纶有限公司	中型	市(地、州、盟)	中外合资经营
江苏明盛化工有限公司	中型	其他	私营有限责任公司
连云港华洋玩具有限公司	中型	其他	其他有限责任公司
连云港市亚晖医药化工有限公司	中型	其他	私营有限责任公司
连云港永盛工艺品有限公司	中型	其他	私营有限责任公司
连云港埃森化学有限公司	中型		其他有限责任公司
中复神鹰碳纤维有限责任公司	中型	其他	其他有限责任公司
连云港科田化工有限公司	中型	其他	其他有限责任公司
连云港天明装备有限公司	中型	其他	私营有限责任公司
江苏金茂源生物化工有限责任公司	中型	其他	中外合资经营
连云港市云海电源有限公司	中型	其他	私营有限责任公司
重山风力设备(连云港)有限公司	中型	其他	外资企业
连云港柏兴无纺布制品有限公司	中型	其他	外资企业
江苏阳云丰服装有限公司	中型	其他	外资企业
国成功能服饰(连云港)有限公司	中型	其他	外资企业
江苏双宏化工有限公司	中型	其他	其他有限责任公司
连云港世杰农化有限公司	中型	其他	私营有限责任公司
江苏东霞纺织有限公司	中型	其他	与港澳台商合资经营
连云港紫川食品有限公司	中型	其他	其他有限责任公司

分县区历年工业企业能源综合消耗量

表 8-21 单位:吨标准煤

年份	全市	市区	赣榆区	东海县	灌云县	灌南县
2005	2328028	1720571	179608	239917	114081	73852
2006	3382350	2713805	285296	205265	113465	64519
2007	3353069	2610589	289143	229616	126240	97481
2008	3506577	2597110	333987	242935	191397	141149
2009	4030479	2580984	569292	365617	151050	363536
2010	4825594	2589130	988916	344706	151481	751361
2011	6211173	2921511	1618143	349642	155562	1166315
2012	6338884	2956485	1652103	319808	164541	1245946
2013	7362349	3622430	1816100	368277	213178	1342364
2014	7720564	5397502	1984204	452606	202285	1668171
2015	8671515	5699666	2064030	364081	245279	2362490
2016	9198909	6143381	2096232	314270	231404	2509854
2017	9371630	6189977	2163636	328882	227017	2625754

工业企业主要能源消费量

表 8-22　　单位:吨

指标	全市	市区	#赣榆区	东海县	灌云县	灌南县
原煤	6670951	6170111	417306	143335	86865	270640
洗精煤						
其它洗煤	117629	97202	95640			20427
煤制品	5355	5355	5355			
焦炭	3515674	1381508	1258941			2134166
发生炉煤气(万立方米)						
天然气(万立方米)	7894	6814		229	107	745
液化天然气	47176	47176				
原油	3012837	3012837	3012837			
汽油	973	906	9			67
煤油	48	48				
柴油	13770	11080	314	543		2148
燃料油	21825	20658				1167
液化石油气	86	29		57		
润滑油	20	20				
其它石油制品	38	38				
热力(百万千焦)	17356578	16250037	384556	34385		1072156
电力(万千瓦时)	1275743	789995	234246	111512	124455	249782
煤矸石用于燃料						
城市垃圾用于燃料	462595	462595				
生物质废料用于燃料	150645	78094	62663	72401		150
折标准煤合计(吨标准煤)	16031957	12423971	6423578	317219	216438	3074330

主要能源品种分行业消费量

表 8-23　　(2017 年)　　单位:吨

指　　标	原煤	焦碳	石油	汽油	柴油	热力(百万千焦)	电力(万千瓦时)
总　计	**6800541**	**3515674**	**3012837**	**1038**	**14991**	**17673760**	**1334251**
其中:轻工业	372949			333	2089	2368719	181178
重工业	6427592	3515674	3012837	704	12902	15305041	1153072
有色金属矿采选业					210		1293
非金属矿采选业					1285		5857
开采辅助活动							139
农副食品加工业	66558			20	388	44932	25021
食品制造业	152575			68	1460	37177	9101
酒、饮料和精制茶制造业	28288					2112	7013
纺织业	570			1			8480
纺织服装、服饰业	285						8022
皮革、毛皮、羽毛及其制品和制鞋业	8290			1	44	59046	5053
木材加工和木、竹、藤、棕、草制品业	3966				161	1486	11946
家具制造业							652
造纸和纸制品业	6149						4375
印刷和记录媒介复制业				85	22		5201
文教、工美、体育和娱乐用品制造业	7412			32		96622	6463
石油加工、炼焦和核燃料加工业			3012837				22412
化学原料和化学制品制造业	1013717	122521		62	4134	15515355	345317

表 8-23 续表　　　　（2017 年）　　　　单位：吨

指　　标	原煤	焦碳	石油	汽油	柴油	热力(百万千焦)	电力(万千瓦时)
医药制造业	23003			28	114	1612829	38732
化学纤维制造业	16075			2		209330	6502
橡胶和塑料制品业	68						6791
非金属矿物制品业	146168			33	3417	34385	103571
黑色金属冶炼和压延加工业	416467	3392102			1260		393135
有色金属冶炼和压延加工业	830	1005					7891
金属制品业	17371			95	401	46052	28020
通用设备制造业	914	47		73	171		10267
专用设备制造业				165	120	8368	9326
汽车制造业				3	2		6059
铁路、船舶、航空航天和其他运输设备制造业	552			12	8		16065
电气机械和器材制造业	483			55	49		24978
计算机、通信和其他电子设备制造业							10016
仪器仪表制造业				4	2		370
其他制造业							231
废弃资源综合利用业	5779					6065	7453
电力、热力生产和供应业	4885021			214	1726		189281
燃气生产和供应业							851
水的生产和供应业				86	18		8332

工业企业综合能耗分行业

表 8-24　　全　市

指　　标	2017年		2016年	
	综合能耗(吨标准煤)	工业总产值(万元)	综合能耗(吨标准煤)	工业总产值(万元)
总　计	**9371630**	**61501746**	**9198909**	**62258720**
其中:轻工业	602016	22497704	483379	20010988
重工业	8769614	39004042	8715529	42247732
有色金属矿采选业	1896	25366	1434	48707
非金属矿采选业	8862	316976	45614	578618
开采辅助活动	171	4790	1278	36054
农副食品加工业	86957	4074642	93700	4990383
食品制造业	130514	760387	22868	468367
酒、饮料和精制茶制造业	29149	1341928	36965	948713
纺织业	11002	530414	12602	495040
纺织服装、服饰业	10060	2192793	10352	1525707
皮革、毛皮、羽毛及其制品和制鞋业	18044	378054	15629	311951
木材加工和木竹藤棕草制品业	29571	863154	28248	807802
家具制造业	802	457272	1149	182412
造纸和纸制品业	9767	166592	13659	233623
印刷和记录媒介复制业	6390	581605	5236	499736
文教、工美、体育和娱乐用品制造业	19317	925252	17517	846476
石油加工、炼焦和核燃料加工业	229807	2773967	219659	2542539
化学原料和化学制品制造业	1711608	10979182	1792425	12080886

表 8-24 续表　　　　　　　　　　　　全　市

指　　标	2017年		2016年	
	综合能耗(吨标准煤)	工业总产值（万元）	综合能耗(吨标准煤)	工业总产值（万元）
医药制造业	119348	6666027	106145	5676852
化学纤维制造业	27993	51320	25599	47014
橡胶和塑料制品业	8346	727721	7780	674573
非金属矿物制品业	246120	7142796	251676	6498463
黑色金属冶炼和压延加工业	4116121	5041937	3972946	8105744
有色金属冶炼和压延加工业	16191	1854911	17029	1605409
金属制品业	49372	2487203	57711	2878878
通用设备制造业	13490	1176637	17201	1166659
专用设备制造业	12055	1822041	12985	1775923
汽车制造业	7486	615131	5115	567448
铁路船舶航空航天和其他运输设备制造业	20112	1225697	23636	1194189
电气机械和器材制造业	31035	3517439	18681	2227702
计算机、通信和其他电子设备制造业	11994	798762	14509	1500097
仪器仪表制造业	455	70679	385	39387
其他制造业	283	91839	166	83909
废弃资源综合利用业	13479	470673	7889	437504
电力、热力生产和供应业	2363343	1174232	2331752	1041055
燃气生产和供应业	1046	138344	1857	106767
水的生产和供应业	9407	52332	7475	30428

工业企业综合能耗分县区

表 8-25　　市　区

指　　标	2017年		2016年	
	综合能耗(吨标准煤)	工业总产值（万元）	综合能耗(吨标准煤)	工业总产值（万元）
总　计	**6189977**	**36822197**	**6143381**	**36839086**
其中:轻工业	382273	14135850	277328	12549730
重工业	5807704	22686347	5866053	24289356
有色金属矿采选业	1896	25366	1434	48707
非金属矿采选业	1104	82980	39583	261756
开采辅助活动	171	4790	1278	36054
农副食品加工业	62780	2361550	69383	3378536
食品制造业	117791	457724	15158	256538
酒、饮料和精制茶制造业	12959	1086574	16454	686854
纺织业	4409	290796	5398	243285
纺织服装、服饰业	3081	1335105	3904	744746
皮革、毛皮、羽毛及其制品和制鞋业	9881	122747	6156	59430
木材加工和木竹藤棕草制品业	12469	333460	11733	309365
家具制造业	645	434418	987	155397
造纸和纸制品业	6570	57097	9334	94702
印刷和记录媒介复制业	5644	353994	4373	257447
文教、工美、体育和娱乐用品制造业	16005	655070	13875	602681
石油加工、炼焦和核燃料加工业	229807	2779367	219659	2542539
化学原料和化学制品制造业	1287649	4551408	1273516	5790024

表 8-25 续表 1

市　区

指　　标	2017 年		2016 年	
	综合能耗(吨标准煤)	工业总产值（万元）	综合能耗(吨标准煤)	工业总产值（万元）
医药制造业	87252	5943408	80077	5057103
化学纤维制造业	27999	51320	25599	47014
橡胶和塑料制品业	5975	517591	4288	444778
非金属矿物制品业	44902	1911545	46056	1684871
黑色金属冶炼和压延加工业	1898226	3691068	1800804	3648842
有色金属冶炼和压延加工业	6369	1410993	7410	1250087
金属制品业	39381	2040550	45736	2427351
通用设备制造业	10850	983330	9777	972295
专用设备制造业	7340	1273229	8123	1193486
汽车制造业	3681	193532	2229	168468
铁路船舶航空航天和其他运输设备制造业	576	81835	944	95718
电气机械和器材制造业	19160	1634015	9313	668904
计算机、通信和其他电子设备制造业	9259	531216	12808	1311842
仪器仪表制造业	400	60802	385	39387
其他制造业	227	74184	119	68838
废弃资源综合利用业	6824	295595	6848	281232
电力、热力生产和供应业	2239932	1110403	2293212	1019267
燃气生产和供应业	516	41567	425	35116
水的生产和供应业	8213	45314	7475	30428

表 8-25 续表 2

连 云 区

指 标	2017年		2016年	
	综合能耗(吨标准煤)	工业总产值(万元)	综合能耗(吨标准煤)	工业总产值(万元)
总 计	**197669**	**1103781**	**194330**	**1131470**
其中:轻工业	2274	109832	3364	110703
重工业	195395	993949	190966	1020766
有色金属矿采选业				
非金属矿采选业	73	121	163	39724
开采辅助活动	171	4790	1278	36054
农副食品加工业	1242	61875	1650	42431
食品制造业	481	12411	502	12253
酒、饮料和精制茶制造业				
纺织业				
纺织服装、服饰业	225	14183	858	28401
皮革、毛皮、羽毛及其制品和制鞋业				
木材加工和木竹藤棕草制品业				
家具制造业				
造纸和纸制品业	196	11237	192	15006
印刷和记录媒介复制业	101	1967	124	5128
文教、工美、体育和娱乐用品制造业				
石油加工、炼焦和核燃料加工业	8	9361	8	19170
化学原料和化学制品制造业	123097	369858	128014	323475

表 8–25 续表 3

连 云 区

指　　标	2017 年		2016 年	
	综合能耗(吨标准煤)	工业总产值（万元）	综合能耗(吨标准煤)	工业总产值（万元）
医药制造业	30	8159	38	7484
化学纤维制造业				
橡胶和塑料制品业	753	4966	884	7142
非金属矿物制品业	3274	30164	3394	158860
黑色金属冶炼和压延加工业	67653	554402	56818	406491
有色金属冶炼和压延加工业				
金属制品业	109	3157	123	7066
通用设备制造业				
专用设备制造业	122	840	160	6007
汽车制造业				
铁路船舶航空航天和其他运输设备制造业				
电气机械和器材制造业	106	2296	91	2445
计算机、通信和其他电子设备制造业				
仪器仪表制造业				
其他制造业				
废弃资源综合利用业				
电力、热力生产和供应业	31	13994	33	14333
燃气生产和供应业				
水的生产和供应业				

表 8-25 续表 4

海 州 区

指　　标	2017 年		2016 年	
	综合能耗(吨标准煤)	工业总产值（万元）	综合能耗(吨标准煤)	工业总产值（万元）
总　计	**2009246**	**3541264**	**2191266**	**3655436**
其中:轻工业	59935	1875242	58366	1671274
重工业	1949311	1666022	2132900	1984162
有色金属矿采选业				
非金属矿采选业	922	6346	39230	170185
开采辅助活动				
农副食品加工业	840	28205	1061	28523
食品制造业	4206	112447	5273	95585
酒、饮料和精制茶制造业	2028	12940	3827	15820
纺织业	2026	20866	2696	59762
纺织服装、服饰业	177	33614	93	20628
皮革、毛皮、羽毛及其制品和制鞋业	9110	29742	5773	26660
木材加工和木竹藤棕草制品业	573	79792	583	70928
家具制造业				
造纸和纸制品业	5342	9171	7687	6994
印刷和记录媒介复制业	55	2776	50	3072
文教、工美、体育和娱乐用品制造业	13554	52531	11489	49449
石油加工、炼焦和核燃料加工业				
化学原料和化学制品制造业	135567	136952	178761	163172

表 8-25 续表 5　　　　　　　　　　　　海 州 区

指　　标	2017 年		2016 年	
	综合能耗(吨标准煤)	工业总产值（万元）	综合能耗(吨标准煤)	工业总产值（万元）
医药制造业	12058	1347274	9015	1130571
化学纤维制造业	646	5071	1172	3607
橡胶和塑料制品业	303	38019	248	46223
非金属矿物制品业	9396	220109	14337	306808
黑色金属冶炼和压延加工业				
有色金属冶炼和压延加工业				
金属制品业	286	18281	151	21241
通用设备制造业	2267	65870	1382	110131
专用设备制造业	3350	479614	3590	476175
汽车制造业			36	1386
铁路船舶航空航天和其他运输设备制造业	83	44979	82	47007
电气机械和器材制造业	1693	263522	1873	269359
计算机、通信和其他电子设备制造业	3323	42025	3857	56216
仪器仪表制造业	273	31789	267	34589
其他制造业				
废弃资源综合利用业	97	10161	97	11724
电力、热力生产和供应业	1795071	389275	1893066	379269
燃气生产和供应业	516	41567	425	35116
水的生产和供应业	5481	18328	5147	15236

表 8-25 续表 6　　赣榆区

指标	2017年		2016年	
	综合能耗(吨标准煤)	工业总产值（万元）	综合能耗(吨标准煤)	工业总产值（万元）
总　计	**2163636**	**18845165**	**2096232**	**16355707**
其中:轻工业	51446	6520007	52504	4620215
重工业	2112190	12325158	2043728	11735492
有色金属矿采选业				
非金属矿采选业	110	76513	189	51846
开采辅助活动				
农副食品加工业	5626	1408352	6336	1290232
食品制造业	478	109174	226	77978
酒、饮料和精制茶制造业	10932	1073634	12627	671033
纺织业	746	248164	978	156762
纺织服装、服饰业	2679	1287308	2954	695718
皮革、毛皮、羽毛及其制品和制鞋业	771	93005	383	32770
木材加工和木竹藤棕草制品业	11896	253339	10643	232076
家具制造业	645	434418	987	155397
造纸和纸制品业	584	9711	834	47004
印刷和记录媒介复制业	5078	319585	3745	218229
文教、工美、体育和娱乐用品制造业	2018	575180	1975	530246
石油加工、炼焦和核燃料加工业	229799	2764606	219651	2523369
化学原料和化学制品制造业	22470	1809992	23571	1635082

表 8-25 续表 7

赣 榆 区

指 标	2017 年		2016 年	
	综合能耗(吨标准煤)	工业总产值（万元）	综合能耗(吨标准煤)	工业总产值（万元）
医药制造业	12663	317601	13212	246810
化学纤维制造业	93	2359	97	2457
橡胶和塑料制品业	4850	473546	3156	391413
非金属矿物制品业	17616	1250220	16020	841746
黑色金属冶炼和压延加工业	1733836	2958390	1679209	3070907
有色金属冶炼和压延加工业	785	417672	672	359693
金属制品业	28833	989295	36136	1468090
通用设备制造业	4284	564497	3949	464193
专用设备制造业	400	203048	517	184542
汽车制造业	3292	181053	2194	167083
铁路船舶航空航天和其他运输设备制造业	110	31787	127	28257
电气机械和器材制造业	7115	447424	6139	338399
计算机、通信和其他电子设备制造业	800	113876	824	124914
仪器仪表制造业	8	23073		
其他制造业	227	74184	119	68838
废弃资源综合利用业	6727	285434	6633	247695
电力、热力生产和供应业	47885	33317	41555	26488
燃气生产和供应业				
水的生产和供应业	280	15409	578	6446

表 8-25 续表 8

开 发 区

指 标	2017年		2016年	
	综合能耗(吨标准煤)	工业总产值（万元）	综合能耗(吨标准煤)	工业总产值（万元）
总 计	**443046**	**10063978**	**460004**	**11805283**
其中:轻工业	155659	5386075	153545	6059381
重工业	287387	4677903	306460	5745902
有色金属矿采选业	1896	25366	1434	48707
非金属矿采选业				
开采辅助活动				
农副食品加工业	54766	860498	59784	2010234
食品制造业	1544	15748	2711	25538
酒、饮料和精制茶制造业				
纺织业	515	14615	487	20169
纺织服装、服饰业				
皮革、毛皮、羽毛及其制品和制鞋业				
木材加工和木竹藤棕草制品业		330	508	6361
家具制造业				
造纸和纸制品业			33	1503
印刷和记录媒介复制业	410	29667	416	29346
文教、工美、体育和娱乐用品制造业	433	27360	411	22987
石油加工、炼焦和核燃料加工业				
化学原料和化学制品制造业	108066	335188	129300	2484929

表 8-25 续表 9

开 发 区

指 标	2017年		2016年	
	综合能耗(吨标准煤)	工业总产值（万元）	综合能耗(吨标准煤)	工业总产值（万元）
医药制造业	62502	4270374	57124	3668843
化学纤维制造业	27253	43890	24329	40950
橡胶和塑料制品业	69	1060		
非金属矿物制品业	14616	411053	12289	374639
黑色金属冶炼和压延加工业	19660	112317	13666	104078
有色金属冶炼和压延加工业	5584	993321	6737	890394
金属制品业	9821	1013412	8996	917179
通用设备制造业	4300	352963	4447	397972
专用设备制造业	3433	589043	3857	526761
汽车制造业	389	12479		
铁路船舶航空航天和其他运输设备制造业	383	5069	735	20455
电气机械和器材制造业	9534	885208	503	26440
计算机、通信和其他电子设备制造业	1578	36027	1248	138625
仪器仪表制造业	118	5940	118	4798
其他制造业				
废弃资源综合利用业			30	20688
电力、热力生产和供应业	115165	16005	129807	16477
燃气生产和供应业				
水的生产和供应业	971	3394	995	3505

表 8-25 续表 10 徐圩新区

指　　标	2017 年		2016 年	
	综合能耗(吨标准煤)	工业总产值（万元）	综合能耗(吨标准煤)	工业总产值（万元）
总　计	**612077**	**1875666**	**278278**	**1674195**
其中:轻工业	2880	43730	3026	40083
重工业	609196	1831936	275253	1634112
有色金属矿采选业				
非金属矿采选业				
开采辅助活动				
农副食品加工业	306	2620	433	2403
食品制造业	1004	6981	965	5981
酒、饮料和精制茶制造业				
纺织业	1123	7151	1103	6668
纺织服装、服饰业				
皮革、毛皮、羽毛及其制品和制鞋业				
木材加工和木竹藤棕草制品业				
家具制造业				
造纸和纸制品业	448	26978	526	25032
印刷和记录媒介复制业				
文教、工美、体育和娱乐用品制造业				
石油加工、炼焦和核燃料加工业				
化学原料和化学制品制造业	387571	1714832	165023	1523651

表 8-25 续表 11　　　　　　　　　　徐圩新区

指　　　标	2017 年		2016 年	
	综合能耗(吨标准煤)	工业总产值（万元）	综合能耗(吨标准煤)	工业总产值（万元）
医药制造业				
化学纤维制造业				
橡胶和塑料制品业				
非金属矿物制品业				
黑色金属冶炼和压延加工业	77077	65959	24554	63542
有色金属冶炼和压延加工业				
金属制品业				
通用设备制造业				
专用设备制造业	35	684		683
汽车制造业				
铁路船舶航空航天和其他运输设备制造业				
电气机械和器材制造业				
计算机、通信和其他电子设备制造业				
仪器仪表制造业				
其他制造业				
废弃资源综合利用业				
电力、热力生产和供应业	143033	42278	85016	39739
燃气生产和供应业				
水的生产和供应业	1481	8183	660	6498

表 8-25 续表 12

高 新 区

指　　标	2017 年		2016 年	
	综合能耗(吨标准煤)	工业总产值（万元）	综合能耗(吨标准煤)	工业总产值（万元）
总　计	**124150**	**597735**	**202349**	**539058**
其中:轻工业	110078	200963	114725	182246
重工业	14072	396772	87624	356812
有色金属矿采选业				
非金属矿采选业				
开采辅助活动				
农副食品加工业				
食品制造业	110078	200963	114725	182246
酒、饮料和精制茶制造业				
纺织业				
纺织服装、服饰业				
皮革、毛皮、羽毛及其制品和制鞋业				
木材加工和木竹藤棕草制品业				
家具制造业				
造纸和纸制品业				
印刷和记录媒介复制业				
文教、工美、体育和娱乐用品制造业				
石油加工、炼焦和核燃料加工业				
化学原料和化学制品制造业	9471	5514	80226	5114

表 8-25 续表 13　　　　　　　　　　高 新 区

指　　标	2017 年		2016 年	
	综合能耗(吨标准煤)	工业总产值（万元）	综合能耗(吨标准煤)	工业总产值（万元）
医药制造业				
化学纤维制造业				
橡胶和塑料制品业				
非金属矿物制品业				
黑色金属冶炼和压延加工业				
有色金属冶炼和压延加工业				
金属制品业	332	16405	301	14787
通用设备制造业				
专用设备制造业				
汽车制造业				
铁路船舶航空航天和其他运输设备制造业				
电气机械和器材制造业	712	35565	692	31901
计算机、通信和其他电子设备制造业	3557	339288	6405	305011
仪器仪表制造业				
其他制造业				
废弃资源综合利用业				
电力、热力生产和供应业				
燃气生产和供应业				
水的生产和供应业				

表 8-25 续表 14

东 海 县

指 标	2017 年		2016 年	
	综合能耗(吨标准煤)	工业总产值(万元)	综合能耗(吨标准煤)	工业总产值(万元)
总 计	**328882**	**12035794**	**314270**	**11054747**
其中:轻工业	43159	4608513	42976	4153672
重工业	285723	7427281	271294	6901075
有色金属矿采选业				
非金属矿采选业	2901	117427	3215	227163
开采辅助活动				
农副食品加工业	15767	1380028	17929	1337625
食品制造业	1983	76568	1673	48959
酒、饮料和精制茶制造业	5320	74277	5995	91371
纺织业	3447	152329	3683	159934
纺织服装、服饰业	4916	615920	4137	551069
皮革、毛皮、羽毛及其制品和制鞋业	269	112279	217	99103
木材加工和木竹藤棕草制品业	5284	438380	5352	380303
家具制造业				
造纸和纸制品业	154	13232	117	11348
印刷和记录媒介复制业	505	189171	559	214791
文教、工美、体育和娱乐用品制造业	1668	168319	1009	137031
石油加工、炼焦和核燃料加工业				
化学原料和化学制品制造业	13886	306635	13097	312271

表 8-25 续表 15

东 海 县

指　　　　标	2017 年		2016 年	
	综合能耗(吨标准煤)	工业总产值（万元）	综合能耗(吨标准煤)	工业总产值（万元）
医药制造业				
化学纤维制造业				
橡胶和塑料制品业	535	70041	561	70536
非金属矿物制品业	196848	5016528	199744	4581706
黑色金属冶炼和压延加工业				
有色金属冶炼和压延加工业	1867	276126	1326	169534
金属制品业	3829	219409	2854	251160
通用设备制造业	755	21031	859	39496
专用设备制造业	2084	343197	2066	319824
汽车制造业	2185	379472	1680	372506
铁路船舶航空航天和其他运输设备制造业	455	56699	530	50003
电气机械和器材制造业	10200	1826331	8267	1489681
计算机、通信和其他电子设备制造业	1655	132073	988	113176
仪器仪表制造业				
其他制造业				
废弃资源综合利用业	73	12258	34	10027
电力、热力生产和供应业	52264	31264	38341	9568
燃气生产和供应业	33	6799	34	6563
水的生产和供应业				

表 8-25 续表 16

灌 云 县

指　　标	2017 年		2016 年	
	综合能耗(吨标准煤)	工业总产值（万元）	综合能耗(吨标准煤)	工业总产值（万元）
总　计	**227017**	**8456816**	**231404**	**7591919**
其中:轻工业	84769	3216229	80042	2823550
重工业	142248	5240587	151362	4768370
有色金属矿采选业				
非金属矿采选业	4857	116569	2816	89699
开采辅助活动				
农副食品加工业	8380	328837	6299	269153
食品制造业	1185	195176	1211	135237
酒、饮料和精制茶制造业	253	84212	314	61438
纺织业	2269	82146	2555	84839
纺织服装、服饰业	1955	235062	2248	227601
皮革、毛皮、羽毛及其制品和制鞋业	2286	75709	4395	87285
木材加工和木竹藤棕草制品业	277	6942	150	12247
家具制造业	157	22853	162	27016
造纸和纸制品业	3026	94360	4182	125168
印刷和记录媒介复制业	241	38439	304	27497
文教、工美、体育和娱乐用品制造业	1607	98282	2608	104697
石油加工、炼焦和核燃料加工业				
化学原料和化学制品制造业	143675	4302024	145730	3488704

表 8-25 续表 17　　灌 云 县

指　　标	2017 年		2016 年	
	综合能耗(吨标准煤)	工业总产值（万元）	综合能耗(吨标准煤)	工业总产值（万元）
医药制造业	20334	679955	16882	578878
化学纤维制造业				
橡胶和塑料制品业	1318	125062	2467	151841
非金属矿物制品业	1722	200314	1726	222412
黑色金属冶炼和压延加工业	2422	8334	3159	265242
有色金属冶炼和压延加工业	1237	71697	1349	42710
金属制品业	4090	213611	3923	192641
通用设备制造业	1164	160123	1387	142445
专用设备制造业	2494	203033	2670	260581
汽车制造业				
铁路船舶航空航天和其他运输设备制造业	17774	642091	21040	627154
电气机械和器材制造业	978	47914	668	62727
计算机、通信和其他电子设备制造业	879	126535	585	68090
仪器仪表制造业	27	9301		
其他制造业	57	17655	47	15071
废弃资源综合利用业	1149	156149	1006	146246
电力、热力生产和供应业	219	20971	123	10212
燃气生产和供应业	497	89978	1397	65089
水的生产和供应业	489	3482		

表 8-25 续表 18　　　　灌 南 县

指　　标	2017 年		2016 年	
	综合能耗(吨标准煤)	工业总产值（万元）	综合能耗(吨标准煤)	工业总产值（万元）
总　计	**2625754**	**4186939**	**2509854**	**6772968**
其中:轻工业	91816	537113	83034	484036
重工业	2533938	3649827	2426821	6288932
有色金属矿采选业				
非金属矿采选业				
开采辅助活动				
农副食品加工业	30	4227	88	5070
食品制造业	9555	30919	4827	27634
酒、饮料和精制茶制造业	10617	96865	14201	109050
纺织业	876	5144	966	6982
纺织服装、服饰业	108	6706	63	2291
皮革、毛皮、羽毛及其制品和制鞋业	5609	67318	4861	66134
木材加工和木竹藤棕草制品业	11540	84371	11012	105887
家具制造业				
造纸和纸制品业	17	1903	26	2405
印刷和记录媒介复制业				
文教、工美、体育和娱乐用品制造业	36	3581	25	2067
石油加工、炼焦和核燃料加工业				
化学原料和化学制品制造业	266399	1819115	270592	1567593

表 8-25 续表 19　　　　灌 南 县

指　　标	2017 年		2016 年	
	综合能耗(吨标准煤)	工业总产值（万元）	综合能耗(吨标准煤)	工业总产值（万元）
医药制造业	11762	42665	9186	40871
化学纤维制造业				
橡胶和塑料制品业	518	15027	463	7419
非金属矿物制品业	2647	14409	4150	9474
黑色金属冶炼和压延加工业	2215473	1342535	2168983	4191660
有色金属冶炼和压延加工业	6717	96095	6944	143078
金属制品业	2072	13632	5199	7725
通用设备制造业	720	12153	5178	12424
专用设备制造业	137	2582	126	2032
汽车制造业	1620	42128	1205	26474
铁路船舶航空航天和其他运输设备制造业	1308	445072	1122	421313
电气机械和器材制造业	697	9179	433	6390
计算机、通信和其他电子设备制造业	201	8938	128	6989
仪器仪表制造业	28	576		
其他制造业				
废弃资源综合利用业	5432	6670		
电力、热力生产和供应业	70929	11594	75	2009
燃气生产和供应业				
水的生产和供应业	705	3536		

工 业 企 业 水 消 费 综 合 表

表 8-26　　　　(2017 年)　　　　单位:万立方米

指　　标	2017 年	2016 年
合　计	32504	31338
地表淡水	23415	21915
地下淡水	629	595
自来水	3293	3595
海水	4871	4915
雨水	2	2
再生水(中水)	260	264
其他水	33	54
外排水量	10035	9852
重复用水量	120449	87342
直流冷却水量(河湖水)	168	168
直流冷却水量(海水)	2106	1946

工业企业用水量分行业

表 8–27　　(2017年)　　单位:万立方米

指　　标	2017年	2016年
全部工业企业	20047	19160
其中:轻工业	2292	2176
重工业	17755	16984
非金属矿采选业	6460	6543
开采辅助活动	1	8
农副食品加工业	390	361
食品制造业	451	361
酒、饮料和精制茶制造业	341	329
纺织业	24	33
纺织服装、服饰业	35	38
皮革、毛皮、羽毛及其制品和制鞋业	76	74
木材加工和木、竹、藤、棕、草制品业	30	31
家具制造业	6	5
造纸和纸制品业	22	22
印刷和记录媒介复制业	12	13
文教、工美、体育和娱乐用品制造业	35	38
石油加工、炼焦和核燃料加工业	28	27
化学原料和化学制品制造业	5501	4951

表 8-27 续表　　（2017 年）　　单位:万立方米

指　　标	2017 年	2016 年
医药制造业	647	651
化学纤维制造业	50	44
橡胶和塑料制品业	17	19
非金属矿物制品业	619	605
黑色金属冶炼和压延加工业	924	878
有色金属冶炼和压延加工业	15	15
金属制品业	32	35
通用设备制造业	58	71
专用设备制造业	63	65
汽车制造业	18	17
铁路、船舶、航空航天和其他运输设备制造业	7	7
电气机械和器材制造业	100	94
计算机、通信和其他电子设备制造业	49	41
仪器仪表制造业	5	5
其他制造业	1	1
废弃资源综合利用业	23	19
电力、热力生产和供应业	4004	3755
燃气生产和供应业	4	4
水的生产和供应业	1198	1172

全社会用电情况

表 8-28　　（2017 年）　　单位:万千瓦时

指　　标	全　市	市　区	# 赣榆区	东海县	灌云县	灌南县
A:全社会用电合计	1827913	733039	370184	253873	146359	324458
第一产业	68038	13714	22643	10641	6767	14278
第二产业	1222844	486801	257181	149996	74078	254783
第三产业	228473	130697	29020	34076	18363	16316
B:城乡居民生活合计	308558	101827	61340	59160	47151	39081
其中:城镇	129157	73020	14513	15329	13894	12405
乡村	179401	28807	46827	43831	33257	26676
一、农、林、牧、渔业	68038	13714	22643	10641	6767	14278
二、工业	1205891	478736	255009	148077	71489	252575
1. 轻工业用电	199968	80164	39223	40400	13940	26241
2. 重工业用电	1005923	398572	215786	107677	57549	226334
三、建筑业合计	16953	8065	2172	1919	2589	2208
四、交通运输、仓储邮政业	33699	25028	2026	4758	1057	830
五、信息传输、计算机服务和软件业	16333	6215	3141	2736	2334	1907
六、商业、住宿和饮食业	70028	36537	9440	12462	6053	5535
七、金融、房地产、商务及居民服务业	40146	26281	4461	4129	3175	2100
八、公共事业及管理组织	68267	36636	9952	9991	5744	5944

9

建 筑 业

分地区建筑业生产情况

表 9-1　（2017 年）

指　　标	单　位	全　市	市　区	连云区	海州区	赣榆区	开发区
单位 / 项目个数	个	283	187	17	91	47	26
签订的合同额	千　元	105009957	66646170	4636533	21923821	29236358	10300771
直接从建设单位承揽工程完成的产值	千　元	68588995	42556754	2646438	13822832	21501693	4117980
建筑业总产值	千　元	71218395	43500909	2738483	14154859	21658888	4463431
装饰装修产值	千　元	2205805	1525949	16690	1250254	211248	13150
在外省完成的产值	千　元	29397170	18006549	271529	3155910	11679122	2899988
按构成分:建筑工程产值	千　元	69131502	41826914	2694508	13249652	21013504	4407956
安装工程产值	千　元	1420584	1064549	533	883756	129428	48782
其他建筑业产值	千　元	666309	609446	43442	21451	515956	6693
竣工产值	千　元	54622918	34285079	2615322	10966380	17544444	2812516
房屋施工面积	平方米	59806154	35056168	1800694	11602852	20413705	913163
房屋新开工面积	平方米	29887243	15349876	383482	4434525	10151810	226497
建筑业企业总产值	千　元	76273409	46692523	3760533	15333924	22639482	4473238

表 9-1 续表　　　　　　　　　　　　　　（2017 年）

指　　标	单　位			东海县	灌云县	灌南县
		高新区	景　区			
单位 / 项目个数	个	5	1	43	33	20
签订的合同额	千 元	525385	23302	14195467	8101265	16067055
直接从建设单位承揽工程完成的产值	千 元	444509	23302	9342837	7377691	9311713
建筑业总产值	千 元	461946	23302	10125828	8177329	9414329
装饰装修产值	千 元	34607		305326	41420	333110
在外省完成的产值	千 元			1992493	3697847	5700281
按构成分：建筑工程产值	千 元	440394	20900	9802039	8117506	9385043
安装工程产值	千 元		2050	268688	59258	28089
其他建筑业产值	千 元	21552	352	55101	565	1197
竣工产值	千 元	346417		8468327	4990966	6878546
房屋施工面积	平方米	325754		7582407	7051385	10116194
房屋新开工面积	平方米	153562		3824643	5092785	5619939
建筑业企业总产值	千 元	461946	23400	11815913	8204685	9560288

建筑业企业生产情况

表 9-2　　（2017 年）　　单位：千元、平方米、人

指　　标	企业个数(个)	建筑业合同情况	承包工程完成情况	建筑业总产值	装饰装修产值	在外省完成的产值
总　　计	**283**	**105009957**	**68588995**	**71218395**	**2205805**	**29397170**
一、按登记注册类型分组						
内资企业	281	104879543	68458581	71087981	2205805	29397170
国有企业	10	3429081	1627666	1961943	30215	436946
集体企业	13	2454122	2179763	2192600	11820	695500
股份合作企业	1	124242	124242	133842		9600
有限责任公司	62	37476530	22027518	22666056	355882	11415123
国有独资公司	6	10542407	4146985	4188378		2935718
其他有限责任公司	56	26934123	17880533	18477678	355882	8479405
股份有限公司	8	2115824	1927048	1966568		1184070
私营企业	187	59279744	40572344	42166972	1807888	15655931
私营独资企业	2	288445	195870	195870		
私营有限责任公司	171	55753023	37799040	39203307	1777865	15164343
私营股份有限公司	14	3238276	2577434	2767795	30023	491588
港、澳、台商投资企业	1	35206	35206	35206		
港澳台商独资经营企业	1	35206	35206	35206		
外商投资企业	1	95208	95208	95208		
中外合资经营企业	1	95208	95208	95208		
二、按国民经济行业代码分组						
建筑业	283	105009957	68588995	71218395	2205805	29397170
房屋建筑业	133	79347975	53278892	54145314	899002	24926145
房屋建筑业	133	79347975	53278892	54145314	899002	24926145
土木工程建筑业	66	20654023	11737609	12246136	10370	3293396
铁路、道路、隧道和桥梁工程建筑	38	15380776	8517311	8857571	370	3027736
水利和内河港口工程建筑	9	4415928	2546173	2578531		240573
架线和管道工程建筑	7	394565	404565	432002		
其他土木工程建筑	12	462754	269560	378032	10000	25087
建筑安装业	29	2165916	1773695	2040158	4600	150413
电气安装	17	1536606	1186439	1443201		115480
管道和设备安装	5	339405	336807	336807		2100
其他建筑安装业	7	289905	250449	260150	4600	32833
建筑装饰和其他建筑业	55	2842043	1798799	2786787	1291833	1027216
建筑装饰业	40	1148549	1085126	1385875	1291833	162437
工程准备活动	10	1052473	275257	962496		746949
其他未列明建筑业	5	641021	438416	438416		117830

表 9-2 续表 1　　(2017 年)　　单位:千元、平方米、人

指　　标	企业个数(个)	建筑业合同情况	承包工程完成情况	建筑业总产值		
					装饰装修产值	在外省完成的产值
三、按隶属关系分组						
中央	1	8377064	2809320	2849713		2849713
省(自治区、直辖市)	1	45200	39950	39950		
地(区、市、州、盟)	25	6510545	4029719	4070623	44500	271480
县(区、市、旗)	28	5377381	4281744	4722131	7785	1427748
其他	228	84699767	57428262	59535978	2153520	24848229
四、建筑业企业资质等级分组						
施工总承包序列	195	100965056	65629621	66990843	851672	28457946
施工总承包序列特级工程	1	9748537	5300390	5349590	16000	2027000
施工总承包序列一级工程	18	49818619	27285670	27707986	80255	17128416
施工总承包序列二级工程	67	24538531	18501890	19010195	586779	4923695
施工总承包序列三级工程	109	16859369	14541671	14923072	168638	4378835
专业承包序列	88	4044901	2959374	4227552	1354133	939224
专业承包序列一级工程	6	365480	358572	399062	343625	86960
专业承包序列二级工程	25	1802658	1268279	1669814	248592	390433
专业承包序列三级工程	56	1866463	1322223	2148376	761916	461831
专业承包序列不分等级工程	1	10300	10300	10300		
五、企业控股情况分组						
国有控股	27	15848872	7617993	8053871	30215	3372664
集体控股	28	5060592	3779632	4192606	188038	1220836
私人控股	221	83566500	56750968	58520347	1981540	24732621
港澳台商控股	1	35206	35206	35206		
外商控股	1	95208	95208	95208		
其他	5	403579	309988	321157	6012	71049

表 9-2 续表 2　　　　（2017 年）　　　　单位：千元、平方米、人

指　　　标	建筑工程产值	安装工程产值	其他产值	竣工产值
总　　计	**69131502**	**1420584**	**666309**	**54622918**
一、按登记注册类型分组				
内资企业	69001088	1420584	666309	54622918
国有企业	1925541	36402		1885356
集体企业	2190198	2050	352	1463651
股份合作企业	133842			105204
有限责任公司	22028062	448921	189073	17076173
国有独资公司	4187378	1000		2759972
其他有限责任公司	17840684	447921	189073	14316201
股份有限公司	1966568			766293
私营企业	40756877	933211	476884	33326241
私营独资企业	172360	13510	10000	176034
私营有限责任公司	37816722	919701	466884	31201187
私营股份有限公司	2767795			1949020
港、澳、台商投资企业	35206			
港澳台商独资经营企业	35206			
外商投资企业	95208			
中外合资经营企业	95208			
二、按国民经济行业代码分组				
建筑业	69131502	1420584	666309	54622918
房屋建筑业	53096029	438873	610412	41895409
房屋建筑业	53096029	438873	610412	41895409
土木工程建筑业	12168636	22458	55042	9104479
铁路、道路、隧道和桥梁工程建筑	8843971	2000	11600	6003725
水利和内河港口工程建筑	2578531			2650722
架线和管道工程建筑	411544	20458		301081
其他土木工程建筑	334590		43442	148951
建筑安装业	1242562	797596		1809108
电气安装	837291	605910		1082021
管道和设备安装	327982	8825		498588
其他建筑安装业	77289	182861		228499
建筑装饰和其他建筑业	2624275	161657	855	1813922
建筑装饰业	1233663	151357	855	947349
工程准备活动	962496			408214
其他未列明建筑业	428116	10300		458359

表 9-2 续表 3　　（2017 年）　　单位：千元、平方米、人

指　　标	建筑工程产值	安装工程产值	其他产值	竣工产值
三、按隶属关系分组				
中央	2849713			1838555
省(自治区、直辖市)	39950			16000
地(区、市、州、盟)	4035241	35030	352	3559207
县(区、市、旗)	4678589	41372	2170	3786951
其他	57528009	1344182	663787	45422205
四、建筑业企业资质等级分组				
施工总承包序列	65518653	850178	622012	51241750
施工总承包序列特级工程	5349590			4376260
施工总承包序列一级工程	27371698	110144	226144	22501459
施工总承包序列二级工程	18557918	378664	73613	15030408
施工总承包序列三级工程	14239447	361370	322255	9333623
专业承包序列	3612849	570406	44297	3381168
专业承包序列一级工程	276313	122749		149604
专业承包序列二级工程	1623561	46253		1345776
专业承包序列三级工程	1712975	391104	44297	1875488
专业承包序列不分等级工程		10300		10300
五、企业控股情况分组				
国有控股	8011124	42747		5887052
集体控股	3827366	363183	2057	3559961
私人控股	56842439	1014121	663787	44986264
港澳台商控股	35206			
外商控股	95208			
其他	320159	533	465	189641

表 9-2 续表 4　　　　　　　　　　（2017 年）　　　　　　　　　　单位：千元、平方米、人

指　　标	房屋建筑施工面积	本年新开工面积	直接从事生产经营活动的平均人数	从业人员期末人数	工程技术人员
总　　计	**59806154**	**29887243**	**303707**	**251008**	**22832**
一、按登记注册类型分组					
内资企业	59806154	29887243	303350	250666	22780
国有企业	129831	103157	8629	5586	709
集体企业	1211069	935028	8802	8692	722
股份合作企业	39027	25630	450	150	19
有限责任公司	14864311	8043401	92008	76549	5514
国有独资公司	376815		6726	5789	892
其他有限责任公司	14487496	8043401	85282	70760	4622
股份有限公司	1067030	888800	10345	8861	491
私营企业	42494886	19891227	183116	150828	15325
私营独资企业	210252	210252	790	369	64
私营有限责任公司	40532588	18798074	168378	138885	13890
私营股份有限公司	1752046	882901	13948	11574	1371
港、澳、台商投资企业			235	220	32
港澳台商独资经营企业			235	220	32
外商投资企业			122	122	20
中外合资经营企业			122	122	20
二、按国民经济行业代码分组					
建筑业	59806154	29887243	303707	251008	22832
房屋建筑业	58994867	29609098	246327	201769	15233
房屋建筑业	58994867	29609098	246327	201769	15233
土木工程建筑业	557489	203297	38843	34261	5168
铁路、道路、隧道和桥梁工程建筑	402506	174693	25236	24510	3171
水利和内河港口工程建筑	18515	13341	10353	6490	990
架线和管道工程建筑			1367	1249	378
其他土木工程建筑	136468	15263	1887	2012	629
建筑安装业	209848	74848	8324	5392	1056
电气安装	180000	45000	5207	4339	738
管道和设备安装			2064	500	156
其他建筑安装业	29848	29848	1053	553	162
建筑装饰和其他建筑业	43950		10213	9586	1375
建筑装饰业			5739	5199	826
工程准备活动	43950		3314	3419	308
其他未列明建筑业			1160	968	241

表 9-2 续表 5　　（2017 年）　　单位：千元、平方米、人

指　　标	房屋建筑施工面积	本年新开工面积	直接从事生产经营活动的平均人数	从业人员期末人数	工程技术人员
三、按隶属关系分组					
中央			1259	1226	368
省(自治区、直辖市)	17522	17522	178	160	8
地(区、市、州、盟)	577598	304643	15641	14078	1918
县(区、市、旗)	1712961	1105948	24243	20030	2230
其他	57498073	28459130	262386	215514	18308
四、建筑业企业资质等级分组					
施工总承包序列	59744455	29871980	286211	235853	20473
施工总承包序列特级工程	6768846	2815789	13256	13800	480
施工总承包序列一级工程	24754642	12396800	109241	95861	4650
施工总承包序列二级工程	16380717	7366422	86346	71731	8027
施工总承包序列三级工程	11840250	7292969	77368	54461	7316
专业承包序列	61699	15263	17496	15155	2359
专业承包序列一级工程			1254	1261	136
专业承包序列二级工程	43950		7158	5469	958
专业承包序列三级工程	17749	15263	8886	8224	1245
专业承包序列不分等级工程			198	201	20
五、企业控股情况分组					
国有控股	533246	129757	23045	18692	2575
集体控股	1880192	1085940	18609	16592	1669
私人控股	57341875	28653185	260525	213591	18342
港澳台商控股			235	220	32
外商控股			122	122	20
其他	50841	18361	1171	1791	194

分地区建筑业企业财务状况

表 9-3　（2017 年）　单位：千元

指　标	全 市	市 区	连云区	海州区	赣榆区	开发区
年初存货	6005486	4689307	471625	1949142	1644640	511697
流动资产合计	33985865	23466958	3017018	9741081	6020821	4077708
固定资产合计	6685586	4152870	266429	1028440	1976859	557064
固定资产原价	7688254	5291382	502408	1550067	2411115	453895
累计折旧	2514278	1746810	297370	640937	523367	192234
资产总计	43636034	29420855	3404999	11287254	8366314	4899405
负债合计	20957187	16236416	2090960	5835574	3680949	3646367
所有者权益合计	22678847	13184439	1314039	5451680	4685365	1253038
营业收入	63814848	38545297	2773293	12917646	18764542	3458735
营业成本	55299363	33546489	2392921	11000378	16413525	3242136
营业税金及附加	2368742	1173642	77229	335371	682463	52493
管理费用	2176967	1418134	101630	651864	528438	97003
财务费用	388719	245097	25351	104831	107039	5484
营业利润	3202290	1992073	121686	802382	954612	48488
利润总额	3191162	1980510	121094	788941	953923	50844
应交所得税	706196	408956	29978	157083	197802	10137
本年应付职工薪酬	12916888	7861171	494565	2413698	4413508	395055

表 9-3 续表　　　　（2017 年）　　　　单位：千元

指　　标	高新区	景　区	东海县	灌云县	灌南县
年初存货	106942	5261	493264	364089	458826
流动资产合计	571650	38680	4150812	3378800	2989295
固定资产合计	315767	8311	1126706	778333	627677
固定资产原价	365934	7963	1039966	547561	809345
累计折旧	89782	3120	332220	126054	309194
资产总计	1025202	437681	5669351	4820754	3725074
负债合计	784028	198538	2020137	1861287	839347
所有者权益合计	241174	239143	3649214	2959467	2885727
营业收入	512481	118600	8515643	8472440	8281468
营业成本	399899	97630	7254986	7340245	7157643
营业税金及附加	21711	4375	367072	363896	464132
管理费用	34801	4398	312813	256253	189767
财务费用	2319	73	49804	71348	22470
营业利润	52781	12124	426935	358849	424433
利润总额	53584	12124	428030	357972	424650
应交所得税	13714	242	104298	87414	105528
本年应付职工薪酬	120595	23750	1732998	1447193	1875526

建 筑 业 企 业 财 务 状 况

表 9-4　　　　（2017 年）　　　　单位:千元

指　　标	单位个数	年初存货	流动资产合计	固定资产合计	固定资产原价
总　计	**283**	**6005486**	**33985865**	**6685586**	**7688254**
一、按登记注册类型					
内资企业	281	5988227	33768114	6398766	7360947
国有企业	10	446846	3249758	251133	264071
集体企业	13	165755	686323	168437	273217
股份合作企业	1	35824	74339	26861	45989
有限责任公司	63	1746071	13157472	2174850	2947572
股份有限公司	8	85150	1048996	303960	364558
私营企业	186	3508581	15551226	3473525	3465540
港、澳、台商投资企业	1	13238	86800	3184	5441
港澳台商独资经营企业	1	13238	86800	3184	5441
外商投资企业	1	4021	130951	283636	321866
中外合资经营企业	1	4021	130951	283636	321866
二、按国民经济行业代码分组					
建筑业	283	6005486	33985865	6685586	7688254
房屋建筑业	133	3373597	16770411	4476925	4539827
住宅房屋建筑	126	3322441	16418431	4400691	4428938
体育场馆建筑	1	30	46340	32120	15530
其他房屋建筑业	6	51126	305640	44114	95359
土木工程建筑业	67	2109959	13846991	1771180	2517396
铁路、道路、隧道和桥梁工程建筑	38	1406995	9163173	959403	1432390
水利和水运工程建筑	10	571171	3667920	308839	465769
架线和管道工程建筑	7	60494	514824	332656	398573
其他土木工程建筑	12	71299	501074	170282	220664
建筑安装业	29	227110	1559666	220449	321931
电气安装	17	165805	1254850	184433	258077
管道和设备安装	5	17713	126030	13588	24904
其他建筑安装业	7	43592	178786	22428	38950
建筑装饰、装修和其他建筑业	54	294820	1808797	217032	309100
建筑装饰和装修业	39	155415	902797	115697	156248
建筑物拆除和场地准备活动	10	43148	337982	55298	84801
其他未列明建筑业	5	96257	568018	46037	68051

表 9-4 续表 1　　(2017 年)　　单位:千元

指　　标	单位个数	年初存货	流动资产合　计	固定资产合　计	固定资产原　价
三、按隶属关系分组					
中央	1	311701	2050727	58762	127098
省(自治区、直辖市)	1	13641	49606	509	774
市(地、州、盟)	28	1188964	7012439	584623	891106
县级及以下	23	286549	3805659	1321840	1632199
其他	230	4204631	21067434	4719852	5037077
四、按建筑业企业资质等级分组					
施工总承包序列	195	5613773	30874221	6192859	7010523
施工总承包序列特级工程	1	482732	921542	119239	199315
施工总承包序列一级工程	18	2868245	11741213	1790013	2485407
施工总承包序列二级工程	68	1442218	11528284	2470827	2590874
施工总承包序列三级工程	108	820578	6683182	1812780	1734927
专业承包序列	88	391713	3111644	492727	677731
专业承包序列一级工程	6	24155	224314	16580	31016
专业承包序列二级工程	25	175319	1231794	209342	354753
专业承包序列三级工程	56	192239	1620416	248357	273514
专业承包序列不分等级工程	1		35120	18448	18448
五、按控股情况分组					
国有控股	27	1419097	11237473	876512	1231562
集体控股	27	393342	2308604	1102728	1332505
私人控股	223	4117651	19981973	4383734	4727440
港澳台商控股	1	13238	86800	3184	5441
外商控股	1	4021	130951	283636	321866
其他	4	58137	240064	35792	69440

表 9-4 续表 2　　(2017 年)　　单位:千元

指　　标	累计折旧	资产合计	负债合计	所有者权益合计	营业收入
总　　计	**2514278**	**43636034**	**20957187**	**22678847**	**63814848**
一、按登记注册类型					
内资企业	2442179	43030987	20466277	22564710	63677896
国有企业	155815	3533739	2706239	827500	2165001
集体企业	115510	1338794	647260	691534	1874816
股份合作企业	19128	101200	34089	67111	133842
有限责任公司	906700	16286936	8886916	7400020	21967614
股份有限公司	68575	1477806	861898	615908	1603370
私营企业	1176451	20292512	7329875	12962637	35933253
港、澳、台商投资企业	2257	89987	25306	64681	41539
港澳台商独资经营企业	2257	89987	25306	64681	41539
外商投资企业	69842	515060	465604	49456	95413
中外合资经营企业	69842	515060	465604	49456	95413
二、按国民经济行业代码分组					
建筑业	2514278	43636034	20957187	22678847	63814848
房屋建筑业	1235528	22588676	8273331	14315345	47722187
住宅房屋建筑	1183136	22112910	8133776	13979134	46856616
体育场馆建筑	880	116790	16250	100540	302230
其他房屋建筑业	51512	358976	123305	235671	563341
土木工程建筑业	991962	17018306	10820133	6198173	10808921
铁路、道路、隧道和桥梁工程建筑	549186	11269061	6840659	4428402	7200722
水利和水运工程建筑	253169	4077156	2914563	1162593	2623756
架线和管道工程建筑	99160	969953	680277	289676	551575
其他土木工程建筑	90447	702136	384634	317502	432868
建筑安装业	140877	1834066	931861	902205	2288002
电气安装	111763	1478732	850472	628260	1643328
管道和设备安装	11444	150832	27907	122925	364783
其他建筑安装业	17670	204502	53482	151020	279891
建筑装饰、装修和其他建筑业	145911	2194986	931862	1263124	2995738
建筑装饰和装修业	72919	1119338	304662	814676	1555962
建筑物拆除和场地准备活动	49424	399583	249914	149669	1001819
其他未列明建筑业	23568	676065	377286	298779	437957

表 9-4 续表 3　　（2017 年）　　单位：千元

指　　标	累计折旧	资产合计	负债合计	所有者权益合计	营业收入
三、按隶属关系分组					
中央	68425	2258141	2158141	100000	1896076
省(自治区、直辖市)	265	50115	23812	26303	62079
市(地、州、盟)	425107	8202912	5898561	2304351	5046958
县级及以下	335287	5730917	2308797	3422120	5612094
其他	1685194	27393949	10567876	16826073	51197641
四、按建筑业企业资质等级分组					
施工总承包序列	2242874	39761007	19265858	20495149	59158754
施工总承包序列特级工程	80076	1099898	209410	890488	3998192
施工总承包序列一级工程	767716	14017682	7840771	6176911	23371969
施工总承包序列二级工程	902430	15062086	6891761	8170325	16575221
施工总承包序列三级工程	492652	9581341	4323916	5257425	15213372
专业承包序列	271404	3875027	1691329	2183698	4656094
专业承包序列一级工程	16829	250026	61164	188862	404859
专业承包序列二级工程	167090	1662458	918947	743511	1805749
专业承包序列三级工程	87035	1908975	669650	1239325	2436966
专业承包序列不分等级工程	450	53568	41568	12000	8520
五、按控股情况分组					
国有控股	530689	12918375	9145850	3772525	7266126
集体控股	262657	3928258	1881085	2047173	5328998
私人控股	1611317	25894097	9278033	16616064	50809229
港澳台商控股	2257	89987	25306	64681	41539
外商控股	69842	515060	465604	49456	95413
其他	37516	290257	161309	128948	273543

表 9-4 续表 4　　（2017 年）　　单位:千元

指　　标	营业成本	营业税金及附加	其中:主营业务税金及附加	管理费用	财务费用
总　　计	**55299363**	**2368742**	**2352910**	**2176967**	**388719**
一、按登记注册类型					
内资企业	55227872	2366984	2351152	2163121	389763
国有企业	1921131	46634	46612	99260	27437
集体企业	1644092	65719	65719	56212	7040
股份合作企业	106318	14723	14723	3295	1370
有限责任公司	19270498	850497	843893	732796	96201
股份有限公司	1315053	58378	58378	64419	25450
私营企业	30970780	1331033	1321827	1207139	232265
港、澳、台商投资企业	22378	537	537	2020	–28
港澳台商独资经营企业	22378	537	537	2020	–28
外商投资企业	49113	1221	1221	11826	–1016
中外合资经营企业	49113	1221	1221	11826	–1016
二、按国民经济行业代码分组					
建筑业	55299363	2368742	2352910	2176967	388719
房屋建筑业	41693554	1941573	1932426	1382856	259871
住宅房屋建筑	40974883	1900972	1891825	1350437	254767
体育场馆建筑	235120	18708	18708	8950	3380
其他房屋建筑业	483551	21893	21893	23469	1724
土木工程建筑业	9282283	242914	237602	437492	98644
铁路、道路、隧道和桥梁工程建筑	6247259	152017	147050	249475	70823
水利和水运工程建筑	2246049	68232	68232	112116	26412
架线和管道工程建筑	406150	10487	10164	62557	–1038
其他土木工程建筑	382825	12178	12156	13344	2447
建筑安装业	1878613	56263	55072	184721	251
电气安装	1326560	39256	38081	159569	–1847
管道和设备安装	327672	14980	14967	2734	427
其他建筑安装业	224381	2027	2024	22418	1671
建筑装饰、装修和其他建筑业	2444913	127992	127810	171898	29953
建筑装饰和装修业	1269450	81374	81192	76048	7528
建筑物拆除和场地准备活动	867699	38086	38086	42494	14084
其他未列明建筑业	307764	8532	8532	53356	8341

表 9-4 续表 5　　（2017 年）　　单位：千元

指　　标	营业成本	营业税金及附加	其中：主营业务税金及附加	管理费用	财务费用
三、按隶属关系分组					
中央	1831905	4567		28309	-1059
省(自治区、直辖市)	52624	194	194	2381	-12
市(地、州、盟)	4282999	89420	88248	269188	71078
县级及以下	4787290	210471	210329	323355	30636
其他	44344545	2064090	2054139	1553734	288076
四、按建筑业企业资质等级分组					
施工总承包序列	51464134	2191475	2176202	1887594	357738
施工总承包序列特级工程	3527648	119988	119988	163295	12189
施工总承包序列一级工程	20874177	851077	846172	477237	105152
施工总承包序列二级工程	14290806	596279	595035	623542	86911
施工总承包序列三级工程	12771503	624131	615007	623520	153486
专业承包序列	3835229	177267	176708	289373	30981
专业承包序列一级工程	336827	21281	21265	30939	2022
专业承包序列二级工程	1525403	59937	59924	107369	13335
专业承包序列三级工程	1966354	95799	95269	150805	15514
专业承包序列不分等级工程	6645	250	250	260	110
五、按控股情况分组					
国有控股	6389110	123665	119063	313299	88327
集体控股	4588220	173301	171742	333089	9075
私人控股	44013475	2058620	2049091	1500392	292233
港澳台商控股	22378	537	537	2020	-28
外商控股	49113	1221	1221	11826	-1016
其他	237067	11398	11256	16341	128

表 9-4 续表 6　　（2017 年）　　单位：千元

指　　标	营业利润	利润总额	应交所得税	本年应付职工薪酬
总　　计	**3202290**	**3191162**	**706196**	**12916888**
一、按登记注册类型				
内资企业	3155609	3143656	696457	12893378
国有企业	24292	23691	12565	321788
集体企业	98809	98728	17751	409811
股份合作企业	6051	6051	1513	30496
有限责任公司	933900	934503	197292	3966934
股份有限公司	120986	121029	11975	451760
私营企业	1971571	1959654	455361	7712589
港、澳、台商投资企业	12417	12439	831	14322
港澳台商独资经营企业	12417	12439	831	14322
外商投资企业	34264	35067	8908	9188
中外合资经营企业	34264	35067	8908	9188
二、按国民经济行业代码分组				
建筑业	3202290	3191162	706196	12916888
房屋建筑业	2267416	2253224	520017	10240962
住宅房屋建筑	2208083	2193912	506671	10035636
体育场馆建筑	28962	28962	5792	38143
其他房屋建筑业	30371	30350	7554	167183
土木工程建筑业	611466	613897	109788	1739633
铁路、道路、隧道和桥梁工程建筑	424602	426360	70334	1136317
水利和水运工程建筑	97742	97167	18381	440539
架线和管道工程建筑	68913	70006	16017	55694
其他土木工程建筑	20209	20364	5056	107083
建筑安装业	129063	129416	30839	457432
电气安装	82360	82544	19161	330172
管道和设备安装	18889	18889	4631	98313
其他建筑安装业	27814	27983	7047	28947
建筑装饰、装修和其他建筑业	194345	194625	45552	478861
建筑装饰和装修业	113354	113460	24043	264511
建筑物拆除和场地准备活动	37098	37179	9941	150584
其他未列明建筑业	43893	43986	11568	63766

表 9-4 续表 7　　(2017 年)　　单位:千元

指　　标	营业利润	利润总额	应交所得税	本年应付职工薪酬
三、按隶属关系分组				
中央	33413	33607	-6214	69627
省(自治区、直辖市)	6892	6892	1724	10785
市(地、州、盟)	266717	266349	40501	879451
县级及以下	212924	212545	48782	954472
其他	2682344	2671769	621403	11002553
四、按建筑业企业资质等级分组				
施工总承包序列	2908154	2896797	635810	12120001
施工总承包序列特级工程	173869	173710	42452	579853
施工总承包序列一级工程	1005884	1004750	210256	4527508
施工总承包序列二级工程	855235	840826	182059	3938662
施工总承包序列三级工程	873166	877511	201043	3073978
专业承包序列	294136	294365	70386	796887
专业承包序列一级工程	14569	14569	2029	59522
专业承包序列二级工程	88053	88187	22524	332283
专业承包序列三级工程	190739	190834	45640	393036
专业承包序列不分等级工程	775	775	193	12046
五、按控股情况分组				
国有控股	259328	259074	39509	974688
集体控股	202512	202304	45891	883419
私人控股	2687628	2676012	609348	10986796
港澳台商控股	12417	12439	831	14322
外商控股	34264	35067	8908	9188
其他	6141	6266	1709	48475

10

交通运输、邮电和服务业

全市交通运输基本情况

表 10-1

	单位	2005	2008	2009	2010	2011	2012	2013	2014	2015	2016	2017
一、铁 路												
铁路营业里程	公里	84	84	84	84	84	84	84	84	84	84	84
港口铁路专用线	米	107498	68964	68964	68964	68964	65090	67095	80500	80500	80500	80500
火车站点个数	个			13	13	13	13	13	13	13	13	13
# 客运站	个			3	3	3	3	3	3	3	3	3
货运站	个			10	10	10	10	10	10	10	10	10
二、公 路												
1、全社会公路总里程	公里	4835	10920	10832	11223	11313	11507	11771	11914	12005	12033	12117
# 等级公路	公里	4491	10603	10636	11049	11221	11415	11679	11840	11936	12033	12117
# 高速公路	公里	239	282	286	336	349	349	349	349	349	360	354
一级公路	公里	56	191	201	246	285	335	482	537	630	613	611
# 国 道	公里	493	563	563	612	612	612	697	715	730	769	793
省 道	公里	310	284	284	281	294	330	390	398	416	369	391
2、公路密度												
以国土面积计算	公里/百平方公里			144.43	149.64	150.83	153.42	154.56	156.45	157.65	158.01	159.11
以人口数量计算	公里/人	10.61	24.47	24.33	24.99	25.76	26.17	26.65	26.83	26.97	26.83	26.88
3、公路桥梁	座	412	706	2492	2726	2740	2832	2960	3010	3048	2618	3046
	万米	1.99	4.33	14.71	17.88	18.46	19.30	21.18	19.55	19.87	13.45	21.69
三、港 口												
1、生产用码头泊位	个	98	161	180	180	180	180	189	183	183		176
码头长度	米	7897	16261	15777	16437	16077	16437	19579	25080	25080		25939
内河码头泊位	个	66	121	121	121	121	121	120	120	120	129	100
沿海码头泊位	个	32	40	59	59	59	62	69	63	63	64	81
# 万吨级	个	27	39	40	40	40	41	52	60	60	57	57
2、沿海港口吞吐能力	万吨	3577	6045	8527	9213	9123	9857	13295	14956	14956	14956	15299
3、港口国际旅客航线	条	2	2	2	2	2	2	2	2	2	2	2
四、内 河												
内河航道总里程	公里	1138	1106	1106	1114	1114	1114	1114	1114	1114	1114	1114
# 等级航道	公里	442	442	446	504	504	502	502	502	502	502	502
通机动船里程	公里	922	922	922	929	929	929	929	929	929	929	929
五、民 航												
民航机场	个	1	1	1	1	1	1	1	1	1	1	1
航线	条	7	11	12	15	16	18	21	20	20	23	24
起降架次	次	1835	3216	3747	5540	5408	6229	8668	6978	7802	9332	11232

注：铁路货运站包括阿湖站。

全社会公路总里程

表 10-2　　(2017 年)　　单位:公里

	全　市	市　区	# 赣榆区	东海县	灌云县	灌南县
全社会公路总里程	**12117**	**4506**	**2871**	**3017**	**2672**	**1922**
一、按公路等级分						
1、等级公路	12117	4506	2871	3017	2672	1922
# 高速公路	354	218	91	43	67	26
一级公路	611	263	99	173	91	83
二级公路	1941	771	459	487	372	311
三级公路	734	307	178	236	134	56
四级公路	8478	2947	2045	2078	2007	1446
2、等外公路						
二、按行政等级分						
国　道	793	480	209	149	127	38
省　道	391	68	41	132	84	107
县　道	2018	772	504	461	435	349
乡　道	3604	1137	761	984	969	515
村　道	5313	2053	1357	1291	1056	913
专业公路	3	3				
三、按路面技术状况分						
1、有铺装路面(高级)	11711	4236	2780	2974	2605	1896
# 沥青路	1669	713	300	461	201	295
水泥路	10041	3523	2480	2514	2404	1600
2、简易铺装路面(次高级)	52	52				
3、未铺装路面						
4、公路部门养护里程						
# 绿化里程	11074	3973	2779	2602	2605	1894
养护里程	11762	4287	2780	2974	2605	1896
四、桥梁情况						
数量(座)	2635	1152	824	510	422	551
延长(万米)	13.71	6.17	3.68	2.37	2.98	2.20
五、乡镇通公路情况						
1、乡镇数(个)	88	41	19	20	13	14
通公路比重(%)	100.0	100.0	100.0	100.0	100.0	100.0
2、村委会数(个)	1426	597	444	314	304	211
通公路比重(%)	100.0	100.0	100.0	100.0	100.0	100.0

全市机动车保有量

表 10-3　　　　单位:辆

	2017年	#进口	#个人	#新注册	#营运	2016年
机动车保有量	**703481**	**13384**	**641040**	**106985**	**75843**	**686393**
一、汽　车	**564420**	**13255**	**512830**	**95137**	**54048**	**478257**
1、载客汽车	476818	13202	445470	81203	7868	401324
#大型	3962	20	33	874	2703	3539
中型	1743	93	438	130	331	2008
小型	467113	12920	441044	80082	4834	391397
微型	4000	169	3955	117		4380
#普通	121327	2109	109272	31695	2990	92434
双层	4					7
卧铺	22				16	25
铰接	42				40	42
越野	6217	5902	5314	790		5397
专用客车	619	5	182	83		555
专用校车	564			113		425
面包车	38425		37196	910		38252
轿车	309598	5186	293506	47612	4822	264187
#微型	3413	169	3384	117		
2、载货汽车	75685	46	56924	12415	43307	65339
#重型	34465	16	20665	5773	32505	29566
中型	8499		7787	1188	3805	7731
轻型	32716	30	28468	5454	6997	28034
微型	5		4			8
#普通	35200	30	31805	4985	10234	31262
厢式	9430		7656	1542	4945	8221
封闭	1348		930	298	142	1100
罐式	271		68	24	225	279
平板	121		102	36	91	83
自卸	5079		4056	420	4415	4855
特殊结构	1345		447	171	682	1202
仓栅	4920		4154	1215	4662	3740
半挂牵引	17965	16	7705	3720	17905	14596
3、三轮汽车	2429		2401	465	1266	2799
低速汽车	660		650		396	818
二、摩托车	**120797**	**129**	**120077**	**8236**	**3596**	**192913**
普通	119443	128	118726	8071	3595	190164
轻便	1354	1	1351	165	1	2749
三、挂　车	**18264**		**8133**	**3612**	**18199**	**15222**
重型	18221		8128	3594	18157	15202
中型	40		2	15	40	20
轻型	3		3	3	2	

全市分县区机动车保有量

表 10-4　（2017 年）　单位：公里

	全　市	市　区	# 赣榆区	东海县	灌云县	灌南县	2016 年
机动车保有量	**703481**	**374437**	**142750**	**151752**	**112450**	**64842**	**686393**
一、汽　车	**564420**	**301178**	**115931**	**125044**	**82615**	**55583**	**478257**
1、载客汽车	476818	258392	97378	102832	67288	48306	401324
大型	3962	2782	352	504	295	381	3539
中型	1743	890	200	229	368	256	2008
小型	467113	252348	95736	101230	66105	47430	391397
微型	4000	2372	1090	869	520	239	4380
2、载货汽车	75685	39318	17403	16254	13539	6574	65339
重型	34465	20912	7530	6705	4663	2185	29566
中型	8499	2480	1131	2942	2206	871	7731
轻型	32716	15925	8741	6604	6669	3518	28034
微型	5	1	1	3	1		8
3、三轮汽车	2429	325	295	616	1174	314	2799
低速汽车	660	402	402	186	61	11	818
二、摩 托 车	**120797**	**61729**	**23650**	**23350**	**27532**	**8186**	**192913**
普通	119443	60742	23605	23092	27430	8179	190164
轻便	1354	987	45	258	102	7	2749
三、挂　车	**18264**	**11530**	**3169**	**3358**	**2303**	**1073**	**15222**
重型	18221	11505	3163	3347	2300	1069	15202
中型	40	23	6	10	3	4	20
四、营运车辆	**75843**	**42576**	**15190**	**14922**	**13045**	**5300**	**68356**
# 公路客运	737	355	23	208	86	88	783
公交客运	2045	1442	241	154	264	185	1584
出租客运	2311	1751	203	212	151	197	2368
旅游客运	252	224	10	18	9	1	231
货　　运	63988	35203	13656	12560	11850	4375	58106
租　　赁	987	196	32	740	38	13	1126
危化运输	2517	1893	468	291	169	164	1695
教　　练	3006	1512	557	739	478	277	2463
五、非营运车辆	**627067**	**331727**	**127498**	**136750**	**99273**	**59317**	**617594**
# 消　　防	52	33		3	9	7	49
救　　护	171	87	42	21	24	39	177
工程救险	221	65	13	138	14	4	244

交通运输行业营业户数及从业人员

表 10-5

	营业户数(户)		从业人员(人)	
	2017 年	2016 年	2017 年	2016 年
一、道路运输部门				
道路货物运输	24391	28754	110784	108678
#汽车运输	24391	28734		
道路旅客运输	19	20	33180	39518
道路运输服务	132	116	4646	4166
汽车维修	779	1042	6070	8112
二、水路运输部门				
内河:货物运输	18	20	1937	2051
沿海:货物运输	26	24	1193	1060
旅客运输				
三、港口生产单位				
内河港口	11	13		185

全市港口码头总体情况

表 10-6 (2017 年)

	码头个数(个)	泊位个数(个)	泊位长度(米)	泊位年通过能力(万吨)
一、生产性码头	**53**	**176**	**23539**	**18914**
1、内河码头	18	100	5941	2624
#1000 吨级及以上	2	35	2140	1570
500 吨级	10	52	2959	895
300 吨级	6	13	842	159
300 吨级以下				
2、沿海码头	35	76	19998	16290
#万吨级以上	32	71	18831	16098
二、非生产性码头				
沿海码头	2	2	363	3000

注:因 2013 年全市开展港口经营许可证规范整治,对 300 吨级及以下内河码头进行整合,导致其数据有较大幅度变动。

连云港港码头泊位及库场情况

表 10-7

	单 位	1990	1995	2000	2005	2010	2012	2013	2014	2015	2016	2017
一、港口码头												
1、码头泊位	个	24	30	34	37	61	62	62	66	66	66	78
2、生产用码头												
总延长	米	3858	4824	5803	6421	11553	11827	11715	14786	15311	15520	16768
泊位数	个	18	25	30	32	59	56	51	64	64	64	76
# 万吨级以上	个	13	20	25	27	40	43	44	53	57	57	71
年吞吐能力	万吨	1645	2025	2265	3577	9213	9587	13295	14956	15000	15299	16290
3、非生产用码头												
总延长	米	650	449	449	470	297	741	297	297	363	297	363
泊位数	个	5	4	4	5	2	4	2	2	2	2	2
二、铁路专用线												
总延长	米	59254	70514	90554	107498	68964	65090	67095	80500	80500	80500	80500
# 装卸线	米	10379	11335	14093	16445	28728	28729	33604	33604	33604	33604	33604
三、仓库堆场												
1、生产用库场												
总面积	万平方米	43.13	57.81	81.30	24.25	371.33	489.24	483.94	555.48	587.06	585.28	600.03
容　量	万吨	96.80	119.74	180.71	971.71	1495.44	1658.27	1841.50	2050.23	2276.39	2414.88	
(1)仓　库:总面积	万平方米	4.60	6.18	9.06	10.08	16.94	19.55	21.78	22.36	21.80	24.63	25.82
容　量	万吨	3.18	4.04	7.23	23.16	41.20	21.48	21.48	15.52	15.64	67.45	
# 圆筒仓:总容积	万平方米		10.29	10.29	14.46	14.46	14.46	14.46	14.46	14.46	14.46	14.46
容　量	万吨		7.06	7.06	10.46	10.46						
(2)堆　场:总面积	万平方米	38.51	51.63	72.23	232.37	354.39	469.69	462.16	533.12	565.25	560.65	574.21
容　量	万吨	93.62	118.64	166.42	938.09	1443.79	1636.79	1820.02	2034.71	2260.86	2397.08	2432.35
# 煤　场:总面积	万平方米	19.38	20.12	26.51	36.30	49.55	49.55	40.40	37.00	37.00	37.00	37.00
容　量	万吨	68.55	72.23	94.52	220.00	166.00	166.00	172.00	190.00	190.00	190.00	190.00
集装箱堆场:总面积	万平方米		6.10	6.10	40.70	39.80	190.98	190.98	107.50	108.09	85.50	100.90
堆存能力	万标准箱		0.68	0.68	5.74	15.96	26.06	26.06	26.75	26.78	11.72	12.08
2、非生产用库场总面积	万平方米	1.95	17.22	17.39	1.32	4.05	4.11	4.11	3.04	3.04	3.04	3.04

连云港港设施及装备情况

表 10-8

	单位	2006	2008	2010	2011	2012	2013	2014	2015	2016	2017
一、港务船舶											
1、工作船:艘　数	艘	17	17	19	19	21	21	24	27	23	23
总吨位	吨	6910	7105	7175	7175	8167	8167	9747	12672	9483	9483
载客量	座	15	15	35	35	35	35	35	20	20	42
功　率	万千瓦	3.08	3.36	3.55	3.55	4.51	4.51	5.91	6.12	6.12	6.03
#拖　轮:艘　数	艘	14	15	15	15	17	17	20	19	18	18
总吨位	吨	4396	4859	4859	4859	5851	5851	7431	7261	7076	7076
功　率	万千瓦	2.85	3.24	3.23	3.23	4.19	4.19	5.60	5.55	5.51	5.51
2、工程技术船:艘　数	艘	5	8	6	6	6	6	8	8	5	3
总吨位	吨	2414	2414	7318	7318	7318	5341	14956	14956	12868	19388
功　率	万千瓦	1.28	0.26	0.76	0.76	0.76	0.38	2.36	2.36	2.21	1.93
二、机车车辆											
机车合计:台　数	台	6	7	7	7	10	10	10	10	10	10
功　率	万千瓦	1.14	1.18	1.18	1.18	1.93	1.93	1.93	1.93	1.93	1.93
三、装械机械											
1、生产用装卸机械:台(组)数	台	968	1061	935	935	1355	1460	1526	1360	1419	1389
(1)起重机械类	台	193	221	188	188	236	251	277	244	297	267
#轮胎起重机	台	112	125	94	94	116	124	131	96	128	128
门座起重机	台	63	77	67	67	85	90	102	125	132	144
(2)输送机械类:台(组)数	台	97	99	47	47	116	126	127	110	116	116
长　度	万米	1.83	1.85	0.99	0.99	2.66	2.97	3.67	3.51	3.77	3.77
(3)装卸搬运机械类	台	550	597	557	557	753	816	879	828	828	828
(4)专用机械类	台	128	144	143	143	238	267	243	178	178	178
2、非生产用装卸机械合计	台		258	257	257	292	400	460	526	151	151

全市内河航运航道情况

表 10-9　　(2017 年)　　单位:公里

	全　市	市　区	# 赣榆区	东海县	灌云县	灌南县
内河航道总里程	**1113.68**	**344.48**	**118.07**	**152.45**	**440.08**	**176.67**
一、基本情况						
通机动船里程	929.42	284.38	57.97	127.38	340.99	176.67
水深 1 米以上里程	1104	344	118	152	430	177
通航闸数(个)	76	13	5	2	56	5
#套　闸	10	2			7	1
航道养护船舶(个)	12	7			3	2
跨河桥梁(个)	299	134	39	63	68	34
#碍　航	149	70	22	36	28	15
不通航乡镇数(个)	45	13	12	17	6	9
二、按航道水深划分						
2.5m 以上	330.27	75.00	23.40		144.45	110.82
2.4—2.2 m	59.56	40.90	30.30		7.70	10.96
2.1—1.5 m	564.23	168.06	54.67	152.45	188.83	54.89
1.4—1.0 m	149.72	60.52	9.70		89.20	
1.0m 以下	9.90				9.90	
三、按航道等级划分						
1、等级航道	501.85	146.69	33.90	19.99	201.42	133.75
一级航道						
二级航道						
三级航道	117.87	32.5	2.4		57.96	27.41
四级航道	93.45	16.5	16.5		21.94	55.01
五级航道	90.95	25	3.5		58.55	7.4
六级航道	64.24	14.31			6	43.93
七级航道	135.34	58.38	11.5	19.99	56.97	
2、等外航道	611.83	197.79	84.17	132.46	238.66	42.92

内河港口设施及装备情况

表 10-10

	单位	2008	2010	2014	2015	2016	2017
一、生产用装卸机械	**台**	**156**	**166**	**166**	**126**	**112**	**80**
500–1000 吨级码头泊位前沿装卸机械	台				58	25	32
300–500 吨级码头泊位前沿装卸机械	台	36	46	49	68	87	48
起重机械	台	33	43	43	79	88	
普通门座起重机	台	1	1	4	5	4	5
固定式起重机	台	28	38	38	70	81	58
轮胎起重机	台	3	3	3	3	2	
汽车起重机	台	1	1	1	1	1	
输送机械	台	3	3	3	3	3	
带式(皮带)输送机	台	1	1	1	1	3	7
斗式提升机	台	1	1	1	1		
埋刮板机	台	1	1	1	1		
专用机械	台					6	4
库场机械	台	36	36	36	36	12	5
水平运输	台	8	8	8	8	3	1
二、生产用仓库面积	**平方米**	**2415**	**2415**	**2415**	**2415**	**2415**	**1100**
生产用仓库容积	立方米	5430	5430	5430	5430	13200	6040
堆场面积	平方米	51700	59700	59700	55700	89800	125486
煤场面积	平方米	1000	1000	1000	1000	1000	
矿石堆场面积	平方米	2600	2600	2600	2600	28400	12000
其他堆场面积	平方米	48100	48100	48100	52100	60400	113486
堆场容量吨数	吨	55300	55300	55300	67300	500600	677382
煤场容量吨数	吨	1000	1000	1000	1000	10600	
矿石堆场容量吨数	吨	5500	5500	5500	5500	60000	60000

注:2015 年统计口径与以前有变化。

水路运输船舶拥有量

表 10-11

	单位	2017年	内河	沿海	2016年
一、机动船					
艘数(未含个体)	艘	1224	953	271	1250
总吨	吨位	362830		362830	370829
总载重量	吨位	1109792	511804	597988	1128593
载客量	客位				
功率	千瓦	7644	7644		369738
1、客　船					
艘数	艘				
总吨	吨位				
总载重量	吨位				
载客量	客位				
功率	千瓦				
2、货　船					
艘数	艘	1195	944	251	1221
总吨	吨位	354937		354937	362936
总载重量	吨位	1109792	511804	597988	1128593
标准箱位	标箱	7644	7644		
功率	千瓦	303159	157467	145692	309718
3、拖　船					
艘数	艘	29	9	20	29
总吨	吨位	7893	—	7893	7893
功率	千瓦	60020	1290	58730	60020
4、个体机动船					
艘数	艘				
总吨	吨位				
总载重量	吨位				
载客量	客位				
功率	千瓦				
二、驳　船					
艘数	艘	189	188	1	188
净载重量	吨位	74695	64695	10000	74435

主要年份全社会客货运输量

表 10-12

年份	全社会客运量（万人）	公路客运量	全社会货运量（万吨）	公路货运量	铁路客运发送量（万人）	铁路货运发送量（万吨）
1978	1150	1013	477	133	137	301
1980	1728	1602	633	240	126	342
1981	1891	1762	645	214	129	374
1982	2190	2049	682	211	141	414
1983	3054	2895	1395	772	159	463
1984	3143	2965	1532	792	178	493
1985	3180	3018	2452	1659	161	529
1986	3331	3173	2666	1769	157	532
1987	3672	3501	2713	1860	170	595
1988	3550	3370	3026	2263	179	562
1989	3350	3182	3027	2173	167	589
1990	3044	2905	2701	2091	137	457
1991	3350	3198	1507	1010	149	372
1992	4442	4260	3142	2331	179	493
1993	3760	3552	3146	2374	206	388
1994	3964	3751	3175	2246	207	445
1995	3610	3382	4947	3973	218	501
1996	4458	4265	3741	2719	182	516
1997	3153	2952	2654	1780	192	551
1998	4506	4303	3360	2582	195	542
1999	4817	4618	4265	3380	195	539
2000	5034	4820	3629	2739	209	626
2001	5138	4936	4094	2913	198	923
2002	5297	5104	4318	2962	189	1101
2003	5429	5245	4452	3062	179	1155
2004	6137	5912	4837	3328	217	1247
2005	6831	6551	5628	3843	266	1485
2006	7936	7759	6464	4566	155	1588
2007	9006	8768	7193	5229	175	1516
2008	14935	14681	10967	8514	223	1936
2009	12322	12040	11242	7670	241	3022
2010	13481	13158	13937	9651	267	3405
2011	14428	14419	12901	11279	267	4094
2012	15948	15923	14832	13107	250	4298
2013	6007	5381	13796	7554	262	4122
2014	6117	5433	15016	8406	294	3735
2015	5627	5058	15382	9508	232	2883
2016	5188	4700	14569	8215	204	3449
2017	5127	4607	16202	9283	197	3921

注：1、全社会客运量及货运量均包含公路、铁路、水运及民航数据，从今年起，对 2013 年以后年份数据按此口径有所调整；

2、2013 年数据根据交通部组织开展的全国运输业统计专项调查数据推算，口径较以前有明显调整，仅供参考。

全社会客货运输(吞吐)量

表 10-13　　(2017 年)

指　　标	单　位	合　计			铁　路	民　航	港　口
			公　路	水　路			
地方交通客运量	万人	4621	4607	14			
旅客周转量	万人公里						
地方交通货运量	万吨	11274	9283	1991			
货物周转量	万吨公里	3373301	1801273	1572028			
境内铁路客运总量	万人	396.37			396.37		
# 发送量	万人	196.61			196.61		
境内铁路货运总量	万吨	4928.24			4928.24		
# 发送量	万吨	3921.34			3921.34		
旅客吞吐量	人	1092924				1092924	
# 离港量	人	703501				703501	
货物吞吐量	万吨	22842				0.54	22841

表 10-13 续表　　(2016 年)

指　　标	单　位	合　计			铁　路	民　航	港　口
			公　路	水　路			
地方交通客运量	万人	4705	4700	5			
旅客周转量	万人公里		337667				
地方交通货运量	万吨	10040	8215	1826			
货物周转量	万吨公里	2926461	1579070	3133359			
境内铁路客运总量	万人	403.33			403.33		
# 发送量	万人	203.54			203.54		
境内铁路货运总量	万吨	4528.11			4528.11		
# 发送量	万吨	3448.99			3448.99		
旅客吞吐量	人	900159				850972	49187
# 离港量	人	552516				527762	24754
货物吞吐量	万吨	22135				0.45	22135

连云港境内铁路客运量

表 10-14 单位:万人

	2010	2011	2012	2013	2014	2015	2016	2017
铁路客运总量	**525.47**	**521.54**	**487.99**	**514.36**	**579.72**	**490.97**	**403.33**	**396.37**
客运到达量	**258.56**	**254.11**	**237.79**	**252.12**	**285.87**	**228.84**	**199.79**	**199.76**
连云港东	33.06	36.75	38.28	41.13	46.85	131.41	138.71	136.95
连云港	158.99	154.09	144.11	151.59	170.12	32.03		
东海县	66.51	63.27	55.40	59.40	68.90	65.40	61.08	62.82
客运发送量	**266.91**	**267.43**	**250.20**	**262.24**	**293.85**	**232.13**	**203.54**	**196.61**
连云港东	42.96	46.82	45.38	45.97	49.83	134.74	142.78	133.95
连云港	152.96	154.56	146.38	156.32	175.36	32.66		
东海县	70.99	66.05	58.44	59.95	68.65	64.73	60.76	62.66

注:连云港站自 2015 年 4 月起进行改造升级,故影响客运量。

连云港境内铁路货运量

表 10-15 单位:万吨

	2014 年		2015 年		2016 年		2017 年	
	发送量	到达量	发送量	到达量	发送量	到达量	发送量	到达量
合 计	**3735.49**	**1190.44**	**2882.62**	**1268.98**	**3448.99**	**1079.12**	**3921.34**	**1006.90**
连 云	1346.17	36.65	1479.60	46.00	1576.38	24.60	1978.22	16.46
墟沟北	1842.85	661.10	1136.21	724.14	1702.28	592.75	1728.00	570.46
墟 沟	190.68	0.84	26.36	0.23	0.13	1.12		0.37
连云港东	256.62	203.89	165.18	195.45	116.24	132.28	162.74	115.07
盐 坨	8.53	9.02	5.69	5.90	2.96	8.18	1.12	5.40
新浦东	21.47	37.12	19.24	32.40	19.30	18.56	10.40	10.57
连云港	0.07	175.03	0.01	214.18		262.16	16.10	241.95
白塔埠	0.00	14.87	0.01	8.07		8.44		11.48
东海县	30.13	17.68	31.90	12.04	22.59	20.05	16.66	22.21
阿湖镇	38.96	34.24	18.41	30.57	9.10	10.98	8.10	12.94

注:阿湖镇站位于东海县洪庄镇境内。

主要年份连云港港口吞吐量

表 10-16

年　　份	港口货物吞吐量（万吨）	#进　口	出　口	#外　贸	内　贸	港口集装箱吞吐量（万标箱）	大陆桥集装箱运量（标准箱）
1978	594	196	398	199	395		
1980	739	225	514	293	446		
1981	756	259	497	332	424		
1982	806	278	528	355	451		
1983	858	315	543	399	459		
1984	900	349	551	449	451		
1985	929	367	562	523	406		
1986	948	345	603	536	412		
1987	894	338	556	541	353		
1988	1114	377	737	690	424		
1989	1126	378	748	643	483		
1990	1137	294	843	624	513	0.86	
1991	1213	260	953	699	514	1.44	
1992	1359	336	1023	717	642	1.55	50
1993	1417	268	1149	672	745	2.33	
1994	1589	342	1247	845	744	5.03	61
1995	1716	466	1250	1065	651	6.55	257
1996	1583	404	1179	998	586	8.96	12118
1997	1652	424	1228	1034	618	11.31	30016
1998	1776	433	1343	1014	762	9.16	12194
1999	2017	533	1484	998	1019	11.05	10514
2000	2708	771	1937	1454	1255	12.00	4893
2001	3058	1078	1980	1877	1181	15.75	7526
2002	3316	1307	2009	2002	1314	20.51	4175
2003	3752	1574	2178	2409	1343	30.11	5350
2004	4352	2219	2133	2760	1592	50.23	8329
2005	6016	3132	2884	3893	2123	100.00	9514
2006	7232	3627	3605	4480	2752	130.23	49892
2007	8507	4206	4301	4983	3524	200.31	59366
2008	10061	5256	4805	5509	4552	300.05	63946
2009	11378	7312	4066	6606	4772	303.18	58390
2010	13506	8759	4747	7804	5702	387.10	85366
2011	16628	10669	5959	9158	7470	485.19	106403
2012	18528	11702	6826	9681	8847	502.01	78149
2013	20165	13132	7033	10599	9566	548.77	104520
2014	21008	13663	7345	11036	9972	500.54	95500
2015	21075	12857	8218	9992	11083	500.92	53142
2016	22135	13973	8162	11233	10902	470.33	47378
2017	22841	15242	7598	12042	10799	471.07	72586

注:本表总数中包括沿海和灌河沿海。

连云港港口货物吞吐量

表 10-17 单位:万吨

	合计	外贸	内贸	进港	外贸	出港	外贸
港口货物吞吐量	**22840.53**	**12038.86**	**10801.67**	**15242.45**	**10267.41**	**7598.08**	**1771.45**
较 2016 年增减%	3.2	7.2	–0.9	9.1	8.5	–6.9	0.1
按物类分:							
1、煤炭及制品	2144.60	325.22	1819.38	1487.80	208.43	656.81	116.79
2、石油、天然气及制品	126.94	27.14	99.80	98.19	26.99	28.75	0.15
3、金属矿石	11422.72	7983.13	3439.59	8907.67	7945.20	2515.05	37.94
4、钢铁	1014.22	107.92	906.30	241.03	1.67	773.19	106.25
5、矿物性建筑材料	489.59	0.06	489.53	341.39		148.19	0.06
6、水泥	87.96	4.50	83.46	87.41	4.50	0.55	
7、木材	267.69	267.05	0.64	108.81	108.81	158.87	158.23
8、非金属矿石	458.23	61.30	396.93	263.21	2.69	195.02	58.61
9、化学肥料及农药	78.97	75.68	3.29	68.56	65.47	10.41	10.20
10、盐	77.75	56.06	21.70	57.93	52.72	19.82	3.33
11、粮食	738.96	730.23	8.74	733.58	729.05	5.38	1.18
12、机械、设备、电器	136.71	133.39	3.32	0.50	0.39	136.21	133.00
13、化工原料及制品	405.02	301.80	103.22	316.08	266.19	88.94	35.60
14、有色金属	186.59	141.45	45.15	163.74	137.98	22.85	3.47
15、轻工、医药产品	73.78	68.01	5.76	68.58	68.01	5.20	
16、农林牧渔业产品	49.53	44.01	5.53	45.82	40.52	3.71	3.49
17、其他货类	5081.26	1711.92	3369.34	2252.13	608.78	2829.13	1103.15
附:总计中集装箱(万标箱)	4749.48	1638.03	3111.44	2163.93	608.51	2585.55	1029.52

注:本表总数中包括沿海和灌河沿海。

连云港港口货物集运情况

表 10-18　　　　(2017 年)　　　　单位:万吨

	合计	铁路	公路	水运	内贸	内贸沿海	外贸
港口集运货物总计	**18052.33**	**733.52**	**2076.36**	**15242.45**	**4975.04**	**3907.26**	**10267.41**
较 2016 年增减%	8.9	4.1	9.0	9.1	10.3	16.1	8.5
按物类分							
1、煤炭及制品	2189.47	388.48	313.19	1487.80	1279.36	1249.56	208.43
2、石油、天然气及制品	98.51		0.32	98.19	71.20	71.20	26.99
3、金属矿石	9623.34	259.56	456.11	8907.67	962.47	413.85	7945.20
4、钢铁	435.09	13.94	180.11	241.03	239.37	47.57	1.67
5、矿物性建筑材料	354.35		12.95	341.39	341.39	218.96	
6、水泥	90.70		3.28	87.41	82.91	3.41	4.50
7、木材	172.93		64.12	108.81			108.81
8、非金属矿石	296.42	0.02	33.19	263.21	260.52	194.68	2.69
9、化学肥料及农药	142.69	37.18	36.95	68.56	3.09		65.47
10、盐	57.93			57.93	5.21		52.72
11、粮食	747.70		14.12	733.58	4.53	4.33	729.05
12、机械、设备、电器	24.33		23.83	0.50	0.11	0.11	0.39
13、化工原料及制品	376.22		60.14	316.08	49.88	33.80	266.19
14、有色金属	254.29	16.09	74.47	163.74	25.76	25.76	137.98
15、轻工、医药产品	70.49		1.91	68.58	0.57	0.57	68.01
16、农林牧渔业产品	49.20		3.38	45.82	5.31	5.31	40.52
18、其他货类	3068.67	18.26	798.28	2252.13	1643.36	1638.16	608.78
附:总计中集装箱(万标箱)	384.13	11.00	142.08	231.04	98.63	98.57	132.42

注:水运包括沿海和灌河沿海。

连 云 港 港 口 货 物 疏 运 情 况

表 10-19　　（2017 年）　　单位：万吨

	合 计	铁 路	公 路	水 运			
					内贸	内贸沿海	外贸
港口疏运货物总计	**16243.60**	**3434.99**	**5210.52**	**7598.08**	**5826.63**	**4658.67**	**1771.45**
较 2016 年增减%	2.9	26.0	6.5	-6.9	-8.9	-15.0	0.1
按物类分							
1、煤炭及制品	1410.20	122.80	630.59	656.81	540.02	518.63	116.79
2、石油、天然气及制品	36.42		7.67	28.75	28.60	28.60	0.15
3、金属矿石	8522.31	3010.26	2997.00	2515.05	2477.12	2016.54	37.94
4、钢铁	936.41	3.73	159.50	773.19	666.93	207.77	106.25
5、矿物性建筑材料	177.44		29.25	148.19	148.14	121.64	0.06
6、水泥	1.08		0.54	0.55	0.55	0.55	
7、木材	251.35		92.48	158.87	0.64	0.64	158.23
8、非金属矿石	232.64	0.45	37.17	195.02	136.40	95.33	58.61
9、化学肥料及农药	11.74		1.33	10.41	0.21		10.20
10、盐	87.24		67.42	19.82	16.49	16.49	3.33
11、粮食	773.22	277.21	490.63	5.38	4.21	0.26	1.18
12、机械、设备、电器	137.34		1.13	136.21	3.21	3.21	133.00
13、化工原料及制品	181.26	0.25	92.06	88.94	53.34	50.74	35.60
14、有色金属	22.85			22.85	19.39	19.39	3.47
15、轻工、医药产品	8.19		2.99	5.20	5.20	0.40	
16、农林牧渔业产品	47.67		43.96	3.71	0.22	0.22	3.49
18、其他货类	3406.25	20.30	556.82	2829.13	1725.98	1578.26	1103.15
附：总计中集装箱（万标箱）	385.58	16.03	129.53	240.03	103.70	103.65	136.33

注：水运包括沿海和灌河沿海。

连云港港口集装箱吞吐量

表 10-20

（2017 年）

	箱 数（万标箱）	进 港	出 港	重 量（万吨）	进 港	出 港
总 计	**471.07**	**231.04**	**240.03**	**4749.48**	**2163.93**	**2585.55**
1、国际航线合计	**251.59**	**125.65**	**125.94**	**1326.49**	**453.32**	**873.18**
亚洲	174.33	85.29	89.04	1119.41	361.85	757.57
# 台湾	10.90	5.47	5.43	165.47	63.94	101.53
越南	12.98	5.93	7.05	73.01	21.82	51.19
日本	15.65	7.78	7.86	174.06	45.90	128.17
韩国	39.65	18.12	21.54	296.06	92.61	203.45
东南亚	50.44	25.13	25.32	175.79	62.68	113.11
西亚	6.14	3.16	2.97	48.50	13.45	35.05
中东	38.29	19.70	18.59	181.98	61.46	120.52
欧洲	29.00	14.41	14.60	81.21	30.42	50.79
北美洲	48.25	25.95	22.30	125.87	61.05	64.82
2、内支线合计	**17.16**	**6.77**	**10.39**	**311.54**	**155.19**	**156.35**
青岛	11.37	4.19	7.18	210.55	100.99	109.56
大丰	0.30	0.25	0.05	6.92	6.07	0.85
上海	4.67	2.30	2.37	80.25	47.40	32.86
宁波－舟山	0.79	0.03	0.76	13.55	0.73	12.82
3、国内航线合计	**202.33**	**98.63**	**103.70**	**3111.44**	**1555.42**	**1556.02**
大连	0.57	0.06	0.51	1.27	0.12	1.14
营口	5.85	2.47	3.38	89.87	64.50	25.37
锦州	0.02	0.02	0.00	0.51	0.48	0.03
天津	0.32	0.05	0.27	0.68	0.10	0.58
烟台	0.11		0.11	2.02		2.02
青岛	28.06	14.12	13.94	498.80	241.77	257.03
日照	0.04	0.02	0.02	0.87	0.51	0.37
岚山	2.76	1.61	1.15	64.06	39.75	24.31
盐城	0.11	0.02	0.09	1.95	0.53	1.41
大丰	10.58	5.90	4.69	225.69	118.83	106.86
太仓	0.12	0.12		2.87	2.87	
上海	1.38	0.39	0.99	6.50	2.70	3.80
宁波－舟山	1.46	0.08	1.37	25.75	1.72	24.02
泉州	19.05	9.60	9.45	383.39	184.77	198.62
珠海	8.86	3.60	5.26	147.94	70.17	77.77
南沙	122.00	59.99	62.01	1639.31	815.69	823.63

全社会内河港口吞吐量

表 10-21　　　　单位:万吨

	全　市	市　区	#赣榆区	东海县	灌云县	灌南县
1996	157.70	41.30	1.60	13.80	27.20	75.40
1999	136.80	14.50	0.10	8.50	28.30	85.50
2000	113.00	19.30		3.20	22.50	68.00
2001	106.00	18.00		3.00	2.00	83.00
2002	187.00	118.00		6.00	4.00	59.00
2003	162.70	16.00		18.50	18.20	110.00
2004	262.00	26.20		23.30	22.50	190.00
2005	300.10	27.00		19.20	19.90	234.00
2006	309.99	60.14		63.85	32.10	153.90
2007	448.01	39.50		68.51	60.00	280.00
2008	517.11	42.96		89.15	82.00	303.00
2009	550.30	45.38		86.25	83.77	334.90
2010	880.73	50.38		125.05	156.00	549.30
2011	959.55	54.89		136.24	169.96	598.46
2012	1798.97	91.86		86.84	123.92	335.95
2013	1972.69	81.10		136.11	193.94	294.09
2014	2129.30	172.02		44.12	209.36	333.50
2015	2152.20	188.95		48.46	229.97	366.33
2016	2981.77	528.00		31.85	139.41	229.54
2017	3311.91	617.37		150.29	97.59	210.92

注:近年来本表总计包含灌河数据。

内河港口货物分类吞吐量

表 10-22　　　　单位:万吨

	2017 年	进　港	出　港	2016 年	进　港	出　港
一、内河港口吞吐量	**1076.17**	**319.30**	**756.86**	**928.81**	**396.60**	**532.21**
1、干散货	894.21	266.11	628.10	774.87	328.00	446.87
#煤炭及制品	24.40	4.41	20.00	70.25	0.11	70.14
金属矿石	454.11	2.30	451.81	366.60	0.13	366.47
散水泥	23.99	23.99		7.23	7.23	
散粮	3.21		3.21	26.85	17.30	9.55
散化肥	0.04		0.04	1.40	1.40	
2、件杂货	181.95	53.20	128.76	153.94	68.60	85.34
#木材	0.85	0.80	0.05			
粮食	5.48	0.16	5.32	51.51	39.20	12.31
化肥	2.89	2.69	0.21			
水泥				4.47	3.18	1.28
二、灌河港口吞吐量	**2235.75**	**1067.78**	**1167.96**	**2052.96**	**1142.95**	**910.02**

连 云 港 轮 渡 进 出 港 旅 客 人 数

表 10-23　　　　　　　　　　　　　　　　　　　　　　　　单位:人次

	2004	2005	2008	2009	2010	2011	2012	2013	2014	2015	2016	2017
进出港旅客总数	**64**	**44283**	**102432**	**115992**	**135119**	**141593**	**121920**	**121753**	**92583**	**74749**	**49187**	**141796**
1、按构成分												
国内旅客	64	9526	30033	44139	60248	79028	96499	96230	80462	68994	46580	119382
港澳台胞		3069	4106	3774	39995	3051	1720	1290	764	285	99	1122
外国人		31688	68293	68079	70144	59514	23701	24233	11357	5470	2508	21292
2、按航线分												
国际航线	64	44283	102432	115992	135119	141593	121920	121753	92583	74749	49187	141796
仁川	64	44283	60480	55862	58526	66027	59632	55930	56731	48503	49187	42511
平泽			41952	60130	76593	75566	62288	65823	35852	26246		99285
旅客发送量	**64**	**21565**	**51128**	**57941**	**67469**	**72329**	**61634**	**60849**	**47032**	**37715**	**24754**	**70812**
1、按构成分												
国内旅客	64	4690	14979	22106	30743	39611	48738	48145	40939	34847	23495	59666
港澳台胞		1555	2103	1891	1850	1478	1102	644	399	143	49	557
外国人		15320	34046	33944	34876	31240	11794	12060	5694	2725	1210	10589
2、按航线分												
国际航线			51128	57941	67469	72329	61634	60849	47032	37715	24754	70812
仁川	64	21565	29490	28100	29021	32690	29997	27858	28719	24130	24754	21067
平泽			21638	29841	38448	39639	31637	32991	18313	13585		49745
旅客到达量		**22718**	**51304**	**58051**	**67650**	**69264**	**60286**	**60904**	**45551**	**37034**	**24433**	**70984**
1、按构成分												
国内旅客		4836	15054	22033	29505	39417	47761	48085	39523	34147	23085	59716
港澳台胞		1514	2003	1883	38145	1573	618	646	365	142	50	565
外国人		16368	34247	34135	35268	28274	11907	12173	5663	2745	1298	10703
2、按航线分												
国际航线			51304	58051	67650	69264	60286	60904	45551	37034	24433	70984
仁川	64	22718	30990	27762	29505	33337	29635	28072	28012	24373	24433	21444
平泽			20314	30289	38145	35927	30651	32832	17539	12661		49540

注:连云港远洋客轮运输开始于 2004 年,主要经营连云港 - 仁川、连云港 - 平泽等两条线路。

营业性交通运输客货运输量

表 10-24　　（2017 年）

	单　位	全　市	市　区	# 赣榆区	东海县	灌云县	灌南县
一、客运情况							
1、客运量	万人	4621.00	2129.46	78.06	944.54	405.92	601.07
陆运	万人	4607.00	2115.46	78.06	944.54	405.92	601.07
水运	万人	14.00	14.00				
2、旅客周转量	万人公里						
陆运	万人公里	343970	214013	5243	64787	27130	38040
水运	万人公里						
二、货运情况							
1、货运量	万吨	11274.00	7103.56	2123.15	1952.61	1592.81	623.63
陆运	万吨	9283.00	5670.04	2123.15	1937.48	1166.34	509.15
水运	万吨	1991.00	1433.52		15.13	426.47	114.48
2、货运周转量	万吨公里	3373301	2491750	379599	379042	366981	135528
陆运	万吨公里	1801273	1135954	379599	372990	198459	93869
水运	万吨公里	1572028	1355796		6052	168521	41659

表 10-24 续表　　（2016 年）

	单　位	全　市	市　区	# 赣榆区	东海县	灌云县	灌南县
一、客运情况							
1、客运量	万人	4700.05	3037.45	286.77	703.84	330.74	628.02
2、旅客周转量	万人公里	337667	203805	39861	53809	43723	36330
二、货运情况							
1、货运量	万吨	10040.47	6389.11	1646.10	1637.08	1307.33	706.95
2、货运周转量	万吨公里	2926461	1925170	266608	468473	285189	247629

注：客运情况指标只包括陆运，未包括水运。

公路旅客营运

表 10-25

（2017 年）

指　标	单　位	合　计	按标记客位分			
			大　型	中　型	小　型	特大型
公路营运载客汽车	**辆**	**1293**	**868**	**414**	**11**	**7**
	客位	47323	34963	12283	77	415
# 卧铺客车	辆	7	7			
	客位	273	273			
# 班车客运客车	辆	1147	722	414	11	4
	客位	39775	27415	12283	77	220
旅游客车	辆	138	138			3
	客位	7222	7222			195
包车客车	辆	8	8			
	客位	326	326			

公路货物营运

表 10-26

（2017 年）

指　标	单　位	总　计		大　型		重　型
			个　体		个　体	
一、载货汽车	**辆**	**51910**	**31341**	**29618**	**18789**	**26152**
	吨位	680782	369266	669655	359318	649422
1、货　车	辆	20017	17308	13773	11691	10317
	吨位	163023	134836	151926	124898	131768
（1）按车型结构分						
栏板货车	辆	15449	13786	11688	10182	8975
厢式车	辆	4390	3500	1949	1487	1226
罐车	辆	177	21	135	21	115
（2）按经营范围分						
普通载货汽车	辆	18883	16882	12764	11287	9427
专用载货汽车	辆	1134	426	1009	404	890
（3）按燃料类型分						
汽油车	辆	26	15	—	—	—
柴油车	辆	19980	17289	—	—	—
2、牵引车	辆	16039	6932	—	—	—
3、挂　车	辆	15854	7101	15845	7098	15835

车辆拥有量

按车长分			按等级分			安装GPS的车辆
大　型	中　型	小　型	高　级	中　级	普　通	
687	**494**	**105**	**530**	**472**	**291**	**1293**
31336	14220	1352	25396	14610	7317	47323
7			7			7
273			273			273
560	478	105	384	472	291	1147
24595	13608	1352	17848	14610	7317	39775
119	16		138			138
6415	612		7222			7222
8			8			8
326			326			326

车辆拥有量

	中　型		小　型		安装卫星定位车载终端
个　体		个　体		个　体	
15550	380	**251**	**5873**	**5369**	**15525**
340503	1316	895	9811	9053	131641
8452	371	248	5873	5369	10635
106083	1286	885	9811	9053	131641
7543	197	177	3564	3427	8939
887	135	71	2306	1942	1519
21	39		3		176
8109	306	247	5813	5348	9630
343	65	1	60	21	1005
—	—	—	—	—	—
—	—	—	—	—	—
—	—	—	—	—	4890
7098	9	3			—

城市客运情况主要指标

表 10-27　　(2017 年)

	单 位	全 市	市 区	# 赣榆区	东海县	灌云县	灌南县
一、城市客运							
运营车辆	辆	1634	1369	77	91	118	56
# 公共汽车	辆	1634	1369	77	91	118	56
# 天然气车	辆	459	371		30	2	56
标准运营车数	标台	1950	1699	77	91	104	56
运营线路网长度	公里	2393	2045	140	150	148	50
公交专用车道长度	公里	52	52				
客运总量	万人次	15232	14461	480	360	326	85
二、出租汽车							
运营车数	辆	2579	2017	203	212	150	200
客运总量	万人次	7768	6617	403	445	376	330

交通基础设施全行业投资完成情况

表 10-28　　单位:亿元

年 份	总计	公路建设	航道建设	港口建设	客货运站	铁路建设	民航及其他
“十一五”合计	**338.05**	**159.43**	**37.58**	**135.01**	**1.84**	**0.30**	**3.89**
2006	46.02	22.76	0.15	22.71	0.40		
2007	62.98	30.07	6.75	25.91	0.25		
2008	71.83	31.33	11.93	28.26	0.30		
2009	76.81	36.02	11.64	27.72	0.56		0.86
2010	80.42	39.24	7.10	30.41	0.33	0.30	3.03
“十二五”合计	**522.01**	**157.26**	**5.67**	**207.11**	**16.60**	**113.97**	**21.41**
2011	77.58	22.33	4.42	38.87	3.02	3.60	5.34
2012	83.75	25.40	1.00	43.65	2.74		10.95
2013	97.56	37.17		44.00	4.10	7.17	5.12
2014	134.22	36.62		45.15	3.25	49.20	
2015	128.91	35.74	0.25	35.43	3.49	54.00	
“十三五”合计							
2016	117.34	43.00	0.10	25.21	5.30	40.00	3.73
2017	147.22	40.01	0.30	25.11	9.33	71.72	0.75

民航连云港机场主要指标

表 10-29

年 份	起降架次	旅客吞吐量（人）	# 出港	# 过站	货邮行吞吐量（吨）	# 出港	# 过站	换算旅客（人）
1985		8453			69			9215
1986		12970			89			13956
1987		13071			112			14320
1988		13495			102			14626
1989		11347			102			12483
1990		19736			171			21632
1991		28607			196			30781
1992		31932			241			34611
1993		15731			156			17467
1994		62100	30738		796	406		70948
1995		98363	48771		1087	443		110438
1996		108413	54909		1173	543		121445
1997		89032	45857		1184	596		102190
1998		75369	38700		1086	604		87436
1999		41257	20594		802	471		50161
2000		46904	23318		961	645		57580
2001		39742	20180		708	477		47606
2002		35341	16932		608	405		42095
2003		45020	22162		663	500		52383
2004		82290	41092		920	616		92512
2005	1835	95975	46497		934	611		106347
2006	2177	154753	75717	1491	1117	650	541	167160
2007	2677	199515	105055	17637	1488	944	789	216044
2008	3216	208630	109469	19037	1981	1323	993	230641
2009	3747	291059	162449	40309	2244	1403	944	315992
2010	5548	423031	241629	64664	2945	1780	1149	455753
2011	5408	460784	254819	57514	3378	1944	1375	498317
2012	6229	483768	273944	67054	3611	2032	1388	523890
2013	8668	563584	326816	98518	3935	2128	1463	607306
2014	6978	568642	327907	93155	4007	2210	1612	613164
2015	7802	708963	428193	155921	4168	2294	1436	755274
2016	9322	850972	527762	323210	4453	2360	2093	900450
2017	11232	1092924	703501	330244	5388	2576	1663	1152791

主要年份邮电通讯综合指标

表10-30

年　份	邮电通讯业务收入（万元）	邮政速递业务收入	移动通讯业务收入	固定电话用户数（户）	城市电话	移动电话用户数（万户）
1978	251			6043	3839	
1980	325			9150	5916	
1981	416			9809	3682	
1982	506			10561	7293	
1983	561			11971	8370	
1984	630			12588	9052	
1985	741			14427	10614	
1986	806			16385	12078	
1987	987	301	686	18666	14109	
1988	1130	353	777	21606	16768	
1989	1285	451	834	25323	19996	
1990	1573	543	1030	29360	23730	
1991	4125	791	3334	37360	31332	
1992	6354	1048	5306	52779	46084	
1993	9770	1340	8430	74267	65937	
1994	13959	2066	11893	116521	97521	
1995	19645	2605	17040	162598	123183	
1996	28824	3403	25421	216139	144143	1.18
1997	36985	5121	31864	253615	154443	2.33
1998	50769	5291	45478	334059	184257	3.84
1999	67126	6680	60446	477183	272903	8.64
2000	95711	8639	87072	605975	321000	20.24
2001	119544	9534	110010	732662	364362	32.88
2002	105486	10869	94617	696907	341519	48.76
2003	124113	11026	113087	892000	441843	54.06
2004	126500	11563	114937	1222345	645628	62.43
2005	159343	12219	147124	1400700	785300	74.67
2006	173888	13938	159950	1449466	761707	108.54
2007	209447	17383	192064	1445300	782461	148.20
2008	251594	20433	231161	1372128	724109	181.61
2009	248021	27429	220592	1339172	767264	246.60
2010	270359	27485	242874	1101524	507992	306.68
2011	297209	28671	268537	1040840	567671	367.40
2012	342351	48400	293951	1036105	521980	383.22
2013	368782	55749	313033	948925	446261	414.21
2014	379896	73275	306621	886411	456327	433.46
2015	386910	94405	292505	785285	372611	426.02
2016	436288	111782	324507	686733	374750	426.30
2017	489566	139409	350156	620550	359056	440.79

邮政速递业务主要指标

表 10-31

（2017 年）

	单 位	全 市	市 区	# 赣榆区	东海县	灌云县	灌南县
一、邮政局所总数	**处**	**127**	**59**	**24**	**27**	**24**	**17**
规模以上快递企业数量	个	67	45	7	9	8	5
快递营业网点数量	个	1062	601	160	248	125	88
从业人员	人	5612	3661	596	893	628	430
二、邮路总长度	**公里**	**44922**	**29380**	**3532**	**9014**	**3278**	**3250**
农村投递路线长度	公里	14500	4577	2288	5608	2150	2165
三、已通邮的行政村	**个**	1435	562	422	346	302	225
提供投递服务的乡镇	个	61	21	15	17	12	11
四、邮政业务总收入	**万元**	**139409**	**87248**	**16786**	**24806**	**17998**	**9358**
# 邮政速递业务收入	万元	56569	27905	8257	12152	9445	7068
邮政业务总量	万元	247143	126586	38374	62433	43262	14861
五、主要经营业务量							
函 件	万件	264.77	220.78	9.67	18.01	18.46	7.52
包 裹	万件	4.35	3.01	0.64	0.85	0.26	0.23
机 要	件	27837	19839	2149	2925	1507	1417
# 出 口	件	10237	8080	707	834	396	220
报 纸	万份	5011.90	2876.36	921.62	951.50	687.59	496.45
杂 志	万份	244.06	158.92	34.28	36.25	26.33	22.56
集邮票	万枚	246.09	119.28	40.20	23.03	42.45	21.13
集邮品	册	104383	65581	14403	10071	6826	7502
特快专递	万件	766.97	628.01	38.70	65.25	16.75	18.26
快 递	万件	9499.61	5329.14	1280.09	2134.66	1639.15	396.66
代理汇兑	万笔	9.64	4.11	0.66	2.08	1.96	1.49
六、邮政储蓄期末余额	**亿元**	**153.48**	**38.91**	**35.62**	**31.98**	**26.64**	**20.33**
# 定期期末余额	亿元	83.46	26.01	19.20	14.81	13.57	9.87

注：1、本资料按原口径统计，即除包括邮政外，还包括邮政速递公司数据。

2、邮政业务总收入为全社会口径，包括社会速递公司数据。

通 讯 业 务 主 要 指 标

表 10-32　　（2017 年）

	单 位	全 市	市 区	# 赣榆区	东海县	灌云县	灌南县
一、业务收入							
邮政通讯业务总量	万元	597299	340632	99241	122252	85341	49074
# 邮政业务总量	万元	247143	126586	38374	62433	43262	14861
邮政通讯业务收入	万元	489566	301293	77653	84625	60077	43571
# 邮政业务收入	万元	139409	87248	16786	24806	17998	9358
通讯业务收入	万元	350156	214045	60867	59819	42079	34213
二、电话业务							
固定电话用户	户	620550	389593	117925	92932	77638	60387
# 农村电话用户	户	261494	122421	71286	55107	49660	34306
城市电话用户	户	359056	267172	46639	37825	27978	26081
移动电话年末用户	户	4407875	2390258	877361	868710	642002	506905
# 2G 移动电话用户	户	1516792	758169	311461	315923	248095	194605
3G 移动电话用户	户	123850	78819	21627	17505	16103	11423
4G 移动电话用户	户	2767233	1553270	544273	535282	377804	300877
三、互联网业务							
全部互联网用户数	户	4681883	2586958	935150	924688	650241	519996
# 固定宽带接入用户	户	1416973	786527	289772	284063	194250	152133
移动电话上网用户	户	3264910	1800431	645378	640625	455991	367863
四、其 他							
全部网络视讯用户	户	1190697	654257	260825	269339	155536	111565
# 通讯网络视讯用户	户	752196	389865	152737	145548	126113	90670
年末全部从业人数	人	2720	1932	311	299	263	226
通讯基站数	个	18175	9743	3681	3527	2565	2340

表 10-32　　（2016 年）

	单 位	全 市	市 区	# 赣榆区	东海县	灌云县	灌南县
通讯业务收入	万元	436288	263206	73050	76973	54967	41141
固定电话用户	户	686733	421814	134261	108116	88834	67969
移动电话年末用户	户	4262971	2313998	855294	822109	628382	498482
4G 移动电话用户	户	2230209	1252027	444681	421681	306662	249839
全部互联网用户数	户	4103954	2285796	824209	808403	547494	462261
# 固定宽带接入用户	户	1208993	682189	246302	243735	158659	124410

注：本表数据包括移动、电信、联通、铁通及市广电网络公司数据。

全市规模以上服务业主要经济指标

表 10-33　　单位:万元

指标名称	2013	2014	2015	2016	2017
一、年初存货	**3232095**	**4236617**	**5254757**	**5825071**	**6231339**
二、期末资产负债					
流动资产合计	7333505	12086540	15540561	22001057	27264207
#应收账款	802860	2045379	2548719	2874670	2975314
存　货	3259816	4678473	5720716	5629225	6702767
固定资产原价	4246233	4901643	5863756	6417576	6712056
#房屋和构筑物				2032329	2395439
机器设备				687805	754818
运输工具				304270	348997
累计折旧			1320069	1644869	1852979
#本年折旧	245945	267047	294154	300822	307714
资产总计	22876613	28032101	38145637	44662589	50475967
应付账款			618916	920834	1030313
负债合计	11213628	14881330	20020914	25471183	29518729
所有者权益合计	11662986	13150770	18124723	19191396	20957238
三、损益及分配					
营业收入	4172875	4558297	4976885	5400135	6270550
#主营业务收入	3972143	4360510	4783271	5090439	5723443
营业成本	3260351	3610525	3937967	4381872	5242297
#主营业务成本	3125263	3441543	3742763	4154715	4820662
税金及附加	62481	56597	61940	52218	58031
#主营业务税金及附加	56214	55028	58063	49471	51945
销售费用	116192	122032	129486	128853	130126
管理费用	363013	421828	500957	550313	528983
财务费用	110706	193954	184536	247400	246175
#利息收入	6981	14135	35256	37205	85334
利息支出	63815	108693	123752	164639	195345
资产减值损失				6864	34729
公允价值变动收益记				61535	71428
投资收益	21667	36380	80284	37893	110830
其他收益				2478	2443
营业利润	439259	289668	325829	155094	213800
营业外收入	82593	216613	211450	251356	223431
营业外支出	6331	33324	20212	25484	25817
利润总额	467072	403122	506033	381870	412085
所得税费用	75064	73740	76335	68909	81307
四、成本费用及增值税					
行政事业性收费				1885	2042
材料和燃料费				268127	329300
经营租赁费				66851	70869
运输费				175877	206777
研发及试验检验费				21141	25003
水电费				44556	50587
邮政通信费				4274	4533
应付职工薪酬	462210	546573	660560	695006	739854
#社会保险和住房公积金				96938	109050
应交增值税	42752	57362	66485	54174	84270
五、平均用工人数(人)	**72504**	**80308**	**90973**	**88621**	**90221**

表 10-34

	单位数	年初存货		流动资产	
		2017	2016	2017	2016
总　　计	**654**	**6231339**	**5825071**	**27264207**	**22001057**
一、按单位规模分					
大　型	17	1178376	1239698	8037139	5705803
中　型	51	1310925	1009517	4545726	3855045
小　型	381	3738028	3569705	14386386	12181968
微　型	151	2104	4411	170628	222636
二、按登记注册类型分					
内资企业	639	6227888	5820619	27127922	21858800
国有企业	26	577120	416622	923202	824824
集体企业	8	201	127	32520	37420
有限责任公司	151	5616529	5379392	25422063	20274552
股份有限公司	23	4425	5119	316495	292657
私营企业	343	24928	13697	347864	352528
其他企业	86	4685	5657	85777	76359
港、澳、台商投资企业	8	2456	3609	72912	76687
与港澳台商合资经营企业	2	63	52	24453	26351
港澳台商独资经营企业	5	2227	3226	33272	36901
港澳台商投资股份有限公司	1	165	331	15187	13436
外商投资企业	7	995	844	63373	65569
中外合资经营企业	6	995	844	60165	62371
外资企业	1			3208	3198
三、按企业控股情况分					
国有控股	133	6197702	5800531	26364462	21217400
集体控股	20	602	667	192034	67396
私人控股	411	26510	15381	473471	487482
港澳台商控股	6	2393	3557	48459	50336
外商控股	2	345	160	13034	15134
其他	78	2812	4146	144487	143991
四、按隶属关系分					
中央	16	733751	505298	1219358	1112548
省	20	5105	7287	111085	113048
市	56	2857621	2689577	13765920	11664979
县级及以下	39	2589432	2584209	8122248	6621809
其他	523	45430	38700	4045596	2488672
五、按机构类型分					
企业	582	6223392	5817948	27082841	21852801
事业单位	8	5422	4735	119050	97768
民办非企业单位	28	1631	1399	44595	35532
农民专业合作社	30	724	872	13031	12498
其他组织机构	6	169	118	4689	2457

分类型主要经济指标（一）

单位:万元

#应收账款		存 货		固定资产原价		#房屋和构筑物	
2017	2016	2017	2016	2017	2016	2017	2016
2975314	**2874670**	**6702767**	**5629225**	**6712056**	**6417576**	**2395439**	**2032329**
615081	737767	1592062	1350800	2841129	2807164	1144227	1077255
682736	530318	1479535	725658	2534645	2245578	765723	543457
1619390	1526198	3623642	3547733	1143233	1169475	418594	354520
39775	67544	5919	3269	74922	85461	15559	14624
2954000	2853500	6700742	5627888	5824328	5594295	2283248	1976077
37287	29917	646796	21935	201961	178993	117254	84156
28651	29159	84	196	43724	48781	24676	1935
2684521	2591996	6020333	5569249	3723820	3545379	1339474	1140993
72062	78307	4789	4360	1451278	1404345	668160	628952
111139	99734	24312	26585	252749	256959	67880	64087
20341	24302	4428	5547	149209	157523	64298	54447
7097	7136	803	592	228029	222279	23637	21348
4373	2933	325	52	9655	9641	3100	3100
1007	2409	440	375	137999	132751	13599	11310
1718	1794	38	165	80375	79888	6938	6938
14218	14034	1223	745	659699	601001	88555	34904
11512	11300	1223	745	622321	567002	82011	30928
2706	2734			37378	34000	6544	3976
2730529	2641841	6670226	5594311	5622067	5331202	2171761	1851500
38827	36577	499	613	66197	75356	26417	8076
165398	156304	27304	29058	397098	395362	132814	115822
2724	4203	478	541	218374	212639	20537	18248
6098	6524	345	160	286178	279447	6544	3976
29314	28060	2853	3568	95745	100780	23716	22281
54994	42052	828692	158927	748529	707135	141204	120422
20686	14317	7413	6065	592593	566935	357388	322002
2241073	2133537	3111608	2817344	3147783	3070679	1182432	1123743
377566	410440	2671411	2595853	557387	475885	419810	263678
280996	274325	83644	51035	1665764	1596942	294605	202484
2947013	2849381	6695838	5624040	6512479	6232424	2317757	1964841
11568	9510	3915	2163	60608	55230	12643	12519
10465	10584	1517	1568	104132	94782	53071	43891
4691	4450	1294	1285	20234	21897	4896	4361
1579	745	203	169	14602	13243	7072	6717

表 10-34 续表 1

	单位数	累计折旧		# 本年折旧	
		2017	2016	2017	2016
总　　计	**654**	**1852979**	**1644869**	**307714**	**300822**
一、按单位规模分					
大　型	17	587414	493083	91467	87842
中　型	51	913084	841919	109267	135602
小　型	381	304061	252432	95896	63071
微　型	151	19420	24740	4887	8770
二、按登记注册类型分					
内资企业	639	1615446	1430409	268962	263354
国有企业	26	65393	58057	6798	7857
集体企业	8	6291	7254	1206	1725
有限责任公司	151	712394	576941	168447	139572
股份有限公司	23	720078	673792	64619	86367
私营企业	343	71454	65269	19769	18654
其他企业	86	38887	47536	8082	9091
港、澳、台商投资企业	8	126471	116127	12614	12274
与港澳台商合资经营企业	2	5828	5108	720	770
港澳台商独资经营企业	5	78209	70947	8730	8114
港澳台商投资股份有限公司	1	42435	40072	3164	3390
外商投资企业	7	111062	98333	26138	25195
中外合资经营企业	6	100681	91028	23063	22298
外资企业	1	10381	7305	3076	2896
三、按企业控股情况分					
国有控股	133	1525424	1345756	239594	234952
集体控股	20	12487	16614	4839	5988
私人控股	411	115432	99595	27707	28562
港澳台商控股	6	120643	111019	11894	11504
外商控股	2	41755	30112	11860	11365
其他	78	26714	33801	10055	6718
四、按隶属关系分					
中央	16	385929	364343	21413	47706
省	20	317430	296294	58377	57012
市	56	611412	523363	101291	97892
县级及以下	39	79178	43541	44186	18939
其他	523	459031	417328	82447	79274
五、按机构类型分					
企业	582	1809279	1602199	298244	291653
事业单位	8	12785	10585	2171	2068
民办非企业单位	28	25712	27578	5541	5253
农民专业合作社	30	4083	3843	1286	1595
其他组织机构	6	1121	664	472	252

单位:万元

资产总计		应付账款		负债合计		所有者权益	
2017	2016	2017	2016	2017	2016	2017	2016
50475967	**44662589**	**1030313**	**920834**	**29518729**	**25471183**	**20957238**	**19191396**
17319902	16020621	311673	274162	11689533	10161157	5630369	5859464
10213278	8799016	442881	412188	7033894	6136890	3179384	2662127
22399558	19223105	233417	198596	10414879	8840157	11984678	10382938
304784	466935	30065	26412	199322	231107	105462	235828
49551237	43744453	1003332	900266	28998822	24963172	20552415	18781271
1125836	1023441	22765	16915	924586	827546	201250	195896
70957	80810	2331	1831	62737	62500	8220	18309
46176656	40388578	814824	753395	26694752	22825977	19481904	17562601
1310619	1354935	109002	88312	796336	730485	514284	624450
630773	650278	37189	28138	388253	393255	242521	257013
235650	245175	17221	11676	130812	121246	104837	123930
219444	229516	2430	2235	118253	128005	101191	101511
31761	34304	1097	626	6172	8712	25589	25592
134228	141355	243	71	107561	113496	26667	27859
53455	53857	1090	1539	4520	5797	48935	48059
705286	688621	24551	18333	401654	380006	303632	308615
657773	641410	24551	18333	372634	350593	285139	290817
47513	47211			29020	29413	18493	17798
48354507	42714228	929124	859645	28186909	24348050	20167597	18366179
404793	182313	4008	4363	322660	106524	82133	75789
927859	963190	59468	44452	578867	585866	348992	377315
187683	195212	1333	1610	112081	119293	75602	75919
289612	297475	5413	4962	142467	146037	147146	151438
257105	270504	26589	4704	150961	150414	106144	120090
1684092	1550977	90318	80645	1302372	1191848	381720	359129
462344	429248	67620	54144	238727	204185	223617	225063
27521405	25404345	674263	665157	17798669	16337901	9722736	9066445
12605443	10781956	41020	26477	5849769	4956414	6755674	5825542
8202684	6496062	157092	94412	4329193	2780835	3873491	3715217
50091708	44313428	1011724	909574	29283788	25265919	20807919	19047499
188792	166296	4500	3819	118643	102733	70149	63563
140436	130769	13677	6979	96909	85824	43528	44945
34907	35490	235	265	6510	6713	28397	28777
20124	16606	177	198	12879	9993	7245	6613

表 10-34 续表 2

	单位数	营业收入		# 主营业务收入	
		2017	2016	2017	2016
总　　计	**654**	**6270550**	**5400135**	**5723443**	**5090439**
一、按单位规模分					
大　型	17	2158099	1893978	1982642	1709845
中　型	51	1453400	1273351	1418322	1229858
小　型	381	2136961	1754415	1982653	1697954
微　型	151	414127	390463	235496	372396
二、按登记注册类型分					
内资企业	639	6070533	5217714	5525816	4910544
国有企业	26	324470	282984	305601	247365
集体企业	8	39671	39296	38046	39296
有限责任公司	151	3936551	3313678	3570987	3097554
股份有限公司	23	502793	448191	494177	444526
私营企业	343	1012105	920690	888113	879708
其他企业	86	253942	211882	228293	201102
港、澳、台商投资企业	8	97341	90158	95370	87965
与港澳台商合资经营企业	2	31780	22786	31667	22659
港澳台商独资经营企业	5	39685	42206	37828	40141
港澳台商投资股份有限公司	1	25876	25165	25876	25165
外商投资企业	7	102677	92263	102257	91931
中外合资经营企业	6	95649	85140	95230	84807
外资企业	1	7027	7124	7027	7124
三、按企业控股情况分					
国有控股	133	4552313	3824531	4170574	3577792
集体控股	20	96828	97262	94576	96569
私人控股	411	1188793	1092093	1053767	1043329
港澳台商控股	6	65561	67371	63704	65306
外商控股	2	25007	23943	24989	23787
其他	78	304957	262188	278744	250910
四、按隶属关系分					
中央	16	689112	493318	604496	462843
省	20	330605	309934	316467	295959
市	56	2763600	2359572	2586060	2169586
县级及以下	39	604844	570406	552622	548152
其他	523	1882390	1666906	1663798	1613899
五、按机构类型分					
企业	582	6014794	5191404	5475205	4893442
事业单位	8	74228	63900	71296	60393
民办非企业单位	28	85871	75124	83867	66920
农民专业合作社	30	86305	63232	83948	63210
其他组织机构	6	9351	6475	9128	6474

单位:万元

营业成本		# 主营业务成本		税金及附加		# 主营业务税金及附加	
2017	2016	2017	2016	2017	2016	2017	2016
5242297	**4381872**	**4820662**	**4154715**	**58031**	**52218**	**51945**	**49471**
1831020	1540013	1756969	1475667	17741	15898	17636	15654
1210030	1034922	1176197	970952	12557	8608	12188	8246
1758632	1418448	1611799	1345935	23925	22402	20020	20825
362988	327859	206870	310884	3050	4566	1468	4030
5083758	4237374	4668805	4034276	56937	51578	50932	48871
303555	245224	297343	235801	1163	1022	1154	1017
36178	32860	35565	32541	581	682	523	682
3327453	2677382	3067101	2569385	42163	38211	39222	36826
353959	343537	344191	309554	2719	1491	2706	1427
862136	777058	744141	731577	8913	9052	6181	7856
199496	160375	179869	154990	1398	1120	1147	1063
80430	80104	74269	69997	238	370	206	330
29366	22354	29366	22354	30	57	30	57
30451	37876	24289	27769	103	259	71	219
20613	19875	20613	19875	105	54	105	54
78109	64394	77588	50443	856	270	807	270
74105	60942	73584	46991	238	238	189	238
4004	3452	4004	3452	618	32	618	32
3808929	3091001	3545712	2932193	44096	37903	41500	37182
83578	78803	82677	78167	909	1269	848	1262
991710	897007	864905	844300	10485	11289	7359	9514
51064	57751	44903	47643	207	313	175	273
20834	19735	20834	19735	689	63	689	63
257839	214091	233887	209558	1551	1300	1280	1096
583650	406025	464975	351873	2773	1239	2681	921
232540	212538	219510	190703	1286	1115	1219	1106
2442360	1990285	2347101	1904332	28963	20175	26751	19774
463567	437904	462239	433559	8209	13810	8186	13800
1520180	1335121	1326836	1274248	16801	15879	13108	13871
5035691	4218949	4622609	4002788	56746	51136	50726	48411
60768	49799	60407	44357	287	338	287	338
67788	56651	66547	53457	180	166	179	163
71163	52112	69283	52112	810	570	745	552
6887	4361	1816	2001	8	8	8	8

表 10-34 续表 3

	单位数	销售费用		管理费用	
		2017	2016	2017	2016
总　　计	**654**	**130126**	**128853**	**528983**	**550313**
一、按单位规模分					
大　型	17	18694	22057	231244	255112
中　型	51	62858	60266	112027	123789
小　型	381	30390	29052	153579	139688
微　型	151	9370	10885	18885	19955
二、按登记注册类型分					
内资企业	639	120335	120185	515310	535472
国有企业	26	7651	8795	25028	25641
集体企业	8	87	84	6367	6836
有限责任公司	151	28964	35644	369935	387234
股份有限公司	23	44588	39973	44421	47624
私营企业	343	32830	30381	50026	48486
其他企业	86	6132	5225	19456	19569
港、澳、台商投资企业	8	9279	7654	5820	5636
与港澳台商合资经营企业	2	1317	1238	629	558
港澳台商独资经营企业	5	7963	6416	3454	2663
港澳台商投资股份有限公司	1			1736	2416
外商投资企业	7	512	1014	7854	9205
中外合资经营企业	6	265	792	6758	7929
外资企业	1	247	222	1096	1275
三、按企业控股情况分					
国有控股	133	78575	81012	410545	429591
集体控股	20	528	728	11014	11717
私人控股	411	39319	35286	80087	80693
港澳台商控股	6	7963	6416	5191	5079
外商控股	2	247	222	2349	2599
其他	78	3236	4982	15107	15385
四、按隶属关系分					
中央	16	28030	24977	50705	46412
省	20	24147	23912	21924	23606
市	56	17135	18238	265765	304668
县级及以下	39	6228	8881	44983	37302
其他	523	54588	52846	145607	138324
五、按机构类型分					
企业	582	123759	123407	507889	528797
事业单位	8	1068	1056	6828	7825
民办非企业单位	28	3055	2582	11274	10894
农民专业合作社	30	2170	1752	1398	1146
其他组织机构	6	73	57	1595	1651

单位:万元

财务费用		# 利息收入		利息支出		资产减值损失	
2017	2016	2017	2016	2017	2016	2017	2016
246175	**247400**	**85334**	**37205**	**195345**	**164639**	**34729**	**6864**
116321	99185	21495	21342	58914	43590	19829	1346
70127	102645	33292	4008	84594	92656	6262	3754
54201	39132	30542	11726	48867	25109	8632	1674
3606	4900		127	2315	2997	5	2
227838	228698	84252	36310	178544	148188	33624	5983
1027	17788	24308	1051	25319	19081	454	
108	96				8		
198118	192259	59711	34817	131528	115879	24576	3007
15753	7071	137	292	15817	7252	8412	2058
10473	8809	72	144	5235	5285	180	720
2358	2675	25	6	644	683	1	198
3102	3093	92	533	2763	2701	1011	810
594	-105	21	388	253	282	274	276
2565	3293	12	48	2510	2419	734	533
-57	-94	59	97			3	
15235	15609	989	362	14038	13751	95	71
14868	13659	233	362	14038	13751	101	71
366	1951	757				-7	
220906	222870	84192	36131	181519	150499	28389	4872
160	121	131	163	25	91	74	194
14788	12583	92	252	5628	5798	5466	752
2508	3199	72	145	2510	2419	736	533
5340	7015	816	42	5025	5103	-41	
2492	1456	13	471	638	730	105	512
-1256	15657	26262	2873	24596	18841	824	9
194	-622	516	446	26	287	1628	1424
146838	174421	30493	21218	97742	103211	21913	3063
38018	13384	304	674	1320	524	6425	346
62382	44560	27759	11994	71661	41775	3939	2023
243514	244535	85306	37199	193869	163856	34729	6666
	553	479	3		560		
962	1468	25	4	448	395		
670	518		2	88	87		198
476	399		1	380	302		

表 10-34 续表 4

	单位数	公允价值变动收益		投资收益	
		2017	2016	2017	2016
总　　计	**654**	**71428**	**61535**	**110830**	**37893**
一、按单位规模分					
大　型	17	1		92121	30811
中　型	51	66621	61545	10280	566
小　型	381	4804	-10	8191	3870
微　型	151			228	2593
二、按登记注册类型分					
内资企业	639	71863	61535	110354	37590
国有企业	26		-1	9356	-1327
集体企业	8				
有限责任公司	151	71861	61546	97991	32749
股份有限公司	23			2986	5264
私营企业	343		-10	17	990
其他企业	86	2		4	-86
港、澳、台商投资企业	8			311	269
与港澳台商合资经营企业	2			84	36
港澳台商独资经营企业	5			227	233
港澳台商投资股份有限公司	1				
外商投资企业	7	-435		165	34
中外合资经营企业	6			165	34
外资企业	1	-435			
三、按企业控股情况分					
国有控股	133	71861	61545	107692	35895
集体控股	20			2000	201
私人控股	411		-10	18	990
港澳台商控股	6			227	233
外商控股	2	-435			
其他	78	2		893	574
四、按隶属关系分					
中央	16			2214	277
省	20		-1	45	-3133
市	56	71860	61546	72105	21775
县级及以下	39		0	1708	1538
其他	523	-432	-10	34758	17436
五、按机构类型分					
企业	582	71428	61535	110826	37826
事业单位	8			3	14
民办非企业单位	28			1	
农民专业合作社	30				
其他组织机构	6				53

单位:万元

其他收益		营业利润		营业外收入		营业外支出	
2017	2016	2017	2016	2017	2016	2017	2016
2443	**2478**	**213800**	**155094**	**223431**	**251356**	**25817**	**25484**
1090	1	16463	-14473	97024	121456	6626	7030
434	630	56729	24405	68303	64745	6464	8415
860	2057	120829	121015	55856	62845	11247	3586
38	4	19424	24437	1529	1343	201	91
2443	2478	216281	153050	219731	249426	23937	24789
443		-4608	-11895	21060	19931	2778	3447
110	8	-3470	-2577	101	117	19	10
1501	606	115671	57468	186082	217977	15109	10251
108	100	36034	40700	9367	6899	3209	3682
226	1566	50773	51216	2580	3212	980	486
56	198	21976	18248	541	1288	1841	6913
		-2227	345	1839	1153	97	186
		-347	-1555	186	197	4	5
		-5356	-1015	1055	588	80	172
		3476	2915	598	369	13	9
		-254	1700	1861	777	1783	510
		-521	1509	1359	745	1762	170
		268	191	502	33	21	339
2004	122	141558	70066	208834	242110	22638	16799
110	76	2745	3257	600	2344	26	63
273	1630	49966	58348	3766	4380	2182	672
		-1880	1900	1653	957	93	181
		-4846	-5725	628	39	21	339
57	650	22537	23710	7851	1527	498	7420
1095	11	27693	30863	5262	4990	5290	3504
107	100	45790	44214	5101	5351	4106	2521
767	79	-14639	-89184	140963	211913	6557	8084
111	39	38508	62252	53335	14482	5184	7058
364	2250	116448	106949	18770	14621	4679	4317
2389	2280	199348	145015	222408	249612	23932	18509
		4726	4969	479	1101	200	6234
1		-732	-2129	537	333	1586	700
53	198	10145	6890		297	92	23
		313	348	8	14	6	18

表 10-34 续表 5

	单位数	利润总额		所得税费用	
		2017	2016	2017	2016
总　计	**654**	**412085**	**381870**	**81307**	**68909**
一、按单位规模分					
大　型	17	106860	99953	12141	17583
中　型	51	118475	80735	36945	16531
小　型	381	166182	181278	29257	31370
微　型	151	20771	25589	2662	3057
二、按登记注册类型分					
内资企业	639	412746	378590	78434	67251
国有企业	26	13674	5435	774	392
集体企业	8	-3389	-2471	129	130
有限责任公司	151	287305	265092	55638	47036
股份有限公司	23	42190	43917	11786	10367
私营企业	343	52371	53959	8951	7877
其他企业	86	20689	12766	1157	1449
港、澳、台商投资企业	8	-485	1312	1074	728
与港澳台商合资经营企业	2	-164	-1363	51	-332
港澳台商独资经营企业	5	-4381	-599	73	153
港澳台商投资股份有限公司	1	4060	3274	951	906
外商投资企业	7	-176	1968	1799	931
中外合资经营企业	6	-925	2084	1799	931
外资企业	1	749	-116		
三、按企业控股情况分					
国有控股	133	328413	296121	64923	52917
集体控股	20	3318	5538	1201	2202
私人控股	411	51561	62078	10025	9800
港澳台商控股	6	-321	2675	1023	1059
外商控股	2	-4239	-6025		
其他	78	29890	17954	4070	2853
四、按隶属关系分					
中央	16	27665	32348	1467	238
省	20	46785	47044	11078	10923
市	56	119766	115492	29135	17506
县级及以下	39	87386	69574	11431	16920
其他	523	130484	117413	28196	23322
五、按机构类型分					
企业	582	398481	376880	80305	68048
事业单位	8	5005	-165	116	81
民办非企业单位	28	-1769	-2354	4	25
农民专业合作社	30	10053	7164	809	686
其他组织机构	6	315	344	73	70

单位:万元

行政事业性收费		材料和燃料费		经营租赁费		运输费	
2017	2016	2017	2016	2017	2016	2017	2016
2042	**1885**	**329300**	**268127**	**70869**	**66851**	**206777**	**175877**
74	58	187508	143659	41750	41249	41221	41819
405	324	46633	42766	15064	13615	44405	38654
1278	1239	75660	65306	9442	7737	106045	81187
116	104	17599	14922	3506	3098	14862	13997
2017	1865	324081	263063	64302	60966	173881	151357
22	26	5977	5593	1359	1061	1787	2553
5	1	786	414	12	33	1404	340
394	350	231913	182133	42111	41237	100394	88736
441	525	7730	6919	11237	10235	3258	2054
712	561	61060	52308	7667	6702	64832	55750
443	402	16615	15696	1915	1698	2207	1923
1	2	2903	2747	3656	3548	29700	21885
1	2	370	474	312	252	27453	19999
		126	77	705	618	343	253
		2407	2195	2639	2677	1904	1633
24	18	2316	2318	2912	2337	3196	2635
19	18	2285	2284	2881	2311	3191	2634
6		31	34	31	26	5	2
437	358	238187	190635	56015	53936	86976	76164
169	143	1159	488	241	63	1714	584
1091	1082	66252	57149	8760	7509	72069	61889
		2533	2273	3344	3295	2247	1886
6		31	34	31	26	5	2
154	136	9515	6102	2459	2002	43640	35229
48	49	92700	52833	1845	1815	474	654
256	185	3552	2654	5340	4536	1544	2024
38	36	108009	100576	39709	39497	75082	64486
250	216	42816	41750	5857	5370	4148	2042
1450	1399	82223	70314	18119	15633	125531	106671
1638	1521	310510	250723	68932	65130	204734	174099
67	66	11438	11013	30	28	66	66
294	263	2702	2401	332	320	327	314
42	35	4037	3429	1466	1265	1633	1384
		613	561	111	108	17	15

表 10-34 续表 6

	单位数	研发及试验检验费		邮政通信费	
		2017	2016	2017	2016
总　　计	**654**	**25003**	**21141**	**4533**	**4274**
一、按单位规模分					
大　型	17	15539	13479	1575	1489
中　型	51	2332	2127	1030	1012
小　型	381	3584	2828	1600	1486
微　型	151	3135	2694	250	229
二、按登记注册类型分					
内资企业	639	24803	20951	4391	4149
国有企业	26	4	2	638	667
集体企业	8			15	9
有限责任公司	151	19346	16343	2035	1903
股份有限公司	23	7	7	606	601
私营企业	343	4711	4314	883	793
其他企业	86	735	286	214	177
港、澳、台商投资企业	8			51	40
与港澳台商合资经营企业	2			15	15
港澳台商独资经营企业	5			10	8
港澳台商投资股份有限公司	1			26	17
外商投资企业	7	200	190	91	85
中外合资经营企业	6	200	190	91	84
外资企业	1				1
三、按企业控股情况分					
国有控股	133	19204	16070	3167	3068
集体控股	20	341	461	47	37
私人控股	411	5113	4337	994	893
港澳台商控股	6			36	25
外商控股	2				1
其他	78	346	274	263	226
四、按隶属关系分					
中央	16	15483	13430	510	417
省	20	3	3	781	809
市	56	1855	1522	1719	1700
县级及以下	39	48	42	83	99
其他	523	7614	6144	1440	1249
五、按机构类型分					
企业	582	24264	20853	4295	4070
事业单位	8			50	51
民办非企业单位	28	394	15	44	33
农民专业合作社	30	338	267	141	118
其他组织机构	6	7	6	3	2

单位:万元

应付职工薪酬		#社会保险和住房公积金		应交增值税		平均用工人数(人)	
2017	2016	2017	2016	2017	2016	2017	2016
739854	**695006**	**109050**	**96938**	**84270**	**54174**	**90221**	**88621**
330027	317621	48364	45356	24704	14409	29577	28786
185945	162271	31929	27700	23045	18440	22580	21531
167937	157491	23582	20024	32047	17270	27153	27288
18778	22634	1367	1136	3851	3757	4760	5023
717570	674494	104301	92647	81901	51637	88332	86652
58818	57285	11835	10004	2936	2065	5817	5875
18894	19907	3050	2070	637	866	3702	3794
429747	385300	62264	57025	42541	24796	42445	40689
72748	80458	13758	12932	15797	10572	7878	8180
84352	80908	8360	6537	17846	11776	19147	18858
52437	50089	5027	4081	2148	1559	9180	9090
12122	10360	2728	2636	929	1363	966	973
903	791	211	190	231	265	124	129
5984	4653	1188	1111	379	646	532	526
5236	4916	1329	1335	319	452	310	318
10162	10152	2022	1655	1441	1173	923	996
9713	9780	1932	1586	1326	840	899	975
449	372	90	69	115	334	24	21
524717	486301	82609	75749	56140	34501	50458	48957
36992	38471	6200	4635	2102	1763	5342	5529
122166	117323	13023	9983	20992	14089	26034	25817
11219	9569	2517	2446	698	1099	842	844
3151	3217	90	69	115	622	193	183
32801	32179	3485	3016	3924	1832	6164	6155
92146	72742	14755	12664	4094	1483	6234	5373
60788	58139	13122	12089	13178	13141	4716	4772
321507	319175	45483	43404	29837	17723	32674	32599
40172	38765	4968	4529	4891	425	6764	6846
225241	206185	30722	24252	32270	21403	39833	39031
676161	636266	101918	90791	82116	52524	80543	79239
22912	20713	2691	2583	379	331	2600	2497
31061	29083	3587	2799	289	207	5006	4866
6610	6448	521	440	1327	948	1454	1484
3109	2496	333	326	159	164	618	535

表 10-35

	单位数	年初存货		流动资产	
		2017	2016	2017	2016
总　　计	**654**	**6231339**	**5825071**	**27264207**	**22001057**
1、交通运输、仓储和邮政业	**283**	**818271**	**712387**	**3729865**	**3420186**
道路运输业	141	5301	5470	190272	173363
水上运输业	17	231933	287367	1647972	1482200
航空运输业	1			8752	5603
多式联运和运输代理业	80	9978	12721	957692	935001
装卸搬运和仓储业	28	570382	406396	888772	776736
邮政业	16	677	434	36405	47283
2、信息传输、软件和信息技术服务业	**25**	**5594**	**9392**	**83141**	**71813**
电信、广播电视和卫星传输服务	8	2548	4877	46844	43080
互联网和相关服务	6	986	2019	6417	9120
软件和信息技术服务业	11	2060	2496	29880	19613
3、房地产业	**32**	**966**	**358**	**42778**	**39612**
房地产业	32	966	358	42778	39612
4、租赁和商务服务业	**102**	**4023347**	**3494964**	**13961311**	**11218829**
租赁业	8	101	481	401	2098
商务服务业	94	4023246	3494483	13960910	11216731
5、科学研究和技术服务业	**98**	**1172976**	**1125783**	**3256881**	**3378795**
研究和试验发展	3	180872	110878	481606	473341
专业技术服务业	40	990517	1011506	2755244	2877073
科技推广和应用服务业	55	1587	3400	20032	28381
6、水利、环境和公共设施管理业	**22**	**198789**	**470416**	**5920255**	**3711064**
水利管理业	1			3027	2547
生态保护和环境治理业	3	8		3290	5427
公共设施管理业	18	198781	470416	5913938	3703090
7、居民服务、修理和其他服务业	**13**	**1918**	**1942**	**10768**	**10696**
居民服务业	5	66	83	6920	4227
机动车、电子产品和日用产品修理业	6	1852	1859	3049	5828
其他服务业	2			799	641
8、教　育	**43**	**252**	**238**	**105448**	**22892**
教　育	43	252	238	105448	22892
9、卫生和社会工作	**23**	**3729**	**3085**	**63686**	**46785**
卫　生	23	3729	3085	63686	46785
10、文化、体育和娱乐业	**13**	**5497**	**6506**	**90075**	**80384**
新闻和出版业	2	3292	3297	5779	4652
广播、电视、电影和录音制作业	5	44	31	75554	66595
文化艺术业	2		32	1779	1772
娱乐业	4	2162	3144	6964	7364

分行业主要经济指标（二）

单位：万元

#应收账款		存　货		固定资产原价		#房屋和构筑物	
2017	2016	2017	2016	2017	2016	2017	2016
2975314	**2874670**	**6702767**	**5629225**	**6712056**	**6417576**	**2395439**	**2032329**
601465	**479312**	**868361**	**271105**	**3653024**	**3364446**	**1069524**	**980744**
35568	36418	3727	4738	216948	220323	47837	44722
371666	306965	212367	231159	2558639	2345816	508208	479233
4778	1827			12748	12555	5283	5283
130802	91932	8195	16949	206080	181407	57755	39446
51408	36770	643273	17786	626932	583098	430503	391597
7243	5400	799	473	31677	21248	19939	20464
29745	**17178**	**6740**	**6413**	**1096378**	**1066496**	**322558**	**302931**
19799	12099	3288	2637	1090430	1060613	320273	300651
2631	2407	1036	1608	2985	2901	1780	1780
7316	2672	2416	2167	2963	2982	506	500
6962	6295	703	319	15435	13614	3500	2904
6962	6295	703	319	15435	13614	3500	2904
336643	**359481**	**4204869**	**3825451**	**982323**	**884758**	**604564**	**408962**
335	383	121	50	10631	11515	653	595
336308	359099	4204748	3825402	971692	873243	603911	408367
644605	**485393**	**1255762**	**1123822**	**558550**	**507672**	**241838**	**233316**
29021	19890	206716	159001	229889	185074	90313	72266
607868	453604	1047541	961832	286443	273519	143526	153417
7716	11898	1505	2988	42218	49080	8000	7633
1324615	**1503206**	**359253**	**396030**	**189405**	**379735**	**67979**	**31509**
1028	1069			844	846	704	704
–125	888	1417	744	25084	22527	19088	16815
1323712	1501249	357836	395287	163477	356363	48187	13990
770	**396**	**2461**	**1877**	**4652**	**8017**	**1762**	**1639**
155	49	225	7	1932	4272		
336	260	2237	1857	2423	3459	1689	1570
279	88		13	297	286	73	69
7815	**5366**	**78**	**71**	**86434**	**79879**	**41694**	**33819**
7815	5366	78	71	86434	79879	41694	33819
18970	**13462**	**4035**	**3716**	**86386**	**76783**	**32031**	**26569**
18970	13462	4035	3716	86386	76783	32031	26569
3726	**4582**	**504**	**422**	**39471**	**36175**	**9989**	**9937**
2009	3163	108	34	11793	10716	1181	1161
514	65	58	31	20944	19162	7991	7990
58	74	31	40	3596	3671		
1145	1281	307	317	3138	2627	817	787

表 10-35 续表 1

	单位数	累计折旧		# 本年折旧	
		2017	2016	2017	2016
总　计	**654**	**1852979**	**1644869**	**307714**	**300822**
1、交通运输、仓储和邮政业	**283**	**740888**	**662002**	**118549**	**118784**
道路运输业	141	84932	78012	14763	22939
水上运输业	17	394666	351218	63900	66652
航空运输业	1	6785	6434	351	806
多式联运和运输代理业	80	43774	36821	15271	7841
装卸搬运和仓储业	28	198581	178678	23505	19611
邮政业	16	12150	10841	759	934
2、信息传输、软件和信息技术服务业	**25**	**633199**	**601081**	**62000**	**87198**
电信、广播电视和卫星传输服务	8	630369	598860	61602	86716
互联网和相关服务	6	1093	677	174	262
软件和信息技术服务业	11	1737	1544	224	219
3、房地产业	**32**	**2771**	**2291**	**1392**	**1092**
房地产业	32	2771	2291	1392	1092
4、租赁和商务服务业	**102**	**227298**	**164689**	**70209**	**41461**
租赁业	8	3512	3501	1052	1086
商务服务业	94	223786	161188	69156	40375
5、科学研究和技术服务业	**98**	**165129**	**135529**	**35267**	**30048**
研究和试验发展	3	94682	72832	18524	15085
专业技术服务业	40	64822	49516	14758	11902
科技推广和应用服务业	55	5626	13181	1985	3061
6、水利、环境和公共设施管理业	**22**	**29131**	**26978**	**9573**	**12067**
水利管理业	1	421	418	47	62
生态保护和环境治理业	3	3981	2486	3448	2447
公共设施管理业	18	24728	24074	6078	9559
7、居民服务、修理和其他服务业	**13**	**2022**	**1271**	**243**	**330**
居民服务业	5	1202	392	117	173
机动车、电子产品和日用产品修理业	6	785	869	115	146
其他服务业	2	34	11	11	11
8、教　育	**43**	**17912**	**23451**	**4089**	**4038**
教　育	43	17912	23451	4089	4038
9、卫生和社会工作	**23**	**29270**	**23755**	**5425**	**4609**
卫　生	23	29270	23755	5425	4609
10、文化、体育和娱乐业	**13**	**5360**	**3823**	**967**	**1195**
新闻和出版业	2	837	52	332	477
广播、电视、电影和录音制作业	5	1551	1251	179	165
文化艺术业	2	2086	1925	164	260
娱乐业	4	886	595	292	293

单位:万元

资产总计		应付账款		负债合计		所有者权益	
2017	2016	2017	2016	2017	2016	2017	2016
50475967	**44662589**	**1030313**	**920834**	**29518729**	**25471183**	**20957238**	**19191396**
9812143	**9229158**	**290874**	**252075**	**6015593**	**5601029**	**3796550**	**3628119**
412574	395454	17552	19541	274473	252437	138101	143007
6375864	5984315	183229	185640	4139324	3883567	2236540	2100748
18269	22309	6545		23971	22799	-5702	-490
1408502	1360765	64267	32095	415984	406095	992518	954671
1546560	1405502	11855	9892	1127934	989912	418626	415590
50375	60814	7425	4907	33908	46220	16467	14594
611739	**605505**	**106245**	**85956**	**432813**	**431200**	**178926**	**174305**
565344	570154	99158	84469	411859	418288	153486	151866
13390	12318	185	849	3387	3458	10003	8860
33005	23033	6902	639	17567	9454	15438	13579
78240	53957	1105	3253	69019	65705	9221	-11748
78240	53957	1105	3253	69019	65705	9221	-11748
22758759	**20195828**	**141230**	**110524**	**12705854**	**10972545**	**10052905**	**9223283**
8452	10683			3266	4218	5186	6464
22750307	20185145	141230	110524	12702588	10968327	10047719	9216819
8059283	**6673632**	**311799**	**335726**	**4190792**	**3900797**	**3868490**	**2772835**
687473	641930	33583	30827	352250	321246	335223	320683
7304297	5944482	276135	296130	3810606	3554104	3493691	2390378
67513	87221	2081	8769	27936	25446	39576	61774
8673126	**7534680**	**160771**	**121746**	**5778282**	**4270969**	**2894845**	**3263711**
3673	3695	739	44	1631	1690	2042	2006
28262	29248	597	-3121	4486	7263	23776	21985
8641191	7501737	159435	124823	5772165	4262017	2869027	3239720
14106	**18555**	**115**	**128**	**4578**	**7824**	**9528**	**10731**
7934	8524	6	4	919	1587	7015	6937
5012	9125	109	124	3306	5964	1706	3161
1160	906			353	274	807	632
182654	**99232**	**5260**	**1686**	**127155**	**53316**	**55500**	**45916**
182654	99232	5260	1686	127155	53316	55500	45916
149691	**127816**	**12735**	**9555**	**97672**	**81165**	**52019**	**46651**
149691	127816	12735	9555	97672	81165	52019	46651
136227	**124226**	**180**	**186**	**96972**	**86633**	**39254**	**37593**
19946	18842	57	44	12311	11081	7636	7761
103690	92412	74	29	76978	67237	26712	25174
3292	3541	49	44	240	582	3052	2959
9298	9430		69	7444	7732	1854	1698

表 10-35 续表 2

	单位数	营业收入		# 主营业务收入	
		2017	2016	2017	2016
总　　计	**654**	**6270550**	**5400135**	**5723443**	**5090439**
1、交通运输、仓储和邮政业	**283**	**3053391**	**2533612**	**2741985**	**2341978**
道路运输业	141	416834	393689	379236	391787
水上运输业	17	1502739	1229329	1305901	1106401
航空运输业	1	5505	4080	4277	3243
多式联运和运输代理业	80	661043	543915	630541	520686
装卸搬运和仓储业	28	379644	289264	354865	259207
邮政业	16	87626	73336	67166	60655
2、信息传输、软件和信息技术服务业	**25**	**413637**	**387478**	**403225**	**380479**
电信、广播电视和卫星传输服务	8	353053	337222	343374	330338
互联网和相关服务	6	22056	22178	21758	22162
软件和信息技术服务业	11	38528	28078	38093	27979
3、房地产业	**32**	**61247**	**52333**	**59494**	**51524**
房地产业	32	61247	52333	59494	51524
4、租赁和商务服务业	**102**	**1183573**	**958556**	**1038717**	**920368**
租赁业	8	11329	8922	7236	8922
商务服务业	94	1172244	949634	1031481	911445
5、科学研究和技术服务业	**98**	**938863**	**786168**	**907231**	**778162**
研究和试验发展	3	220115	187463	220115	187438
专业技术服务业	40	586799	494842	580489	489406
科技推广和应用服务业	55	131948	103864	106626	101318
6、水利、环境和公共设施管理业	**22**	**361985**	**459749**	**324637**	**408758**
水利管理业	1	3956	3935	3956	
生态保护和环境治理业	3	12646	13045	12646	13045
公共设施管理业	18	345383	442769	308035	395714
7、居民服务、修理和其他服务业	**13**	**51393**	**49868**	**49706**	**49542**
居民服务业	5	14814	13423	13284	13192
机动车、电子产品和日用产品修理业	6	26232	27577	26075	27483
其他服务业	2	10347	8867	10347	8867
8、教　育	**43**	**68201**	**58225**	**64839**	**49603**
教　育	43	68201	58225	64839	49603
9、卫生和社会工作	**23**	**107716**	**89406**	**106716**	**88907**
卫　生	23	107716	89406	106716	88907
10、文化、体育和娱乐业	**13**	**30544**	**24741**	**26895**	**21117**
新闻和出版业	2	9481	7976	9481	7976
广播、电视、电影和录音制作业	5	16425	13715	13080	10092
文化艺术业	2	1166	777	993	777
娱乐业	4	3473	2273	3341	2273

单位:万元

营业成本		# 主营业务成本		税金及附加		# 主营业务税金及附加	
2017	2016	2017	2016	2017	2016	2017	2016
5242297	**4381872**	**4820662**	**4154715**	**58031**	**52218**	**51945**	**49471**
2691614	**2188687**	**2398692**	**2034865**	**16042**	**12112**	**12147**	**11073**
349826	322833	316681	318217	4565	4690	3698	4618
1328996	1078532	1133010	965544	5207	3685	4808	3679
20476	18441	20476	17493	3	11	3	11
596986	481824	564310	458412	4222	2795	1824	1912
323660	225129	311170	225126	1725	767	1533	755
71669	61927	53046	50073	320	165	281	98
288574	**308933**	**279426**	**267380**	**1512**	**974**	**1472**	**876**
241832	271274	233216	229721	1300	783	1299	687
15277	16742	15001	16742	46	64	11	61
31465	20917	31208	20917	166	127	161	127
48835	38147	47056	36220	765	1582	704	1244
48835	38147	47056	36220	765	1582	704	1244
934117	**731105**	**864061**	**727647**	**19814**	**20064**	**18928**	**19389**
8414	6496	5379	6496	142	104	71	104
925702	724609	858683	721150	19672	19960	18857	19285
787106	**592517**	**761870**	**581709**	**14576**	**7437**	**13779**	**7333**
164558	128188	164558	126135	1937	270	1937	270
517041	382023	511256	374749	11524	6346	11020	6274
105507	82306	86056	80825	1114	821	822	788
288827	**351992**	**280453**	**351818**	**3718**	**8186**	**3664**	**8024**
3186	3080		3080	32	162		
8260	5454	8257	5454	158	154	158	154
277381	343458	272196	343284	3529	7870	3507	7870
44971	**44172**	**43851**	**43587**	**289**	**624**	**107**	**333**
9737	8985	8723	8957	194	422	12	131
25404	26455	25298	26455	21	23	21	23
9831	8732	9831	8175	74	179	74	179
48619	**39970**	**44270**	**33776**	**745**	**734**	**619**	**704**
48619	39970	44270	33776	745	734	619	704
84014	**65318**	**77532**	**61814**	**86**	**85**	**86**	**82**
84014	65318	77532	61814	86	85	86	82
25621	**21033**	**23450**	**15899**	**485**	**420**	**440**	**413**
7103	5764	7087	689	103	100	103	100
14581	12375	13333	12316	304	219	298	213
1303	1301	1162	1301	9	24	3	24
2635	1592	1868	1592	69	77	37	77

表 10-35 续表 3

	单位数	销售费用		管理费用	
		2017	2016	2017	2016
总　　计	**654**	**130126**	**128853**	**528983**	**550313**
1、交通运输、仓储和邮政业	**283**	**30317**	**29540**	**217713**	**220547**
道路运输业	141	12206	13342	33625	32999
水上运输业	17	1336	668	119618	123767
航空运输业	1			1143	1037
多式联运和运输代理业	80	7187	6559	24981	24093
装卸搬运和仓储业	28	7752	7295	30266	32062
邮政业	16	1836	1677	8079	6589
2、信息传输、软件和信息技术服务业	**25**	**53331**	**48421**	**24449**	**25637**
电信、广播电视和卫星传输服务	8	51388	46482	17047	18898
互联网和相关服务	6	569	861	3203	2020
软件和信息技术服务业	11	1374	1078	4200	4719
3、房地产业	**32**	**598**	**1058**	**11147**	**10874**
房地产业	32	598	1058	11147	10874
4、租赁和商务服务业	**102**	**23903**	**26127**	**128144**	**119464**
租赁业	8	173	306	769	815
商务服务业	94	23729	25822	127375	118649
5、科学研究和技术服务业	**98**	**8054**	**6329**	**84049**	**87435**
研究和试验发展	3	1521	601	33707	28912
专业技术服务业	40	3602	3205	47071	55637
科技推广和应用服务业	55	2931	2523	3271	2886
6、水利、环境和公共设施管理业	**22**	**2390**	**7528**	**33945**	**57290**
水利管理业	1			339	425
生态保护和环境治理业	3	732	451	1962	1135
公共设施管理业	18	1658	7077	31644	55730
7、居民服务、修理和其他服务业	**13**	**504**	**1092**	**2180**	**2489**
居民服务业	5	282	798	1187	1676
机动车、电子产品和日用产品修理业	6	210	284	555	412
其他服务业	2	12	10	438	400
8、教　育	**43**	**5116**	**3450**	**10988**	**9319**
教　育	43	5116	3450	10988	9319
9、卫生和社会工作	**23**	**4171**	**3683**	**12616**	**13078**
卫　生	23	4171	3683	12616	13078
10、文化、体育和娱乐业	**13**	**1742**	**1626**	**3753**	**4181**
新闻和出版业	2	1075	1056	1632	2042
广播、电视、电影和录音制作业	5	501	324	469	485
文化艺术业	2	74	140	1358	1354
娱乐业	4	92	106	294	300

单位:万元

财务费用		# 利息收入		利息支出		资产减值损失	
2017	2016	2017	2016	2017	2016	2017	2016
246175	**247400**	**85334**	**37205**	**195345**	**164639**	**34729**	**6864**
127061	**130197**	**28221**	**3385**	**69101**	**55338**	**19858**	**2392**
5744	4725	176	279	4206	3172	136	72
100953	94296	979	1836	20793	19978	16798	733
1020	685	1	25	1021	707	6	
2440	5515	2804	332	3494	5931	2061	610
16628	24993	24253	1006	39690	25423	857	685
276	-17	8	-92	-103	127		292
873	**205**	**206**	**250**	**632**	**128**	**3157**	**1906**
818	174	140	176	588	96	3108	1906
31	31	6	3	6	3	33	
24		60	71	39	28	16	
402	230	23	18	219	104		107
402	230	23	18	219	104		107
74857	**32871**	**45449**	**28131**	**79961**	**45134**	**9295**	**607**
101	6			4	4		
74756	32866	45449	28131	79957	45130	9295	607
33322	**63140**	**10422**	**3460**	**43549**	**59907**	**2418**	**1708**
-900	-1005	1910	1848	1119	869	73	
32635	62948	8511	1609	41983	58687	2345	1510
1587	1197	1	3	447	351		198
6807	**17913**	**965**	**1932**	**455**	**3301**		**56**
-18	18	-18					
392	320	4	1	399	321		56
6432	17575	980	1931	55	2980		63
90	**17**	**22**	**12**	**9**	**1**		**42**
46	12	10					24
45		12	11	9	1		
-3	-1	4	1				
489	**667**	**4**	**3**	**165**	**369**	**1**	**88**
489	667	4	3	165	369	1	88
1714	**1555**	**21**	**2**	**667**	**327**		
1714	1555	21	2	667	327		
588	**532**	**6**	**2**	**585**	**23**		
560	509	3		560			
3	1						
-3	-2	4	2	1	1		
28	24			23	22		

表 10-35 续表 4

	单位数	公允价值变动收益		投资收益	
		2017	2016	2017	2016
总　　计	**654**	**71428**	**61535**	**110830**	**37893**
1、交通运输、仓储和邮政业	**283**	**5239**	**-1**	**62706**	**24331**
道路运输业	141			-4	1060
水上运输业	17			58696	17749
航空运输业	1				
多式联运和运输代理业	80	5239		1028	875
装卸搬运和仓储业	28			2986	4637
邮政业	16		-1		10
2、信息传输、软件和信息技术服务业	**25**			**776**	**69**
电信、广播电视和卫星传输服务	8				
互联网和相关服务	6			59	69
软件和信息技术服务业	11			717	
3、房地产业	**32**			**2006**	**-60**
房地产业	32			2006	-60
4、租赁和商务服务业	**102**	**1**		**37533**	**13293**
租赁业	8				
商务服务业	94	1		37533	13293
5、科学研究和技术服务业	**98**	**66186**	**61546**	**2692**	**192**
研究和试验发展	3			1591	-575
专业技术服务业	40	66186	61546	1101	853
科技推广和应用服务业	55				-86
6、水利、环境和公共设施管理业	**22**		**-10**	**5097**	
水利管理业	1				
生态保护和环境治理业	3				
公共设施管理业	18		-10	5097	
7、居民服务、修理和其他服务业	**13**				
居民服务业	5				
机动车、电子产品和日用产品修理业	6				
其他服务业	2				
8、教　育	**43**	2		10	
教　育	43	**2**		**10**	
9、卫生和社会工作	**23**				53
卫　生	23				**53**
10、文化、体育和娱乐业	**13**			9	16
新闻和出版业	2				
广播、电视、电影和录音制作业	5				
文化艺术业	2			9	16
娱乐业	4				

单位:万元

其他收益		营业利润		营业外收入		营业外支出	
2017	2016	2017	2016	2017	2016	2017	2016
2443	**2478**	**213800**	**155094**	**223431**	**251356**	**25817**	**25484**
659	**756**	**18935**	**–20854**	**103263**	**126866**	**10558**	**7788**
71	241	10420	15565	15541	11883	432	472
7		–11467	–53386	59707	97930	9593	5988
		–17143	–14377	12224	12244	26	74
99	463	29455	24433	9305	1567	140	674
476	19	2218	3511	6450	3211	310	288
6	33	5452	3401	36	32	58	293
386	**97**	**42903**	**37727**	**6571**	**6820**	**3049**	**4036**
108	100	37668	34093	5925	5170	3043	4032
	–3	2956	2408	535	624	5	3
279		2279	1226	112	1026	2	1
2	1	1528	1996	215	263	81	27
2	1	1528	1996	215	263	81	27
187	**1543**	**33815**	**47540**	**87919**	**54454**	**9416**	**5309**
1	239	1731	1567			1	
186	1304	32084	45973	87919	54454	9415	5309
1186	**295**	**79568**	**73059**	**19565**	**17365**	**497**	**1035**
1090		21899	29850	146	300	107	129
45	98	39819	28356	19419	16748	291	883
51	197	17849	14853		317	100	23
		31249	**13234**	**2012**	**41909**	**184**	**281**
		416	176	15			
		1143	5475	850	960	13	6
		29690	7582	1147	40949	171	275
		3390	**1793**	**352**	**119**	**58**	**3**
		3372	1610				
		22	79	240	119	58	3
		–4	104	112			
22	**–214**	**–971**	**–1254**	**802**	**520**	**178**	**676**
22	–214	–971	–1254	802	520	178	676
		5019	**4438**	**312**	**739**	**1642**	**6267**
		5019	4438	312	739	1642	6267
1		**–1635**	**–2585**	**2420**	**2302**	**153**	**61**
		–991	–942	446	466	38	43
		567	209	58	40		
		–1565	–2025	1916	1797	89	18
		354	174			25	

表 10-35 续表 5

	单位数	利润总额		所得税费用	
		2017	2016	2017	2016
总　计	**654**	**412085**	**381870**	**81307**	**68909**
1、交通运输、仓储和邮政业	**283**	**111634**	**98983**	**25291**	**19538**
道路运输业	141	25524	26976	3965	4570
水上运输业	17	38648	38556	10736	8027
航空运输业	1	–4946	–2207		
多式联运和运输代理业	80	38619	25326	9346	5388
装卸搬运和仓储业	28	8358	7177	1124	1457
邮政业	16	5430	3154	119	96
2、信息传输、软件和信息技术服务业	**25**	**46451**	**40510**	**11309**	**9107**
电信、广播电视和卫星传输服务	8	40550	35232	10406	8500
互联网和相关服务	6	3512	3029	778	500
软件和信息技术服务业	11	2389	2250	125	108
3、房地产业	**32**	**1662**	**2232**	**622**	**395**
房地产业	32	1662	2232	622	395
4、租赁和商务服务业	**102**	**113045**	**96685**	**20691**	**22620**
租赁业	8	1730	1566	91	100
商务服务业	94	111315	95119	20600	22520
5、科学研究和技术服务业	**98**	**98640**	**89391**	**20453**	**6957**
研究和试验发展	3	21939	30020	261	31
专业技术服务业	40	58951	44222	19139	5552
科技推广和应用服务业	55	17750	15149	1052	1375
6、水利、环境和公共设施管理业	**22**	**32984**	**54861**	**1550**	**9345**
水利管理业	1	431	176	99	44
生态保护和环境治理业	3	1980	6429	360	557
公共设施管理业	18	30573	48256	1091	8744
7、居民服务、修理和其他服务业	**13**	**3683**	**1909**	**964**	**458**
居民服务业	5	3372	1610	899	382
机动车、电子产品和日用产品修理业	6	204	195	12	16
其他服务业	2	108	104	54	60
8、教　育	**43**	–346	–1272	275	354
教　育	43	**–346**	**–1272**	**275**	**354**
9、卫生和社会工作	**23**	3701	–1086	13	24
卫　生	23	**3701**	**–1086**	**13**	**24**
10、文化、体育和娱乐业	**13**	632	–344	140	111
新闻和出版业	2	**–583**	**–520**	**2**	**1**
广播、电视、电影和录音制作业	5	624	248	63	64
文化艺术业	2	262	–247		3
娱乐业	4	329	174	75	43

单位:万元

行政事业性收费		材料和燃料费		经营租赁费		运输费	
2017	2016	2017	2016	2017	2016	2017	2016
2042	**1885**	**329300**	**268127**	**70869**	**66851**	**206777**	**175877**
724	**818**	**106776**	**92122**	**51934**	**50185**	**198071**	**167507**
257	227	34774	24482	3331	2735	35517	24188
60	50	50033	48646	37221	36916	47023	45734
		19	26			33	34
333	472	6181	5183	1551	1319	105854	89379
55	55	12813	11221	7152	6973	3846	2494
18	15	2955	2564	2679	2241	5798	5679
288	**217**	**1908**	**1110**	**5551**	**4895**	**799**	**763**
283	211	1858	1056	5398	4674	377	373
3	3	40	39	65	28	402	382
2	4	11	15	89	192	20	9
8	7	510	235	37	34	93	20
8	7	510	235	37	34	93	20
362	**264**	**86510**	**83512**	**8628**	**7822**	**3484**	**3912**
22	19	834	654	55	45	95	85
340	245	85676	82858	8573	7777	3389	3827
239	**197**	**97486**	**57215**	**2916**	**2366**	**2720**	**2452**
	3	91866	52028	0	0	216	207
153	118	1464	1633	1542	1168	776	770
86	76	4156	3554	1373	1197	1728	1475
20	**18**	**933**	**565**	**68**	**48**	**915**	**555**
4	4	260	240	5	5		
3	2	308	221			854	502
14	13	364	103	64	44	62	54
10	**9**	**19168**	**18434**	**71**	**67**	**8**	**9**
10	9	19117	18393	35	35	8	9
		51	41	36	32		
178	**166**	**721**	**539**	**857**	**1055**	**257**	**247**
178	166	721	539	857	1055	257	247
198	**174**	**12970**	**12542**	**491**	**332**	**225**	**208**
198	174	12970	12542	491	332	225	208
17	**15**	**2319**	**1853**	**317**	**48**	**203**	**203**
2		484	442	16	16	1	1
		1815	1390	223	11	1	
		14	13	65	8	10	9
15	15	7	7	13	13	192	193

表 10-35 续表 6

	单位数	研发及试验检验费		邮政通信费	
		2017	2016	2017	2016
总　　计	**654**	**25003**	**21141**	**4533**	**4274**
1、交通运输、仓储和邮政业	**283**	**3711**	**3169**	**2713**	**2655**
道路运输业	141	51	41	282	295
水上运输业	17	254	237	1164	1155
航空运输业	1			22	25
多式联运和运输代理业	80	87	69	405	363
装卸搬运和仓储业	28	89	72	373	349
邮政业	16	3230	2750	467	468
2、信息传输、软件和信息技术服务业	**25**	**4121**	**3323**	**493**	**476**
电信、广播电视和卫星传输服务	8	3	3	405	405
互联网和相关服务	6	1677	977	64	54
软件和信息技术服务业	11	2441	2343	24	17
3、房地产业	**32**			**10**	**9**
房地产业	32			10	9
4、租赁和商务服务业	**102**	**452**	**348**	**554**	**528**
租赁业	8	21	18	18	15
商务服务业	94	431	330	536	513
5、科学研究和技术服务业	**98**	**16275**	**14256**	**545**	**441**
研究和试验发展	3	15489	13438	304	227
专业技术服务业	40	443	545	91	86
科技推广和应用服务业	55	344	273	150	127
6、水利、环境和公共设施管理业	**22**	**8**	**9**	**49**	**21**
水利管理业	1			12	12
生态保护和环境治理业	3			6	6
公共设施管理业	18	8	9	31	3
7、居民服务、修理和其他服务业	**13**	**1**	**1**	**5**	**4**
居民服务业	5				
机动车、电子产品和日用产品修理业	6	1	1	5	4
其他服务业	2				
8、教　育	**43**	11	9	43	29
教　育	43	**11**	**9**	**43**	**29**
9、卫生和社会工作	**23**	418	22	75	65
卫　生	23	**418**	**22**	**75**	**65**
10、文化、体育和娱乐业	**13**	5	5	48	47
新闻和出版业	2			**2**	**1**
广播、电视、电影和录音制作业	5			32	36
文化艺术业	2			9	6
娱乐业	4	5	5	5	5

单位:万元

应付职工薪酬		#社会保险和住房公积金		应交增值税		平均用工人数(人)	
2017	2016	2017	2016	2017	2016	2017	2016
739854	**695006**	**109050**	**96938**	**84270**	**54174**	**90221**	**88621**
345487	**348243**	**48292**	**45984**	**34644**	**27044**	**37633**	**38682**
70408	67318	8751	8016	8678	9426	11629	11944
163930	162333	20880	20320	14385	12288	12998	13447
2941	3230	863	772	165	70	323	315
23994	21986	4267	3760	4261	2374	3249	3266
56731	66046	10111	9910	6753	2303	6868	7164
27482	27331	3420	3207	403	583	2566	2546
39334	**38290**	**8583**	**7684**	**12952**	**10915**	**3881**	**3929**
32797	32361	7296	6618	11629	10041	2949	3206
2503	2097	721	553	123	220	413	218
4033	3833	567	513	1200	655	519	505
19835	17016	2771	1570	1196	509	5758	5230
19835	17016	2771	1570	1196	509	5758	5230
120282	**97242**	**17899**	**15197**	**16556**	**6243**	**18789**	**17464**
1492	1460	234	209	180	148	382	386
118790	95782	17665	14988	16376	6095	18407	17078
107888	**94354**	**18327**	**15777**	**10264**	**5955**	**9262**	**9278**
48423	40633	9783	8257	1869	898	1977	1858
47285	41360	7782	6851	6689	3801	4289	4352
12180	12360	762	670	1707	1256	2996	3068
21578	**21402**	**1683**	**810**	**5806**	**2466**	**2784**	**1998**
832	810	146	179	184		50	50
1626	1342	215	192	1193	1564	146	139
19120	19250	1322	440	4430	902	2588	1809
18956	**17094**	**3760**	**3535**	**1343**	**265**	**1565**	**1754**
8603	8042	1779	1805	563		710	833
859	1032	136	136	118	188	192	229
9495	8020	1846	1595	661	77	663	692
28055	**28184**	**2923**	**2077**	**814**	**500**	**5053**	**5006**
28055	28184	2923	2077	814	500	5053	5006
29370	**25097**	**3367**	**2951**	**55**	**5**	**4226**	**4000**
29370	25097	3367	2951	55	5	4226	4000
9070	**8085**	**1446**	**1351**	**639**	**271**	**1270**	**1280**
2132	2004	120	84	123	96	275	265
5177	4460	1010	990	236	44	559	546
1159	997	275	240	39	3	233	262
602	624	40	38	241	127	203	207

表 10-36

	单位数	年初存货		流动资产	
		2017	2016	2017	2016
总　计	**654**	**6231339**	**5825071**	**27264207**	**22001057**
1、市　区	**387**	**5134707**	**4753167**	**21372685**	**17787603**
连云区	77	1148726	1252686	4127784	3239520
海州区	97	940224	530204	4293916	3778667
赣榆区	124	1384129	1400139	2649621	2472022
开发区	61	562488	405449	4024440	3710972
高新区	22	1014759	1104724	4736339	3017256
徐圩新区	5	84292	59905	1512411	1535693
云台山风景区	1	90	61	28175	33473
2、辖　县	**267**	**1096632**	**1071904**	**5891522**	**4213454**
东海县	159	19010	15695	801218	803928
灌云县	74	36085	34065	3325732	1772215
灌南县	34	1041537	1022144	1764572	1637311

分县区主要经济指标(三)

单位:万元

#应收账款		存　货		固定资产原价		#房屋和构筑物	
2017	2016	2017	2016	2017	2016	2017	2016
2975314	**2874670**	**6702767**	**5629225**	**6712056**	**6417576**	**2395439**	**2032329**
2836939	**2752708**	**5582941**	**4531108**	**5750770**	**5636693**	**1863726**	**1697658**
459362	406101	1192535	1149260	2408898	2278185	876918	833318
286804	240385	1017705	723279	1658826	1677036	550815	516423
47283	88954	1403941	1399494	314904	254543	76887	75539
1352589	1278661	626620	4021	791940	709013	100906	63882
22718	238693	1230934	1192544	335420	498336	118890	86743
640099	471371	111137	62451	215780	194680	116567	121755
28084	28543	69	61	25003	24901	22744	
138375	**121963**	**1119826**	**1098117**	**961287**	**780883**	**531713**	**334671**
53405	44536	26494	20170	354143	317760	169197	158696
20414	16118	46331	35642	469231	352613	294748	129997
64556	61309	1047000	1042304	137913	110510	67768	45978

表 10-36 续表 1

	单位数	累计折旧		# 本年折旧	
		2017	2016	2017	2016
总　计	**654**	**1852979**	**1644869**	**307714**	**300822**
1、市　区	**387**	**1696615**	**1537872**	**243609**	**262736**
连云区	77	481712	431858	65181	61752
海州区	97	843777	772287	93744	123527
赣榆区	124	51788	67589	12439	14067
开发区	61	153779	133383	36435	30630
高新区	22	120888	99483	25466	26848
徐圩新区	5	43950	32741	10154	5730
云台山风景区	1	722	531	191	183
2、辖　县	**267**	**156364**	**106997**	**64105**	**38086**
东海县	159	60569	48846	13657	15576
灌云县	74	67192	37318	42852	17106
灌南县	34	28604	20833	7595	5405

单位:万元

资产总计		应付账款		负债合计		所有者权益	
2017	2016	2017	2016	2017	2016	2017	2016
50475967	**44662589**	**1030313**	**920834**	**29518729**	**25471183**	**20957238**	**19191396**
41340998	**37175730**	**983386**	**903731**	**25572800**	**22328860**	**15768198**	**14846870**
9890493	7934226	222252	194880	5759444	4840057	4131049	3094169
8593885	8395345	230205	191416	5753724	5616001	2840161	2779344
4294960	3884112	32516	33898	2294026	1896892	2000933	1987221
6437793	5849800	158725	144323	3940339	3509650	2497453	2340150
6964275	6476485	57776	33054	4560324	3602336	2403951	2874150
5107138	4577918	279593	304339	3218791	2816261	1888347	1761657
52455	57843	2321	1821	46152	47664	6303	10179
9134969	**7486859**	**46926**	**17104**	**3945929**	**3142323**	**5189040**	**4344526**
2615094	2468965	16734	5620	1488961	1343084	1126133	1125871
4372423	3119905	20221	7806	1548016	1100953	2824408	2018951
2147451	1897990	9972	3677	908952	698286	1238500	1199704

表 10-36 续表 2

	单位数	营业收入		# 主营业务收入	
		2017	2016	2017	2016
总　计	**654**	**6270550**	**5400135**	**5723443**	**5090439**
1、市　区	**387**	**5185240**	**4421304**	**4749624**	**4125175**
连云区	77	2008996	1667147	1778550	1524766
海州区	97	1115247	908589	1010504	851393
赣榆区	124	384308	356055	344278	351800
开发区	61	796677	702012	779626	670006
高新区	22	378403	425132	341449	365334
徐圩新区	5	488963	349168	482570	348674
云台山风景区	1	12647	13202	12647	13202
2、辖　县	**267**	**1085310**	**978831**	**973819**	**965264**
东海县	159	499029	445643	425076	434770
灌云县	74	419680	376805	385251	376536
灌南县	34	166601	156383	163492	153958

单位:万元

营业成本		# 主营业务成本		税金及附加		# 主营业务税金及附加	
2017	2016	2017	2016	2017	2016	2017	2016
5242297	**4381872**	**4820662**	**4154715**	**58031**	**52218**	**51945**	**49471**
4411765	**3645984**	**4090337**	**3433834**	**41713**	**30585**	**38600**	**29781**
1787909	1485906	1573154	1378033	8062	7144	7433	6864
863385	716496	816717	650323	13538	7851	13260	7364
304903	270568	260268	254882	3569	3325	2716	3316
708671	596551	699151	577153	3664	3760	3610	3743
272673	290940	271546	288338	2768	5523	2719	5517
461181	273312	456459	272895	9752	2585	8502	2580
13043	12211	13043	12211	360	398	360	398
830532	**735888**	**730324**	**720881**	**16318**	**21633**	**13345**	**19690**
405755	332492	337991	324219	6917	8649	5196	7339
296949	290826	271343	288668	8128	11511	7054	11180
127828	112570	120990	107994	1273	1473	1095	1172

表 10-37 续表 3

	单位数	销售费用		管理费用	
		2017	2016	2017	2016
总　计	**654**	**130126**	**128853**	**528983**	**550313**
1、市　区	**387**	**103759**	**99186**	**441519**	**473714**
连云区	77	4089	3162	158446	157630
海州区	97	71674	64812	127050	131589
赣榆区	124	10136	6999	28113	26424
开发区	61	10687	11788	44255	45526
高新区	22	4613	9918	54849	72778
徐圩新区	5	2473	2423	26332	36803
云台山风景区	1	87	84	2474	2964
2、辖　县	**267**	**26367**	**29668**	**87464**	**76598**
东海县	159	18557	20109	46583	43370
灌云县	74	5762	8207	21919	13979
灌南县	34	2048	1352	18962	19250

单位:万元

财务费用		# 利息收入		利息支出		资产减值损失	
2017	2016	2017	2016	2017	2016	2017	2016
246175	**247400**	**85334**	**37205**	**195345**	**164639**	**34729**	**6864**
207005	**225716**	**84098**	**36881**	**185182**	**156945**	**34619**	**6780**
101937	86543	959	1811	22621	13531	17643	1734
37428	16651	18830	18257	40216	30170	6686	2375
9834	6527	290	290	2039	1689	5227	981
17884	45093	24653	1593	40459	34990	546	287
9260	8114	29100	13092	36712	15601	670	
30663	62789	10267	1837	43134	60965	3847	1404
1							
39170	**21684**	**1236**	**324**	**10163**	**7694**	**110**	**84**
11622	10132	1174	278	7629	4069	3	(4)
26045	10583	40	21	1973	2916		32
1503	969	22	26	561	709	107	56

表 10-36 续表 4

	单位数	公允价值变动收益		投资收益	
		2017	2016	2017	2016
总　计	**654**	**71428**	**61535**	**110830**	**37893**
1、市　区	**387**	**71861**	**61545**	**109728**	**37747**
连云区	77			63332	23936
海州区	97	1	1	26233	7808
赣榆区	124			435	974
开发区	61			3742	294
高新区	22			15320	4172
徐圩新区	5	71860	61546	666	562
云台山风景区	1				
2、辖　县	**267**	**433**	**10**	**1102**	**147**
东海县	159	433	10	398	
灌云县	74			23	94
灌南县	34			727	53

单位:万元

其他收益		营业利润		营业外收入		营业外支出	
2017	2016	2017	2016	2017	2016	2017	2016
2443	**2478**	**213800**	**155094**	**223431**	**251356**	**25817**	**25484**
2110	**2415**	**125058**	**62439**	**199940**	**234450**	**23373**	**16995**
54	463	5763	47868	71240	100235	8320	6734
554	1367	22245	22730	66461	52833	8030	7065
65	501	22967	43965	23374	459	3699	411
302	19	14981	4953	3267	43215	1941	493
1135	65	46778	28237	17233	22850	1321	2102
		27167	12876	18299	14787	56	186
		3317	2454	66	70	6	4
333	**63**	**88742**	**92655**	**23491**	**16907**	**2443**	**8490**
320	63	13387	29472	21553	14426	1617	773
13		60473	41494	679	464	448	716
1		14881	21689	1259	2017	379	7000

表 10-36 续表 5

	单位数	利润总额		所得税费用	
		2017	2016	2017	2016
总　计	**654**	**412085**	**381870**	**81307**	**68909**
1、市　区	**387**	**301569**	**280762**	**65699**	**50219**
连云区	77	57064	45634	14667	10349
海州区	97	80681	68514	20340	18401
赣榆区	124	42638	44015	5639	6035
开发区	61	16332	47675	6287	6156
高新区	22	62690	49831	1404	7707
徐圩新区	5	45422	27483	17362	1572
云台山风景区	1	3258	2388		
2、辖　县	**267**	**110516**	**101108**	**15608**	**18690**
东海县	159	33323	43125	4692	7343
灌云县	74	60705	41242	8391	7984
灌南县	34	16488	16741	2525	3363

单位:万元

行政事业性收费		材料和燃料费		经营租赁费		运输费	
2017	2016	2017	2016	2017	2016	2017	2016
2042	**1885**	**329300**	**268127**	**70869**	**66851**	**206777**	**175877**
1171	**1117**	**247627**	**193977**	**58498**	**56045**	**184379**	**159896**
328	464	49849	48391	39742	39643	113278	106649
321	245	60285	57258	9504	8444	7750	7108
375	260	10184	6090	2180	1938	7618	2463
132	136	27603	26055	5167	4500	47864	37920
3	2	98878	55448	526	390	2028	2550
11	10	504	735	1380	1130	5841	3207
		325					
871	**768**	**81672**	**74150**	**12371**	**10806**	**22398**	**15981**
541	481	17129	14194	10357	9147	4847	4243
172	144	53884	49550	1604	1303	14589	10567
159	143	10659	10405	410	357	2962	1171

表 10-36 续表 6

	单位数	研发及试验检验费		邮政通信费	
		2017	2016	2017	2016
总　计	**654**	**25003**	**21141**	**4533**	**4274**
1、市　区	**387**	**23483**	**20269**	**3581**	**3434**
连云区	77	1674	940	1611	1552
海州区	97	3662	3361	1148	1178
赣榆区	124	22	20	170	195
开发区	61	1908	1561	331	300
高新区	22	16124	14303	306	207
徐圩新区	5	95	85	15	2
云台山风景区	1				
2、辖　县	**267**	**1519**	**872**	**952**	**840**
东海县	159	1428	806	722	610
灌云县	74	60	36	142	139
灌南县	34	31	30	88	91

单位:万元

应付职工薪酬		#社会保险和住房公积金		应交增值税		平均用工人数(人)	
2017	2016	2017	2016	2017	2016	2017	2016
739854	**695006**	**109050**	**96938**	**84270**	**54174**	**90221**	**88621**
612782	**574602**	**94830**	**84303**	**60987**	**39085**	**67808**	**65941**
238273	231627	30832	29724	18368	11523	22947	22129
181566	167999	33911	31056	26941	19940	22655	22642
54038	53520	6487	6112	2916	1306	9251	9188
32847	33451	6949	5562	9123	4249	3457	3625
79092	64571	13105	9193	557	938	7217	6199
20275	16512	2975	2656	2903	973	1390	1325
6691	6922	570		179	156	891	833
127072	**120404**	**14221**	**12635**	**23284**	**15089**	**22413**	**22680**
68200	64760	7534	6330	12541	8524	12449	12582
20692	20799	1682	1467	6914	4725	4505	4748
38180	34846	5005	4838	3829	1841	5459	5350

全市全部“四上单位”信息化和电子

表 10-37

	单位数(个)		企业使用计算机数(台)		企业从事信息技术工作员工(人)	
	2017	2016	2017	2016	2017	2016
总　计	**3262**	**3683**	**115955**	**120801**	**7572**	**7813**
一、按单位规模分						
大　型	58	52	38827	35104	1108	723
中　型	524	546	34729	34801	1929	1617
小　型	2260	2659	31994	35342	3788	3686
微　型	367	376	4447	7338	483	1632
二、按登记注册类型分						
1、内资企业	3083	3462	103500	108106	6992	7419
国有企业	56	63	5872	5270	193	146
集体企业	32	37	553	546	80	57
股份合作企业	3	4	120	132	5	5
有限责任公司	615	686	44352	45412	2247	2976
股份有限公司	74	70	12906	13006	566	313
私营企业	2225	2521	33210	40152	3669	3792
其他企业	78	81	6487	3588	232	130
2、港澳台商投资企业	71	90	5462	4346	161	166
与港澳台商合资经营企业	29	34	1180	1108	48	56
与港澳台商合作经营企业	1	1	27	27	1	1
港澳台商独资经营企业	37	50	3921	2874	104	101
港澳台商投资股份有限公司	4	5	334	337	8	8
3、外商投资企业	108	131	6993	8349	419	228
中外合资经营企业	49	60	2325	3088	98	105
外资企业	56	68	2618	2522	113	89
外商投资股份有限公司	3	3	2050	2739	208	34
三、按企业控股情况分						
国有控股	266	272	42670	42704	1691	2253
集体控股	70	77	2073	3929	295	192
私人控股	2660	3013	51410	55987	4785	4706
港澳台商控股	64	80	5218	4123	151	164
外商控股	87	106	5923	7178	383	180
其他	111	131	8221	6290	256	306
四、按隶属关系分						
中央	31	28	14658	13710	189	1154
省	37	40	7966	10867	368	300
市	150	145	25337	25929	986	780
县级及以下	112	147	3888	5014	232	226
其他	2932	3293	64106	64681	5797	5306
五、按机构类型分						
企业	3190		108000		7296	
事业单位	8		1686		32	
民办非企业单位	27		5855		168	
农民专业合作社	31		109		34	
其他组织机构	6		305		42	

商务分类型主要经济指标(一)

单位:万元

企业全年信息化投入		#一次性投入		运营维护投入		一次性投入中:硬件投入		年底拥有的网站数量(个)	
2017	2016	2017	2016	2017	2016	2017	2016	2017	2016
62348	**58080**	**41975**	**38581**	**20365**	**19498**	**22027**	**23285**	**1720**	**1882**
19411	17317	14183	12800	5228	4517	5622	6151	71	68
20746	18103	12216	9724	8529	8379	7297	6082	330	344
18467	18807	13047	13801	5413	5005	7185	9652	1159	1296
1854	2701	835	1453	1019	1248	498	917	124	136
56764	49964	38732	33610	18025	16353	20559	19653	1599	1726
2526	2954	1759	2031	767	923	1179	1273	38	42
200	189	133	121	67	68	107	89	11	13
7	9	4	1	3	8	3	1	1	2
26124	19092	18244	13510	7877	5582	7548	5974	380	402
8225	6776	4567	2768	3658	4008	2439	2060	54	48
17771	19751	12327	14309	5440	5441	7729	9726	1079	1185
1911	1193	1698	870	213	323	1554	530	36	34
1704	2722	1351	1815	352	907	575	1081	46	57
534	459	380	344	153	115	311	239	20	22
8	8	8	8			8	8		
1104	2199	910	1440	194	759	203	820	23	31
58	56	53	23	5	33	53	14	3	4
3880	5394	1892	3156	1988	2238	893	2551	75	99
2499	3681	1004	2668	1495	1013	488	2234	31	47
780	1310	385	288	395	1022	211	219	37	45
601	403	503	200	98	203	194	98	7	7
26579	22609	16992	14454	9587	8155	7635	6896	197	212
2285	1023	1788	678	497	345	558	437	30	34
23914	23842	17347	17379	6560	6462	10934	11751	1331	1424
1720	4642	1336	3686	383	956	551	2753	42	54
3523	2970	1637	843	1886	2127	720	554	60	80
4191	2827	2785	1431	1406	1396	1561	810	56	73
8836	5775	5606	3862	3230	1913	2386	1473	26	24
6838	6277	3390	2343	3448	3934	2164	1979	26	34
10972	11312	8512	8989	2457	2323	4038	5165	130	136
1705	2304	1311	1741	394	563	823	1084	63	80
33997	32262	23156	21561	10836	10700	12616	13531	1475	1589
59501		39411		20082		20036		1675	
861		780		81		505		9	
1674		1547		127		1439		23	
61		29		32		21		9	
251		208		43		26		4	

表 10-37 续表 1

	单位数(个)		电子商务全部交易金额		电子商务销售商品金额	
	2017	2016	2017	2016	2017	2016
总　计	**3262**	**3683**	**1484180**	**1287247**	**1012264**	**871227**
一、按单位规模分						
大　型	58	52	879358	782571	517140	456862
中　型	524	546	303612	264573	297224	257069
小　型	2260	2659	294674	233776	191620	151091
微　型	367	376	6282	6217	6281	6206
二、按登记注册类型分						
1、内资企业	3083	3462	1467749	1282046	1000043	867837
国有企业	56	63	590184	558232	351309	327502
集体企业	32	37				
股份合作企业	3	4				
有限责任公司	615	686	315767	246883	190510	146649
股份有限公司	74	70	26	938		926
私营企业	2225	2521	561773	475993	458224	392761
其他企业	78	81				
2、港澳台商投资企业	71	90	12463	3711	9599	2160
与港澳台商合资经营企业	29	34	2730	1066	1132	506
与港澳台商合作经营企业	1	1				
港澳台商独资经营企业	37	50	3203	2645	1937	1654
港澳台商投资股份有限公司	4	5	6530		6530	
3、外商投资企业	108	131	3967	1490	2622	1230
中外合资经营企业	49	60	3904	1490	2622	1230
外资企业	56	68	63			
外商投资股份有限公司	3	3				
三、按企业控股情况分						
国有控股	266	272	879589	793551	516549	462756
集体控股	70	77				
私人控股	2660	3013	582421	484846	477563	401168
港澳台商控股	64	80	12695	3750	9800	2204
外商控股	87	106	63			
其他	111	131	9412	5100	8352	5100
四、按隶属关系分						
中央	31	28	592984	567058	354010	331822
省	37	40	854	659	197	109
市	150	145	299477	231992	175551	136988
县级及以下	112	147	261	86	235	86
其他	2932	3293	590604	487452	482271	402223
五、按机构类型分						
企业	3190		1484180	1287247	1012264	871227
事业单位	8					
民办非企业单位	27					
农民专业合作社	31					
其他组织机构	6					

单位:万元

电子商务销售服务金额		电子商务销售金额（B2B 商品）		电子商务销售金额（B2B 服务）		电子商务销售金额（B2C 商品）		电子商务销售金额（B2C 服务）	
2017	2016	2017	2016	2017	2016	2017	2016	2017	2016
6390	**1363**	**909345**	**832924**	**1986**	**1099**	**102920**	**38303**	**4404**	**264**
9		509173	456449	6		7967	413	3	
1180	838	243057	246416	877	836	54167	10653	303	2
4970	424	151838	124857	1022	242	39783	26234	3948	182
1	1	5278	5203	1	1	1003	1003		
6070	1213	899366	831122	1867	949	100678	36715	4203	264
		351309	327502						
1071	532	179364	145424	969	530	11146	1225	102	2
			926						
4999	681	368693	357271	898	419	89532	35490	4101	262
320	150	7857	972	119	150	1742	1188	201	
320	150	627	372	119	150	505	134	201	
	700	600			1237	1054			
	6530								
	2122	830			500	400			
	2122	830			500	400			
665	524	516532	462756	665	524	17			
5395	684	376509	364073	1194	422	101055	37095	4201	262
330	155	7952	996	127	153	1848	1208	203	2
		8352	5100						
		354010	331822						
626	524	197	109	626	524				
200		170280	136613	100		5271	375	100	
		169	86			66			
5564	839	384689	364295	1260	575	97583	37928	4304	264
6390	1363	909345	832924	1986	1099	102920	38303	4404	264

表 10-37 续表 2

	单位数(个)		电子商务销售（境外商品）		电子商务销售（境外服务）	
	2017	2016	2017	2016	2017	2016
总　计	**3262**	**3683**	**75780**	**55935**	**226**	**16**
一、按单位规模分						
大　型	58	52	40833	31102		
中　型	524	546	382	100	200	
小　型	2260	2659	34365	24533	26	16
微　型	367	376	200	200		
二、按登记注册类型分						
1、内资企业	3083	3462	68048	55935	226	16
国有企业	56	63				
集体企业	32	37				
股份合作企业	3	4				
有限责任公司	615	686	41215	31262	200	
股份有限公司	74	70				
私营企业	2225	2521	26833	24673	26	16
其他企业	78	81				
2、港澳台商投资企业	71	90	6530			
与港澳台商合资经营企业	29	34				
与港澳台商合作经营企业	1	1				
港澳台商独资经营企业	37	50				
港澳台商投资股份有限公司	4	5	6530			
3、外商投资企业	108	131	1202			
中外合资经营企业	49	60	1202			
外资企业	56	68				
外商投资股份有限公司	3	3				
三、按企业控股情况分						
国有控股	266	272	40865	31102		
集体控股	70	77				
私人控股	2660	3013	27033	24733	226	16
港澳台商控股	64	80	6530			
外商控股	87	106				
其他	111	131	1352	100		
四、按隶属关系分						
中央	31	28				
省	37	40				
市	150	145	41215	31202	200	
县级及以下	112	147				
其他	2932	3293	34565	24733	26	16
五、按机构类型分						
企业	3190		75780	55935	226	16
事业单位	8					
民办非企业单位	27					
农民专业合作社	31					
其他组织机构	6					

单位:万元

电子商务采购商品金额		电子商务采购服务金额		电子商务采购（境外商品）		电子商务采购（境外服务）	平台交易额（万元）
2017	2016	2017	2016	2017	2016	2017	2017
464613	**414511**	**912**	**146**	**1455**	**818**	**5**	**5936**
362209	325709						5859
4472	6543	736	123				77
97921	82238	163	23	1455	818	5	
	10						
461277	412970	359	26	1455	818	5	5936
238875	230731						
123999	99695	187	7		18		5859
26	12						
98378	82532	172	19	1455	800	5	77
1991	1281	553	120				
725	290	553	120				
1266	991						
1345	260						
1282	260						
63							
362370	330267	5	5				
99109	82973	354	21	1455	818	5	5936
2012	1271	553	120				
63							
1060							
238969	235231	5	5				
31	26						
123546	95004	180					5859
26							
102042	84249	727	141	1455	818	5	77
464613	414511	912	146	1455	818	5	5936

全市全部“四上单位”信息化和电子

表 10-38

	单位数(个)		企业使用计算机数(台)		企业从事信息技术工作员工(人)	
	2017	2016	2017	2016	2017	2016
总　计	**3262**	**3683**	**115955**	**120801**	**7572**	**7813**
1、采矿业	**10**	**24**	**222**	**1509**	**21**	**38**
#非金属矿采选业	7	20	179	1465	11	34
2、制造业	**1443**	**1752**	**43860**	**45196**	**2905**	**2954**
#农副食品加工业	163	187	1866	2262	235	244
食品制造业	38	37	1203	922	54	58
酒、饮料和精制茶制造业	15	18	625	525	33	34
纺织业	30	39	570	623	43	47
纺织服装、服饰业	89	112	758	950	156	136
皮革、毛皮、羽毛及其制品和制鞋业	23	29	155	237	20	41
木材加工和木、竹、藤、棕、草制品业	37	50	480	526	60	83
家具制造业	15	14	129	143	16	16
造纸和纸制品业	16	20	149	172	42	31
印刷和记录媒介复制业	30	43	266	322	41	50
文教、工美、体育和娱乐用品制造业	45	59	730	850	53	76
石油、煤炭及其他燃料加工业	6	6	263	224	126	55
化学原料和化学制品制造业	243	286	7292	7298	486	520
医药制造业	51	53	13975	12595	396	294
化学纤维制造业	6	5	369	347	10	8
橡胶和塑料制品业	42	52	602	445	56	63
非金属矿物制品业	260	314	3106	4017	373	427
黑色金属冶炼和压延加工业	19	43	1704	1705	47	72
有色金属冶炼和压延加工业	14	21	258	285	15	23
金属制品业	58	66	1145	1236	163	164
通用设备制造业	30	39	1297	1061	61	57
专用设备制造业	62	78	1700	2003	121	125
汽车制造业	15	17	562	424	27	28
铁路、船舶、航空航天和其他运输设备制造业	10	12	291	627	21	72
电气机械和器材制造业	78	91	2981	3256	174	144
计算机、通信和其他电子设备制造业	26	38	856	1648	42	54
仪器仪表制造业	7	6	301	310	17	12

商务分行业主要经济指标（二）

单位:万元

企业全年信息化投入		#一次性投入		运营维护投入		一次性投入中：硬件投入		年底拥有的网站数量(个)	
2017	2016	2017	2016	2017	2016	2017	2016	2017	2016
62348	**58080**	**41975**	**38581**	**20365**	**19498**	**22027**	**23285**	**1720**	**1882**
114	**468**	**66**	**376**	**48**	**92**	**46**	**98**	**4**	**9**
112	461	66	372	46	89	46	95	4	8
21264	**24922**	**14422**	**17185**	**6842**	**7737**	**7090**	**11395**	**812**	**928**
1794	1140	490	744	1304	396	364	532	76	92
454	1074	323	332	131	742	119	150	29	28
425	379	385	327	40	52	99	124	6	4
340	295	254	234	86	61	189	171	16	18
489	402	325	289	164	113	228	221	44	51
96	195	62	159	34	36	44	142	4	7
153	126	90	71	63	55	51	45	24	28
40	48	18	33	22	15	18	29	9	8
91	137	67	95	24	42	40	35	8	10
123	142	83	110	40	32	62	77	12	13
251	358	166	263	85	95	130	157	14	21
210	101	157	35	53	66	57	13	4	4
3436	6019	2510	4820	926	1199	1601	3803	150	172
4721	4434	3417	2587	1304	1847	1282	1450	49	45
92	60	77	45	15	15	64	32	4	3
1178	291	926	213	252	78	225	132	20	26
1143	2131	771	1582	372	549	488	1063	131	146
1947	879	1355	464	592	415	583	279	9	19
96	111	75	81	21	30	39	73	6	10
457	477	273	283	184	194	177	167	26	26
1300	776	1106	522	194	254	287	278	22	27
555	1769	376	1548	179	221	269	644	46	48
154	563	100	453	54	110	80	324	12	14
53	81	32	55	21	26	24	44	8	10
1191	1834	702	1452	489	382	416	1120	53	64
266	755	134	154	132	601	48	87	17	25
117	247	90	170	27	77	58	152	9	5

表 10-38 续表 1

	单位数(个)		企业使用计算机数(台)		企业从事信息技术工作员工(人)	
	2017	2016	2017	2016	2017	2016
总　计	**3262**	**3683**	**115955**	**120801**	**7572**	**7813**
其他制造业	4	5	8	14	3	6
废弃资源综合利用业	11	12	219	169	14	14
3、电力、热力、燃气及水生产和供应业	**33**	**34**	**6411**	**6013**	**93**	**91**
电力、热力生产和供应业	20	21	5724	5389	58	59
燃气生产和供应业	5	4	80	110	7	4
水的生产和供应业	8	9	607	514	28	28
4、建筑业	**310**	**316**	**9568**	**9498**	**670**	**641**
房屋建筑业	156	154	5055	4630	321	284
土木工程建筑业	68	71	2657	2792	197	130
建筑安装业	31	33	952	1100	60	121
建筑装饰、装修和其他建筑业	55	58	904	976	92	106
5、批发和零售业	**498**	**522**	**8414**	**8556**	**824**	**749**
批发业	201	229	3598	3513	279	291
零售业	297	293	4816	5043	545	458
6、交通运输、仓储和邮政业	**250**	**269**	**11886**	**11821**	**701**	**617**
道路运输业	122	137	2463	2650	216	212
水上运输业	17	19	5160	5343	232	235
航空运输业	1	1	152	48	4	3
多式联运和运输代理业	68	84	1892	2416	153	105
装卸搬运和仓储业	26	12	1248	377	54	16
邮政业	16	16	971	987	42	46
7、住宿和餐饮业	**95**	**102**	**2014**	**1979**	**236**	**137**
住宿业	40	47	1526	1542	172	70
餐饮业	55	55	488	437	64	67
8、信息传输、软件和信息技术服务业	**23**	**27**	**7439**	**8139**	**629**	**469**
电信、广播电视和卫星传输服务	8	9	6676	7345	316	198
互联网和相关服务	5	4	371	171	159	74
软件和信息技术服务业	10	14	392	623	154	197
9、房地产业	**334**	**334**	**4368**	**3946**	**559**	**411**
房地产开发经营	304	300	3729	3405	454	365

单位:万元

企业全年信息化投入		#一次性投入		运营维护投入		一次性投入中:硬件投入		年底拥有的网站数量(个)	
2017	2016	2017	2016	2017	2016	2017	2016	2017	2016
62348	**58080**	**41975**	**38581**	**20365**	**19498**	**22027**	**23285**	**1720**	**1882**
15	23	11	19	4	4	8	14	1	1
77	75	47	45	30	30	40	37	3	3
6013	**4083**	**4060**	**2787**	**1953**	**1296**	**758**	**769**	**17**	**16**
5673	3760	3824	2596	1849	1164	671	724	14	12
17	11	12	6	5	5	9	5	1	1
323	312	224	185	99	127	78	40	2	3
7984	**4353**	**5212**	**3060**	**2770**	**1293**	**3980**	**1752**	**141**	**135**
4768	2692	3317	1888	1451	804	2707	1028	72	65
1616	763	923	575	693	188	517	332	21	23
899	280	457	185	442	95	383	129	18	16
701	618	515	412	184	206	373	263	30	31
2587	**4078**	**1573**	**2765**	**1012**	**1313**	**973**	**1909**	**221**	**216**
1392	1975	833	1234	557	741	494	725	84	88
1195	2103	740	1531	455	572	479	1184	137	128
7366	**6784**	**5159**	**4634**	**2207**	**2150**	**2689**	**2428**	**144**	**157**
450	485	295	275	155	210	201	202	56	65
5257	4663	3805	3209	1452	1454	1603	1274	17	17
21	3	20	2	1	1	20	2	1	1
592	730	374	483	218	247	297	382	44	54
390	309	266	289	124	20	179	199	19	9
656	594	399	376	257	218	389	369	7	11
277	**310**	**167**	**209**	**106**	**101**	**135**	**168**	**48**	**58**
124	179	69	119	54	60	54	93	32	37
153	131	98	90	52	41	81	75	16	21
7601	**6679**	**3516**	**2940**	**4085**	**3739**	**1692**	**1879**	**31**	**35**
4731	4951	1516	1443	3215	3508	1057	1421	8	8
2645	71	1881	51	764	20	588	42	7	6
225	1657	119	1446	106	211	47	416	16	21
1191	**1044**	**900**	**750**	**291**	**294**	**632**	**590**	**139**	**142**
1067	927	810	667	257	260	569	527	125	125

表 10-38 续表 2

	单位数(个)		企业使用计算机数(台)		企业从事信息技术工作员工(人)	
	2017	2016	2017	2016	2017	2016
总　计	**3262**	**3683**	**115955**	**120801**	**7572**	**7813**
物业管理	29	33	636	539	104	44
房地产租赁经营	1	1	3	2	1	2
10、租赁和商务服务业	**82**	**103**	**4998**	**5692**	**217**	**251**
租赁业	5	8	21	25	6	8
商务服务业	77	95	4977	5667	211	243
11、科学研究和技术服务业	**79**	**94**	**6282**	**5345**	**252**	**1165**
研究和试验发展	3	3	3720	3408	59	1006
专业技术服务业	37	36	2305	1622	147	89
科技推广和应用服务业	39	55	257	315	46	70
12、水利、环境和公共设施管理业	**19**	**20**	**790**	**711**	**92**	**23**
水利管理业	1	1	50	45	30	1
生态保护和环境治理业	3	2	72	75	4	2
公共设施管理业	15	17	668	591	58	20
13、居民服务、修理和其他服务业	**10**	**15**	**965**	**1333**	**18**	**51**
居民服务业	3	6	449	791	10	21
机动车、电子产品和日用产品修理业	5	6	67	78	5	5
其他服务业	2	3	449	464	3	25
14、教　育	**43**	**40**	**5957**	**8594**	**233**	**147**
教　育	43	40	5957	8594	233	147
15、卫生和社会工作	**22**	**22**	**1947**	**1640**	**78**	**47**
卫　生	22	22	1947	1640	78	47
16、文化、体育和娱乐业	**11**	**9**	**834**	**829**	**44**	**22**
新闻和出版业	2	1	214	200	11	3
广播、电视、电影和录音制作业	5	3	553	544	29	13
文化艺术业	1	2	44	64	1	2
娱乐业	3	3	23	21	3	4
附:按主要产业分						
第二产业	**1796**	**2126**	**60061**	**62216**	**3689**	**3724**
#工　业	1486	1810	50493	52718	3019	3083
第三产业	**1466**	**1557**	**55894**	**58585**	**3883**	**4089**
#规上服务业	569	633	41737	44645	2369	2838

单位:万元

企业全年信息化投入		# 一次性投入		运营维护投入		一次性投入中:硬件投入		年底拥有的网站数量(个)	
2017	2016	2017	2016	2017	2016	2017	2016	2017	2016
62348	**58080**	**41975**	**38581**	**20365**	**19498**	**22027**	**23285**	**1720**	**1882**
122	115	88	81	34	34	61	61	14	17
2	2	2	2			2	2		
1238	**1040**	**1064**	**628**	**174**	**411**	**460**	**490**	**49**	**58**
11	18	5	11	6	7	4	8	1	1
1227	1022	1059	617	168	404	456	482	48	57
3465	**2089**	**3045**	**1710**	**420**	**379**	**1390**	**809**	**45**	**50**
1655	783	1420	663	235	120	1058	335	4	4
1672	1094	1544	913	128	181	279	382	29	29
138	212	81	134	57	78	53	92	12	17
115	**125**	**97**	**89**	**18**	**36**	**75**	**84**	**7**	**10**
10	5	8	3	2	2	4	3		
19	15	16	13	3	2	13	12	1	1
86	105	73	73	13	32	58	69	6	9
242	**288**	**104**	**195**	**138**	**93**	**96**	**142**	**3**	**6**
24	85	19	64	5	21	12	46		4
7	9	4	7	3	2	3	5	2	2
211	194	81	124	130	70	81	91	1	
1563	**1102**	**1453**	**746**	**110**	**356**	**1340**	**521**	**33**	**34**
1563	1102	1453	746	110	356	1340	521	33	34
1173	**634**	**1017**	**441**	**156**	**193**	**606**	**228**	**15**	**17**
1173	634	1017	441	156	193	606	228	15	17
155	**81**	**120**	**66**	**35**	**15**	**65**	**23**	**11**	**11**
117	14	101	12	16	2	51	10	4	1
23	50	10	46	13	4	6	6	5	3
8	12	5	5	3	7	5	5	2	5
7	5	4	3	3	2	3	2		2
35375	**33826**	**23760**	**23408**	**11613**	**10418**	**11874**	**14014**	**974**	**1088**
27391	29473	18548	20348	8843	9125	7894	12262	833	953
26973	**24254**	**18215**	**15173**	**8752**	**9080**	**10153**	**9271**	**746**	**794**
23042	18939	15665	11532	7377	7406	8476	6667	352	395

表 10-38 续表 3

	单位数(个)		电子商务全部交易金额		电子商务销售商品金额	
	2017	2016	2017	2016	2017	2016
总　计	**3262**	**3683**	**1484180**	**1287247**	**1012264**	**871227**
1、采矿业	**10**	**24**	**134**		**108**	
#非金属矿采选业	7	20	134		108	
2、制造业	**1443**	**1752**	**527663**	**429085**	**325237**	**257701**
#农副食品加工业	163	187	742	616	357	286
食品制造业	38	37	15036	13950	12465	11668
酒、饮料和精制茶制造业	15	18	37	340	32	330
纺织业	30	39	2350		2150	2090
纺织服装、服饰业	89	112				
皮革、毛皮、羽毛及其制品和制鞋业	23	29				
木材加工和木、竹、藤、棕、草制品业	37	50	80	60		
家具制造业	15	14		30		
造纸和纸制品业	16	20	25095	23516	20757	18949
印刷和记录媒介复制业	30	43				
文教、工美、体育和娱乐用品制造业	45	59	4482	4062	2704	2410
石油、煤炭及其他燃料加工业	6	6				
化学原料和化学制品制造业	243	286	325087	250765	190385	145903
医药制造业	51	53	10001	3563	9201	2563
化学纤维制造业	6	5	12		10	
橡胶和塑料制品业	42	52		200		200
非金属矿物制品业	260	314	77611	73089	42802	41359
黑色金属冶炼和压延加工业	19	43				
有色金属冶炼和压延加工业	14	21				
金属制品业	58	66	2125	110	2070	50
通用设备制造业	30	39	100	4500		
专用设备制造业	62	78	3099	292	1948	134
汽车制造业	15	17	25	20		
铁路、船舶、航空航天和其他运输设备制造业	10	12	547	518	327	308
电气机械和器材制造业	78	91	4430	3561	2010	1650
计算机、通信和其他电子设备制造业	26	38	55675	47603	37450	29751
仪器仪表制造业	7	6	1129	50	569	50

单位:万元

电子商务销售服务金额		电子商务销售金额（B2B 商品）		电子商务销售金额（B2B 服务）		电子商务销售金额（B2C 商品）		电子商务销售金额（B2C 服务）	
2017	2016	2017	2016	2017	2016	2017	2016	2017	2016
6390	**1363**	**909345**	**832924**	**1986**	**1099**	**102920**	**38303**	**4404**	**264**
		42				**66**			
		42				66			
1777	**434**	**306893**	**250186**	**935**	**332**	**18344**	**7515**	**842**	**102**
		357	286						
1		12463	11668	1		2			
		32	330						
		1650	1690			500	400		
		20757	18949						
		2704	2410						
944	218	184845	144314	509	116	5540	1589	435	102
		4047	2188			5154	375		
		10							
			200						
360	182	37868	38225	159	182	4934	3134	201	
		2070	50						
35	34	1948	134	35	34				
		215	200			112	108		
237		1895	1650	131		115		106	
		35563	27842			1887	1909		
200		469	50	100		100		100	

表 10-38 续表 4

	单位数(个)		电子商务全部交易金额		电子商务销售商品金额	
	2017	2016	2017	2016	2017	2016
总　计	**3262**	**3683**	**1484180**	**1287247**	**1012264**	**871227**
其他制造业	4	5				
废弃资源综合利用业	11	12				
3、电力、热力、燃气及水生产和供应业	**33**	**34**				
电力、热力生产和供应业	20	21				
燃气生产和供应业	5	4				
水的生产和供应业	8	9				
4、建筑业	**310**	**316**	**92**	**74**	**37**	**16**
房屋建筑业	156	154	45	9	32	
土木工程建筑业	68	71				
建筑安装业	31	33	6	8		
建筑装饰、装修和其他建筑业	55	58	41	57	5	16
5、批发和零售业	**498**	**522**	**932063**	**838317**	**669173**	**596594**
批发业	201	229	604040	568929	362495	335841
零售业	297	293	328022	269388	306677	260753
6、交通运输、仓储和邮政业	**250**	**269**	**7794**	**7654**	**7491**	**6796**
道路运输业	122	137				
水上运输业	17	19				
航空运输业	1	1				
多式联运和运输代理业	68	84				
装卸搬运和仓储业	26	12	4232	2906	4232	2906
邮政业	16	16	3562	4748	3259	3890
7、住宿和餐饮业	**95**	**102**	**5346**	**2035**	**1588**	**1099**
住宿业	40	47	4725	1946	1126	1080
餐饮业	55	55	621	89	462	19
8、信息传输、软件和信息技术服务业	**23**	**27**	**10610**	**9778**	**8480**	**8890**
电信、广播电视和卫星传输服务	8	9	1632	2223	741	1529
互联网和相关服务	5	4	8114	6916	7101	6830
软件和信息技术服务业	10	14	864	639	638	531
9、房地产业	**334**	**334**	**53**	**64**	**1**	**1**
房地产开发经营	304	300	53	64	1	1

单位:万元

电子商务销售服务金额		电子商务销售金额（B2B 商品）		电子商务销售金额（B2B 服务）		电子商务销售金额（B2C 商品）		电子商务销售金额（B2C 服务）	
2017	2016	2017	2016	2017	2016	2017	2016	2017	2016
6390	**1363**	**909345**	**832924**	**1986**	**1099**	**102920**	**38303**	**4404**	**264**
1		**27**	**13**	**1**		**10**	**3**		
		25				7			
1		2	13	1		3	3		
88	**159**	**589824**	**568494**	**55**	**159**	**79349**	**28100**	**33**	
		359685	335841			2810			
88	159	230138	232653	55	159	76539	28100	33	
35	**32**	**6471**	**5786**	**32**	**30**	**1020**	**1010**	**3**	**2**
		4232	2906						
35	32	2239	2880	32	30	1020	1010	3	2
3373	**637**	**1172**	**893**	**882**	**557**	**416**	**206**	**2491**	**80**
3264	567	920	874	843	557	206	206	2421	10
109	70	252	19	39		210		70	70
885		**4765**	**7421**			**3715**	**1469**	**885**	
		4	929			737	600		
885		4200	6000			2901	830	885	
		561	492			77	39		
1	**1**	**1**	**1**	**1**	**1**				
1	1	1	1	1	1				

表 10-38 续表 5

	单位数(个)		电子商务全部交易金额		电子商务销售商品金额	
	2017	2016	2017	2016	2017	2016
总　计	**3262**	**3683**	**1484180**	**1287247**	**1012264**	**871227**
物业管理	29	33				
房地产租赁经营	1	1				
10、租赁和商务服务业	**82**	**103**	**20**			
租赁业	5	8				
商务服务业	77	95	20			
11、科学研究和技术服务业	**79**	**94**	**1**			
研究和试验发展	3	3				
专业技术服务业	37	36	1			
科技推广和应用服务业	39	55				
12、水利、环境和公共设施管理业	**19**	**20**				
水利管理业	1	1				
生态保护和环境治理业	3	2				
公共设施管理业	15	17				
13、居民服务、修理和其他服务业	**10**	**15**				
居民服务业	3	6				
机动车、电子产品和日用产品修理业	5	6				
其他服务业	2	3				
14、教　育	**43**	**40**	**253**	**110**		
教　育	43	40	253	110		
15、卫生和社会工作	**22**	**22**	**2**			
卫　生	22	22	2			
16、文化、体育和娱乐业	**11**	**9**	**150**	**130**	**150**	**130**
新闻和出版业	2	1				
广播、电视、电影和录音制作业	5	3	150	130	150	130
文化艺术业	1	2				
娱乐业	3	3				
附:按主要产业分						
第二产业	**1796**	**2126**	**527889**	**429159**	**325382**	**257717**
#工　业	1486	1810	527797	429085	325345	257701
第三产业	**1466**	**1557**	**956291**	**858088**	**686882**	**613510**
#规上服务业	569	633	18830	17672	16121	15816

单位：万元

电子商务销售服务金额		电子商务销售金额（B2B 商品）		电子商务销售金额（B2B 服务）		电子商务销售金额（B2C 商品）		电子商务销售金额（B2C 服务）	
2017	2016	2017	2016	2017	2016	2017	2016	2017	2016
6390	**1363**	**909345**	**832924**	**1986**	**1099**	**102920**	**38303**	**4404**	**264**
230	**100**			**80**	**20**			**150**	**80**
230	100			80	20			150	80
		150	**130**						
		150	130						
1778	**434**	**306962**	**250199**	**936**	**332**	**18420**	**7518**	**842**	**102**
1777	434	306935	250186	935	332	18410	7515	842	102
4612	**929**	**602383**	**582725**	**1050**	**767**	**84500**	**30785**	**3562**	**162**
1150	132	11386	13337	112	50	4735	2479	1038	82

表 10-38 续表 6

	单位数(个)		电子商务销售(境外商品)		电子商务销售(境外服务)	
	2017	2016	2017	2016	2017	2016
总　计	**3262**	**3683**	**75780**	**55935**	**226**	**16**
1、采矿业	**10**	**24**				
#非金属矿采选业	7	20				
2、制造业	**1443**	**1752**	**75512**	**55625**	**226**	**16**
#农副食品加工业	163	187				
食品制造业	38	37	12214	11184		
酒、饮料和精制茶制造业	15	18				
纺织业	30	39	850	960		
纺织服装、服饰业	89	112				
皮革、毛皮、羽毛及其制品和制鞋业	23	29				
木材加工和木、竹、藤、棕、草制品业	37	50				
家具制造业	15	14				
造纸和纸制品业	16	20	7424	8456		
印刷和记录媒介复制业	30	43				
文教、工美、体育和娱乐用品制造业	45	59	150	100		
石油、煤炭及其他燃料加工业	6	6				
化学原料和化学制品制造业	243	286	44281	32920	20	11
医药制造业	51	53	2155	1500		
化学纤维制造业	6	5				
橡胶和塑料制品业	42	52				
非金属矿物制品业	260	314	500	500		
黑色金属冶炼和压延加工业	19	43				
有色金属冶炼和压延加工业	14	21				
金属制品业	58	66				
通用设备制造业	30	39				
专用设备制造业	62	78	1208	5	6	5
汽车制造业	15	17				
铁路、船舶、航空航天和其他运输设备制造业	10	12				
电气机械和器材制造业	78	91				
计算机、通信和其他电子设备制造业	26	38	6530			
仪器仪表制造业	7	6	200		200	

单位:万元

电子商务采购商品金额		电子商务采购服务金额		电子商务采购（境外商品）		电子商务采购（境外服务）	平台交易额（万元）
2017	2016	2017	2016	2017	2016	2017	2017
464613	**414511**	**912**	**146**	**1455**	**818**	**5**	**5936**
26							
26							
199793	**170823**	**856**	**127**	**1370**	**800**		**5859**
385	330						
2570	2282						
5	10						
200	150						
80	60						
	30						
4338	4567						
1778	1652						
133753	104644	5		560	800		
800	1000			800			5859
2							
33896	31428	553	120				
55	60						
100	4500						
1113	122	3	2	10			
20	15	5	5				
220	210						
2073	1911	110					
18225	17852						
180		180					

表 10-38 续表 7

	单位数(个)		电子商务销售（境外商品）		电子商务销售（境外服务）	
	2017	2016	2017	2016	2017	2016
总　计	**3262**	**3683**	**75780**	**55935**	**226**	**16**
其他制造业	4	5				
废弃资源综合利用业	11	12				
3、电力、热力、燃气及水生产和供应业	**33**	**34**				
电力、热力生产和供应业	20	21				
燃气生产和供应业	5	4				
水的生产和供应业	8	9				
4、建筑业	**310**	**316**	**32**			
房屋建筑业	156	154	32			
土木工程建筑业	68	71				
建筑安装业	31	33				
建筑装饰、装修和其他建筑业	55	58				
5、批发和零售业	**498**	**522**	**36**	**50**		
批发业	201	229				
零售业	297	293	36	50		
6、交通运输、仓储和邮政业	**250**	**269**	**200**	**200**		
道路运输业	122	137				
水上运输业	17	19				
航空运输业	1	1				
多式联运和运输代理业	68	84				
装卸搬运和仓储业	26	12				
邮政业	16	16	200	200		
7、住宿和餐饮业	**95**	**102**				
住宿业	40	47				
餐饮业	55	55				
8、信息传输、软件和信息技术服务业	**23**	**27**		**60**		
电信、广播电视和卫星传输服务	8	9				
互联网和相关服务	5	4		60		
软件和信息技术服务业	10	14				
9、房地产业	**334**	**334**				
房地产开发经营	304	300				

单位:万元

电子商务采购商品金额		电子商务采购服务金额		电子商务采购（境外商品）		电子商务采购（境外服务）	平台交易额（万元）
2017	2016	2017	2016	2017	2016	2017	2017
464613	**414511**	**912**	**146**	**1455**	**818**	**5**	**5936**
52	**56**	**2**	**2**				
11	7	2	2				
6	8						
35	41						
262792	**241564**	**10**		**5**		**5**	**77**
241545	233088						
21247	8476	10		5		5	77
248	**810**	**20**	**16**				
248	810	20	16				
385	**298**						
335	298						
50							
1245	**888**			**80**	**18**		
891	694						
128	86				18		
226	108			80			
50	**61**	**1**	**1**				
50	61	1	1				

表 10-38 续表 8

	单位数(个)		电子商务销售（境外商品）		电子商务销售（境外服务）	
	2017	2016	2017	2016	2017	2016
总　计	**3262**	**3683**	**75780**	**55935**	**226**	**16**
物业管理	29	33				
房地产租赁经营	1	1				
10、租赁和商务服务业	**82**	**103**				
租赁业	5	8				
商务服务业	77	95				
11、科学研究和技术服务业	**79**	**94**				
研究和试验发展	3	3				
专业技术服务业	37	36				
科技推广和应用服务业	39	55				
12、水利、环境和公共设施管理业	**19**	**20**				
水利管理业	1	1				
生态保护和环境治理业	3	2				
公共设施管理业	15	17				
13、居民服务、修理和其他服务业	**10**	**15**				
居民服务业	3	6				
机动车、电子产品和日用产品修理业	5	6				
其他服务业	2	3				
14、教　育	**43**	**40**				
教　育	43	40				
15、卫生和社会工作	**22**	**22**				
卫　生	22	22				
16、文化、体育和娱乐业	**11**	**9**				
新闻和出版业	2	1				
广播、电视、电影和录音制作业	5	3				
文化艺术业	1	2				
娱乐业	3	3				
附:按主要产业分						
第二产业	**1796**	**2126**	**75544**	**55625**	**226**	**16**
#工　业	1486	1810	75512	55625	226	16
第三产业	**1466**	**1557**	**236**	**310**		
#规上服务业	569	633	200	260		

单位:万元

电子商务采购商品金额		电子商务采购服务金额		电子商务采购（境外商品）		电子商务采购（境外服务）	平台交易额（万元）
2017	2016	2017	2016	2017	2016	2017	2017
464613	**414511**	**912**	**146**	**1455**	**818**	**5**	**5936**
10		**10**					
10		10					
1							
1							
10	**10**	**13**					
10	10	13					
2							
2							
199871	**170879**	**858**	**129**	**1370**	**800**		**5859**
199819	170823	856	127	1370	800		5859
264743	**243632**	**54**	**17**	**85**	**18**	**5**	**77**
1516	1708	43	16	80	18		

全市全部“四上单位”信息化和电子

表 10-39

	单位数(个)		企业使用计算机数(台)		企业从事信息技术工作员工(人)	
	2017	2016	2017	2016	2017	2016
总　计	**3262**	**3683**	**115955**	**120801**	**7572**	**7813**
1、市　区	**1754**	**1940**	**91979**	**94474**	**5316**	**5323**
市直管	2	2	5225	4837	35	35
连云区	184	209	10978	11282	850	545
海州区	499	531	31866	34516	1887	1442
赣榆区	765	873	11710	14234	1514	1317
开发区	212	232	20245	18669	594	581
高新区	71	72	9773	9360	323	1299
徐圩新区	19	19	2060	1498	109	100
云台山风景区	2	2	122	78	4	4
2、辖 县	**1508**	**1743**	**23976**	**26327**	**2256**	**2490**
东海县	813	902	10550	12151	1179	1285
灌云县	389	491	4948	5840	587	635
灌南县	306	350	8478	8336	490	570

商务分县区主要经济指标（三）

单位:万元

企业全年信息化投入		#一次性投入		运营维护投入		一次性投入中:硬件投入		年底拥有的网站数量(个)	
2017	2016	2017	2016	2017	2016	2017	2016	2017	2016
62348	**58080**	**41975**	**38581**	**20365**	**19498**	**22027**	**23285**	**1720**	**1882**
51351	**45672**	**34352**	**30086**	**16991**	**15585**	**17147**	**17449**	**1033**	**1107**
4760	3669	3016	2579	1744	1090	550	641	1	1
8379	9210	5769	7345	2610	1865	2542	4157	136	156
16057	15285	9658	8933	6391	6351	5395	5354	380	403
4931	4283	3676	3136	1255	1147	2977	2451	309	335
10007	7637	6306	4800	3701	2837	2376	2928	126	128
4938	3264	4233	1598	705	1666	2568	950	66	66
2262	2313	1684	1688	578	625	730	961	15	18
17	11	10	7	7	4	9	7		
10997	**12408**	**7623**	**8495**	**3374**	**3913**	**4880**	**5836**	**687**	**775**
4653	5888	2848	3973	1805	1915	2015	2632	372	413
1838	2517	1295	1712	543	805	963	1313	157	177
4506	4003	3480	2810	1026	1193	1902	1891	158	185

表 10-39 续表 1

	单位数(个)		电子商务全部交易金额		电子商务销售商品金额	
	2017	2016	2017	2016	2017	2016
总　计	**3262**	**3683**	**1484180**	**1287247**	**1012264**	**871227**
1、市　区	**1754**	**1940**	**1294320**	**1120076**	**895690**	**771237**
市直管	2	2	284928	225825	161568	130825
连云区	184	209	4246	4532	4193	4496
海州区	499	531	869234	814379	622827	579298
赣榆区	765	873	50865	28847	29405	20240
开发区	212	232	50329	17637	48563	12259
高新区	71	72	9616	5340	8371	5170
徐圩新区	19	19	25101	23516	20763	18949
云台山风景区	2	2				
2、辖 县	**1508**	**1743**	**189860**	**167171**	**116574**	**99991**
东海县	813	902	144332	136206	85311	81596
灌云县	389	491	1692	1322	1355	1132
灌南县	306	350	43836	29643	29908	17263

单位:万元

电子商务销售服务金额		电子商务销售金额（B2B 商品）		电子商务销售金额（B2B 服务）		电子商务销售金额（B2C 商品）		电子商务销售金额（B2C 服务）	
2017	2016	2017	2016	2017	2016	2017	2016	2017	2016
6390	**1363**	**909345**	**832924**	**1986**	**1099**	**102920**	**38303**	**4404**	**264**
4530	**825**	**802309**	**736843**	**1054**	**750**	**93381**	**34394**	**3476**	**75**
		161568	130825						
14	5	3990	4258	8	2	203	238	6	3
3489	715	566550	565792	976	713	56277	13506	2513	2
30		4269	1595	30		25136	18645		
42	35	39749	11084	40	35	8814	1175	2	
955	70	5420	4340			2951	830	955	70
		20763	18949						
1860	**538**	**107036**	**96082**	**932**	**349**	**9539**	**3909**	**928**	**189**
863	312	80955	78857	404	230	4356	2739	459	82
68	16	823	731	30	9	533	401	38	7
929	210	25258	16494	498	110	4650	769	431	100

表 10-39 续表 2

	单位数(个)		电子商务销售（境外商品）		电子商务销售（境外服务）	
	2017	2016	2017	2016	2017	2016
总　计	**3262**	**3683**	**75780**	**55935**	**226**	**16**
1、市　区	**1754**	**1940**	**68135**	**49247**	**212**	**5**
市直管	2	2	40833	31102		
连云区	184	209				
海州区	499	531	4745	1038	200	
赣榆区	765	873	1485	960		
开发区	212	232	13648	7631	12	5
高新区	71	72		60		
徐圩新区	19	19	7424	8456		
云台山风景区	2	2				
2、辖 县	**1508**	**1743**	**7645**	**6688**	**14**	**11**
东海县	813	902	5402	5170		
灌云县	389	491				
灌南县	306	350	2243	1518	14	11

单位:万元

电子商务采购商品金额		电子商务采购服务金额		电子商务采购（境外商品）		电子商务采购（境外服务）	平台交易额（万元）
2017	2016	2017	2016	2017	2016	2017	2017
464613	**414511**	**912**	**146**	**1455**	**818**	**5**	**5936**
393877	**347991**	**222**	**24**	**640**	**818**		**5934**
123360	95000						
39	31						
242718	234350	200	16				75
21427	8607	3					
1706	5335	19	8	560	800		5859
290	100			80	18		
4338	4567						
70736	**66520**	**690**	**122**	**815**		**5**	**2**
57485	54178	673	120				2
257	172	12	2	15		5	
12994	12170	5		800			

全市“四众”发展情况主要经济指标

表 10–40　　　　（2017 年）

	单位个数	众创项目个数		众包业务金额（千元）	
		2017	2016	2017	2016
总　计	**90**	**696**	**513**	**6940**	**9178**
1、市　区	**69**	**541**	**387**	**5740**	**9178**
连云区	5	13	3	1000	900
海州区	37	174	108	543	375
赣榆区	5	46	52		
开发区	7	162	137		
高新区	15	146	87	4197	7903
2、辖　县	**21**	**155**	**126**	**1200**	
东海县	15	86	74	1200	
灌云县	4	69	52		
灌南县	2				

表 10–40 续表　　　　（2017 年）

众扶对象个数		众筹资金总额（千元）		从业人员期末人数（人）		营业收入（千元）		实现利润总额（千元）	
2017	2016	2017	2016	2017	2016	2017	2016	2017	2016
2022	**1561**	**177850**	**211079**	**5611**	**4943**	**2566758**	**2147557**	**–5213**	**–22778**
725	**655**	**116500**	**151550**	**5201**	**4580**	**2414707**	**2011724**	**15406**	**–19196**
4		800		1398	1282	720247	659915	41796	31957
35	18	115700	151550	1896	1697	1540165	1195746	–35523	–66680
62	63			84	113	85520	63523	2786	2414
617	566			124	125	37508	68451	3557	11176
7	8			1699	1363	31267	24089	2790	1937
1297	**906**	**61350**	**59529**	**410**	**363**	**152051**	**135833**	**–20619**	**–3582**
1027	683	61350	59529	365	336	96528	91249	–20919	–4112
19	10			33	24	55523	44584	300	530
251	213			12	3				

注：“四众”具体包括众创、众包、众扶、众筹等四种主要新经济发展模式和形态。本数据根据国家近年新开展的统计年报加工，每年的单位数有所不同，指标口径也有一定变化，仅供研究参考。

11

批发零售、住宿餐饮

主要年份分地区社会消费品零售总额

表 11-1　　　　单位:万元

年份	全市	市区	# 赣榆区	东海县	灌云县	灌南县
1978	37173	18299	6519	8299	6542	4033
1980	51221	26979	10450	9823	8607	5812
1983	73638	27130	13877	13131	12092	7408
1985	108209	60986	18662	19650	15583	11990
1990	216207	131920	36989	32767	34289	17231
1991	236932	101467	39433	41039	36197	18796
1992	266492	114543	44789	47136	39069	20955
1993	386841	218295	86626	67363	64898	36285
1994	545278	293398	119604	100777	105478	45625
1995	697327	380162	152031	136092	125569	55504
1996	829642	472640	172747	152373	143182	61447
1997	891542	494240	186210	168113	155941	73248
1998	941915	512329	197268	184712	164115	80759
1999	993713	541300	209316	192547	172608	87258
2000	1065701	588467	225034	207739	172900	96595
2001	1147574	636548	239748	223653	182423	104950
2002	1260330	718070	258194	237799	190470	113991
2003	1378617	806223	272735	248428	202142	121824
2004	1574788	934668	304645	277872	225870	136378
2005	1820800	1089308	348819	318163	257040	156289
2006	2115302	1266276	404867	369510	297979	181537
2007	2490785	1491870	476805	435152	350361	213401
2008	3104447	1846338	595029	549666	439840	268603
2009	3626978	2145889	664633	641612	489338	350139
2010	4306460	2548578	788181	762295	580179	415409
2011	5002331	2915503	945271	931645	686767	468415
2012	5754940	3348982	1082792	1078900	786918	540140
2013	6555728	3836304	1236395	1208892	895713	614819
2014	7404732	4320999	1365086	1389772	948965	744996
2015	8307149	4835675	1534357	1562104	1065688	835140
2016	9333099	5444381	1724614	1758934	1194538	935246
2017	10383081	6050525	1909992	1960203	1331190	1041163

注:2014 年分县区数据有所调整。

社会消费品零售总额

表 11-2　　(2017 年)　　单位:万元

指　　标	全　市	市　区	东海县	灌云县	灌南县
社会消费品零售总额	**10383081**	**6050525**	**1960203**	**1331190**	**1041163**
一、按销售在地分组:					
1、城镇	8495825	5462800	1391488	858989	782548
其中:城区	5597215	4785394	713304	59789	38727
2、乡村	1887257	587725	568715	472201	258615
二、按行业分组:					
(一)批发业	1305662	787204	234071	97652	186734
1、限额以上企业	394242	360808	19897	1791	11746
2、限额以下企业和个体	911420	426395	214174	95862	174988
(1)限额以下企业	188960	124033	42427	10000	12500
(2)个体	722460	302362	171748	85862	162488
(二)零售业	7683734	4493537	1448343	1029928	711926
1、限额以上企业	3536559	2452795	685234	196138	202392
2、限额以下企业和个体	4147175	2040742	763109	833790	509534
(1)限额以下企业	1570154	682513	392031	301563	194048
(2)个体	2577021	1358230	371078	532228	315486
(三)住宿业	182861	82789	58618	24873	16582
1、限额以上企业	37192	23220	7165	4745	2061
2、限额以下企业和个体	145669	59568	51453	20128	14521
(1)限额以下企业	23007	8545	7079	306	7077
(2)个体	122662	51024	44374	19822	7444
(四)餐饮业	1210825	686996	219171	178736	125921
1、限额以上企业	301515	185901	67045	32852	15716
2、限额以下企业和个体	909310	501095	152126	145884	110205
(1)限额以下企业	241726	124322	33253	34048	50104
(2)个体	667584	376773	118872	111837	60102

注:限额以上企业含限额以上个体户。

市区社会消费品零售总额

表 11-3　（2017 年）　单位:万元

指　　标	市　区	连云区	海州区	赣榆区	开发区	高新区
社会消费品零售总额	**6050525**	**805279**	**3014072**	**1909992**	**237118**	**84063.2**
一、按销售在地分组:						
1、城镇	5462800	805279	3014072	1322267	237118	84063.2
其中:城区	4785394	805279	2998388	948406	16546	16775.1
2、乡村	587725			587725		
二、按行业分组:						
(一)批发业	787204	171244	164400	336473	115087	
1、限额以上企业	360808	8766	88396	150923	112724	
2、限额以下企业和个体	426395	162477	76004	185550	2364	
(1)限额以下企业	124033	12000	32944	79090		
(2)个体	302362	150477	43061	106460	2364	
(二)零售业	4493537	435689	2566128	1292271	119161	80289.3
1、限额以上企业	2452795	145615	1609946	501001	115942	80289.3
2、限额以下企业和个体	2040742	290073	956181	791269	3219	
(1)限额以下企业	682513	8431	312472	361610		
(2)个体	1358230	281643	643709	429659	3219	
(三)住宿业	82789	18535	51955	9633		2665.8
1、星级以上企业	23220	7671	11153	1731		2665.8
2、星级以下企业和个体	59568	10864	40802	7902		
(1)星级以下企业	8545		8324	221		
(2)个体	51024	10864	32478	7681		
(四)餐饮业	686996	179812	231590	271616	2870	1108.1
1、限额以上企业	185901	32916	86335	64838	705	1108.1
2、限额以下企业和个体	501095	146896	145255	206778	2166	
(1)限额以下企业	124322	41072	75490	7760		
(2)个体	376773	105825	69765	199018	2166	

批发和零售业商品销售表

表 11-4　　（2017 年）　　单位：万元

	销售总额合计	批发总额合计	零售总额合计
总　计	**36283258**	**27670595**	**8612663**
1、限额以上	9012926	5458858	3554069
2、限额以下	27270332	22211737	5058595
一、批发业	21600612	20294950	1305662
1、限额以上	5518910	5124668	394242
2、限额以下	16081702	15170282	911420
二、零售业	14682646	7375644	7307002
1、限额以上	3494016	334190	3159826
2、限额以下	11188630	7041455	4147175

住宿和餐饮业经营情况表

表 11-5　　（2017 年）　　单位：万元

	住宿和餐饮业合计	住宿业	餐饮业
营业额总计	**1801545**	**428795**	**1372751**
（一）限额以上营业额	377978	74936	303042
1、客房收入	50309	37819	12491
2、餐费收入	298675	30240	268435
3、商品销售额	23718	2956	20763
4、其他收入	5276	3922	1354
（二）限额以下营业额	1423567	353859	1069709
其中：餐费收入和商品销售额	1054979	145669	909310

注：限额以上包含本地限上法人、限上个体和限上产业活动单位。

限额以上批发零售贸易业基本情况

表 11-6　　（2017 年）

类型或行业	法人单位（个）	经营网点（个）	零售企业营业面积（平方米）	从业人员（个）	销售额（万元）
批发零售贸易业合计	500	759	568148	28937	9907289
市　区	4	4	10900	298	71136
连云区	26	101	59752	2030	757012
海州区	123	304	299891	7599	3615682
赣榆区	119	122	56078	2496	2225702
开发区	28	28	9458	11304	2062463
东海县	107	107	91664	3004	614273
灌云县	40	40	17007	903	294872
灌南县	53	53	23398	1303	266149
（一）批发业	203	203	47875	16954	7429161
市　区	1	1	2000	43	7509
连云区	19	19	8180	367	619985
海州区	45	45	8434	2394	2221960
赣榆区	45	45	8987	1256	2040379
开发区	23	23	8283	11144	1972131
东海县	29	29	6429	864	243590
灌云县	18	18	2210	435	202607
灌南县	23	23	3352	451	121001
（二）零售业	297	556	520273	11983	2478128
市　区	3	3	8900	255	63627
连云区	7	82	51572	1663	137027
海州区	78	259	291457	5205	1393723
赣榆区	74	77	47091	1240	185323
开发区	5	5	1175	160	90332
东海县	78	78	85235	2140	370683
灌云县	22	22	14797	468	92265
灌南县	30	30	20046	852	145148
在零售业中					
1.按经营方式	297	556	520273	11983	2478128
独立商店	283	387	431603	9005	2177433
连锁店总店	3	108	50340	1762	133440
连锁店分店					
其它	11	61	38330	1216	167255
2.按业态分	297	556	520273	11983	2478128
有店铺零售	292	551	519073	11500	2370923
食杂店	2	2	770	44	4046
便利店	3	16	10880	93	12805
超市	17	18	25640	551	31106
大型超市	7	119	146248	3322	260830
百货店	16	16	85825	774	222842
专业店	162	295	144359	4160	1173724
专卖店	69	69	90721	2277	596016
家具建材商店	6	6	3630	56	23931
购物中心					
厂家直销中心	10	10	11000	223	45624
无店铺零售	5	5	1200	483	107205
网上商店	5	5	1200	483	107205

限额以上住宿和餐饮业基本情况

表 11-7　（2017 年）

类型或行业	法人单位（个）	经营网点（个）	零售企业营业面积（平方米）	从业人员（个）	销售额（万元）
住宿和餐饮业合计	95	96	139453	6155	118880
市　区	3	3	11935	606	8554
连云区	13	13	25900	1150	18466
海州区	42	43	50614	2272	53316
赣榆区	16	16	20100	624	14894
开发区					
东海县	15	15	21916	1111	17401
灌云县	3	3	4988	177	3734
灌南县	3	3	4000	215	2515
（一）住宿业	40	40	75022	3681	65154
市　区	1	1	3600	333	5575
连云区	10	10	24100	1045	16948
海州区	14	14	20305	994	21484
赣榆区	4	4	5181	195	2999
开发区					
东海县	6	6	13398	760	12734
灌云县	2	2	4438	139	2901
灌南县	3	3	4000	215	2515
（二）餐饮业	55	56	64431	2474	53726
市　区	2	2	8335	273	2980
连云区	3	3	1800	105	1518
海州区	28	29	30309	1278	31833
赣榆区	12	12	14919	429	11895
开发区					
东海县	9	9	8518	351	4667
灌云县	1	1	550	38	834
灌南县					
在住宿业中					
按星级等级分组	40	40	75022	3681	65154
一星					
二星	4	4	1600	103	2076
三星	13	13	17136	637	11498
四星	5	5	23100	560	8936
五星	3	3	12380	819	14826
其他	15	15	20806	1562	27818
在餐饮业中					
按国民经济行业分组	55	56	64431	2474	53726
正餐服务	49	49	60833	2167	42992
快餐服务	5	6	3358	287	6066
饮料及冷饮服务					
其他餐饮服务	1	1	240	20	4668

限额以上批发零售贸易业商品购、销、存总额

表 11-8　　（2017 年）　　单位：万元

项　　目	购进总额	#从生产者购进	#进　口
批发零售贸易企业总计	**8889771**	**8805989**	**83782**
按市县分			
市　区	71824	22842	48982
连云区	703251	693755	9496
海州区	3309935	3302434	7501
赣榆区	1993318	1968827	24491
开发区	1797298	1755003	42294
东海县	515438	515438	
灌云县	262349	262349	
灌南县	236358	236358	
一、批发业	6581131	6528691	52439
其中：国有控股	633584	633317	267
1、按登记注册类型分组			
内资企业	6193890	6141450	52439
国有企业	484794	484794	
集体企业	15247	15247	
有限责任公司	1959983	1959067	916
国有独资公司	60318	60318	
其他有限责任公司	1899665	1898749	916
股份有限公司	1046710	1046710	
私营企业	2687156	2635633	51523
私营有限责任公司	2627018	2583164	43854
私营股份有限公司	20253	12583	7670
2、按国民经济行业分组			
农、林、牧、渔产品批发	132185	132185	
谷物、豆及薯类批发	93960	93960	
种子批发	6848	6848	
畜牧渔业饲料批发	26563	26563	
食品、饮料及烟草制品批发	585240	585240	
米、面制品及食用油批发	295784	295784	
果品、蔬菜批发	10971	10971	
肉、禽、蛋及水产品批发	15172	15172	
盐及调味品批发	3011	3011	
酒、饮料及茶叶批发	6836	6836	
烟草制品批发	238849	238849	
医药及医疗器材批发	582146	582146	
西药批发	564702	564702	

表 11-8 续表 1　　　　（2017 年）　　　　单位：万元

项　　目	购进总额	# 从生产者购进	# 进　　口
中药材及中成药批发	9964	9964	
矿产品、建材及化工产品批发	4734466	4683853	50613
煤炭及制品批发	299661	299661	
石油及制品批发	2165562	2165562	
非金属矿及制品批发	77917	36555	41362
金属及金属矿批发	1567891	1566958	933
建材批发	339098	339098	
化肥批发	77156	77156	
其他化工产品批发	200303	191984	8319
机械设备、五金交电及电子产品批发	183014	183014	
农业机械批发	40956	40956	
汽车、摩托车及零配件批发	64905	64905	
五金、交电批发	3057	3057	
通讯及广播电视设备批发			
其他批发	120898	120898	
再生物资回收与批发	52294	52294	
二、零售业	2308641	2277298	31343
其中：国有控股	607443	607443	
1、按登记注册类型分组			
内资企业	2235212	2203870	31343
国有企业	54757	54757	
集体企业	41542	41542	
股份合作企业			
有限责任公司	360256	360256	
国有独资公司	705	705	
其他有限责任公司	359551	359551	

表 11-8 续表 2　　（2017 年）　　单位：万元

项　　目	购进总额	#从生产者购进	#进　　口
股份有限公司	584774	584774	
私营企业	1182119	1150777	31343
私营独资企业	6346	6346	
私营合伙企业			
私营有限责任公司	1116916	1085573	31343
私营股份有限公司	58858	58858	
其他	11765	11765	
港、澳、台商投资企业	20503	20503	
2、按国民经济行业分组			
综合零售	473278	447334	25944
百货零售	261737	235793	25944
超级市场零售	205900	205900	
其他综合零售	5641	5641	
食品、饮料及烟草制品专门零售	152237	152237	
饮料及茶叶零售	115765	115765	
烟草制品零售			
其他食品零售	12142	12142	
纺织、服装及日用品专门零售	21909	21909	
服装零售	2090	2090	
文化、体育用品及器材专门零售	244555	244555	
图书零售	52963	52963	
珠宝首饰零售	72140	72140	
医药及医疗器材专门零售	41937	41937	
药品零售	41261	41261	
汽车、摩托车、零配件和燃料及其他动力销售	1195578	1190180	5398
汽车新车零售	678133	672735	5398
汽车旧车零售	1208	1208	
汽车零配件零售	5991	5991	
摩托车及零配件零售	8025	8025	
机动车燃油零售	498345	498345	
机动车燃气零售	3875	3875	
家用电器及电子产品专门零售	117386	117386	

表 11-8 续表 3　　　　　　　　　　（2017 年）　　　　　　　　　　单位:万元

项　　　目	购进总额	# 从生产者购进	# 进　　口
家用视听设备零售	40088	40088	
日用家电零售	48044	48044	
计算机、软件及辅助设备零售	6290	6290	
五金、家具及室内装饰材料专门零售	45147	45147	
生活用燃料零售	12171	12171	
3、按经营方式分组			
独立门店	2048681	2017339	31343
连锁总店（总部）	105785	105785	
连锁门店			
其他	154174	154174	
4、按零售业态分组			
超市	24915	23461	1453
大型超市	237229	237229	
百货店	207339		24491
专业店	1098604	1098604	
专卖店	560352	554954	5398
购物中心			
厂家直销中心	43598	43598	
补充资料:			
批发业其他有限责任公司	1899665	1898749	916
其中:1、国有控股	69533	69266	267
2、集体控股			
股份有限公司	1046710	1046710	
其中:1、国有控股	18940	18940	
2、集体控股			
零售业其他有限责任公司	359551	359551	
其中:1、国有控股	15876	15876	
集体控股	68559	68559	
股份有限公司	584774	584774	

表 11-8 续表 4 （2017 年） 单位:万元

项目	销售总额	批发	出口	零售	期末库存总额
批发零售贸易企业总计	**9907289**	**6512853**	**138420**	**3394436**	**455907**
按市县分					
市区					
连云区	757012	411126	45492	345886	53371
海州区	3615682	1658531	55036	1957151	263732
赣榆区	2225702	2038937	12601	186766	43457
开发区	2062463	1853075	13395	209389	33507
东海县	614273	239539	5257	374734	26486
灌云县	294872	202462		92410	9884
灌南县	266149	101676	6640	164473	19147
一、批发业	7429161	6311978	138420	1117182	275637
其中:国有控股	777390	550596		226794	52958
1、按登记注册类型分组					
内资企业	7012299	5977398	138420	1034902	275154
国有企业	618974	414262		204712	45428
集体企业	16288	16288			673
有限责任公司	2274681	1515243	40391	759439	158542
国有独资公司	65458	47372		18086	1128
其他有限责任公司	2209223	1467871	40391	741352	157413
股份有限公司	1093455	1076871		16585	7982
私营企业	3008902	2954735	98029	54167	62529
私营有限责任公司	2932215	2878242	89477	53973	60264
私营股份有限公司	22166	22002	8552	164	1331
2、按国民经济行业分组					
农畜产品批发	149653	146782		2871	12024
谷物、豆及薯类批发	105908	103067		2841	10274
种子、饲料批发	8590	8590			391
棉、麻批发	29239	29209		30	859
食品、饮料及烟草制品批发	721922	629352	17857	92570	18742
米、面制品及食用油批发	316552	227627		88925	2055
果品、蔬菜批发	12231	9586		2645	8
肉、禽、蛋及水产品批发	15234	15234	12601		543
盐及调味品批发	6750	6750			566
饮料及茶叶批发	7817	6817		1000	425
烟草制品批发	346884	346884			13377
医药及医疗器材批发	723189	442947	6459	280242	45431
西药批发	703562	425543		278019	44470

表 11-8 续表 5　　（2017 年）　　单位:万元

项　　目	销售总额	批　发	出　口	零　售	期末库存总额
中药材及中成药批发	11318	10945		374	960
矿产品、建材及化工产品批发	5207754	4529420	97038	678334	182790
煤炭及制品批发	326241	119367		206874	22145
石油及制品批发	2351574	1906307		445267	113028
非金属矿及制品批发	84697	84346	3829	352	4675
金属及金属矿批发	1722215	1722215	6412		21371
建材批发	409594	393494	44593	16100	9223
化肥批发	82882	82731		152	5602
其他化工产品批发	223722	214131	42204	9590	6567
机械设备、五金交电及电子产品批发	217646	161403	1013	56243	5206
农业机械批发	46196	30570		15626	1646
汽车、摩托车及零配件批发	65083	62258		2825	2435
五金、交电批发	3368	3368			118
通讯及广播电视设备批发					
其他批发	157328	152710	6373	4619	7760
再生物资回收与批发	66388	66388			4567
二、零售业	2478128	200875		2277254	180270
其中:国有控股	548511	85240		463272	25997
1、按登记注册类型分组					
内资企业	2405253	200875		2204378	176486
国有企业	54694			54694	2470
集体企业	46065	7856		38209	1433
股份合作企业					
有限责任公司	438641	6468		432172	50137
国有独资公司	738			738	45
其他有限责任公司	437903	6468		431434	50092

表 11-8 续表 6　　　　（2017 年）　　　　单位:万元

项　　目	销售总额	批　发	出　口	零　售	期末库存总额
股份有限公司	529189	84490		444699	20198
私营企业	1323200	102060		1221140	102083
私营独资企业	9602			9602	687
私营合伙企业					
私营有限责任公司	1253282	100878		1152404	94559
私营股份有限公司	60316	1182		59134	6837
其他	13465	1		13465	166
港、澳、台商投资企业	19206			19206	2137
2、按国民经济行业分组					
综合零售	519095	31734		487361	48539
百货零售	279089	31734		247354	24384
超级市场零售	234432			234432	24088
其他综合零售	5575			5575	66
食品、饮料及烟草制品专门零售	178099	8530		169569	4641
饮料及茶叶零售	137968	2222		135746	2703
烟草制品零售					
其他食品零售	12105	3734		8371	1078
纺织、服装及日用品专门零售	23291			23291	555
服装零售	2289			2289	99
文化、体育用品及器材专门零售	292715	47691		245024	46854
图书零售	52217			52217	16211
珠宝首饰零售	111791			111791	14503
医药及医疗器材专门零售	54613			54613	8640
药品零售	53898			53898	8606
汽车、摩托车、零配件和燃料及其他动力销售	1174170	99393		1074777	55402
汽车新车零售	708498	14526		693972	47446
汽车旧车零售	1510			1510	158
汽车零配件零售	7123	377		6746	349
摩托车及零配件零售	10291			10291	338
机动车燃油零售	440134	84490		355645	7040
机动车燃气零售	6614			6614	71
家用电器及电子产品专门零售	167251	12683		154568	13574

表 11-8 续表 7　　（2017 年）　　单位：万元

项　　目	销售总额	批 发	出 口	零 售	期末库存总额
家用视听设备零售	41090	7036		34053	5473
日用家电零售	95318	3442		91876	6660
计算机、软件及辅助设备零售	5900	901		4999	543
五金、家具及室内装饰材料专门零售	49580	281		49300	1426
生活用燃料零售	13973	81		13893	512
3、按经营方式分组					
独立门店	2177433	165935		2011498	151879
连锁总店（总部）	133440			133440	14276
连锁门店					
其他	167255	34940		132316	14115
4、按零售业态分组					
超市	31106	1003		30103	4376
大型超市	260830			260830	22454
百货店	222842	32336		190506	22297
专业店	1173724	99711		1074013	66142
专卖店	596016	5715		590301	49048
购物中心					
厂家直销中心	45624	14665		30959	1753
补充资料：					
批发业其他有限责任公司	2209223	1467871	40391	741352	157413
其中：1、国有控股	73438	69442		3996	6364
2、集体控股					
股份有限公司	1093455	1076871		16585	7982
其中：1、国有控股	19521	19521			37
2、集体控股					
零售业其他有限责任公司	437903	6468		431434	50092
其中：1、国有控股	16100	750		15350	6987
集体控股	56559			56559	13000
股份有限公司	529189	84490		444699	20198

星级住宿业和限额以上餐饮企业财务状况

表 11-9　　（2017 年）　　单位：万元

指标名称	年末资产负债					
	流动资产合计	固定资产原价	累计折旧	本年折旧	资产总计	负债合计
总　计	**60120**	**158379**	**60533**	**6202**	**232843**	**163889**
一、住宿业	36457	137334	52028	4798	145809	132960
1、按登记注册类型分组						
内资企业	36457	137334	52028	4798	145809	132960
国有企业	5106	15908	9708	714	12160	3241
集体企业						
股份合作企业						
有限责任公司	15253	85507	29660	3274	77571	87106
股份有限公司						
私营企业	16098	35920	12660	810	56078	42613
港、澳、台商投资企业						
2、按国民经济行业分组						
旅游饭店	35433	109912	51737	4752	114259	101307
一般旅馆	882	27367	251	42	31331	31484
其他住宿服务	143	56	41	5	220	170
3、按星级等级分组						
二星	711	1162	582	28	1625	786
三星	11018	12184	7075	571	17503	7812
四星	5225	50471	11724	826	48366	46698
五星	8032	43942	22385	2612	32306	30988
其他	11472	29575	10263	761	46009	46676
二、餐饮业	23662	21046	8505	1404	87034	30928
1、按登记注册类型分组						
内资企业	23176	20236	7759	1390	86021	30184
有限责任公司	2291	5414	2781	688	6399	9738
股份有限公司	241	37	2		371	96
私营企业	20508	14780	4976	701	79110	20268
港、澳、台商投资企业	486	810	746	14	1013	745
2、按国民经济行业分组						
正餐服务	20554	19146	7020	1230	81944	28741
快餐服务	2978	1652	1237	160	3796	1995
其他餐饮服务	130	248	248	15	1294	192
3、按经营方式						
独立经营	20253	19102	7081	1156	82460	27986
连锁经营分店	1130	936	524	204	2072	1569
其他	2279	1008	899	44	2502	1374

表 11-9 续表 1　　（2017 年）　　单位：万元

指标名称	年末资产负债				
	所有者权益合计	实收资本	营业收入合　计	营业成本合　计	主营业务税金及附加
总　计	**68955**	**61064**	**104664**	**57465**	**2032**
一、住宿业	12849	36876	54909	25813	697
1、按登记注册类型分组					
内资企业	12849	36876	54909	25813	697
国有企业	8919	9561	6521	3539	88
集体企业					
股份合作企业					
有限责任公司	-9535	19221	24164	8786	236
股份有限公司					
私营企业	13465	8094	24224	13488	373
港、澳、台商投资企业					
2、按国民经济行业分组					
旅游饭店	12952	35422	48650	22159	621
一般旅馆	-153	1404	4626	2917	72
其他住宿服务	50	50	1633	737	4
3、按星级等级分组					
二星	839	777	1862	1609	34
三星	9691	5757	10298	5492	121
四星	1669	10061	8826	3754	200
五星	1318	15910	14232	5193	80
其他	-667	4371	19691	9767	261
二、餐饮业	56106	24188	49756	31652	1335
1、按登记注册类型分组					
内资企业	55838	23010	49080	31386	1323
有限责任公司	-3338	2382	6097	3250	397
股份有限公司	275	30	830	424	4
私营企业	58842	20588	41804	27375	921
港、澳、台商投资企业	268	1178	675	266	12
2、按国民经济行业分组					
正餐服务	53203	23360	39761	25300	1177
快餐服务	1801	828	6005	3200	79
其他餐饮服务	1101		3990	3152	80
3、按经营方式					
独立经营	54475	23458	41464	26587	1315
连锁经营分店	503	468	2456	1358	11
其他	1128	262	5836	3707	9

表 11-9 续表 2　　(2017 年)　　单位:万元

指标名称	营业费用	管理费用	财务费用	营业利润
总　计	**24700**	**21133**	**894**	**-1592**
一、住宿业	13276	16399	597	-1907
1、按登记注册类型分组				
内资企业	13276	16399	597	-1907
国有企业	829	2003	211	-182
集体企业				
股份合作企业				
有限责任公司	8531	9393	124	-2906
股份有限公司				
私营企业	3916	5003	262	1181
港、澳、台商投资企业				
2、按国民经济行业分组				
旅游饭店	11768	15583	579	-2093
一般旅馆	680	762	15	180
其他住宿服务	828	54	4	6
3、按星级等级分组				
二星	85	43	7	84
三星	2100	1995	129	461
四星	2475	3131	311	-1070
五星	4283	6405	42	-1770
其他	4332	4825	109	389
二、餐饮业	11424	4734	297	314
1、按登记注册类型分组				
内资企业	11168	4421	291	492
有限责任公司	1854	1692	51	-1147
股份有限公司	289	85	6	24
私营企业	9025	2644	234	1604
港、澳、台商投资企业	256	313	5	-178
2、按国民经济行业分组				
正餐服务	9458	3934	223	-330
快餐服务	1815	716	10	185
其他餐饮服务	151	84	64	460
3、按经营方式				
独立经营	8783	4019	288	471
连锁经营分店	878	496	9	-296
其他	1764	218		139

表 11-9 续表 3　　（2017 年）　　单位:万元

指标名称	年末资产负债				
	利润总额	应交所得税	应付职工薪酬	企业亏损数（个）	亏损总额
总　计	**-1594**	**577**	**18848**	**26**	**6811**
一、住宿业	-1913	310	11159	12	4359
1、按登记注册类型分组					
内资企业	-1913	310	11159	12	4359
国有企业	-183		1469	2	346
集体企业					
股份合作企业					
有限责任公司	-2939	107	6209	5	3542
股份有限公司					
私营企业	1210	203	3481	5	471
港、澳、台商投资企业					
2、按国民经济行业分组					
旅游饭店	-2098	270	9868	11	4215
一般旅馆	180	40	830	1	144
其他住宿服务	6		461		
3、按星级等级分组					
二星	23		321		
三星	433	130	1330	5	442
四星	-1067		2062	4	1088
五星	-1776	107	3114	1	2285
其他	475	73	4333	2	545
二、餐饮业	319	267	7689	14	2452
1、按登记注册类型分组					
内资企业	498	267	7532	12	2273
有限责任公司	-1104	1	1798	5	1345
股份有限公司	24	6	135		
私营企业	1568	260	5518	7	927
港、澳、台商投资企业	-180		157	2	180
2、按国民经济行业分组					
正餐服务	-326	224	6679	13	2451
快餐服务	185	43	925	1	1
其他餐饮服务	460		85		
3、按经营方式					
独立经营	476	223	6817	13	2123
连锁经营分店	-296	13	458	1	330
其他	139	32	414		

限额以上批发和零售企业财务状况表

表 11-10　　(2017 年)　　单位:万元

指标	年末资产负债					
	流动资产合计	其中:应收账款	存货	固定资产合计	固定资产原价	累计折旧
总计	**3422049**	**696980**	**374240**	**380678**	**540154**	**184747**
一、批发业	2939715	621767	243051	183082	278617	106503
1、按登记注册类型分组						
内资企业	2665179	507254	241048	183080	277111	104999
国有企业	339900	84703	41493	22274	42038	23043
集体企业	1333	264	619	979	1344	365
有限责任公司	1353296	164371	132030	83781	138543	55994
股份有限公司	70457	9322	7983	2851	5917	3065
私营企业	900193	248594	58924	73196	89270	22531
二、零售业	482335	75212	131189	197597	261537	78243
1、按登记注册类型分类						
内资企业	455357	73670	130910	185610	247331	71872
国有企业	3561	56	2470	4895	3917	431
集体企业	1799	306	751	1227	1681	454
股份合作企业						
有限责任公司	108361	19979	34813	21763	30603	15294
股份有限公司	17258	1863	8167	38326	63909	24331
私营企业	321093	50953	84453	109319	136552	30534
2、按国民经济行业分组						
综合零售	83431	3729	23224	73096	89002	22130
百货零售	43143	1149	9041	16206	24029	13629
超级市场零售	40206	2550	14181	56839	64908	8485
3、按经营方式分组						
独立经营	429678	70245	111755	189764	248307	72581
连锁经营总店	28462	2861	9804	5217	10055	4838
连锁经营分店						
4、按零售业态分组						
超市	9064	795	2451	2868	3308	1088
大型超市	46257	2777	12206	61729	68710	11134
百货店	29829	876	8583	8472	16912	9862
专业店	202193	33160	48380	78360	116331	38912
专卖店	147887	30282	46313	36766	45547	15450

表 11-10 续表 1　　（2017 年）　　单位:万元

指　　标	年末资产负债					
	本年折旧	资产总计	流动负债合计	非流动负债合计	负债合计	所有者权益合计
总　计	**31120**	**4685290**	**3220372**	**311189**	**3531610**	**1153604**
一、批发业	18221	3882063	2784426	276958	3061368	820618
1、按登记注册类型分类						
内资企业	18182	3597241	2533433	276892	2810309	786855
国有企业	1736	390189	220768	17637	238405	151784
集体企业	47	2312	605		605	1708
有限责任公司	11698	2087300	1561327	71030	1632357	454943
股份有限公司	337	90102	76116		76116	13986
私营企业	4365	1027338	674618	188225	862826	164435
二、零售业	12899	803228	435946	34231	470242	332986
1、按登记注册类型分类						
内资企业	11839	760679	427040	17365	444471	316209
国有企业	2	8456	6797		6797	1659
集体企业	47	3077	1358	15	1374	1703
股份合作企业						
有限责任公司	1079	171778	102827	6626	109453	62325
股份有限公司	3007	96673	24463	3159	27622	69052
私营企业	7512	467226	290834	7359	298259	168967
2、按国民经济行业分组						
综合零售	2884	192706	114627	22507	137134	55572
百货零售	779	64874	24553	18004	42557	22317
超级市场零售	2100	127437	89978	4502	94480	32957
3、按经营方式分组						
独立经营	12458	714773	386238	32348	418652	296122
连锁经营总店	272	37223	31769		31769	5453
连锁经营分店						
4、按零售业态分组						
超市	405	14880	4145	1531	5676	9204
大型超市	2068	138816	89096	20126	109222	29594
百货店	408	40438	22842	850	23691	16747
专业店	7047	339154	156721	8307	165027	174126
专卖店	2739	203619	135537	2265	137868	65751

表 11-10 续表 2　（2017 年）　单位:万元

指　标	损益及分配					
	实收资本	主营业务收　入	主营业务成　本	营业税金及附加	主营业务税金及附加	其他业务利　润
总　计	**415583**	**8541375**	**7938409**	**61198**	**60376**	**8682**
一、批发业	236232	6449796	6038348	53168	53056	2358
1、按登记注册类型分组						
内资企业	229645	6294806	5892018	52986	52874	2358
国有企业	29949	532882	437041	42425	42425	124
集体企业	1620	14116	12028	63	63	
有限责任公司	83776	1954655	1769759	4141	4037	1811
股份有限公司	9000	1086588	1081132	262	262	
私营企业	105300	2706565	2592058	6095	6087	423
二、零售业	179352	2091579	1900061	8031	7320	6324
1、按登记注册类型分类						
内资企业	163352	2034356	1849072	7900	7189	6313
国有企业	130	53100	50566	1	1	
集体企业	1043	43563	40611	471	460	60
股份合作企业						
有限责任公司	28042	349520	309090	1679	1622	1325
股份有限公司	15780	441986	440041	1082	759	1818
私营企业	110183	1134559	998940	4631	4312	3110
2、按国民经济行业分组						
综合零售	26750	389412	343371	1793	1781	1192
百货零售	18080	217421	198697	1211	1199	598
超级市场零售	8371	167225	140000	561	560	594
3、按经营方式分组						
独立经营	170927	1865937	1709555	7511	6801	6324
连锁经营总店	1779	87322	72249	257	257	
连锁经营分店						
4、按零售业态分组						
超市	8298	27429	22443	158	158	
大型超市	5698	188321	163395	576	576	594
百货店	12827	170230	154248	1038	1026	598
专业店	79057	1024574	937487	4760	4066	3773
专卖店	42421	511892	470776	1184	1184	1359

表 11-10 续表 3　　(2017 年)　　单位:万元

指　　标	损益及分配					
	销售费用	管理费用	财务费用	营业利润	营业外收入	利润总额
总　计	**328027**	**146323**	**98139**	**93010**	**11797**	**96396**
一、批发业	218587	105160	88983	58640	8647	64122
1、按登记注册类型分组						
内资企业	218500	104685	88718	49918	8400	55863
国有企业	7760	16919	-241	30248	4807	34895
集体企业	704	503	121	697		532
有限责任公司	161551	60286	54097	15362	2270	15992
股份有限公司	898	2058	-31	2268	66	2311
私营企业	47588	24919	34770	1344	1257	2133
二、零售业	109439	41163	9156	34370	3151	32274
1、按登记注册类型分类						
内资企业	105030	40403	9072	33009	3049	30815
国有企业	1044	250	111	1129		1129
集体企业	697	271	179	1334		1033
股份合作企业						
有限责任公司	23137	8963	1353	7727	188	7612
股份有限公司	17229	6070	1628	-22759	588	-22277
私营企业	62688	24516	5693	44487	2273	42235
2、按国民经济行业分组						
综合零售	31350	6795	674	9159	415	8328
百货零售	7322	3841	142	6842	1	6438
超级市场零售	24013	2939	518	2291	413	1864
3、按经营方式分组						
独立经营	82411	35604	8522	30488	2755	28182
连锁经营总店	12459	3390	390	1017	286	1225
连锁经营分店						
4、按零售业态分组						
超市	1486	911	106	2305	18	1705
大型超市	23671	3072	511	263	395	433
百货店	5989	2928	74	6537	1	6136
专业店	51786	23351	3468	8154	2023	8136
专卖店	17327	8112	4400	12523	633	12521

表 11-10 续表 4　　（2017 年）　　单位:万元

指　　标	损益及分配				
	应交所得税	应付职工薪酬	应交增值税	亏损企业数（个）	亏损总额
总　计	**28482**	**185343**	**265684**	**55**	**66505**
一、批发业	19708	140158	208104	28	36803
1、按登记注册类型分组					
内资企业	19149	140010	207265	28	36803
国有企业	8399	24964	156995	1	396
集体企业	97	120	7		
有限责任公司	3905	100956	27978	6	1301
股份有限公司	630	1267	122		
私营企业	6119	12703	22164	21	35105
二、零售业	8774	45185	57580	27	29702
1、按登记注册类型分类					
内资企业	8487	43274	57354	27	29702
国有企业	2	996	15		
集体企业	133	344	152		
股份合作企业					
有限责任公司	930	10017	2014	7	1663
股份有限公司	127	4543	27183	1	25669
私营企业	7107	26924	27967	19	2370
2、按国民经济行业分组					
综合零售	1144	9371	1913	5	1484
百货零售	898	3862	695	2	425
超级市场零售	240	5429	1172	3	1059
3、按经营方式分组					
独立经营	8083	39786	55593	26	29668
连锁经营总店	327	2284	1422		
连锁经营分店					
4、按零售业态分组					
超市	63	1447	165	3	274
大型超市	188	5070	1092	2	1043
百货店	890	2740	633	1	213
专业店	4779	21251	48817	12	27404
专卖店	2104	11151	4084	7	554

星级住宿业和限额以上餐饮业经营情况

表 11-11　　（2017 年）　　单位:万元

指标名称	营业额	客房收入	餐费收入	商品销售收入	床位数（个）	餐位数（位）
总　计	**118880**	**39997**	**68627**	**7142**	**14412**	**35870**
(一)住宿业	65154	32286	27461	3077	10192	17447
其中:国有控股	29027	13775	11937	1694	5034	7882
1、按登记注册类型分组						
内资	65154	32286	27461	3077	10192	17447
国有	6588	2933	1948	1543	1436	2010
集体						
股份合作						
联营企业						
有限责任公司	26328	12661	11944	261	4235	7116
国有独资公司	6992	3148	3425	45	1071	700
其他有限责任公司	19335	9513	8519	216	3164	6416
股份有限公司						
私营企业	32239	16692	13569	1273	4521	8321
私营独资	5298	1283	3271	539	340	1902
私营合伙						
私营有限责任公司	23956	13388	9660	503	3751	5713
私营股份有限公司	2985	2022	637	231	430	706
与港澳台商合资经营						
港澳台商独资						
其他港澳台投资						
外商投资企业						
中外合资经营						

表 11-11 续表 1　　（2017 年）　　单位:万元

指标名称	营业额				床位数（个）	餐位数（位）
		客房收入	餐费收入	商品销售收入		
2、按国民经济行业分组						
旅游饭店	58341	29102	24440	2519	8596	15516
一般旅馆	5081	2294	2192	546	1008	1076
其他住宿业	1732	890	828	13	588	855
3、按星级等级分组						
一星						
二星	2076	1000	1027	45	342	652
三星	11498	5662	4703	590	2050	3158
四星	8936	3532	3730	1395	1496	4380
五星	14826	7318	6743	50	1577	2504
其他	27818	14773	11256	996	4727	6753
5、按单位规模分						
大型						
中型	29006	13784	12430	1560	3432	6652
小型	25763	13284	11031	740	5855	9809
微型	1678	483	558	474	263	230
（二）餐饮业	53726	7712	41166	4065	4220	18423
其中:国有控股	2326	754	1198	43	329	1228
内资	53050	7629	40660	3979	2570	17163
国有	349		348	1		800
集体						
有限责任公司	6303	1855	3848	193	983	1658
其他有限责任公司	6303	1855	3848	193	983	1658

表 11-11 续表 2　　（2017 年）　　单位：万元

指标名称	营业额				床位数（个）	餐位数（位）
		客房收入	餐费收入	商品销售收入		
股份有限公司	872		845	27		700
私营企业	45526	5774	35619	3758	1587	14005
私营独资	6105	691	5079	280	378	2614
私营合伙						
私营有限责任公司	37325	4538	29190	3421	929	10691
私营股份有限公司	2096	545	1351	56	280	700
港澳台投资企业	675	83	506	87	1650	1260
与港澳台商合资经营	335		277	58		300
与港澳台商合作经营						
外商投资企业						
中外合资经营						
2、按国民经济行业分组						
正餐服务	42992	6070	33430	2709	4100	16258
快餐服务	6066		6047	19		2015
其他餐饮业	4668	1642	1689	1338	120	150
3、按经营方式分组						
独立门店	43593	7110	31819	3936	3892	16531
连锁总店（总部）						
连锁门店	3817	601	3141	19	328	1512
其他	6316		6206	110		380
4、按单位规模分组						
大型						
中型	8239	1118	6872	242	150	1800
小型	43228	5906	32888	3716	3726	15760
微型	897	86	715	94	16	401

12

科技、教育、文化、卫生

科 学 技 术 基 本 情 况

表 12-1　　（2017 年）

指　　标	单　位	全　市	市　区	# 赣榆区	东海县	灌云县	灌南县
一、科技活动机构							
1.独立科研机构	个	34	22	2	6	3	3
2.大中型企业科技活动机构	个						
二、科技活动人员							
1.独立科研机构	人	2077	1961	38	49	55	12
2.大中型企业科技活动机构	人						
三、科学研究成果							
通过鉴定项目	项						
# 达到国际水平	项						
达到国内先进水平	项						
达到省内先进水平	项						
填补市内空白	项						
获市级以上科技进步奖	项	76	64	6	6	1	5
技术成交项目	项						
技术成交额	万元						
四、科技活动经费							
经费支出（独立科研机构）	万元	122910	121999	195	511	289	112
经费收入（独立科研机构）	万元	158248	157169	188	470	481	128
五、专利申请情况							
发明专利	项	1482	1157	108	124	73	128
实用新型专利	项	3769	2503	410	548	303	415
外观设计专利	项	3883	2333	766	649	451	450
六、专利授权							
发明专利	项	500	414	35	35	15	36
实用新型专利	项	2197	1403	222	312	141	341
外观设计专利	项	3614	2270	724	421	510	413

注：上表数据由市科学技术局提供。

全 社 会 R&D 经 费 情 况

表 12-2

指标	单位	2013	2014	2015	2016	2017
R&D 经费支出	亿元	27.32	31.65	36.95	43.95	50.69
R&D 经费支出占 GDP 比重	%	1.49	1.59	1.69	1.83	1.92

全部工业法人单位基本情况

表 12-3

（2017 年）

	单位数(个)	有 R&D 活动单位数(个)	有研发机构单位数(个)	其中:享受研究开发费用加计扣除的企业数(个)
总　　计	**1504**	**360**	**358**	**80**
一、按企业规模分组				
大型	25	20	24	8
中型	95	63	66	26
小型	1341	274	265	44
微型	43	3	3	2
二、按隶属关系分组				
中央	10	5	6	5
省(自治区、直辖市)	3	1	1	
市(地、州、盟)	27	11	14	5
县级及以下				
其他	1439	335	331	69
三、按登记注册类型分组				
内资企业	1359	311	306	62
国有企业	2			
集体企业	2	1	1	
股份合作企业	1			
联营企业				
国有联营企业				
集体联营企业				
国有与集体联营企业				
其他联营企业				
有限责任公司	240	89	89	16
国有独资公司	13	4	5	1
其他有限责任公司	227	85	84	15
股份有限公司	30	16	17	5
私营企业	1083	205	199	41
私营独资企业	94	10	10	1
私营合伙企业				
私营有限责任公司	951	182	176	35
私营股份有限公司	38	13	13	5
其他企业				

表 12-3 续表 1 （2017 年）

	单位数(个)	有 R&D 活动单位数(个)	有研发机构单位数(个)	其中:享受研究开发费用加计扣除的企业数(个)
港、澳、台商投资企业	50	20	19	6
与港澳台商合资经营企业	22	9	8	3
与港澳台商合作经营企业	1			
港澳台商独资经营企业	24	10	10	3
港澳台商投资股份有限公司	3	1	1	
其他港澳台投资企业				
外商投资企业	95	29	33	12
中外合资经营企业	38	16	16	5
中外合作经营企业				
外资企业	54	11	15	5
外商投资股份有限公司	3	2	2	2
其他外商投资企业				
四、按国民经济行业大类分组				
采矿业	10	1		
煤炭开采和洗选业				
石油和天然气开采业				
黑色金属矿采选业	3			
有色金属矿采选业				
非金属矿采选业	7	1		
开采辅助活动				
其他采矿业				
制造业	1461	353	352	79
农副食品加工业	164	15	13	2
食品制造业	38	11	8	3
酒、饮料和精制茶制造业	15	5	5	
烟草制品业				
纺织业	32	5	6	2
纺织服装、服饰业	89	4	5	1
皮革、毛皮、羽毛及其制品和制鞋业	25	1	1	
木材加工和木、竹、藤、棕、草制品业	37	7	5	
家具制造业	15	1	1	
造纸和纸制品业	16	2	2	
印刷和记录媒介复制业	30	3	2	
文教、工美、体育和娱乐用品制造业	46	6	4	2
石油加工、炼焦和核燃料加工业	6	1	1	
化学原料和化学制品制造业	245	102	101	14
医药制造业	51	24	23	11
化学纤维制造业	6	3	3	

表 12-3 续表 2

（2017 年）

	单位数(个)	有 R&D 活动单位数(个)	有研发机构单位数(个)	其中:享受研究开发费用加计扣除的企业数(个)
橡胶和塑料制品业	44	7	6	
非金属矿物制品业	263	53	54	10
黑色金属冶炼和压延加工业	33	6	7	1
有色金属冶炼和压延加工业	14	3	4	2
金属制品业	45	8	10	2
通用设备制造业	31	9	11	5
专用设备制造业	65	26	29	8
汽车制造业	15	9	8	2
铁路、船舶、航空航天和其他运输设备制造业	10	4	4	
电气机械和器材制造业	78	27	26	10
计算机、通信和其他电子设备制造业	26	8	9	3
仪器仪表制造业	7	1	3	1
其他制造业	4			
废弃资源综合利用业	11	2	1	
金属制品、机械和设备修理业				
电力、热力、燃气及水生产和供应业	33	6	6	1
电力、热力生产和供应业	20	3	3	1
燃气生产和供应业	5	1	1	
水的生产和供应业	8	2	2	
五、按经济成分分组				
公有经济	52	20	26	9
非公有经济	1452	340	332	71
六、按企业控股情况分组				
国有控股	45	18	23	9
集体控股	7	2	3	
私人控股	1305	285	274	49
港澳台商控股	47	20	18	5
外商控股	80	24	27	10
其他	20	11	13	7
七、按地区分组				
连云区	52	9	8	2
海州区	96	35	41	17
赣榆区	428	26	24	4
东海县	449	101	101	24
灌云县	227	77	74	5
灌南县	146	69	63	3
连云港经济技术开发区	88	36	41	22
连云港高新技术产业开发区	18	7	6	3

全部工业法人单位R&D人员情况

表 12-4

（2017 年）

	1.R&D 人员合计(人)	参加项目人员(人)	管理和服务人员(人)	其中:女性(人)	其中:研究人员(人)	其中:①全时人员(人)
总　　计	**11545**	**10572**	**429**	**3421**	**4525**	**8190**
一、按企业规模分组						
大型	4109	3763	123	1450	1959	2857
中型	2915	2603	157	725	965	2073
小型	4287	3999	149	1139	1494	3054
微型	234	207		107	107	206
二、按隶属关系分组						
中央	371	341	12	25	114	156
省(自治区、直辖市)	3	3		1	2	1
市(地、州、盟)	2121	1891	99	842	1097	1314
县级及以下						
其他	8843	8136	312	2513	3258	6562
三、按登记注册类型分组						
内资企业	8931	8180	362	2516	3434	6149
国有企业						
集体企业	9	9		2	3	8
股份合作企业						
联营企业						
国有联营企业						
集体联营企业						
国有与集体联营企业						
其他联营企业						
有限责任公司	2934	2697	119	809	1117	1969
国有独资公司	77	72		11	36	44
其他有限责任公司	2857	2625	119	798	1081	1925
股份有限公司	1797	1611	96	662	880	1132
私营企业	4191	3863	147	1043	1434	3040
私营独资企业	147	127	16	28	60	101
私营合伙企业						
私营有限责任公司	3778	3486	129	956	1298	2752
私营股份有限公司	266	250	2	59	76	187
其他企业						

表 12-4 续表 1　　　　（2017 年）

	1.R&D 人员合计(人)	参加项目人员(人)	管理和服务人员(人)	其中:女性(人)	其中:研究人员(人)	其中:①全时人员(人)
港、澳、台商投资企业	923	808	25	252	419	736
与港澳台商合资经营企业	319	281	15	78	126	214
与港澳台商合作经营企业						
港澳台商独资经营企业	566	492	10	163	284	488
港澳台商投资股份有限公司	38	35		11	9	34
其他港澳台投资企业						
外商投资企业	1691	1584	42	653	672	1305
中外合资经营企业	532	467	30	108	157	330
中外合作经营企业						
外资企业	329	318	2	122	102	228
外商投资股份有限公司	830	799	10	423	413	747
其他外商投资企业						
四、按国民经济行业大类分组						
采矿业	10	10		1	2	9
煤炭开采和洗选业						
石油和天然气开采业						
黑色金属矿采选业						
有色金属矿采选业						
非金属矿采选业	10	10		1	2	9
开采辅助活动						
其他采矿业						
制造业	11336	10376	425	3390	4477	8132
农副食品加工业	252	214	28	51	95	197
食品制造业	168	164	2	42	40	125
酒、饮料和精制茶制造业	232	165	49	53	93	147
烟草制品业						
纺织业	61	56	4	26	22	42
纺织服装、服饰业	41	40		15	15	25
皮革、毛皮、羽毛及其制品和制鞋业	20	20		10	4	18
木材加工和木、竹、藤、棕、草制品业	117	114	1	43	29	90
家具制造业	25	25		8	5	6
造纸和纸制品业	19	19		3	8	10
印刷和记录媒介复制业	18	18		6	7	12
文教、工美、体育和娱乐用品制造业	104	102		48	25	87
石油加工、炼焦和核燃料加工业	104	102	2	6	26	6
化学原料和化学制品制造业	2528	2372	74	567	743	1897
医药制造业	3556	3168	133	1553	1828	2678
化学纤维制造业	117	113	2	31	35	78

表 12-4 续表 2　　　　　　　　（2017 年）

	1.R&D 人员合计(人)	参加项目人员(人)	管理和服务人员(人)	其中:女性(人)	其中:研究人员(人)	其中:①全时人员(人)
橡胶和塑料制品业	101	94	2	21	34	74
非金属矿物制品业	1008	915	35	235	402	697
黑色金属冶炼和压延加工业	152	142	3	21	52	95
有色金属冶炼和压延加工业	73	69	3	13	26	59
金属制品业	283	263		63	80	144
通用设备制造业	438	411	12	58	164	311
专用设备制造业	499	435	29	111	188	317
汽车制造业	266	254	2	88	113	194
铁路、船舶、航空航天和其他运输设备制造业	40	39		18	11	32
电气机械和器材制造业	824	783	37	232	312	581
计算机、通信和其他电子设备制造业	243	240		59	105	169
仪器仪表制造业	20	19		2	1	18
其他制造业						
废弃资源综合利用业	27	20	7	7	14	23
金属制品、机械和设备修理业						
电力、热力、燃气及水生产和供应业	199	186	4	30	46	49
电力、热力生产和供应业	146	136	3	9	22	5
燃气生产和供应业	9	8	1	3	4	5
水的生产和供应业	44	42		18	20	39
五、按经济成分分组						
公有经济	1060	976	60	153	383	582
非公有经济	10485	9596	369	3268	4142	7608
六、按企业控股情况分组						
国有控股	947	865	58	145	354	568
集体控股	113	111	2	8	29	14
私人控股	7569	6918	303	2244	2905	5266
港澳台商控股	890	771	32	233	394	722
外商控股	1491	1408	30	615	604	1178
其他	535	499	4	176	239	442
七、按地区分组						
连云区	437	419	6	50	130	236
海州区	1854	1707	88	665	823	1446
赣榆区	667	621	18	142	187	355
东海县	1552	1427	50	407	646	1059
灌云县	1280	1254	26	311	396	1005
灌南县	1775	1624	55	420	509	1288
连云港经济技术开发区	3596	3144	185	1304	1692	2564
连云港高新技术产业开发区	384	376	1	122	142	237

表 12-4 续表 3

（2017 年）

	②非全时人员(人)	2.R&D 人员折合全时当量合计(人年)	其中:研究人员(人年)	其中:①基础研究人员(人年)	②应用研究人员(人年)	③试验发展人员(人年)
总　　计	**3355**	**8053**	**3288**	**12**	**108**	**7933**
一、按企业规模分组						
大型	1252	3508	1721		34	3474
中型	842	1705	558	11	24	1670
小型	1233	2818	998	1	51	2766
微型	28	23	11			23
二、按隶属关系分组						
中央	215	213	76		34	178
省(自治区、直辖市)	2	2	2			2
市(地、州、盟)	807	1907	988	11	2	1894
县级及以下						
其他	2281	5826	2193	1	51	5774
三、按登记注册类型分组						
内资企业	2782	6178	2452	12	94	6072
国有企业						
集体企业	1	6	2			6
股份合作企业						
联营企业						
国有联营企业						
集体联营企业						
国有与集体联营企业						
其他联营企业						
有限责任公司	965	1589	620	11	70	1508
国有独资公司	33	34	16			34
其他有限责任公司	932	1556	604	11	70	1475
股份有限公司	665	1695	847		6	1689
私营企业	1151	2888	983	1	18	2869
私营独资企业	46	114	47			114
私营合伙企业						
私营有限责任公司	1026	2586	881	1	18	2567
私营股份有限公司	79	188	55			188
其他企业						

表 12-4 续表 4　　　　　　　　　　　　（2017 年）

	②非全时人员(人)	2.R&D 人员折合全时当量合计(人年)	其中:研究人员(人年)	其中:①基础研究人员(人年)	②应用研究人员(人年)	③试验发展人员(人年)
港、澳、台商投资企业	187	720	350		13	707
与港澳台商合资经营企业	105	201	82			201
与港澳台商合作经营企业						
港澳台商独资经营企业	78	517	267		13	504
港澳台商投资股份有限公司	4	2				2
其他港澳台投资企业						
外商投资企业	386	1156	486		1	1154
中外合资经营企业	202	333	98			333
中外合作经营企业						
外资企业	101	200	79		1	198
外商投资股份有限公司	83	623	309			623
其他外商投资企业						
四、按国民经济行业大类分组						
采矿业	1	6	1			6
煤炭开采和洗选业						
石油和天然气开采业						
黑色金属矿采选业						
有色金属矿采选业						
非金属矿采选业	1	6	1			6
开采辅助活动						
其他采矿业						
制造业	3204	7983	3265	1	102	7880
农副食品加工业	55	117	41			117
食品制造业	43	95	25			95
酒、饮料和精制茶制造业	85	125	56			125
烟草制品业						
纺织业	19	47	16			47
纺织服装、服饰业	16	26	11			26
皮革、毛皮、羽毛及其制品和制鞋业	2	19	4			19
木材加工和木、竹、藤、棕、草制品业	27	85	19		5	80
家具制造业	19	9	2			9
造纸和纸制品业	9	15	6			15
印刷和记录媒介复制业	6	16	6			16
文教、工美、体育和娱乐用品制造业	17	88	21			88
石油加工、炼焦和核燃料加工业	98	31	8			31
化学原料和化学制品制造业	631	1558	456		29	1529
医药制造业	878	2832	1480			2832
化学纤维制造业	39	68	26			68

表 12-4 续表 5　　　　（2017 年）

	②非全时人员(人)	2.R&D 人员折合全时当量合计(人年)	其中:研究人员(人年)	其中:①基础研究人员(人年)	②应用研究人员(人年)	③试验发展人员(人年)
橡胶和塑料制品业	27	52	17			52
非金属矿物制品业	311	638	253	1	10	627
黑色金属冶炼和压延加工业	57	123	40			123
有色金属冶炼和压延加工业	14	57	21			57
金属制品业	139	214	53		13	201
通用设备制造业	127	369	136		28	341
专用设备制造业	182	388	146			388
汽车制造业	72	198	84			198
铁路、船舶、航空航天和其他运输设备制造业	8	32	8			32
电气机械和器材制造业	243	611	260		7	603
计算机、通信和其他电子设备制造业	74	128	57		2	126
仪器仪表制造业	2	18	1			18
其他制造业						
废弃资源综合利用业	4	24	13		8	17
金属制品、机械和设备修理业						
电力、热力、燃气及水生产和供应业	150	64	21	11	6	47
电力、热力生产和供应业	141	32	6		6	25
燃气生产和供应业	4	7	3			7
水的生产和供应业	5	25	12	11		14
五、按经济成分分组						
公有经济	478	564	221	11	44	508
非公有经济	2877	7490	3066	1	64	7425
六、按企业控股情况分组						
国有控股	379	526	211	11	44	471
集体控股	99	37	10			37
私人控股	2303	5492	2169	1	36	5455
港澳台商控股	168	676	327		13	662
外商控股	313	1054	448		1	1052
其他	93	268	123		13	255
七、按地区分组						
连云区	201	279	95		6	272
海州区	408	1360	613	11	5	1344
赣榆区	312	312	90		8	304
东海县	493	1107	475	1	4	1102
灌云县	275	619	190		15	604
灌南县	487	1273	354		40	1233
连云港经济技术开发区	1032	2871	1378		28	2843
连云港高新技术产业开发区	147	232	93		2	230

全部工业法人单位R&D经费情况

表12-5　　　　　　　　　　　（2017年）　　　　　　　　　　　单位：万元

	R&D经费内部支出合计	(一)按活动类型分组			(二)按支出用途分组	
		#1.基础研究支出	2.应用研究支出	3.试验发展支出	1.经常费支出	#人员劳务费
总　计	**462362**	**319**	**5100**	**456943**	**411514**	**101544**
一、按企业规模分组						
大型	270333		1253	269079	245023	54699
中型	77183	44	2490	74649	66563	20120
小型	104033	275	1357	102401	90165	24786
微型	10814			10814	9763	1939
二、按隶属关系分组						
中央	11723		1253	10470	11610	3472
省(自治区、直辖市)	11			11	11	11
市(地、州、盟)	101709	44	94	101571	91315	23473
县级及以下						
其他	338907	275	1488	337143	298736	73218
三、按登记注册类型分组						
内资企业	293162	319	4671	288172	253532	66741
国有企业						
集体企业	143			143	143	63
股份合作企业						
联营企业						
国有联营企业						
集体联营企业						
国有与集体联营企业						
其他联营企业						
有限责任公司	87481	44	4010	83428	76410	19044
国有独资公司	1498			1498	1350	622
其他有限责任公司	85983	44	4010	81930	75060	18422
股份有限公司	90200		195	90005	80947	21481
私营企业	115338	275	466	114597	96031	26153
私营独资企业	3425			3425	2904	1225
私营合伙企业						
私营有限责任公司	106102	275	466	105361	87924	23707
私营股份有限公司	5811			5811	5203	1220
其他企业						

表 12-5 续表 1 （2017 年） 单位:万元

	R&D 经费内部支出合计	(一)按活动类型分组			(二)按支出用途分组	
		#1.基础研究支出	2.应用研究支出	3.试验发展支出	1.经常费支出	#人员劳务费
港、澳、台商投资企业	50384		358	50027	46363	12175
与港澳台商合资经营企业	6722			6722	6069	2389
与港澳台商合作经营企业						
港澳台商独资经营企业	43132		358	42774	39813	9460
港澳台商投资股份有限公司	530			530	482	327
其他港澳台投资企业						
外商投资企业	118816		72	118744	111619	22628
中外合资经营企业	18058			18058	15789	2541
中外合作经营企业						
外资企业	8970		72	8898	8230	4010
外商投资股份有限公司	91788			91788	87600	16077
其他外商投资企业						
四、按国民经济行业大类分组						
采矿业	15			15	15	6
煤炭开采和洗选业						
石油和天然气开采业						
黑色金属矿采选业						
有色金属矿采选业						
非金属矿采选业	15			15	15	6
开采辅助活动						
其他采矿业						
制造业	459321	275	4909	454137	408475	100495
农副食品加工业	4394			4394	3809	1351
食品制造业	3114			3114	2457	719
酒、饮料和精制茶制造业	5663			5663	3972	812
烟草制品业						
纺织业	1417			1417	1163	389
纺织服装、服饰业	1234			1234	970	347
皮革、毛皮、羽毛及其制品和制鞋业	300			300	183	53
木材加工和木、竹、藤、棕、草制品业	1495		115	1380	1340	498
家具制造业	816			816	787	164
造纸和纸制品业	610			610	513	255
印刷和记录媒介复制业	647			647	541	156
文教、工美、体育和娱乐用品制造业	1539			1539	1481	538
石油加工、炼焦和核燃料加工业	1290			1290	1029	642
化学原料和化学制品制造业	91293		1152	90141	76077	18609
医药制造业	244809		9	244800	225658	48274
化学纤维制造业	1819			1819	1704	631

表 12-5 续表 2　　（2017 年）　　单位：万元

	R&D 经费内部支出合计	(一)按活动类型分组			(二)按支出用途分组	
		#1.基础研究支出	2.应用研究支出	3.试验发展支出	1.经常费支出	# 人员劳务费
橡胶和塑料制品业	1784			1784	1699	381
非金属矿物制品业	24572	275	403	23894	18334	5876
黑色金属冶炼和压延加工业	2808			2808	2605	546
有色金属冶炼和压延加工业	1198			1198	993	470
金属制品业	5129		358	4772	4587	1177
通用设备制造业	16612		1062	15551	16066	5259
专用设备制造业	10576			10576	9731	2438
汽车制造业	6821			6821	6222	2822
铁路、船舶、航空航天和其他运输设备制造业	269			269	249	155
电气机械和器材制造业	22069		1571	20499	20031	4711
计算机、通信和其他电子设备制造业	6498		94	6404	5796	2997
仪器仪表制造业	206			206	169	78
其他制造业						
废弃资源综合利用业	338		147	192	310	148
金属制品、机械和设备修理业						
电力、热力、燃气及水生产和供应业	3026	44	192	2790	3025	1043
电力、热力生产和供应业	2555		192	2363	2555	944
燃气生产和供应业	283			283	283	48
水的生产和供应业	188	44		144	187	52
五、按经济成分分组						
公有经济	33589	44	3049	30497	28993	8506
非公有经济	428772	275	2051	426446	382521	93038
六、按企业控股情况分组						
国有控股	32157	44	3049	29064	27822	7801
集体控股	1433			1433	1172	705
私人控股	247603	275	927	246401	212455	54980
港澳台商控股	49675		358	49317	45920	12012
外商控股	111315		72	111244	105997	21404
其他	20179		695	19485	18149	4642
七、按地区分组						
连云区	28835		192	28644	21319	3602
海州区	112843	44	151	112649	107442	21145
赣榆区	22635		1651	20985	19580	4273
东海县	37261	275	120	36865	30606	10463
灌云县	39571		386	39185	34044	7722
灌南县	36472		1314	35158	32791	11820
连云港经济技术开发区	174617		1193	173424	156222	37309
连云港高新技术产业开发区	10127		94	10034	9511	5209

表 12-5 续表 3　　（2017 年）　　单位：万元

	(二)按支出用途分组			(三)按资金来源分组			
	2.资产性支出	#①土建工程	②仪器设备	1.政府资金	2.企业资金	3.境外资金	4.其他资金
总　计	**50848**	**806**	**50042**	**21669**	**440179**		**513**
一、按企业规模分组							
大型	25310	121	25189	5679	264654		
中型	10620	190	10430	7336	69847		
小型	13868	487	13381	8654	94864		513
微型	1051	8	1042		10814		
二、按隶属关系分组							
中央	113		113	687	11037		
省(自治区、直辖市)					11		
市(地、州、盟)	10393	4	10389	3361	98348		
县级及以下							
其他	40171	790	39381	17619	320774		513
三、按登记注册类型分组							
内资企业	39630	514	39116	17124	275882		156
国有企业							
集体企业					143		
股份合作企业							
联营企业							
国有联营企业							
集体联营企业							
国有与集体联营企业							
其他联营企业							
有限责任公司	11071	76	10995	7631	79850		
国有独资公司	148	2	146	101	1397		
其他有限责任公司	10923	74	10849	7530	78453		
股份有限公司	9253	32	9220	1279	88921		
私营企业	19307	407	18900	8213	106969		156
私营独资企业	521	38	482		3425		
私营合伙企业							
私营有限责任公司	18179	363	17816	8134	97968		
私营股份有限公司	607	6	602	79	5576		156
其他企业							

表 12-5 续表 4　　　　(2017 年)　　　　单位:万元

	(二)按支出用途分组			(三)按资金来源分组			
	2.资产性支出	#①土建工程	②仪器设备	1.政府资金	2.企业资金	3.境外资金	4.其他资金
港、澳、台商投资企业	4021	228	3793	2328	47698		358
与港澳台商合资经营企业	653	61	593	207	6515		
与港澳台商合作经营企业							
港澳台商独资经营企业	3319	168	3152	2121	40653		358
港澳台商投资股份有限公司	48		48		530		
其他港澳台投资企业							
外商投资企业	7196	63	7133	2217	116599		
中外合资经营企业	2268	36	2232	759	17298		
中外合作经营企业							
外资企业	740	27	713	734	8236		
外商投资股份有限公司	4188		4188	724	91064		
其他外商投资企业							
四、按国民经济行业大类分组							
采矿业					15		
煤炭开采和洗选业							
石油和天然气开采业							
黑色金属矿采选业							
有色金属矿采选业							
非金属矿采选业					15		
开采辅助活动							
其他采矿业							
制造业	50846	804	50042	21664	437143		513
农副食品加工业	585	27	558	65	4329		
食品制造业	657	34	623	215	2900		
酒、饮料和精制茶制造业	1691	15	1676	122	5542		
烟草制品业							
纺织业	254	17	238	419	998		
纺织服装、服饰业	264	16	248	315	919		
皮革、毛皮、羽毛及其制品和制鞋业	117		117		300		
木材加工和木、竹、藤、棕、草制品业	156	8	148	40	1455		
家具制造业	30	2	28	223	593		
造纸和纸制品业	97	5	92		610		
印刷和记录媒介复制业	106	1	105		647		
文教、工美、体育和娱乐用品制造业	58	0	58		1539		
石油加工、炼焦和核燃料加工业	261		261		1290		
化学原料和化学制品制造业	15216	181	15035	240	91053		
医药制造业	19151	101	19050	5270	239383		156
化学纤维制造业	115		115	476	1343		

表 12-5 续表 5　　（2017 年）　　单位:万元

	(二)按支出用途分组			(三)按资金来源分组			
	2.资产性支出	#①土建工程	②仪器设备	1.政府资金	2.企业资金	3.境外资金	4.其他资金
橡胶和塑料制品业	84	2	83	3	1781		
非金属矿物制品业	6238	157	6081	7495	17077		
黑色金属冶炼和压延加工业	203		203		2808		
有色金属冶炼和压延加工业	205		205	269	929		
金属制品业	542	5	537	545	4227		358
通用设备制造业	546	12	534	1003	15609		
专用设备制造业	845	72	773	1038	9538		
汽车制造业	599	17	581	817	6004		
铁路、船舶、航空航天和其他运输设备制造业	20	1	19		269		
电气机械和器材制造业	2038	127	1911	2661	19408		
计算机、通信和其他电子设备制造业	702	7	696	450	6048		
仪器仪表制造业	38		38		206		
其他制造业							
废弃资源综合利用业	28		28		338		
金属制品、机械和设备修理业							
电力、热力、燃气及水生产和供应业	1	1		5	3021		
电力、热力生产和供应业					2555		
燃气生产和供应业					283		
水的生产和供应业	1	1		5	183		
五、按经济成分分组							
公有经济	4596	6	4590	5710	27880		
非公有经济	46252	800	45452	15959	412299		513
六、按企业控股情况分组							
国有控股	4335	6	4329	5710	26447		
集体控股	261		261		1433		
私人控股	35148	523	34625	11613	235834		156
港澳台商控股	3754	189	3565	2642	46675		358
外商控股	5319	50	5269	1458	109857		
其他	2031	37	1993	246	19933		
七、按地区分组							
连云区	7516	1	7515	3	28833		
海州区	5402	35	5366	1609	111234		
赣榆区	3055	44	3012	581	21898		156
东海县	6655	371	6284	9241	28019		
灌云县	5527	35	5492	178	39393		
灌南县	3681	175	3506	137	35978		358
连云港经济技术开发区	18396	145	18251	9920	164697		
连云港高新技术产业开发区	616		616		10127		

表 12-5 续表 6　　　　（2017 年）　　　　单位：万元

	R&D 经费外部支出合计	对境内研究机构支出	对境内高等学校支出	对境内企业支出	对境外支出
总　计	**33472**	**23822**	**5021**	**4180**	**449**
一、按企业规模分组					
大型	25443	21612	534	3051	246
中型	2860	1276	1051	494	38
小型	5169	934	3436	634	165
微型					
二、按隶属关系分组					
中央	2576			2576	
省(自治区、直辖市)					
市(地、州、盟)	22328	21292	461	432	143
县级及以下					
其他	7946	2218	4547	881	300
三、按登记注册类型分组					
内资企业	32129	23819	4251	3852	208
国有企业					
集体企业					
股份合作企业					
联营企业					
国有联营企业					
集体联营企业					
国有与集体联营企业					
其他联营企业					
有限责任公司	5640	1370	799	3323	149
国有独资公司					
其他有限责任公司	5640	1370	799	3323	149
股份有限公司	20678	20574	90	14	
私营企业	5811	1875	3363	514	59
私营独资企业					
私营合伙企业					
私营有限责任公司	5734	1841	3327	506	59
私营股份有限公司	77	34	35	8	
其他企业					

表 12-5 续表 7　　　　(2017 年)　　　　单位:万元

	R&D 经费外部支出合计	对境内研究机构支出	对境内高等学校支出	对境内企业支出	对境外支出
港、澳、台商投资企业	282		53	229	
与港澳台商合资经营企业					
与港澳台商合作经营企业					
港澳台商独资经营企业	53		53		
港澳台商投资股份有限公司	229			229	
其他港澳台投资企业					
外商投资企业	1061	3	717	99	241
中外合资经营企业	324	3	116	99	106
中外合作经营企业					
外资企业	704		601		102
外商投资股份有限公司	33				33
其他外商投资企业					
四、按国民经济行业大类分组					
采矿业	8			8	
煤炭开采和洗选业					
石油和天然气开采业					
黑色金属矿采选业					
有色金属矿采选业					
非金属矿采选业	8			8	
开采辅助活动					
其他采矿业					
制造业	30887	23822	5021	1595	449
农副食品加工业	51		3	48	
食品制造业	150	41	101	8	
酒、饮料和精制茶制造业	53	13	40		
烟草制品业					
纺织业	300		300		
纺织服装、服饰业	300		300		
皮革、毛皮、羽毛及其制品和制鞋业					
木材加工和木、竹、藤、棕、草制品业	8	6	3		
家具制造业					
造纸和纸制品业					
印刷和记录媒介复制业					
文教、工美、体育和娱乐用品制造业	33				33
石油加工、炼焦和核燃料加工业	158	126	9	23	
化学原料和化学制品制造业	1166	314	418	268	165
医药制造业	23423	22170	486	623	143
化学纤维制造业	7	2	6		

表 12-5 续表 8　　（2017 年）　　单位:万元

	R&D 经费外部支出合计	对境内研究机构支出	对境内高等学校支出	对境内企业支出	对境外支出
橡胶和塑料制品业					
非金属矿物制品业	883	27	819	37	
黑色金属冶炼和压延加工业	25	5		20	
有色金属冶炼和压延加工业					
金属制品业	50		50		
通用设备制造业	1055	315	739		
专用设备制造业	497	157	339		
汽车制造业	337		235		102
铁路、船舶、航空航天和其他运输设备制造业					
电气机械和器材制造业	2052	647	1118	282	5
计算机、通信和其他电子设备制造业	297		54	243	
仪器仪表制造业					
其他制造业					
废弃资源综合利用业	43			43	
金属制品、机械和设备修理业					
电力、热力、燃气及水生产和供应业	2576			2576	
电力、热力生产和供应业	2576			2576	
燃气生产和供应业					
水的生产和供应业					
五、按经济成分分组					
公有经济	3343	439	18	2881	5
非公有经济	30129	23384	5004	1298	444
六、按企业控股情况分组					
国有控股	3185	313	9	2859	5
集体控股	158	126	9	23	
私人控股	28418	23169	4098	948	203
港澳台商控股	390		153	237	
外商控股	942		601	99	241
其他	379	214	151	14	
七、按地区分组					
连云区	2578		1	2576	
海州区	1583	625	921	37	
赣榆区	961	514	135	307	5
东海县	3255	172	3075	8	
灌云县	60	27	25	8	
灌南县	1386	669	381	278	59
连云港经济技术开发区	23546	21815	483	966	282
连云港高新技术产业开发区	102				102

全部工业法人单位办研发机构情况

表 12-6

（2017 年）

	机构数(个)	机构人员合计(人)	#博士毕业	硕士毕业
总　计	**462**	**14264**	**576**	**2509**
一、按企业规模分组				
大型	44	6377	267	1709
中型	94	3161	88	242
小型	321	4415	221	541
微型	3	311		17
二、按隶属关系分组				
中央	13	449	11	38
省(自治区、直辖市)	1	3		3
市(地、州、盟)	24	2863	229	1066
县级及以下				
其他	417	10768	335	1388
三、按登记注册类型分组				
内资企业	399	10329	498	1786
国有企业				
集体企业	1	9	1	1
股份合作企业				
联营企业				
国有联营企业				
集体联营企业				
国有与集体联营企业				
其他联营企业				
有限责任公司	119	3424	93	413
国有独资公司	5	96	2	9
其他有限责任公司	114	3328	91	404
股份有限公司	24	2458	200	925
私营企业	255	4438	204	447
私营独资企业	12	147	2	20
私营合伙企业				
私营有限责任公司	229	4015	184	403
私营股份有限公司	14	276	18	24
其他企业				

表 12-6 续表 1　　　　　　　　　　　　　　（2017 年）

	机构数(个)	机构人员合计(人)	#博士毕业	硕士毕业
港、澳、台商投资企业	21	1433	16	52
与港澳台商合资经营企业	8	376	7	35
与港澳台商合作经营企业				
港澳台商独资经营企业	12	990	9	17
港澳台商投资股份有限公司	1	67		
其他港澳台投资企业				
外商投资企业	42	2502	62	671
中外合资经营企业	20	685	16	39
中外合作经营企业				
外资企业	20	744	11	58
外商投资股份有限公司	2	1073	35	574
其他外商投资企业				
四、按国民经济行业大类分组				
采矿业				
煤炭开采和洗选业				
石油和天然气开采业				
黑色金属矿采选业				
有色金属矿采选业				
非金属矿采选业				
开采辅助活动				
其他采矿业				
制造业	452	14110	576	2478
农副食品加工业	16	296	13	28
食品制造业	9	103	6	11
酒、饮料和精制茶制造业	7	281	12	14
烟草制品业				
纺织业	10	116	7	19
纺织服装、服饰业	6	44	4	13
皮革、毛皮、羽毛及其制品和制鞋业	1	20		
木材加工和木、竹、藤、棕、草制品业	5	130		4
家具制造业	1	25		3
造纸和纸制品业	2	18		2
印刷和记录媒介复制业	2	17		1
文教、工美、体育和娱乐用品制造业	4	122		
石油加工、炼焦和核燃料加工业	3	320		8
化学原料和化学制品制造业	129	2586	108	202
医药制造业	32	4942	276	1658
化学纤维制造业	5	90		25

表 12-6 续表 2　　　　（2017 年）

	机构数(个)	机构人员合计(人)	#博士毕业	硕士毕业
橡胶和塑料制品业	7	159	5	21
非金属矿物制品业	65	931	48	141
黑色金属冶炼和压延加工业	8	369	4	13
有色金属冶炼和压延加工业	5	103	7	11
金属制品业	14	360	12	19
通用设备制造业	16	489	14	28
专用设备制造业	34	776	11	70
汽车制造业	13	481	8	33
铁路、船舶、航空航天和其他运输设备制造业	4	30		2
电气机械和器材制造业	39	797	35	128
计算机、通信和其他电子设备制造业	10	352	6	23
仪器仪表制造业	4	127		
其他制造业				
废弃资源综合利用业	1	26		1
金属制品、机械和设备修理业				
电力、热力、燃气及水生产和供应业	10	154		31
电力、热力生产和供应业	7	108		24
燃气生产和供应业	1	10		2
水的生产和供应业	2	36		5
五、按经济成分分组				
公有经济	39	1394	17	138
非公有经济	423	12870	559	2371
六、按企业控股情况分组				
国有控股	34	1049	15	128
集体控股	5	345	2	10
私人控股	348	8729	474	1567
港澳台商控股	22	1319	20	53
外商控股	35	2132	50	646
其他	18	690	15	105
七、按地区分组				
连云区	12	420	6	75
海州区	50	2592	59	681
赣榆区	35	1210	31	64
东海县	134	1501	127	315
灌云县	80	1212	53	97
灌南县	81	1579	58	84
连云港经济技术开发区	62	5272	236	1170
连云港高新技术产业开发区	8	478	6	23

表 12-6 续表 3　　　　（2017 年）

	企业在境外设立的研发机构数（个）	机构经费支出（万元）	机构仪器和设备原价（万元）	
				进　口
总　　计	**10**	**487866**	**343349**	**34585**
一、按企业规模分组				
大型	7	335422	115643	17056
中型		64251	151116	7882
小型	3	70848	70681	8307
微型		17346	5908	1341
二、按隶属关系分组				
中央	1	22004	4509	
省(自治区、直辖市)		11	800	
市(地、州、盟)	2	125483	53825	4027
县级及以下				
其他	7	330968	277538	30056
三、按登记注册类型分组				
内资企业	9	314659	268257	16575
国有企业				
集体企业		143	47	
股份合作企业				
联营企业				
国有联营企业				
集体联营企业				
国有与集体联营企业				
其他联营企业				
有限责任公司	3	94952	120511	6940
国有独资公司		1530	1572	203
其他有限责任公司	3	93422	118939	6737
股份有限公司	1	110871	38740	619
私营企业	5	108693	108960	9016
私营独资企业		2584	1880	468
私营合伙企业				
私营有限责任公司	4	101645	100948	8349
私营股份有限公司	1	4465	6132	199
其他企业				

表 12-6 续表 4

(2017 年)

	企业在境外设立的研发机构数(个)	机构经费支出(万元)	机构仪器和设备原价(万元)	进　口
港、澳、台商投资企业		62041	18628	3958
与港澳台商合资经营企业		3778	8934	2891
与港澳台商合作经营企业				
港澳台商独资经营企业		57573	8737	1067
港澳台商投资股份有限公司		691	957	
其他港澳台投资企业				
外商投资企业	1	111167	56464	14052
中外合资经营企业		17727	13893	1150
中外合作经营企业				
外资企业		12761	8424	1645
外商投资股份有限公司	1	80678	34148	11257
其他外商投资企业				
四、按国民经济行业大类分组				
采矿业				
煤炭开采和洗选业				
石油和天然气开采业				
黑色金属矿采选业				
有色金属矿采选业				
非金属矿采选业				
开采辅助活动				
其他采矿业				
制造业	10	487275	340751	33935
农副食品加工业	1	3458	4877	173
食品制造业		2728	1579	
酒、饮料和精制茶制造业		5812	4631	206
烟草制品业				
纺织业		1021	662	
纺织服装、服饰业		1087	879	124
皮革、毛皮、羽毛及其制品和制鞋业		300	377	
木材加工和木、竹、藤、棕、草制品业		1261	1684	319
家具制造业		1	864	
造纸和纸制品业		459	342	86
印刷和记录媒介复制业		335	192	102
文教、工美、体育和娱乐用品制造业		2139	619	
石油加工、炼焦和核燃料加工业		3911	3911	
化学原料和化学制品制造业	4	88269	38913	3753
医药制造业	3	275799	129870	16209
化学纤维制造业		2100	1678	420

表 12-6 续表 5　　（2017 年）

	企业在境外设立的研发机构数（个）	机构经费支出（万元）	机构仪器和设备原价（万元）	
				进　口
橡胶和塑料制品业		1811	3298	
非金属矿物制品业		12547	85167	5875
黑色金属冶炼和压延加工业		3888	4510	
有色金属冶炼和压延加工业		1221	3217	635
金属制品业		9180	5948	785
通用设备制造业	1	25247	6955	1123
专用设备制造业	1	9557	8478	764
汽车制造业		10579	7920	1370
铁路、船舶、航空航天和其他运输设备制造业		194	180	
电气机械和器材制造业		19259	18347	1805
计算机、通信和其他电子设备制造业		3288	4079	187
仪器仪表制造业		1481	1524	
其他制造业				
废弃资源综合利用业		345	52	
金属制品、机械和设备修理业				
电力、热力、燃气及水生产和供应业		592	2598	650
电力、热力生产和供应业		109	1604	
燃气生产和供应业		283	84	
水的生产和供应业		200	910	650
五、按经济成分分组				
公有经济	1	46647	80331	3120
非公有经济	9	441219	263018	31465
六、按企业控股情况分组				
国有控股	1	42377	76238	3120
集体控股		4270	4093	
私人控股	8	257793	173934	12259
港澳台商控股		60768	16895	3834
外商控股	1	97173	48987	13632
其他		25485	23202	1740
七、按地区分组				
连云区		49276	3885	1820
海州区	3	113561	63223	13701
赣榆区		22282	22348	402
东海县		22574	34696	8858
灌云县	1	28150	9474	50
灌南县	3	24002	26968	1406
连云港经济技术开发区	3	218024	175145	8256
连云港高新技术产业开发区		9998	7611	94

全部工业法人单位自主知识产权保护情况

表 12-7　　（2017 年）

	专利申请数（件）	发明专利	有效发明专利数(件)	已被实施	境外授权
总　计	**1886**	**1147**	**2552**	**1787**	**280**
一、按企业规模分组					
大型	847	709	1129	795	269
中型	332	145	627	372	2
小型	683	271	758	584	
微型	24	22	38	36	9
二、按隶属关系分组					
中央	131	57	254	231	2
省(自治区、直辖市)	1				
市(地、州、盟)	446	394	624	436	125
县级及以下					
其他	1280	681	1648	1100	153
三、按登记注册类型分组					
内资企业	1434	838	1888	1437	138
国有企业					
集体企业					
股份合作企业					
联营企业					
国有联营企业					
集体联营企业					
国有与集体联营企业					
其他联营企业					
有限责任公司	459	256	911	719	55
国有独资公司	44	17	21	2	
其他有限责任公司	415	239	890	717	55
股份有限公司	392	334	257	231	81
私营企业	583	248	720	487	2
私营独资企业	6	6	5	5	
私营合伙企业					
私营有限责任公司	549	223	676	451	2
私营股份有限公司	28	19	39	31	
其他企业					

表 12-7 续表 1　　（2017 年）

	专利申请数（件）	发明专利	有效发明专利数(件)	已被实施	境外授权
港、澳、台商投资企业	141	67	297	266	95
与港澳台商合资经营企业	62	13	44	39	
与港澳台商合作经营企业					
港澳台商独资经营企业	75	54	250	227	95
港澳台商投资股份有限公司	4		3		
其他港澳台投资企业					
外商投资企业	311	242	367	84	47
中外合资经营企业	39	12	91	27	
中外合作经营企业					
外资企业	34	14	29	23	
外商投资股份有限公司	238	216	247	34	47
其他外商投资企业					
四、按国民经济行业大类分组					
采矿业					
煤炭开采和洗选业					
石油和天然气开采业					
黑色金属矿采选业					
有色金属矿采选业					
非金属矿采选业					
开采辅助活动					
其他采矿业					
制造业	1786	1092	2533	1768	278
农副食品加工业	13	9	11	11	
食品制造业	23	12	6	3	
酒、饮料和精制茶制造业	11	2	11	6	
烟草制品业					
纺织业	17	3	6	4	
纺织服装、服饰业	6	2	5	3	
皮革、毛皮、羽毛及其制品和制鞋业	1	1	3	3	
木材加工和木、竹、藤、棕、草制品业	12	7	17	16	
家具制造业					
造纸和纸制品业	2				
印刷和记录媒介复制业					
文教、工美、体育和娱乐用品制造业	8	8	6	6	
石油加工、炼焦和核燃料加工业	5	2	2	2	
化学原料和化学制品制造业	251	125	242	163	
医药制造业	736	683	1096	775	276
化学纤维制造业	14	3	26	8	

表 12-7 续表 2　　　　　　　　　　（2017 年）

	专利申请数（件）	发明专利	有效发明专利数(件)	已被实施	境外授权
橡胶和塑料制品业	10	3	7	7	
非金属矿物制品业	164	61	255	149	2
黑色金属冶炼和压延加工业	11	7	17	15	
有色金属冶炼和压延加工业	29	7	7	5	
金属制品业	36	16	87	36	
通用设备制造业	68	17	259	237	
专用设备制造业	181	56	189	157	
汽车制造业	21	3	6	4	
铁路、船舶、航空航天和其他运输设备制造业	14	3	5	5	
电气机械和器材制造业	97	37	111	91	
计算机、通信和其他电子设备制造业	43	23	157	60	
仪器仪表制造业	13	2	2	2	
其他制造业					
废弃资源综合利用业					
金属制品、机械和设备修理业					
电力、热力、燃气及水生产和供应业	100	55	19	19	2
电力、热力生产和供应业	88	43	19	19	2
燃气生产和供应业					
水的生产和供应业	12	12			
五、按经济成分分组					
公有经济	259	108	517	350	2
非公有经济	1627	1039	2035	1437	278
六、按企业控股情况分组					
国有控股	247	103	467	300	2
集体控股	12	5	50	50	
私人控股	1184	700	1354	1022	127
港澳台商控股	97	58	273	244	95
外商控股	280	232	298	79	47
其他	66	49	110	92	9
七、按地区分组					
连云区	128	60	41	36	2
海州区	479	294	670	336	49
赣榆区	113	49	85	77	
东海县	190	80	197	147	
灌云县	125	54	67	58	
灌南县	170	88	165	91	
连云港经济技术开发区	638	506	1207	1024	229
连云港高新技术产业开发区	43	16	120	18	

表 12-7 续表 3 （2017 年）

	专利所有权转让及许可数(件)	专利所有权转让与许可收入(万元)	发表科技论文(篇)	拥有注册商标(件)		形成国家或行业标准(项)
					境外注册	
总　计	**5**		**346**	**2040**	**38**	**54**
一、按企业规模分组						
大型	1		225	1668	26	14
中型	1		83	212	7	25
小型	3		38	159	5	14
微型				1		1
二、按隶属关系分组						
中央			22	27		2
省(自治区、直辖市)						
市(地、州、盟)			185	328	6	5
县级及以下						
其他	5		130	1684	32	46
三、按登记注册类型分组						
内资企业	5		304	896	23	45
国有企业						
集体企业						
股份合作企业						
联营企业						
国有联营企业						
集体联营企业						
国有与集体联营企业						
其他联营企业						
有限责任公司	1		245	593	6	7
国有独资公司			19	1		
其他有限责任公司	1		226	592	6	7
股份有限公司	1		14	106	10	4
私营企业	3		45	197	7	34
私营独资企业						
私营合伙企业						
私营有限责任公司	3		45	185	7	32
私营股份有限公司				12		2
其他企业						

表 12-7 续表 4

（2017 年）

	专利所有权转让及许可数(件)	专利所有权转让与许可收入(万元)	发表科技论文(篇)	拥有注册商标(件)	境外注册	形成国家或行业标准(项)
港、澳、台商投资企业				177	13	7
与港澳台商合资经营企业				17	3	1
与港澳台商合作经营企业						
港澳台商独资经营企业				160	10	6
港澳台商投资股份有限公司						
其他港澳台投资企业						
外商投资企业			42	967	2	2
中外合资经营企业			6	8	1	
中外合作经营企业						
外资企业				5		
外商投资股份有限公司			36	954	1	2
其他外商投资企业						
四、按国民经济行业大类分组						
采矿业						
煤炭开采和洗选业						
石油和天然气开采业						
黑色金属矿采选业						
有色金属矿采选业						
非金属矿采选业						
开采辅助活动						
其他采矿业						
制造业	5		340	2040	38	54
农副食品加工业				6	1	1
食品制造业				3		
酒、饮料和精制茶制造业			1	294		
烟草制品业						
纺织业						
纺织服装、服饰业						
皮革、毛皮、羽毛及其制品和制鞋业						
木材加工和木、竹、藤、棕、草制品业				46		
家具制造业						
造纸和纸制品业						
印刷和记录媒介复制业						
文教、工美、体育和娱乐用品制造业				1	1	
石油加工、炼焦和核燃料加工业						
化学原料和化学制品制造业	4		38	90	5	21
医药制造业	1		174	1369	16	13
化学纤维制造业			1	18		1

表 12-7 续表 5　　　　　　　　　　　　　(2017 年)

	专利所有权转让及许可数(件)	专利所有权转让与许可收入(万元)	发表科技论文(篇)	拥有注册商标(件)	境外注册	形成国家或行业标准(项)
橡胶和塑料制品业						
非金属矿物制品业			15	25	1	14
黑色金属冶炼和压延加工业			9	8	1	
有色金属冶炼和压延加工业				1		
金属制品业			6	3		
通用设备制造业			18	19		2
专用设备制造业			21	78	2	1
汽车制造业				2		
铁路、船舶、航空航天和其他运输设备制造业				20	1	
电气机械和器材制造业			21	47	10	1
计算机、通信和其他电子设备制造业			30	5		
仪器仪表制造业			6	5		
其他制造业						
废弃资源综合利用业						
金属制品、机械和设备修理业						
电力、热力、燃气及水生产和供应业			6			
电力、热力生产和供应业			4			
燃气生产和供应业						
水的生产和供应业			2			
五、按经济成分分组						
公有经济			105	78		4
非公有经济	5		241	1962	38	50
六、按企业控股情况分组						
国有控股			105	78		4
集体控股						
私人控股	5		186	770	14	41
港澳台商控股				168	11	6
外商控股			41	963	2	2
其他			14	61	11	1
七、按地区分组						
连云区	1		36	4	1	
海州区			67	1181	12	2
赣榆区	2		10	14	1	1
东海县			1	20	1	15
灌云县			11	15	4	7
灌南县	2		5	308		14
连云港经济技术开发区			188	466	18	15
连云港高新技术产业开发区			28	32	1	

全部工业法人单位新产品开发、生产及销售情况

表 12-8

（2017 年）

	新产品开发项目数(项)	新产品开发经费支出(万元)	新产品产值（万元）	新产品销售收入(万元)	出 口
总　　计	**1269**	**542257**	**7715020**	**6903973**	**821153**
一、按企业规模分组					
大型	249	357301	4081361	3322505	295605
中型	366	85156	2611213	2578545	493867
小型	620	82435	747619	735058	31681
微型	34	17365	274827	267864	
二、按隶属关系分组					
中央	41	20163	269748	193195	6629
省(自治区、直辖市)					
市(地、州、盟)	204	139250	1803641	1380945	73878
县级及以下					
其他	1011	375513	5471995	5159978	684078
三、按登记注册类型分组					
内资企业	1028	341220	5426639	4766389	187646
国有企业					
集体企业	1	143	15	15	
股份合作企业					
联营企业					
国有联营企业					
集体联营企业					
国有与集体联营企业					
其他联营企业					
有限责任公司	348	100290	1495549	1227994	91378
国有独资公司	18	1253	13820	7248	
其他有限责任公司	330	99037	1481730	1220746	91378
股份有限公司	123	119413	1351828	1095848	59743
私营企业	556	121375	2579246	2442533	36525
私营独资企业	28	3443	22759	22472	
私营合伙企业					
私营有限责任公司	490	113420	2182581	2061358	32890
私营股份有限公司	38	4512	373906	358702	3635
其他企业					

表 12-8 续表 1　　（2017 年）

	新产品开发项目数(项)	新产品开发经费支出(万元)	新产品产值(万元)	新产品销售收入(万元)	出口
港、澳、台商投资企业	78	66491	145116	146987	28200
与港澳台商合资经营企业	28	6917	54979	54939	10467
与港澳台商合作经营企业					
港澳台商独资经营企业	45	58883	78641	78260	4315
港澳台商投资股份有限公司	5	691	11497	13787	13418
其他港澳台投资企业					
外商投资企业	163	134546	2143266	1990598	605306
中外合资经营企业	53	15929	928566	917026	443594
中外合作经营企业					
外资企业	43	12658	278142	278550	140194
外商投资股份有限公司	67	105959	936558	795021	21518
其他外商投资企业					
四、按国民经济行业大类分组					
采矿业					
煤炭开采和洗选业					
石油和天然气开采业					
黑色金属矿采选业					
有色金属矿采选业					
非金属矿采选业					
开采辅助活动					
其他采矿业					
制造业	1264	541844	7714467	6903420	821153
农副食品加工业	20	3827	205516	211003	5
食品制造业	13	2547	31241	33637	23985
酒、饮料和精制茶制造业	8	1421	572718	571815	311010
烟草制品业					
纺织业	7	1829	69283	69209	
纺织服装、服饰业	5	1144	66432	66379	
皮革、毛皮、羽毛及其制品和制鞋业	1	513	28842	28831	2190
木材加工和木、竹、藤、棕、草制品业	7	612	9693	9631	905
家具制造业			56960	56960	
造纸和纸制品业	4	656	3846	3776	
印刷和记录媒介复制业	2	344	181	120	
文教、工美、体育和娱乐用品制造业	16	2251	38808	39984	35028
石油加工、炼焦和核燃料加工业	4	3566	75000	72000	
化学原料和化学制品制造业	233	80073	1419284	1360438	23855
医药制造业	284	319010	3040605	2417650	54380
化学纤维制造业	17	2089	38465	38102	1417

表 12-8 续表 2　　（2017 年）

	新产品开发项目数（项）	新产品开发经费支出（万元）	新产品产值（万元）	新产品销售收入(万元)	
					出　口
橡胶和塑料制品业	19	3089	1260	1252	173
非金属矿物制品业	131	26274	188196	183330	17444
黑色金属冶炼和压延加工业	12	1183	5003	3353	
有色金属冶炼和压延加工业	13	1856	352499	349672	6900
金属制品业	34	11827	304251	283542	114635
通用设备制造业	42	23085	468921	362766	6629
专用设备制造业	100	13009	92286	91123	6066
汽车制造业	46	10825	270650	268706	110849
铁路、船舶、航空航天和其他运输设备制造业	10	435	4054	4054	2348
电气机械和器材制造业	114	21666	313618	308480	87801
计算机、通信和其他电子设备制造业	110	7314	45413	56507	13574
仪器仪表制造业	11	1319	11441	11100	1958
其他制造业					
废弃资源综合利用业	1	81			
金属制品、机械和设备修理业					
电力、热力、燃气及水生产和供应业	5	413	554	554	
电力、热力生产和供应业					
燃气生产和供应业	1	283	554	554	
水的生产和供应业	4	130			
五、按经济成分分组					
公有经济	207	53321	783650	697688	174832
非公有经济	1062	488936	6931370	6206286	646321
六、按企业控股情况分组					
国有控股	199	49391	704164	621202	174832
集体控股	8	3931	79486	76486	
私人控股	780	273066	5013384	4433715	412473
港澳台商控股	68	65230	139739	141688	27985
外商控股	134	124779	1398193	1261342	184167
其他	80	25861	380055	369541	21696
七、按地区分组					
连云区	40	42616	608680	580154	
海州区	191	139425	1455246	1336521	34023
赣榆区	55	16276	1838550	1818121	366897
东海县	211	38039	312715	304626	17441
灌云县	104	25437	98918	92673	3408
灌南县	158	19644	379868	362155	27304
连云港经济技术开发区	381	245907	2736544	2114107	217289
连云港高新技术产业开发区	129	14913	284501	295616	154792

全部工业法人单位政府相关政策落实情况

表 12-9　　　　（2017 年）　　　　单位：万元

	使用来自政府部门的研发资金	研究开发费用加计扣除减免税	高新技术企业减免税
总　　计	**24911**	**38760**	**109473**
一、按企业规模分组			
大型	7563	20514	72426
中型	7644	9596	12257
小型	9704	7093	4646
微型		1557	20144
二、按隶属关系分组			
中央	687	1915	4249
省(自治区、直辖市)			
市(地、州、盟)	3361	10832	40564
县级及以下			
其他	20861	25336	64478
三、按登记注册类型分组			
内资企业	18481	26309	78310
国有企业			
集体企业			
股份合作企业			
联营企业			
国有联营企业			
集体联营企业			
国有与集体联营企业			
其他联营企业			
有限责任公司	8214	7837	29817
国有独资公司	101	396	95
其他有限责任公司	8113	7441	29721
股份有限公司	1563	8279	37507
私营企业	8704	10193	10986
私营独资企业		199	100
私营合伙企业			
私营有限责任公司	8625	9160	10409
私营股份有限公司	79	834	477
其他企业			

表 12-9 续表 1　　（2017 年）　　单位：万元

	使用来自政府部门的研发资金	研究开发费用加计扣除减免税	高新技术企业减免税
港、澳、台商投资企业	2328	5421	17669
与港澳台商合资经营企业	207	254	1487
与港澳台商合作经营企业			
港澳台商独资经营企业	2121	5167	16183
港澳台商投资股份有限公司			
其他港澳台投资企业			
外商投资企业	4102	7030	13494
中外合资经营企业	2644	458	839
中外合作经营企业			
外资企业	734	1194	551
外商投资股份有限公司	724	5379	12104
其他外商投资企业			
四、按国民经济行业大类分组			
采矿业			
煤炭开采和洗选业			
石油和天然气开采业			
黑色金属矿采选业			
有色金属矿采选业			
非金属矿采选业			
开采辅助活动			
其他采矿业			
制造业	24906	38679	109473
农副食品加工业	65	1259	30
食品制造业	215	319	103
酒、饮料和精制茶制造业	122		
烟草制品业			
纺织业	419	724	339
纺织服装、服饰业	315	201	113
皮革、毛皮、羽毛及其制品和制鞋业			
木材加工和木、竹、藤、棕、草制品业	40		
家具制造业	223		
造纸和纸制品业			
印刷和记录媒介复制业			
文教、工美、体育和娱乐用品制造业		698	
石油加工、炼焦和核燃料加工业			
化学原料和化学制品制造业	240	4664	6175
医药制造业	5279	20295	88568
化学纤维制造业	476		

表 12-9 续表 2　　（2017 年）　　单位:万元

	使用来自政府部门的研发资金	研究开发费用加计扣除减免税	高新技术企业减免税
橡胶和塑料制品业	3		22
非金属矿物制品业	7964	1702	2539
黑色金属冶炼和压延加工业		63	
有色金属冶炼和压延加工业	269	478	102
金属制品业	2438	148	771
通用设备制造业	1003	2970	6271
专用设备制造业	1553	1804	1624
汽车制造业	845	226	236
铁路、船舶、航空航天和其他运输设备制造业			
电气机械和器材制造业	2988	2558	1553
计算机、通信和其他电子设备制造业	450	569	1016
仪器仪表制造业		4	11
其他制造业			
废弃资源综合利用业			
金属制品、机械和设备修理业			
电力、热力、燃气及水生产和供应业	5	81	
电力、热力生产和供应业		81	
燃气生产和供应业			
水的生产和供应业	5		
五、按经济成分分组			
公有经济	8221	3207	5367
非公有经济	16690	35553	104106
六、按企业控股情况分组			
国有控股	8221	3207	5367
集体控股			
私人控股	12345	20371	51939
港澳台商控股	2642	5495	17549
外商控股	1458	6825	13386
其他	246	2863	21233
七、按地区分组			
连云区	3	164	
海州区	1856	10526	19101
赣榆区	581	1142	247
东海县	9721	7755	3646
灌云县	178	1314	6
灌南县	137	365	5624
连云港经济技术开发区	12435	17115	79987
连云港高新技术产业开发区		380	863

全部工业法人单位技术获取和技术改造情况

表 12-10　　(2017 年)　　单位:万元

	引进境外技术经费支出	引进境外技术的消化吸收经费支出	购买境内技术经费支出	技术改造经费支出
总　　计	**489**	**1242**	**4564**	**94159**
一、按企业规模分组				
大型	166	802	2747	27627
中型	263		1210	54976
小型	60	441	606	10067
微型				1490
二、按隶属关系分组				
中央				14446
省(自治区、直辖市)				1773
市(地、州、盟)			3112	11836
县级及以下				
其他	489	1242	1452	66075
三、按登记注册类型分组				
内资企业	226	1242	4423	50963
国有企业				
集体企业				
股份合作企业				
联营企业				
国有联营企业				
集体联营企业				
国有与集体联营企业				
其他联营企业				
有限责任公司		320	3317	29864
国有独资公司				2852
其他有限责任公司		320	3317	27012
股份有限公司	166	802	107	6588
私营企业	60	120	1000	14511
私营独资企业				249
私营合伙企业				
私营有限责任公司	60	120	1000	13241
私营股份有限公司				1022
其他企业				

表 12-10 续表 1　　（2017 年）　　单位：万元

	引进境外技术经费支出	引进境外技术的消化吸收经费支出	购买境内技术经费支出	技术改造经费支出
港、澳、台商投资企业				30121
与港澳台商合资经营企业				30121
与港澳台商合作经营企业				
港澳台商独资经营企业				
港澳台商投资股份有限公司				
其他港澳台投资企业				
外商投资企业	263		140	13075
中外合资经营企业	263		140	13075
中外合作经营企业				
外资企业				
外商投资股份有限公司				
其他外商投资企业				
四、按国民经济行业大类分组				
采矿业				
煤炭开采和洗选业				
石油和天然气开采业				
黑色金属矿采选业				
有色金属矿采选业				
非金属矿采选业				
开采辅助活动				
其他采矿业				
制造业	489	1242	4564	78698
农副食品加工业			141	142
食品制造业				
酒、饮料和精制茶制造业				3191
烟草制品业				
纺织业				
纺织服装、服饰业				
皮革、毛皮、羽毛及其制品和制鞋业				200
木材加工和木、竹、藤、棕、草制品业				80
家具制造业				
造纸和纸制品业				
印刷和记录媒介复制业				
文教、工美、体育和娱乐用品制造业				
石油加工、炼焦和核燃料加工业				
化学原料和化学制品制造业		412	388	12742
医药制造业			3456	8376
化学纤维制造业				6299

表 12-10 续表 2　　（2017 年）　　单位:万元

	引进境外技术经费支出	引进境外技术的消化吸收经费支出	购买境内技术经费支出	技术改造经费支出
橡胶和塑料制品业			472	15
非金属矿物制品业				34433
黑色金属冶炼和压延加工业				3125
有色金属冶炼和压延加工业	60			215
金属制品业				
通用设备制造业				733
专用设备制造业		28		539
汽车制造业				25
铁路、船舶、航空航天和其他运输设备制造业				75
电气机械和器材制造业	429	802	107	7733
计算机、通信和其他电子设备制造业				540
仪器仪表制造业				236
其他制造业				
废弃资源综合利用业				
金属制品、机械和设备修理业				
电力、热力、燃气及水生产和供应业				15461
电力、热力生产和供应业				15461
燃气生产和供应业				
水的生产和供应业				
五、按经济成分分组				
公有经济		28		25937
非公有经济	489	1214	4564	68223
六、按企业控股情况分组				
国有控股		28		25710
集体控股				226
私人控股	60	412	3844	27890
港澳台商控股				30000
外商控股	263		140	3707
其他	166	802	579	6627
七、按地区分组				
连云区				18465
海州区	166	802	107	8269
赣榆区			79	3686
东海县	323			37604
灌云县		412	305	2047
灌南县			5	8357
连云港经济技术开发区		28	3597	15657
连云港高新技术产业开发区			472	75

各级各类学校数

表 12-11　　单位:所

年份	普通高等学校	中等专业学校	普通中学	高中	初中
1985	2	5	329	63	266
1990	3	7	326	59	267
1991	3	7	322	59	263
1992	3	7	318	55	263
1993	3	7	307	55	252
1994	3	7	296	56	240
1995	3	8	280	51	229
1996	3	8	277	57	220
1997	3	8	274	61	213
1998	3	8	246	47	199
1999	3	7	229	42	187
2000	4	5	225	41	184
2001	4	5	207	42	165
2002	3	5	202	42	160
2003	3	5	189	46	143
2004	3	4	212	49	163
2005	3	4	214	57	157
2006	3	4	214	57	157
2007	3	5	206	55	151
2008	3	5	200	52	148
2009	3	5	205	51	154
2010	3	8	189	47	142
2011	3	8	179	40	139
2012	3	9	179	36	143
2013	4	9	176	35	141
2014	4	9	173	36	137
2015	5	10	174	36	138
2016	5	9	174	37	137
2017	5	9	177	37	140

注:本页数据由市教育局提供。

表 12-11 续表 单位:所

年份	技工学校	职业学校	小学	特殊教育学校	#盲聋哑学校
1985	3	10	1995	2	2
1990	4	27	1892	4	4
1991	4	32	1871	5	4
1992	5	29	1864	6	4
1993	5	25	1847	6	4
1994	5	28	1829	6	4
1995	5	27	1820	6	4
1996	6	28	1795	7	5
1997	6	29	1783	7	5
1998	6	23	1764	7	5
1999	5	20	1699	7	5
2000	5	17	1641	7	5
2001	5	16	1475	8	5
2002	4	14	1368	8	5
2003	4	14	1465	7	5
2004	5	13	469	7	5
2005	5	16	487	7	5
2006	5	17	490	7	5
2007	7	16	488	7	5
2008	7	12	494	7	5
2009	7	13	503	7	5
2010	9	7	443	7	5
2011	9	7	432	7	5
2012	12	5	435	7	5
2013	13	5	439	7	7
2014	13	5	449	7	7
2015	9	5	447	7	7
2016	11	5	451	7	7
2017	9	5	445	7	7

注:本页数据由市教育局提供,其中技工学校数据来自市人社局。

各级各类学校在校学生数

表 12-12 单位:人

年　　份	普通高等学校	中等专业学校	普通中学		
				高 中	初 中
1990	3190	4330	168494	22144	146350
1991	3150	4076	171329	22018	149311
1992	3596	4323	172432	22300	150132
1993	5316	5629	176597	21709	154888
1994	5981	7337	189174	21759	167415
1995	6351	10416	212732	23286	189446
1996	6871	16135	240003	27499	212504
1997	8926	20925	263635	33393	230242
1998	9428	23325	265209	38001	227208
1999	12307	22848	229940	42651	187289
2000	16159	17007	239500	48256	191244
2001	19298	16180	264222	56444	207778
2002	22428	14024	304960	66081	238879
2003	24247	14081	354980	74734	280246
2004	25064	18544	390503	86574	303929
2005	27510	26372	396120	96550	299570
2006	28063	38068	384191	109928	274263
2007	30228	47781	370361	121263	249098
2008	27637	53308	356523	120424	236099
2009	29192	55503	332519	112473	220046
2010	34508	53172	309140	108386	200754
2011	33862	48118	286107	106472	179635
2012	33841	50567	268494	102895	165599
2013	37591	42981	231466	86090	145376
2014	38042	36268	225305	80525	144780
2015	38619	34768	224826	76254	148572
2016	38647	37474	230091	74489	155602
2017	39855	36589	239735	73662	166073

注:本页数据由市教育局提供。

表 12-12 续表

单位:人

年份	技工学校	职业学校	小学	特殊教育学校	#盲聋哑学校
1990	1408	10720	409909	551	551
1991	1738	11696	417868	689	
1992	1953	11873	438430	803	
1993	2088	13468	469523	885	436
1994	2365	13419	517062	1448	464
1995	2819	15446	549268	2450	764
1996	3344	14087	589823	4158	841
1997	3447	12822	628242	4567	829
1998	4457	11835	657460	4274	750
1999	2874	7626	641894	3573	593
2000	2275	8879	634715	3323	535
2001	2075	10514	608463	4061	448
2002	3407	13098	564650	3013	491
2003	4471	17549	504045	2890	609
2004	6778	18147	446970	2459	2210
2005	6880	24102	411449	2126	2126
2006	11140	24051	381113	864	739
2007	12528	26698	353887	872	737
2008	12995	20631	334553	925	785
2009	13508	16744	326435	940	790
2010	13508	9742	327142	914	797
2011	14154	8303	336028	947	790
2012	15507	7267	349956	960	790
2013	10156	13889	355233	911	911
2014	10622	12125	384162	842	842
2015	8139	10469	410813	873	873
2016	7751	7952	430024	930	930
2017	6776	7483	444611	1000	1000

注:本页数据由市教育局提供,其中技工学校数据来自市人社局。

各类学校专任教师数

表 12-13　　　　单位:人

年　　份	普通高等学　　校	中等专业学　　校	技工学校	职业中学	普通中学	小　学
1990	444	417	157	721	9441	18548
1991	440	414	144	748	9732	18371
1992	464	404	185	840	9843	18433
1993	477	429	187	845	10073	18532
1994	525	461	214	917	10478	19235
1995	543	497	242	1083	11420	19736
1996	612	526	231	1056	12194	20588
1997	653	528	272	1076	12992	21026
1998	707	438	300	1138	13346	21572
1999	867	436	315	910	13708	20828
2000	1313	211	285	806	13984	21922
2001	1468	247	212	753	14624	22469
2002	1371	264	285	887	15560	21823
2003	1432	294	296	1095	16972	20545
2004	1491	383	416	1103	18300	20574
2005	1620	413	342	1252	19786	20166
2006	1718	445	400	1457	20306	20487
2007	1666	710	880	1514	20381	20626
2008	1771	777	880	1359	20758	21059
2009	1791	830	1175	1453	20938	20957
2010	2714	1872	1175	1082	24505	22063
2011	1781	1544	1136	1108	22239	20260
2012	1780	1576	1431	1055	22180	19876
2013	1913	1604	1511	886	20822	20860
2014	1916	1604	1204	1119	20440	21172
2015	2194	1526	945	1120	19744	21965
2016	2128	1511	831	1113	19959	23614
2017	2254	1530	889	1133	20951	24813

注:本页数据由市教育局提供,其中技工学校数据来自市人社局。

每一专任教师平均负担学生数

表 12-14　　　　　　　　　　　　　　　　　　　　　　　　　　　　　单位：人

年　　份	普通高等学校	中等专业学校	技工学校	职业中学	普通中学	小　学
1990	7.18	10.38	8.97	14.87	17.77	21.93
1991	7.16	9.85	12.07	15.64	17.52	22.70
1992	7.75	10.70	10.56	14.13	17.33	23.53
1993	11.14	13.12	11.17	15.94	17.53	25.34
1994	11.39	15.92	11.05	14.63	18.05	26.88
1995	11.70	20.96	11.65	14.26	18.62	27.83
1996	11.23	30.67	14.48	13.34	19.68	28.65
1997	13.67	39.63	12.67	11.92	20.29	29.88
1998	13.34	53.25	14.86	10.40	19.87	30.48
1999	7.68	52.40	9.12	8.38	16.77	30.82
2000	11.78	80.60	7.98	11.02	17.13	28.95
2001	13.15	65.51	9.79	13.96	18.07	27.08
2002	16.36	53.12	11.95	14.77	19.47	25.87
2003	16.93	47.89	15.10	16.03	70.92	24.53
2004	16.81	48.41	16.29	16.45	21.34	21.72
2005	16.98	63.85	20.12	19.25	20.02	20.40
2006	16.33	85.55	27.85	16.51	18.92	18.60
2007	16.39	67.30	14.24	17.63	18.17	17.15
2008	15.61	68.61	14.76	15.18	17.18	15.89
2009	16.39	66.87	11.5	11.52	15.88	15.58
2010	19.33	35.78	11.6	11.46	14.64	15.76
2011	19.01	31.16	12.45	7.49	12.86	16.58
2012	19.01	32.09	12.65	6.89	12.11	17.61
2013	19.65	26.8	12.6	15.68	11.12	17.03
2014	19.85	22.61	11.33	10.84	11.02	18.14
2015	17.83	22.78	8.61	9.35	11.39	18.7
2016	18.16	24.80	9.33	7.14	11.53	18.29
2017	17.68	23.91	7.6	6.60	11.44	17.92

注：本页数据由市教育局提供，其中技工学校数据来自市人社局。

各类学校和在校学生数

表 12-15　　（2017 年）

指　　标	全　市	市　区	# 赣榆区	东海县	灌云县	灌南县
一、学校数(个)						
1.高等学校	5	5				
2.中等专业学校	9	8	2			1
3.普通中学	177	76	38	38	32	31
高　　中	37	20	9	8	5	4
初　　中	140	56	29	30	27	27
4.职业中学	5	3		1	1	
5.技工学校						
6.小　　学	445	177	105	118	103	47
二、在校学生数(人)						
1.高等学校	39855	39855				
2.中等专业学校	36589	21986	6766	3003	4076	7524
3.普通中学	239735	106565	57675	58431	41201	33538
高　　中	73662	36315	19576	16693	12054	8600
初　　中	166073	70250	38099	41738	29147	24938
4.职业中学	7483	6129		1354		
5.技工学校						
6.小　　学	444611	187358	103669	122536	70871	63846

注：本页数据由市教育局提供。

各类学校招生数和毕业生数

表 12-16

（2017 年）

指　　标	全　市	市　区	# 赣榆区	东海县	灌云县	灌南县
一、各类学校招生数(人)						
1.高等学校	12572	12572				
2.中等专业学校	13549	7335	2542	1550	2007	2657
3.普通中学	84691	37225	20271	22044	13840	11582
高　　中	24388	11843	6237	5649	3913	2983
初　　中	60303	25382	14034	16395	9927	8599
4.职业中学	3064	2624		440		
5.技工学校						
6.小　　学	74509	31935	16989	20633	11319	10622
二、各类学校毕业生数(人)						
1.高等学校	10938	10938				
2.中等专业学校	11840	6574	1836	831	1921	2514
3.普通中学	74135	33805	18905	16399	13287	10644
高　　中	24574	12447	7437	5560	3709	2858
初　　中	49561	21358	11468	10839	9578	7786
4.职业中学	3407	2222		1185		
5.技工学校	2651	2158		371	122	
6.小　　学	61543	25749	14411	16486	10371	8937

注：本页数据由市教育局提供，其中技工学校数据来自市人社局。

各类学校教职员工数和专任教师数

表 12-17　　(2017 年)　　单位:人

指　　标	全　市	市　区	# 赣榆区	东海县	灌云县	灌南县
一、教职员工数						
1.高等学校	3155	3155				
2.中等专业学校	1844	1520	482			324
3.普通中学	25398	11833	6641	5678	3569	4318
4.技工学校						
5.职业中学	1245	778		249	218	
6.小　　学	23527	10456	5803	6301	3300	3470
二、各类学校专任教师数						
1.高等学校	2254	2254				
2.中等专业学校	1530	1216	390			314
3.普通中学	20951	9838	5484	5103	3083	2927
4.技工学校						
5.职业中学	1133	701		228	204	
6.小　　学	24813	10976	6151	6485	3346	4006

注:本页数据由市教育局提供。

入学率和升学率

表 12-18

指　　标	2016			2017		
	学龄儿童入学率	小学毕业生升学率	初中毕业生升学率	学龄儿童入学率	小学毕业生升学率	初中毕业生升学率
全　　市	100	97.85	97.46	100	97.99	96.05
市　　区	100	99.60	97.69	100	98.57	96.07
赣 榆 区	100	95.23	97.69	100	97.38	96.07
东 海 县	100	98.58	97.56	100	99.45	96.05
灌 云 县	100	95.72	97.08	100	95.72	96.01
灌 南 县	100	94.77	97.19	100	96.22	96.02

注:市区小学毕业生升学率和初中毕业生升学率不含赣榆区数据。

成 人 教 育 基 本 情 况

表 12-19　　(2017 年)　　单位:人

指　　标	学校数(所)	在校学生数	毕业生数	教职员工数	# 专任教师
一、成人高等学校					
淮海工学院		5787	2515		
广播电视大学					
师专成教院		3038	990		
职技院成教部		1054	159		
二、成人中等学校					
成人中等专业学校		5440	623		
成人中学	58	3562	2937	536	374
三、成人初等学校					
四、其他成人教育学校	535	422202	424319	1652	1251

幼 儿 教 育 基 本 情 况

表 12-20　　(2017 年)　　单位:人

指　　标	幼儿园(个)	在园幼儿	教职工数		
				教师	保健人员
总　　计	600	251372	21084	12434	520
市　　区	238	107142	12211	7131	329
赣 榆 区	103	62896	6872	4200	165
东 海 县	139	58003	6037	3619	99
灌 云 县	125	55296	1002	586	31
灌 南 县	98	30931	1834	1098	61

注:本页数据由市教育局提供。

艺 术 事 业 基 本 情 况

表 12-21　　(2017 年)

指　　标	单　位	全　市	市　区	# 赣榆区	东海县	灌云县	灌南县
一、艺术表演团体	个	7	4	1	1	1	1
京 剧 团	个	1	1	1	1	1	1
二、演职员工数	人	216	137	18	33	16	30
三、艺术演出场次	场	1025	365	162	265	135	260
四、剧场、影剧院	个	6	3	1	1	1	1
五、座 席 数	个	6906	3172	1344	1288	1165	1281
六、观众人数	千人次	574	346	1	50	88	90
附:群众文化事业							
文 化 馆	个	7	4	1	1	1	1
文 化 站(机构)	个	88	45	15	19	13	11

图 书 馆、博 物 馆 基 本 情 况

表 12-22　　(2017 年)

指　　标	单　位	全　市	市　区	# 赣榆区	东海县	灌云县	灌南县
一、公共图书馆	间	8	5	1	1	1	1
公共图书馆藏书	册	3030256	1799178	511865	764432	282046	184600
# 古　籍	册	3191			595	196	400
累计发放有效借书证	个	164321	118034	8061	33187	5000	8100
图书流通人次	人次	3678823	2368898	281113	1145995	65000	98930
图书流通册次	册次	3323930	1949563	130031	1116867	148000	109500
阅览座席数	个	3633	2833	418	320	240	240
二、博物馆	个	10	6	2	2	1	1
文物藏品件数(实际数量)	件	17764	12049	852	2079	3286	350
# 一级品	件	28	24	1	4		
参观人数	人次	1662700	1282600	732000	260300	112000	7800

注:本页数据由市文化广电新闻出版局提供。

电视台及节目制作情况

表 12-23

指　　标	单位	2016		2017	
		全　市	市　区	全　市	市　区
一、电视台数	座	5	1	5	1
发射台及转播台	座	7	3	7	3
节目套数	套	7	2	6	2
平均每周播出时间	小时	688	257	657	256
电视人口复盖率	%	100	100	100	100
卫星电视地面站	座				
二、制作节目时间	小时	7776	6080	8098	6417
# 新闻资讯类	小时	2590	2084	2622	2110
综艺益智类	小时	582	249	446	125
三、有线电视台数	座	1	1	1	1
节　　目	套				
有线电视入户数	万户	104	36	101.4	35.9

广播电台及节目制作情况

表 12-24

指　　标	单位	2016		2017	
		全　市	市　区	全　市	市　区
一、电　　台	座	5	1	5	1
发射台及转播台	座	7	3	7	3
# 调频广播	座	6	2	7	3
节目套数	套	7	3	7	3
平均每日播音时间	小时	106	56	106	55
广播人口覆盖率	%	100	100	100	100
二、制作节目时间	小时	22592	13074	22746	13118
# 新闻资讯类	小时	5432	3419	5533	3543
综艺益智类	小时	2797	576	2735	585

注:本页数据由市文化广电新闻出版局提供。

主要年份卫生机构、床位、人员数

表 12-25

年份	卫生机构数（个）	医院(含卫生院)	医院床位数（张）	卫生技术人员数（人）	医师(含卫生院)	每万人拥有医院床位数(张)	每万人拥有医生数（人）
1985	622	132	5325	8082	3102	15.0	8.7
1990	659	139	6195	9922	4347	15.6	11.0
1991	690	139	6398	10480	4563	15.7	11.2
1992	690	140	6559	10951	4656	15.8	11.2
1993	665	141	6452	11040	4850	15.4	11.6
1994	663	146	6433	11390	5037	15.2	11.9
1995	663	146	6501	12000	5230	15.3	12.3
1996	797	147	6603	12164	5130	15.3	11.9
1997	806	147	6712	12587	5421	15.4	12.5
1998	838	147	6739	12690	5593	15.3	12.7
1999	731	149	6882	12336	5531	15.4	12.4
2000	670	149	6962	12050	5276	15.4	11.7
2001	708	147	6983	12244	5497	15.2	11.9
2002	705	154	7336	11831	5115	15.8	11.0
2003	790	150	7419	12072	5346	15.9	11.5
2004	867	150	7672	11675	5236	18.8	11.2
2005	923	158	8240	11829	5248	18.2	11.5
2006	982	166	8979	12468	5455	18.7	11.4
2007	826	168	9248	13095	5481	20.7	12.3
2008	800	164	10453	13369	5465	23.5	12.3
2009	820	170	11085	14566	5748	24.5	12.5
2010	2620	205	11799	15774	6009	24.6	12.6
2011	2666	179	12555	17247	6409	28.6	14.6
2012	2619	179	15682	19040	7333	35.6	16.6
2013	2616	181	17141	20453	7647	38.7	17.3
2014	2702	184	17672	21896	8065	39.7	18.1
2015	2708	187	18572	23056	8701	41.5	19.4
2016	2726	197	22663	26152	10979	50.4	24.4
2017	2703	197	23450	27540	11508	51.9	25.5

注：本页数据由市卫生和计划生育委员会提供。

全市卫生机构、床位、人员数

表 12-26

指　　标	机构数（个）	床位数（张）	卫生技术人员数(人)	执业医师数（人）	注册护士（人）
总　计	2703	24240	27540	11508	11731
市　区	1379	13172	15691	6222	6894
赣榆区	716	4476	4778	2012	1915
东海县	547	4075	4365	2043	1712
灌云县	409	3490	3846	1683	1658
灌南县	368	3503	3638	1560	1467
一、医院合计	80	16769	14754	4942	7606
综合医院	53	12496	11328	3832	5970
中医医院	6	2178	2234	779	1025
专科医院	16	1527	1074	288	550
二、基层医疗卫生机构	2552	6296	10932	5857	3518
社区卫生服务中心	25	586	895	327	348
卫生院	91	5694	5827	2719	1957
村卫生室	1714		1758	1592	166
门诊部	94		807	371	347
诊所、卫生所、医务室	581		1391	726	582
三、专业公共卫生机构	68	757	1764	676	569
1、疾病预防控制中心	9		371	225	32
2、专科疾病防治所、站	1	200	2	2	
3、妇幼保健所、站	9	557	1048	393	457
4、急救中心	1		48	25	21
5、采供血机构	1		85	4	55
6、卫生监管所	7		155		
7、计划生育服务机构	40		55	27	4
四、其他卫生机构	3	418	90	33	38
疗养院	1	418	84	28	38

注：本页数据由市卫生和计划生育委员会提供。

分县卫生机构情况

表 12-27　　(2017 年)　　单位:个

指　　标	全　市	市　区	# 赣榆区	东海县	灌云县	灌南县
总　　计	2703	1379	716	547	409	368
#1.医　　院	80	47	13	9	13	11
#综合医院	53	30	7	6	9	8
中医医院	6	3	1	1	1	1
中西医结合医院						
专科医院	16	11	2	2	3	
2、妇幼保健院	1	1				
3.卫 生 院	91	34	26	21	19	17
4、社区卫生服务中心	25	25				
5.疗 养 院	1	1				

分县床位数

表 12-28　　(2017 年)　　单位:张

指　　标	全　市	市　区	# 赣榆区	东海县	灌云县	灌南县
总　　计	24240	13172	4476	4075	3490	3503
#1.医　　院	16769	9859	3097	2384	2343	2183
#综合医院	12496	7221	2146	1826	1820	1629
中医医院	2178	1043	423	418	363	354
中西医结合医院						
专科医院	1527	1227	160	140	160	
2、妇幼保健院	401	401				
3.卫 生 院	5694	1612	1299	1691	1102	1289
4、社区卫生服务中心	586	586				
5.疗 养 院	418	418				

注:本页数据由市卫生和计划生育委员会提供。

各类卫生技术人员数

表 12-29　　(2017 年)　　单位:人

指　　标	全　市	市　区	#赣榆区	东海县	灌云县	灌南县
1、卫生技术人员总计	27540	15691	4778	4365	3846	3638
#医院、卫生院	20581	11094	4036	3250	3284	2953
执业医师	11508	6222	2012	2043	1683	1560
#医院、卫生院	7661	4063	1534	1241	1300	1057
注册护士	11731	6894	1915	1712	1658	1467
药剂人员	1219	762	214	209	138	110
技师	1251	768	195	187	161	135
其他人员	1831	1045	442	214	206	366
2、其他技术人员	1387	744	321	229	147	267
3、管理人员	1162	714	149	205	156	87
4、工勤人员	2850	1405	563	557	302	586

注:本页数据由市卫生和计划生育委员会提供。

医院工作情况

表 12-30

年份	医院数（个）	诊疗人次（万人）	#门诊	急诊	健康检查（万人）	入院人数（人）	出院人数（人）
2000	36	255.4	219.6	26.4	4.2	82327	82538
2001	36	267.3	225.7	24.7	7.3	87543	87150
2002	45	276.3	236.3	25.1	4.6	97580	97337
2003	43	229.7	208.9	20.8	12.1	109165	108613
2004	47	280.3	236.2	19.7	11.7	134948	134126
2005	53	316.2	302.7	22.8	15.5	154965	154408
2006	60	322.7	280.8	24.0	13.4	170547	169744
2007	62	380.6	312.6	28.6	26.5	198855	198066
2008	58	392.9	348.2	31.3	21.5	215493	216242
2009	56	430.1	378.8	36.7	25.2	242195	241643
2010	59	454.5	396.5	38.6	34.9	257629	259755
2011	64	481.4	423.2	40.5	34.1	287311	278885
2012	65	544.5	477.6	48.4	38.9	332991	332450
2013	66	612.1	527.7	61.8	41.0	376026	373476
2014	68	652.7	579.9	51.1	42.5	407816	408093
2015	70	670.4	588.3	58.7	42.0	424640	423209
2016	80	659.8	575.8	59.6	47.7	453053	450546
2017	80	709.15	625.11	67.7	48.0	489528	486743

注：本页数据由市卫生和计划生育委员会提供。

表 12-30 续表

年 份	年底实有医院床位数（张）	平均开放病床数（张）	病床周转次数（次／年）	病床工作日（日）	病床使用率（%）	出院者平均住院日（日）
2000	4695	4695	18.0	190.0	52.0	10.0
2001	4690	4691	19.0	192.0	53.0	10.0
2002	5943	5487	21.3	218.9	60.0	10.7
2003	5160	4903	22.6	234.3	64.2	9.9
2004	5386	4867	27.6	298.3	81.7	10.3
2005	5780	5580	27.7	294.6	80.7	9.9
2006	6495	6381	26.6	286.5	78.5	9.8
2007	6763	6542	30.3	310.0	85.0	10.1
2008	7743	7084	30.5	301.7	82.7	9.9
2009	7958	7904	30.6	299.7	82.1	9.7
2010	8518	8259	31.5	296.0	81.1	9.2
2011	8804	8488	32.9	299.9	82.2	9.0
2012	11597	10720	31.0	273.9	74.8	8.7
2013	12213	11487	32.5	293.2	80.1	8.9
2014	12484	11907	34.3	298.6	81.8	8.9
2015	13256	13164	32.1	277.0	75.9	8.5
2016	16606	13749	32.8	280.6	76.9	8.4
2017	16769	15142	32.1	281.0	77.0	8.5

注：本页数据由市卫生和计划生育委员会提供。

医院、卫生院运营情况

表12-31 （2017年）

指　　标	单　位	医　院	综合医院	中医院	专科医院	卫生院	社区服务中心
机构数	个	80	53	6	16	91	25
诊疗人次	万人	709.2	533.1	139.0	35.8	740.5	105.5
#门诊人次	万人	625.1	465.5	123.5	34.9	687.0	88.1
急诊人次	万人	67.7	55.8	11.6	0.3	34.5	9.6
健康检查	万人	48.0	36.0	7.1	4.7	55.38	9.0
入院人数	人	48.95	40.82	6.14	1.77	15.01	0.43
出院人数	人	48.67	40.52	6.17	1.78	15.11	0.43
年底实有床位数	张	16769	12496	2178	541	5694	586
平均开放病床数	张	15142	11146	2143	1478	5080	525
病床周转次数	次/年	32.1	36.3	28.8	12	29.7	8.2
病床工作日	日	281	292.2	272.3	226	195.2	73.9
病床使用率	%	77.0	80.07	74.6	61.91	53.47	20.25
出院者平均住院日	日	8.5	7.9	9.4	17.5	6.1	7.1

注：本页数据由市卫生和计划生育委员会提供。

13

民政、司法、城建、环保

优抚、社会救济和扶贫情况

表 13-1

指　　标	单位	2016		2017	
		全市	市区	全市	市区
一、优抚事业					
优抚收养单位数	个	3		3	
优抚收养单位床位数	张	140		150	
年末优抚收养人数	人	100		90	
优抚对象人数	人	22018	6341	21597	5902
#革命伤残人员	人	2514	1033	2554	999
烈军属人数	人	548	142	546	142
在乡复员、退伍军人	人	5771	1364	5587	1194
优待烈军属户数	户	3585	1139	3270	1023
优抚事业费用	万元	24430	9144	25511	8577
二、社会救济					
城镇居民最低生活保障对象人数	人	11595	6004	9744	4933
城镇居民最低生活保障对象户数	户	5777	2977	5211	2560
农村居民最低生活保障对象人数	人	105125	28185	99920	26142
农村居民最低生活保障对象户数	户	58125	14289	57540	13444
农村五保供养人数	人	7146	2162	7086	2106
其中:集中供养	人	2226	456	3003	420
分散供养	人	4920	1706	4083	1686

注:本页数据由市民政局提供。

社会福利事业基本情况

表 13-2

（2017 年）

指　标	单　位	全　市	市　区	# 赣榆区	东海县	灌云县	灌南县
一、社会福利院	个	4	3	1			1
社会福利院床位数	张	818	768	258			50
# 民政部门办社会福利院	个	818	768	258			50
工作人员	人	224	219	11			5
床　位	张	818	768	258			50
年末收养人数	人	296	290	20			6
二、城镇收养性老年福利机构	个	34	24	1	5	2	3
工作人员	人	356	314	6	15	12	15
床　位	张	4572	2512	60	680	510	870
年末收养人数	人	1404	861	11	237	141	165
三、农村收养性老年福利机构	个	98	23	16	19	18	36
工作人员	人	574	240	198	56	92	180
床　位	张	11087	3053	2441	2833	2449	2570
年末收养人数	人	3039	563	375	945	539	960

注：本页数据由市民政局提供。

婚 姻 登 记 情 况

表 13-3　　单位:对

	2016			2017		
	登记结婚对数	复婚	登记离婚对数	登记结婚对数	复婚	登记离婚对数
全　　市	49061	2783	13556	47373	3042	15456
一、市　　区	19501	1163	5609	18219	1302	6260
市本级(涉外)						
连 云 区	2133	275	863	1866	258	1045
赣 榆 区	10801	289	1997	10140	416	2350
海 州 区	6567	599	2749	6213	628	2865
开 发 区						
二、三　　县	29560	1620	7947	29154	1740	9196
东 海 县	11035	616	2915	10774	398	3229
灌 云 县	9894	481	2657	9479	692	3172
灌 南 县	8631	523	2375	8901	650	2795

注:本页数据由市民政局提供。

律 师 公 证 和 调 解 工 作

表 13-4

指　　标	单 位	2016		2017	
		全 市	市 区	全 市	市 区
一、律师机构人员					
律师事务所	所	57	44	62	49
律　师	人	609	489	664	561
# 专职律师	人	577	470	644	541
# 女 性	人	126	110	149	134
兼职律师	人	19	19	20	20
聘请担任常年法律顾问的单位	个	3250	2780	2844	2559
# 担任政府法律顾问	个	170	132	174	144
民事诉讼代理	件	14566	10196	18076	14085
经济诉讼代理	件	5989	4192	7930	6531
刑事辩护及代理	件	2173	1521	2626	1817
行政诉讼代理	件	362	286	545	329
非诉讼代理	件	7306	6223	6674	4877
代理法律援助	件	2420	1331	2919	1590
12348 公共法律服务热线接听量	人次	7563	5126	17550	13347
二、公证工作					
公证处	个	7	4	7	4
公证人员	人	82	48	99	58
# 公证员	人	32	21	38	25
公证员助理	人	42	24	61	33
办理公证文书	件	33336	20773	47125	27955
国内民事	件	14196	8229	21373	11139
国内经济	件	12382	8335	18439	12417
涉外(涉港澳台)	件	6758	4209	7313	4399
三、人民调解工作					
司法所人员	人	564	261	518	245
# 司法行政专编	人	85	77	109	85
人民调解委员会	个	2031	902	1946	865
人民调解员	人	9736	3735	9522	3617
# 专职人民调解员	人	2210	1187	2155	1168
调解民事纠纷	件	16898	6109	29746	10753

注:本页数据由市司法局提供。

社 会 治 安 主 要 指 标

表 13-5 （2017 年）

指　　标	单　位	全　市	市　区	# 赣榆区	东海县	灌云县	灌南县
一、刑事案件(法院数)							
刑事案件立案数(受理)	件	4524	106	786	817	725	417
罪犯人数	人	2978	36	595	150	690	272
民事案件发案数(受理)	件	53698	278	11453	9987	7882	6655
二、治安案件							
受 理 数	件	34007	21001	5623	6363	4200	2443
查 处 数	件	34007	21001	5623	6363	4200	2443
三、城市交通事故							
交通事故	件	398	102	87	77	71	61
受伤人数	人	227	44	42	66	48	27
死亡人数	人	291	86	79	25	48	53
损失金额	万元	87.6	48.4	19.6	6.9	5.7	7.1
四、火　　灾							
火灾事故	件	1153	364	30	383	93	283
死亡人数	人	2	1				1
受伤人数	人						
损失金额	万元	852.9	358.3	89.1	109.8	164.8	130.9

注：本页数据由市法院和公安局提供。

城市建设用地和市政设施情况

表 13-6

指　　标	2005	2010	2011	2012	2013	2014	2015	2016	2017
一、建设用地情况									
城市面积(平方公里)	1022	7434	7223	7223	7223	7223	7223	7223	7223
建成区面积(平方公里)	77.69	216.8	230	245.5	261.5	275	288.7	297	306.6
城市建设用地(平方公里)	77.69	263.81	274	283.27	294.46	307.38	321.22	330.92	341.02
#居住用地	26.62	112.78	116	115.72	119.06	122.6	125.21	126.58	128.99
公共设施用地	8.06	31.15	32	21.34	21.94	22.89	23.99	24.25	26.29
工业用地	16.9	50.97	56	55.83	60.2	64.22	66.81	68.85	71.08
仓储用地	4.18	10.93	11.05	11.75	12.38	14.41	15.37	17.12	17.77
交通设施用地	7.23	10.04	10.19	31.13	31.95	32.8	36.34	46.52	39.48
市政设施用地	2.61	4.87	4.78	4.72	4.96	5.13	5.42	7.6	7.19
二、市政设施情况									
道路长度(公里)	668.94	1854	1914.56	1948.53	1992.96	2026.61	2077.24	2162.6	2493.01
道路面积(万 M^2)	959.3	3155	3275	3358.51	3463.76	3561.93	3811.93	4016.41	4335.09
人均道路面积(M^2)	13.67	22.03	20.35	20.12	20.27	20.58	21.08	22.05	23.29
人行道面积(万 M^2)	178.1	547	573	583.45	601.56	620.35	672.75	907.26	751.32
桥梁数(座)	101	217	232	239	258	267	268	280	257
排水管道长度(公里)	575.67	2147	2296	2473.49	2563.7	2669.38	2808.04	3037.63	3036.58
路灯盏数(盏)	39763	101947	106003	110749	122289	120432	137613	141803	113590
污水日处理能力(万 M^3)	12.6	19.5	27.8	31.8	31.8	34.3	40.3	40.6	48.4
污水年处理量(万 M^3)	5608	6390	7201	7224	9156	9479	11405	11761	12239
防洪堤长度(公里)	99.52	71	24	52					

说明:本页数据由市城乡建设局提供,城市建设方面从 2009 年开始改为全市数,以前年份为市区数。

城市园林绿化和环境卫生情况

表 13-7

指　　标	2005	2010	2011	2012	2013	2014	2015	2016	2017
一、园林绿化									
建成区绿地面积(公顷)	2526	7378	8303	9713	9556	10203	10798	11144	11341
#公共绿地	527.04	1606	1918	2060	2138	2295	2379	2449	2277
建成区绿化覆盖面积(公顷)	2883	8235	8975	8997	10348	10993	11617	11979	12434
建城区绿化覆盖率(%)	37.1	37.98	39.6	36.65	36.54	39.98	40.24	40.37	40.55
人均公共绿地面积(M^2)	7.51	10.82	11.92	12.34	12.51	13.26	13.16	13.44	13.41
城市公园数(个)	10	28	32	34	37	39	39	39	36
公园面积(公顷)	183.97	590	691	822	878	894	987	999.3	985.72
公园游人数(万人次)	200	240		218.5	284.6	301	336	385	
二、环境卫生									
实际清扫面积(万M^2)	933.1	2289	3228	2464	2851	2913	3206	4252	5211
生活垃圾清运量(万吨)	29	49.65	48.26	51.82	52	54	66.11	67.7	74.8
粪便清运量(万吨)	2.5	4.41	3.62	4.67	4.77	7.63	7.37	4.29	
垃圾无害化处理厂(座)	2	2	2	3	3	3	4	4	4
无害化处理能力(吨/日)	795	1600	1400	1880	1800	2100	2100	2600	2625
垃圾无害化处理量(万吨)	29	18.34	18.56	36.9	42.85	51.35	66.11	67.7	74.87

注:本页数据由市城乡建设局提供。

城市供水和城市燃气情况

表 13-8

指　　标	2005	2010	2011	2012	2013	2014	2015	2016	2017
一、城市供水									
水厂个数(个)	3	3	3	3	3	3	3	11	10
水厂综合生产能力(万吨/日)	38	55.7	55.8	64.3	66.3	78.3	78.3	79.7	81
供水管道长度(公里)	840	2595	3326	3461	3641	3902	4013	4147	4040
供水总量(万吨)	9046	14172	15017	14499	14783	15642	16859	16103	15789
#生产用水	3412	4185	4792	4811	5023	4890	5244	3814	3327
#家庭用水	3073	4027	4367	4784	5056	5348	5751	6073	5886
用水人口(万人)	67.62	147.75	160.41	166.52	170.75	172.95	180.52	181.51	185.26
人均日生活用水量(升)	159.27	103.34	113.11	118.68	119.33	119	127.93	128	134.43
自来水普及率(%)	96.37	103.13	100	100	100	100	100	100	100
二、节约用水									
计划用水量(万立方米)	5889	16682	20080	22719	29642	160207	162190	166139	168556
取水量(万立方米)	7488	9345	9753	10800	10853	11774	12098	13043	13606
生产用水重复利用量(万立方米)	3338	7337	10327	11919	18789	148433	150092	153096	153054
节约用水量(万立方米)	1739	7690	1899	3737	3978	4078	4252	4354	2740
三、城市燃气									
液化石油气供气总量(吨)	22000	30705	32643	32967	31400	31924	33492.5	33710	48299
#家庭用气	19850	19544	20202	20515	20469	21662	22150	22799	38048
用气户数(万户)	13.23	24.24	23.06	23.42	22.46	22.56	21.13	21.13	47.06
用气人口(万人)	42.61	86.88	79.66	78.25	80.37	74.62	73.05	72.22	66.12
天然气供气总量(万立方米)	730.98	7604	8623	9211	10703	12637	13400	14591.32	17689.32
#家庭用气	417.21	2006	2694	3039	3414	6072	6181	6741	8674.77
家庭用气户数(万户)	5.32	18.33	22.45	24.76	27.19	29.61	29.67	32.69	43.39
用气人口(万人)	17.1	57.04	71.92	82.23	85.83	95.34	106.96	107.98	118.26
天然气供气管道长度(公里)	242.97	1127	1363	1554.64	1816.83	1988.97	2111.66	2148.22	2277.79
煤气、液化气普及率(%)	99.9	100	100	100	100	100	100	100	100

注:本页数据由市城乡建设局提供。

工业“三废”排放及处理情况

表 13-9　　（2017 年）

指　　标	单　位	全　市	市　区	# 赣榆区	东海县	灌云县	灌南县
一、废水排放量							
工业废水排放总量	万吨	4859	2015	1115	443	659	627
二、废气排放量							
工业烟(粉)尘产生量	吨	1551134	1117961	111985	35063	5349	280776
工业烟(粉)尘排放量	吨	19086	3309	3158	2764	2276	7579
工业二氧化硫产生量	吨	113194	61812	19170	6488	5897	19867
工业二氧化硫排放量	吨	18165	3688	4185	3923	1579	4790
工业化学需氧量排放量	吨	7384	1191	2126	712	1694	1661
工业氮氧化物排放量	吨	21468	8031	4498	2976	1640	4323
三、工业固体废物							
一般工业固体废物综合利用率	%	96.91	93.15	99.66	67.85	99.28	99.08

注：本页数据由市环境保护局提供，统计范围包括有污染排放的工业企业和生活及其他排污单位。

14

江苏市县社会经济

三 大 区 域 主 要 指 标

表 14-1　　　　　　　　　　　　（2017 年）

指　　标	苏　南	苏　中	苏　北
年末常住人口（万人）	3347.52	1646.51	3035.27
土地面积（平方公里）	28085	22927	54865
地区生产总值（亿元）	50175.20	17544.10	20268.77
第一产业	919.70	908.79	2109.73
第二产业	22731.82	8353.82	8980.78
第三产业	26523.67	8281.49	9178.25
# 工业	20651.28	7167.19	7611.36
人均地区生产总值（元）	150200	106637	66934
地区生产总值指数（上年 =100）	107.5	107.9	108.4
粮食产量（万吨）	445.50	916.06	2383.22
油料产量（万吨）	16.68	54.34	59.94
棉花产量（万吨）	0.41	1.53	2.38
规模以上工业利润总额(亿元)	5099.00	2520.85	2395.12
固定资产投资额（亿元）	23548.52	12258.76	17192.93
社会消费品零售总额(亿元)	18315.59	5621.64	7800.18
进出口总额(亿美元)	5003.22	585.68	322.49
# 出口	3010.18	410.22	212.58
实际使用外资(亿美元)	153.90	50.77	46.69
一般公共预算收入（亿元）	4913.16	1246.30	1507.69
一般公共预算支出（亿元）	5051.41	1793.21	2842.60
金融机构存款余额（亿元）	85770.25	22930.40	21242.23
# 住户存款	24756.68	11117.48	10213.85
金融机构贷款余额（亿元）	70206.60	16015.10	15891.57
居民人均可支配收入（元）	46592	31863	24294
城镇常住居民人均可支配收入（元）	54169	40920	31007
农村常住居民人均可支配收入（元）	26759	20000	16501

沿 海 地 区 主 要 指 标

表 14-2　　　　（2017 年）

地　　区	年末户籍人口(万人)	土地面积(平方公里)	人口密度(人/平方公里)	就业人员(万人)	#第二产业	#第三产业
沿海三市合计	**2123.15**	**35095**	**543**	**1148.20**	**456.8**	**422.6**
沿海地带合计	**1665.20**	**28888**	**529**	**923.07**	**369.07**	**345.58**
南通市市区	214.47	2140	1100	135.80	58.70	61.05
海　安　县	93.25	1183	732	54.00	28.50	14.40
如　东　县	102.79	2791	351	61.60	30.65	18.00
启　东　市	111.59	1715	555	66.60	29.20	20.80
海　门　市	99.82	1144	792	64.20	31.10	18.30
连云港市区	222.61	3012	698	109.65	39.37	44.19
灌　云　县	104.10	1538	526	47.88	13.07	16.46
灌　南　县	81.91	1028	620	36.46	11.08	10.40
盐城市市区	243.57	5131	464	141.32	54.05	62.35
响　水　县	62.40	1474	340	28.30	10.18	10.64
滨　海　县	122.52	1950	479	55.96	19.39	21.12
射　阳　县	95.61	2606	339	56.57	20.08	21.74
东　台　市	110.56	3176	309	64.73	23.70	26.13

表 14-2 续表 1　　（2017 年）

地　　区	地区生产总　值（亿元）	第一产业	第二产业	第三产业	# 工业	人均地区生产总值（元）
沿海三市合计	**15457.64**	**1260.29**	**7076.39**	**7120.95**	**5944.67**	**81145**
沿海地带合计	**12977.91**	**1017.33**	**5954.14**	**6006.45**	**5007.03**	**84997**
南通市市区	2862.63	61.30	1305.69	1495.64	1103.54	121783
海　安　县	868.30	58.83	412.45	397.02	341.42	100295
如　东　县	852.50	71.37	391.21	389.92	332.15	86897
启　东　市	989.50	69.13	475.10	445.28	380.97	103950
海　门　市	1135.90	56.01	563.06	516.83	470.29	125445
连云港市区	1447.84	123.47	642.89	681.48	506.69	69127
灌　云　县	366.44	66.13	162.15	138.16	124.54	45405
灌　南　县	342.21	54.02	163.19	125.00	142.18	53794
盐城市市区	2037.32	169.19	991.15	876.97	857.15	85756
响　水　县	319.91	42.36	156.35	121.20	141.41	63854
滨　海　县	442.53	62.11	179.67	200.75	151.66	47355
射　阳　县	500.02	86.08	181.94	232.00	165.96	56531
东　台　市	812.81	97.33	329.29	386.20	289.07	82906

表 14-2 续表 2　　（2017 年）　　单位:%

地　　区	三次产业占 GDP 比重				一般公共预算收入占 GDP 比重	外　贸依存度
	第一产业	第二产业	第三产业	# 工业		
沿海三市合计	**8.2**	**45.8**	**46.1**	**38.5**	**7.5**	**22.7**
沿海地带合计	**7.8**	**45.9**	**46.3**	**38.6**	**7.9**	**24.8**
南通市市区	2.1	45.6	52.2	38.5	9.1	43.5
海　安　县	6.8	47.5	45.7	39.3	6.9	14.7
如　东　县	8.4	45.9	45.7	39.0	6.5	30.6
启　东　市	7.0	48.0	45.0	38.5	7.2	17.2
海　门　市	4.9	49.6	45.5	41.4	6.4	30.4
连云港市区	8.5	44.4	47.1	35.0	10.4	34.0
灌　云　县	18.0	44.3	37.7	34.0	5.6	3.8
灌　南　县	15.8	47.7	36.5	41.5	6.4	5.2
盐城市市区	8.3	48.6	43.0	42.1	8.7	18.3
响　水　县	13.2	48.9	37.9	44.2	7.5	14.1
滨　海　县	14.0	40.6	45.4	34.3	6.2	7.8
射　阳　县	17.2	36.4	46.4	33.2	4.8	6.0
东　台　市	12.0	40.5	47.5	35.6	6.6	7.3

表 14-2 续表 3　　　　　　　　　　（2017 年）

地　　区	规模以上工业企业个数（个）	工业总产值（亿元）	# 制造业	资产合计（亿元）	主营业务收入（亿元）	利润总额（亿元）
沿海三市合计	**9514**	**28529.25**	**27932.00**	**18047.53**	**27941.57**	**2010.03**
沿海地带合计	**7607**	**23787.98**	**23211.64**	**15799.80**	**23305.65**	**1712.86**
南通市市区	1434	3980.59	3874.29	3076.49	3898.18	269.31
海　安　县	967	2463.61	2451.07	1321.58	2534.78	181.12
如　东　县	725	2045.76	1981.18	1258.38	2045.53	163.21
启　东　市	487	1779.33	1727.60	1301.47	1784.04	154.48
海　门　市	673	2092.34	2086.14	1073.94	2125.03	222.75
连云港市区	682	3201.30	3069.19	2668.50	3103.07	304.25
灌　云　县	227	796.05	772.95	158.69	779.24	44.76
灌　南　县	146	371.90	370.39	274.58	359.21	23.24
盐城市市区	1144	3333.05	3275.01	2360.43	3166.88	150.36
响　水　县	146	1003.99	964.34	703.17	968.54	68.54
滨　海　县	199	790.30	768.84	568.27	745.44	41.00
射　阳　县	282	773.55	729.46	360.61	713.33	32.25
东　台　市	495	1156.24	1141.19	673.68	1082.38	57.59

表 14-2 续表 4

（2017 年）

地　　区	固定资产投　资（亿元）	#房地产开　发	社会消费品零售总额（亿元）	进出口总　额（亿美元）	#出口	实际使用外　资（亿美元）
沿海三市合计	**11841.32**	**1311.56**	**5717.92**	**516.84**	**346.86**	**38.90**
沿海地带合计	**10069.29**	**1192.50**	**3960.86**	**474.16**	**312.10**	**34.67**
南通市市区	1917.52	370.60	1119.61	183.51	123.17	10.08
海　安　县	609.82	45.68	300.98	18.75	15.47	2.67
如　东　县	563.33	24.86	347.45	38.62	17.66	2.27
启　东　市	634.60	71.45	352.97	25.12	20.47	3.40
海　门　市	633.65	51.97	376.14	50.78	47.61	2.93
连云港市区	1598.08	202.49	605.05	72.61	31.33	4.55
灌　云　县	339.63	15.98	133.12	2.05	1.83	0.87
灌　南　县	252.61	32.65	104.12	2.65	2.12	0.65
盐城市市区	1793.56	247.74	426.34	55.12	31.08	4.77
响　水　县	320.74	12.99	21.69	6.69	6.21	0.50
滨　海　县	423.07	20.16	43.76	5.07	4.00	0.55
射　阳　县	335.62	43.12	67.21	4.43	3.06	0.60
东　台　市	647.05	52.80	62.42	8.74	8.12	0.82

表 14-2 续表 5　　（2017 年）　　单位:亿元

地　　区	一般公共预算收入	#税收收入	一般公共预算支出	年末金融机构存款余　额	#住户存款	年末金融机构贷款余　额
沿海三市合计	**1165.47**	**893.81**	**1948.92**	**20395.46**	**9988.14**	**14539.12**
沿海地带合计	**1020.58**	**782.35**	**1629.43**	**17907.84**	**8386.30**	**12898.05**
南通市市区	260.06	204.20	319.64	5035.13	2064.49	3749.21
海　安　县	60.01	50.02	86.47	1366.12	730.97	956.53
如　东　县	55.56	45.87	108.10	1116.74	645.01	569.37
启　东　市	71.13	53.73	92.67	1313.93	799.79	821.67
海　门　市	72.54	51.13	93.79	1423.65	809.42	967.62
连云港市区	151.28	112.42	223.54	2025.25	756.15	1768.97
灌　云　县	20.57	14.31	54.85	308.40	161.38	211.87
灌　南　县	21.88	17.01	50.19	227.81	123.62	157.85
盐城市市区	178.17	133.21	299.77	3293.39	1127.11	2470.32
响　水　县	23.90	17.95	55.01	214.19	112.94	166.47
滨　海　县	27.30	20.49	75.36	350.03	201.70	294.89
射　阳　县	24.18	19.60	75.11	464.03	304.44	298.36
东　台　市	54.01	42.41	94.94	769.16	549.28	464.92

表 14-2 续表 6　　（2017 年）

地　　区	公路里程（公里）	民用汽车拥有量（万辆）	公路客运量（万人）	公路货运量（万吨）	全社会用电量（亿千瓦时）	# 工业用电
沿海三市合计	**50467**	**295.71**	**18819**	**27454**	**870.61**	**586.53**
沿海地带合计	**40099**	**244.72**	**16194**	**22667**	**737.68**	**500.33**
南通市市区	3959	59.98	4230	5437	161.31	109.98
海 安 县	2458	14.62	481	1968	47.35	35.17
如 东 县	2803	17.19	606	1462	53.14	38.29
启 东 市	3633	18.11	1074	597	34.32	20.37
海 门 市	2557	18.59	432	851	42.43	28.17
连云港市区	4098	29.77	2655	5670	110.32	73.38
灌 云 县	2834	8.08	406	1166	14.64	7.15
灌 南 县	1923	5.49	601	509	32.45	25.26
盐城市市区	6109	38.11	3210	1838	110.32	69.54
响 水 县	1798	4.87	326	312	39.78	33.33
滨 海 县	2151	8.97	720	1122	28.32	18.64
射 阳 县	2500	9.61	702	761	23.30	13.27
东 台 市	3276	11.34	751	974	39.99	27.80

沿东陇海线地区主要指标

表 14–3　　　　(2017 年)

地　　区	年末户籍人口(万人)	土地面积(平方公里)	人口密度(人/平方公里)	就业人员(万人)	#第二产业	#第三产业
东陇海合计	991.06	11789	741	466.68	156.65	190.33
徐州市市区	337.85	3063	1080	157.92	49.78	76.95
新　沂　市	112.93	1592	574	55.13	19.21	19.24
邳　州　市	193.76	2085	692	87.37	30.31	29.80
连云港市区	222.61	3012	698	109.65	39.37	44.19
东　海　县	123.91	2037	477	56.61	17.98	20.15

表 14–3 续表 1　　　　(2017 年)

地　　区	地区生产总值(亿元)	第一产业	第二产业	第三产业	#工业	人均地区生产总值(元)
东陇海合计	6891.45	507.12	2995.51	3388.83	2539.70	79164
徐州市市区	3397.88	120.42	1467.88	1809.59	1264.63	103339
新　沂　市	644.26	71.08	269.30	303.88	229.03	70623
邳　州　市	917.65	122.35	403.81	391.49	354.15	63690
连云港市区	1447.84	123.47	642.89	681.48	506.69	69127
东　海　县	483.82	69.80	211.63	202.39	185.20	49891

表 14–3 续表 2　　　　(2017 年)

地　　区	规模以上工业企业个数(个)	工业总产值(亿元)	#制造业	资产合计(亿元)	主营业务收入(亿元)	利润总额(亿元)
东陇海合计	2588	12963.58	12412.12	8998.60	12891.40	1043.94
徐州市市区	723	5174.49	4799.87	4721.37	5255.13	398.23
新　沂　市	306	1179.26	1165.79	448.48	1173.96	95.89
邳　州　市	428	2293.59	2269.23	791.37	2262.00	170.34
连云港市区	682	3201.30	3069.19	2668.50	3103.07	304.25
东　海　县	449	1114.94	1108.03	368.87	1097.25	75.23

表 14-3 续表 3　　（2017 年）

地　　区	固定资产投资（亿元）	# 房地产开发	社会消费品零售总额（亿元）	进出口总额（亿美元）	# 出口	实际使用外资（亿美元）
东陇海合计	5595.19	656.16	3061.72	142.93	87.91	20.76
徐州市市区	2279.16	300.97	1795.09	47.05	36.78	11.42
新 沂 市	544.42	52.11	189.99	6.73	5.10	1.73
邳 州 市	760.22	76.79	275.57	11.72	10.76	2.03
连云港市区	1598.08	202.49	605.05	72.61	31.33	4.55
东 海 县	413.31	23.81	196.02	4.83	3.94	1.02

表 14-3 续表 4　　（2017 年）

地　　区	一般公共预算收入	# 税收收入	一般公共预算支出	年末金融机构存款余额	# 住户存款	年末金融机构贷款余额
东陇海合计	554.65	412.15	875.65	7397.69	3417.60	5474.21
徐州市市区	274.75	210.31	386.60	3970.20	1784.11	2703.07
新 沂 市	47.46	32.88	93.00	444.40	246.58	280.03
邳 州 市	60.05	40.92	110.52	601.82	392.43	427.52
连云港市区	151.28	112.42	223.54	2025.25	756.15	1768.97
东 海 县	21.12	15.63	61.98	356.03	238.34	294.63

表 14-3 续表 5　　（2017 年）

地　　区	公路里程（公里）	民用汽车拥有量（万辆）	公路客运量（万人）	公路货运量（万吨）	全社会用电量（亿千瓦时）	# 工业用电
东陇海合计	17079	128.55	12470	21248	415.48	284.40
徐州市市区	3901	66.36	7456	9948	214.72	154.50
新 沂 市	2674	7.49	753	1420	34.75	25.53
邳 州 市	3144	13.02	661	2273	30.30	16.19
连云港市区	4098	29.77	2655	5670	110.32	73.38
东 海 县	3262	11.91	945	1937	25.39	14.81

各市市区主要指标

表 14-4　　（2017 年）

年　份 城　市	自来水综合生产能力（万吨 / 日）	全年供水总量（万吨）	#生产用水量	#生活用水量	用水人口（万人）	人均日生活用水量（升）	城市人口用水普及率（%）
南京市区	655.4	132652	45077	71735	627.2	313.4	100.0
无锡市区	280.0	43838	17745	19781	251.1	215.9	100.0
徐州市区	137.0	26199	8995	8301	182.5	124.6	99.8
常州市区	203.0	30825	11995	15906	187.7	232.2	100.0
苏州市区	417.7	78279	36527	33929	312.2	297.7	100.0
南通市区	331.5	29277	12219	10835	164.3	180.7	100.0
连云港市区	65.6	14298	5146	6367	105.2	165.9	100.0
淮安市区	122.6	17831	8751	7591	161.8	128.5	100.0
盐城市区	59.8	10953	1911	6986	135.7	141.0	100.0
扬州市区	115.2	19376	4881	9013	116.6	211.7	100.0
镇江市区	59.0	17710	8110	6328	89.0	194.7	100.0
泰州市区	42.0	10238	2508	4738	94.3	137.7	100.0
宿迁市区	37.0	8064	2837	4229	73.1	158.6	100.0

表 14-4 续表 1　　　　（2017 年）

年　份 城　市	全年供气总量		家庭用气量		用气人口(万人)		燃气普及率(%)
	天然气(万立方米)	液化石油气(吨)	天然气(万立方米)	液化石油气(吨)	天然气	液化石油气	
南京市区	116394	84795	37299	44344	483.6	140.6	99.5
无锡市区	93030	39446	17521	18901	235.2	15.9	100.0
徐州市区	31629	20925	8375	13103	152.8	26.5	98.0
常州市区	90685	9450	11214	3061	183.9	3.8	100.0
苏州市区	117130	35905	24185	14117	293.8	18.5	100.0
南通市区	24440	19737	5578	9158	141.0	23.3	100.0
连云港市区	13716	11383	6275	9891	74.0	30.0	98.9
淮安市区	17766	29588	8350	25160	105.7	54.6	99.0
盐城市区	17377	25428	10012	20110	100.6	34.5	99.5
扬州市区	21627	16814	7867	11523	103.5	12.6	99.6
镇江市区	38058	19909	4300	10346	64.9	24.2	100.0
泰州市区	26687	13079	3744	9609	59.9	34.4	99.9
宿迁市区	15261	8555	2831	8102	51.0	22.1	100.0

表 14-4 续表 2　　（2017 年）

年　份 城　市	年末实有道路长度（公里）	年末实有道路面积(万平方米)	排水管道长度（公里）	城市污水日处理能力(万吨)	城　市路灯盏数（千盏）	人均拥有道路面积(平方米)	建成区排水管道密度(公里/平方公里)	污　水处理率（%）
南京市区	8012	14649	8657	488.1	483	23.4	11.2	96.0
无锡市区	3715	6679	13105	157.1	326	26.6	39.5	97.1
徐州市区	2550	4463	2196	61.0	294	24.4	8.4	93.6
常州市区	2553	4880	5880	109.8	252	26.0	22.5	96.3
苏州市区	7166	10681	8678	269.3	431	34.2	18.8	95.2
南通市区	2770	5064	4493	74.3	236	30.8	20.8	94.1
连云港市区	1432	2506	2156	33.1	98	23.8	10.1	87.2
淮安市区	2026	3506	2514	42.1	132	21.7	14.1	93.2
盐城市区	1353	3122	2157	38.2	239	23.0	14.6	90.5
扬州市区	1616	2559	2596	48.3	130	21.9	17.4	94.4
镇江市区	1405	2313	2016	48.0	97	26.0	14.5	94.5
泰州市区	1234	2525	1877	39.1	109	26.8	16.4	91.2
宿迁市区	898	1995	1617	36.0	65	27.3	18.8	94.5

表 14-4 续表 3

(2017 年)

年　份 城　市	园林绿地面　积(公顷)	#公园绿地	建成区绿化覆盖面积(公顷)	公　园		人均公园绿地面积(平方米)	建成区面积(平方里)	建成区绿化覆盖率(%)
				个　数(个)	面　积(公顷)			
南京市区	91674	9624	34625	141	7301	15.3	774	44.8
无锡市区	18905	3744	14270	54	3814	14.9	332	43.0
徐州市区	15983	2879	11436	74	1810	15.7	261	43.8
常州市区	11320	2713	11256	39	1080	14.5	261	43.1
苏州市区	22184	4592	19385	167	2110	14.7	462	42.0
南通市区	9638	3035	9332	37	561	18.5	216	43.3
连云港市区	22460	1542	8609	25	632	14.7	214	40.2
淮安市区	8166	2267	7506	20	1176	14.0	179	42.1
盐城市区	6844	1731	6141	56	1194	12.8	148	41.5
扬州市区	7540	2167	6525	89	1762	18.6	149	43.8
镇江市区	8445	1689	5975	24	627	19.0	139	42.9
泰州市区	4538	1008	4809	23	580	10.7	115	42.0
宿迁市区	9115	1116	3693	20	943	15.3	86	42.9

表 14-4 续表 4　　（2017 年）

年　份 城　市	清扫面积 (万平方米)	生活垃圾 清运量 （万吨）	粪便 清运量 （万吨）	无害化处理 厂日处理 能力(吨)	垃圾粪便 年处理量 （万吨）	环卫机械 （辆）	公共厕所 （座）
南京市区	8557	213	4.9	8950	215.8	1925	1249
无锡市区	4700	142	13.1	2950	142.4	1083	1500
徐州市区	2786	92	1.2	2700	93.6	840	813
常州市区	3435	84	1.7	3910	90.5	657	927
苏州市区	11437	246	1.6	10197	261.6	2977	1016
南通市区	3423	72	3.6	500	74.5	573	314
连云港市区	3154	40	2.8	1300	40.4	510	808
淮安市区	2602	55	2.0	2400	56.8	336	486
盐城市区	2299	46	1.6	1800	48.2	299	618
扬州市区	2029	66	4.0	2110	71.7	326	504
镇江市区	1580	41	0.9	1450	41.8	211	216
泰州市区	2182	31	2.4	1000	33.0	659	416
宿迁市区	2028	28	1.9	1050	29.7	374	361

表 14-4 续表 5　　　　　　（2017 年）

年　份 城　市	年末实有公共汽(电)车营运车辆(辆)	实有公共汽(电)车营运标准车台(标台)	公共汽(电)车营运线路长度(公里)	公共汽(电)车客运总量(万人次)	每万人拥有公共交通车辆(标台)	出租汽车营运车数(辆)
南京市区	8765	10752	11112	89802	23.1	14057
无锡市区	4680	5542	8145	52365	17.9	5152
徐州市区	3042	3680	4915	39241	16.2	5313
常州市区	3110	3724	4969	30366	19.5	3680
苏州市区	8303	10054	14444	89180	20.8	8871
南通市区	2481	2885	6821	21899	21.8	2216
连云港市区	1292	1622	1904	12415	18.8	1814
淮安市区	1705	2070	1827	26036	14.9	1473
盐城市区	1386	1717	2728	16729	16.6	1833
扬州市区	2230	2712	2954	21797	25.1	3399
镇江市区	1924	2100	3680	18937	18.0	2628
泰州市区	1566	1735	3548	16332	13.0	2259
宿迁市区	1074	1284	2053	14143	17.6	770

表 14-4 续表 6　　　　（2017 年）

城　　市	土　地 面　积 (平方公里)	年末户籍 人　　口 （万人）	# 女	当年出生 人　　口 （万人）	当年死亡 人　　口 （万人）	年末常住 人　　口 （万人）
南京市区	6587	680.67	341.40	9.08	4.44	833.50
无锡市区	1644	259.23	131.79	2.72	2.11	364.81
徐州市区	3063	337.85	165.11	4.83	5.63	330.73
常州市区	2839	299.73	152.93	2.84	2.07	395.48
苏州市区	4652	356.30	181.18	4.63	2.38	553.15
南通市区	2140	214.47	109.84	2.00	1.94	235.40
连云港市区	3012	222.61	107.47	3.33	3.35	210.11
淮安市区	4476	332.24	161.83	3.94	7.34	307.69
盐城市区	5131	243.57	119.27	2.90	2.70	237.94
扬州市区	2306	233.00	117.55	2.26	2.03	243.66
镇江市区	1088	102.93	51.95	0.93	1.37	123.32
泰州市区	1567	163.92	81.89	1.69	1.72	163.08
宿迁市区	2108	176.34	85.68	2.76	2.23	160.53

表 14-4 续表 7　　　　　　　　　（2017 年）　　　　　　　　　单位:万人

城　　市	年末就业人员	# 私营企业就业人员	# 个体就业人员	就业人员按三次产业分		
				第一产业	第二产业	第三产业
南京市区	457.60	389.80	130.16	42.20	147.00	268.40
无锡市区	214.80	149.20	41.18	3.16	113.25	98.39
徐州市区	157.92	63.38	38.63	31.19	49.78	76.95
常州市区	231.83	154.51	57.05	17.74	113.90	100.19
苏州市区	347.59	262.19	77.31	10.43	198.79	138.37
南通市区	135.80	81.79	39.02	16.05	58.70	61.05
连云港市区	109.65	34.82	16.89	26.09	39.37	44.19
淮安市区	178.13	56.84	34.57	43.17	58.58	76.38
盐城市区	141.32	67.75	28.68	24.92	54.05	62.35
扬州市区	137.98	85.85	33.00	21.87	60.92	55.19
镇江市区	69.80	37.29	20.38	5.49	25.97	38.34
泰州市区	97.80	57.04	20.57	13.70	39.90	44.20
宿迁市区	101.55	27.36	23.58	28.08	38.36	35.11

表 14-4 续表 8　　　　（2017 年）

城　　市	地　区 生产总值 (亿元)	第一产业	第二产业	第三产业	人均地区 生产总值 (元)	地区生产 总值指数 (上年 =100)
南京市区	11715.10	263.01	4454.87	6997.22	141103	108.1
无锡市区	5465.28	44.40	2258.77	3162.11	150120	107.7
徐州市区	3397.88	120.42	1467.88	1809.59	103339	105.1
常州市区	5772.21	106.45	2675.88	2989.89	146104	108.2
苏州市区	7776.99	81.91	3876.18	3818.90	140864	107.3
南通市区	2862.63	61.30	1305.69	1495.64	121783	107.8
连云港市区	1447.84	123.47	642.89	681.48	69127	107.5
淮安市区	2294.50	188.97	987.54	1117.99	74817	107.2
盐城市区	2037.32	169.19	991.15	876.97	85756	106.0
扬州市区	3248.40	95.97	1556.51	1595.92	133566	107.6
镇江市区	1878.70	29.79	874.89	974.01	152461	107.0
泰州市区	1994.81	66.52	1007.60	920.69	122501	108.6
宿迁市区	946.43	69.34	468.45	408.65	59102	107.7

表 14-4 续表 9　　（2017 年）　　单位：亿元

城　　市	固定资产投　　资	房地产开发投　　资	# 住宅	新增固定资　　产	商品房屋销售建筑面积(万平方米)	# 住宅
南京市区	6215.20	2170.21	1569.52	3340.65	1429.61	1208.98
无锡市区	3250.57	951.12	748.93	2120.29	718.18	613.64
徐州市区	2279.16	300.97	214.42	1999.38	517.82	466.11
常州市区	3365.59	405.19	275.51	2554.31	936.05	736.50
苏州市区	3126.87	1432.22	1157.53	2325.09	988.56	845.20
南通市区	1917.52	370.60	276.85	1406.04	878.00	759.63
连云港市区	1598.08	202.49	159.68	1027.13	361.49	345.81
淮安市区	1620.50	223.05	151.23	1170.16	601.44	505.57
盐城市区	1793.56	247.74	203.48	1166.03	519.95	461.83
扬州市区	2133.87	328.43	187.93	1660.45	537.00	451.00
镇江市区	1442.81	135.55	105.65	1011.07	308.00	287.00
泰州市区	1799.19	148.82	119.44	1410.23	883.33	795.51
宿迁市区	825.93	86.36	64.10	558.70	315.10	280.82

表 14-4 续表 10　　　　（2017 年）　　　　单位:亿元

城　　市	规上工业企业单位数（个）	#大中型企　业	资产总计	负债合计	主营业务收　入	利润总额
南京市区	2348	388	11603.75	6285.94	10936.47	867.69
无锡市区	2847	387	7178.74	3424.52	7125.20	557.09
徐州市区	723	181	4721.37	2415.46	5255.13	398.23
常州市区	3859	510	7852.92	4262.93	10620.03	628.51
苏州市区	4455	967	12874.86	6433.45	13214.62	884.37
南通市区	1434	188	3076.49	1488.17	3898.18	269.31
连云港市区	682	73	2668.50	1474.20	3103.07	304.25
淮安市区	1213	122	2009.72	880.80	3942.43	280.37
盐城市区	1144	180	2360.43	1256.80	3166.88	150.36
扬州市区	1475	348	3055.78	1617.10	5457.63	284.92
镇江市区	766	99	2224.96	1172.75	2679.70	200.57
泰州市区	1181	129	2679.05	1350.30	5010.78	341.17
宿迁市区	515	73	1405.90	614.57	1046.41	166.05

表 14-4 续表 11　　（2017 年）　　单位:亿元

城　　市	工　业 总产值	内资企业	外商港澳台 投资企业	# 国有控股 企　　业	# 大中型 企　　业	# 制造业
南京市区	11056.72	6775.40	4281.32	4742.84	8266.92	10786.46
无锡市区	7077.18	3120.26	3956.92	680.41	4641.65	6988.40
徐州市区	5174.49	4489.18	685.31	1159.43	4043.13	4799.87
常州市区	10111.72	6850.25	3261.47	555.95	6100.55	9963.04
苏州市区	13211.78	4188.06	9023.73	322.13	9298.00	13002.43
南通市区	3980.59	2431.32	1549.26	386.82	2214.11	3874.29
连云港市区	3201.30	2376.89	824.40	346.72	2171.80	3069.19
淮安市区	3990.57	2853.85	1136.72	332.73	1931.44	3855.69
盐城市区	3333.05	2326.70	1006.35	149.91	1987.68	3275.01
扬州市区	5605.10	4356.15	1248.95	651.28	3540.42	5421.24
镇江市区	2653.26	1426.38	1226.87	464.40	1841.45	2541.15
泰州市区	5170.59	4297.93	872.66	295.55	3020.34	5072.45
宿迁市区	1069.17	830.28	238.89	46.05	707.46	1052.13

表 14-4 续表 12　　（2017 年）　　单位:亿元

城　　市	一般公共预算收入	# 税收收入	一般公共预算支出	存　款余　额	# 住户存款	贷　款余　额
南京市区	1271.91	1044.61	1354.09	29944.86	6019.70	24578.25
无锡市区	583.70	467.22	636.74	9132.47	2902.48	6664.19
徐州市区	274.75	210.31	386.60	3970.20	1784.11	2703.07
常州市区	457.43	381.17	469.92	8781.54	3033.55	5823.14
苏州市区	1012.91	887.33	992.50	15824.77	4150.60	15284.36
南通市区	260.06	204.20	319.64	5035.13	2064.49	3749.21
连云港市区	151.28	112.42	223.54	2025.25	756.15	1768.97
淮安市区	172.92	130.04	298.86	2225.21	836.80	1916.88
盐城市区	178.17	133.21	299.77	3293.39	1127.11	2470.32
扬州市区	212.17	150.96	317.09	3931.06	1682.41	2918.07
镇江市区	147.28	102.34	202.40	2370.29	771.88	1655.25
泰州市区	184.71	134.12	232.82	2958.36	1123.15	2186.87
宿迁市区	100.03	82.03	182.61	1254.89	416.80	1068.00

表 14-4 续表 13　　（2017 年）

城　　市	社会消费品零售总额（亿元）	进出口总　额(亿美元)			实际使用外　资(亿美元)	星级饭店数(个)
			出　口	进　口		
南京市区	5604.66	611.87	344.15	267.73	36.73	77
无锡市区	1981.83	562.03	340.23	221.81	9.51	23
徐州市区	1795.09	47.05	36.78	10.27	11.42	39
常州市区	2112.39	302.71	220.56	82.15	19.66	28
苏州市区	2804.95	1637.34	938.28	699.06	23.59	54
南通市区	1119.61	183.51	123.17	60.34	10.08	28
连云港市区	605.05	72.61	31.33	41.28	4.55	26
淮安市区	814.96	36.45	21.03	15.41	8.37	25
盐城市区	426.34	55.12	31.08	24.04	4.77	11
扬州市区	1020.48	87.32	62.07	25.25	9.99	28
镇江市区	647.30	65.24	36.03	29.21	5.30	9
泰州市区	629.18	55.47	34.27	21.20	10.17	12
宿迁市区	332.94	17.27	11.43	5.83	2.72	11

表 14-4 续表 14　　　　　　　　　　　　（2017 年）

城　　市	邮电业务收　　入（亿元）	固定电话用　　户（万户）	年末移动电话用户（万户）	互联网宽带接入用户（万户）	全年用电量(亿千瓦时)	#城乡居民生活用电
南京市区	224.74	237.97	1159.83	401.24	556.96	81.14
无锡市区	121.91	88.72	534.23	187.15	327.75	39.02
徐州市区	46.52	54.39	422.34	112.54	214.72	26.18
常州市区	87.00	96.40	582.15	209.16	376.50	38.91
苏州市区	204.35	130.36	996.68	284.35	661.84	66.18
南通市区	40.35	65.71	338.67	104.02	161.31	23.20
连云港市区	30.13	38.96	239.03	78.65	110.32	16.32
淮安市区	36.13	29.80	175.11	31.07	65.87	7.77
盐城市区	32.47	34.67	287.47	95.44	110.32	18.19
扬州市区	43.72	66.78	297.96	101.28	136.01	22.76
镇江市区	21.34	30.66	141.58	67.92	116.01	11.64
泰州市区	24.34	26.42	183.98	66.68	98.13	14.06
宿迁市区	8.85	11.69	162.67	47.34	77.73	9.61

表 14-4 续表 15　　　　（2017 年）

城　　市	城市常住居民人均可支配收入	城市常住居民人均消费性支出	食品烟酒	衣着	居住
南京市区	54538	31385	7950	2261	6884
无锡市区	50897	30739	8589	2501	6439
徐州市区	34556	21993	6335	1620	3792
常州市区	50538	28538	7745	2130	5708
苏州市区	58614	35258	9502	1942	9204
南通市区	45312	25731	7427	1767	5959
连云港市区	32758	19858	5646	1715	4361
淮安市区	33933	17363	5632	1224	1827
盐城市区	36927	20516	5899	1671	4525
扬州市区	41888	27159	8256	2201	5513
镇江市区	44951	27115	7536	2039	5620
泰州市区	40813	23986	7000	1989	5590
宿迁市区	27229	16355	5394	1280	2986

单位:元

生活用品及服务	交通通信	教育文化娱乐	医疗保健	其他用品和服务	人均住房建筑面积(平方米)	居民消费价格指数(上年=100)
1880	3902	5752	1804	952	39.8	101.9
1636	4554	4082	1932	1006	42.6	101.9
1708	3155	2359	2369	655	36.0	101.7
1699	4390	4363	1787	716	47.8	101.9
1720	6022	4607	1389	872	38.7	101.7
1503	3638	3027	1637	773	43.4	101.7
1488	2112	2544	1419	573	51.4	101.8
1387	3305	2525	1034	429	44.0	101.9
1499	2667	2235	1383	637	42.0	101.7
1482	3015	4309	1517	866	43.1	101.7
1594	4098	4133	1207	888	41.0	102.0
1236	3046	2950	1457	718	50.5	101.9
1057	1626	2761	1017	234	45.5	101.9

表 14–4 续表 16 （2017 年）

城　　市	普通本专科在校学生数（万人）	专利申请受理量(件)	公共图书馆图书藏量（千册）	医疗卫生机构数(个)	卫生机构床位数(万张)	执业(助理)医师(万人)
南京市区	72.15	75406	18793	2340	5.22	2.81
无锡市区	10.23	38571	4654	1343	2.92	1.24
徐州市区	12.93	12599	1679	1497	3.16	1.08
常州市区	12.29	32429	4557	1067	2.34	1.12
苏州市区	16.47	67099	13443	1545	3.73	1.61
南通市区	9.95	22961	2303	1028	1.80	0.80
连云港市区	3.99	5993	1644	1379	1.32	0.62
淮安市区	7.01	11698	2504	1224	1.90	0.86
盐城市区	6.12	15394	2314	1046	1.51	0.69
扬州市区	8.28	17783	2959	1026	1.43	0.68
镇江市区	8.04	15129	1984	415	0.87	0.41
泰州市区	6.17	16864	1579	649	1.09	0.47
宿迁市区	2.10	4895	953	671	0.97	0.36

市辖区主要指标

表 14-5

（2017 年）

市辖区	年末户籍人口（万人）	土地面积（平方公里）	地区生产总值（亿元）	#第二产业	#第三产业
南京市					
玄武区	47.75	75	932.41	29.61	902.80
秦淮区	69.46	49	906.74	55.10	851.64
建邺区	33.17	83	669.15	278.63	390.52
鼓楼区	92.54	53	1401.68	95.14	1306.54
浦口区	71.08	910	1026.56	512.87	470.92
栖霞区	49.24	395	1430.86	919.40	503.70
雨花台区	28.71	132	586.12	111.82	473.45
江宁区	107.90	1563	1989.22	1033.55	892.52
六合区	92.28	1471	1191.42	724.96	402.42
溧水区	43.91	1064	713.77	363.73	307.77
高淳区	44.63	790	632.05	308.44	281.43
无锡市					
锡山区	45.51	399	809.27	417.92	373.57
惠山区	48.16	325	830.53	489.59	323.91
滨湖区	51.21	628	954.86	420.53	530.15
梁溪区	77.91	72	1165.05	180.61	984.44
新吴区	36.44	220	1618.81	1065.85	550.22
徐州市					
鼓楼区	31.08	66	253.32	54.36	198.84
云龙区	35.62	120	312.00	38.23	272.78
贾汪区	52.12	612	323.75	162.93	136.37
泉山区	56.52	100	581.19	81.12	499.56
铜山区	132.07	2004	1085.30	562.24	436.56

表 14-5 续表 1

（2017 年）

市辖区	年末户籍人口（万人）	土地面积（平方公里）	地　区生产总值（亿元）	#第二产业	#第三产业
常州市					
天宁区	47.31	155	778.34	221.41	548.73
钟楼区	43.07	133	739.32	246.35	490.40
新北区	58.44	509	1340.16	697.55	623.89
武进区	95.92	1065	2260.27	1234.85	983.74
金坛区	55.00	976	708.34	358.01	315.05
苏州市					
虎丘区	39.02	332	1160.10	711.04	446.64
吴中区	66.67	2231	1060.80	494.46	543.80
相城区	42.45	490	713.82	348.62	353.34
姑苏区	73.33	83	665.18	70.92	594.26
吴江区	83.27	1237	1788.98	915.06	830.09
南通市					
崇川区	53.40	160	772.23	185.06	587.09
港闸区	19.56	152	378.51	210.81	166.09
通州区	126.06	1562	1169.41	574.46	536.70
连云港市					
连云区	17.62	797	141.57	53.41	82.55
海州区	73.58	701	348.21	98.07	232.32
赣榆区	119.58	1514	586.02	278.75	221.74
淮安市					
淮安区	115.42	1452	499.23	194.29	236.90
淮阴区	91.72	1307	482.94	203.48	207.61
清江浦区	70.60	310	448.87	105.95	332.18
洪泽区	37.04	1273	284.11	116.32	132.79

表 14–5 续表 2　　（2017 年）

市辖区	年末户籍人口（万人）	土地面积（平方公里）	地区生产总值（亿元）	#第二产业	#第三产业
盐城市					
亭湖区	70.01	800	444.50	162.60	246.90
盐都区	71.15	1015	500.23	239.51	214.80
大丰区	71.45	3008	647.48	253.98	311.43
扬州市					
广陵区	49.44	335	734.41	330.14	394.18
邗江区	61.24	553	859.46	335.52	503.59
江都区	105.21	1330	1055.12	500.81	490.76
镇江市					
京口区	31.27	125	469.66	124.97	343.41
润州区	21.36	124	208.35	40.68	166.94
丹徒区	29.02	617	390.21	204.01	166.96
泰州市					
海陵区	42.83	237	596.67	277.35	311.17
高港区	26.28	287	495.27	290.21	192.11
姜堰区	78.25	928	668.81	305.09	319.45
宿迁市					
宿城区	95.09	677	315.62	122.30	170.69
宿豫区	66.16	660	281.57	159.92	93.56

表 14-5 续表 3　　（2017 年）

市辖区	一般公共预算收入(亿元)	固定资产投资(亿元)	#房地产开发	社会消费品零售总额(亿元)	进出口总额(亿美元)	#出口	实际使用外资(万美元)
南京市							
玄武区	59.95	158.24	119.71	523.63	82.77	32.81	20556
秦淮区	78.35	260.09	96.69	1020.08	90.67	59.65	18103
建邺区	103.75	365.57	280.14	219.03	11.57	9.00	26108
鼓楼区	101.91	266.28	157.26	973.32	50.86	30.17	26061
浦口区	103.04	1108.46	458.17	336.10	15.22	3.40	32102
栖霞区	118.10	688.99	299.38	263.07	126.01	51.57	74096
雨花台区	72.57	270.15	180.53	403.65	46.83	34.02	24016
江宁区	226.46	1066.18	294.50	521.06	140.43	93.49	86022
六合区	108.48	520.60	149.23	419.63	7.58	4.66	11629
溧水区	56.66	610.56	75.26	213.66	7.82	6.36	20139
高淳区	28.17	506.41	39.12	206.66	7.95	5.84	13330
无锡市							
锡山区	78.79	722.50	156.85	184.36	48.41	36.08	30052
惠山区	85.49	669.31	140.28	195.47	30.11	25.98	25133
滨湖区	96.05	636.62	364.88	291.16	26.67	19.90	126662
梁溪区	45.46	225.57	176.08	999.58	24.10	21.80	36089
新吴区	176.08	898.87	113.03	311.27	432.75	236.46	225210
徐州市							
鼓楼区	16.72	241.47	71.08	431.09	1.07	1.05	4800
云龙区	24.29	249.35	64.13	437.97	3.19	3.01	8579
贾汪区	21.10	265.95	13.34	76.18	3.81	3.67	7842
泉山区	32.23	192.73	94.43	573.12	3.72	3.20	8652
铜山区	65.82	827.55	38.55	263.29	7.33	6.60	22732

表 14-5 续表 4　　　　（2017 年）

市辖区	一般公共预算收入(亿元)	固定资产投资(亿元)	#房地产开发	社会消费品零售总额(亿元)	进出口总额(亿美元)	#出口	实际使用外资(万美元)
常州市							
天宁区	50.67	400.53	67.28	528.91	30.92	26.21	15575
钟楼区	40.37	368.54	95.87	390.10	26.05	23.67	15242
新北区	111.39	872.76	80.96	328.14	115.01	77.32	70043
武进区	163.75	1112.82	99.81	586.48	108.92	76.19	72085
金坛区	51.19	455.24	61.28	278.76	20.57	16.28	10089
苏州市							
虎丘区	143.00	533.20	247.07	276.52	410.81	264.64	42044
吴中区	143.93	560.81	300.99	410.07	84.36	56.71	36840
相城区	90.00	486.11	240.03	240.61	47.98	35.57	20043
姑苏区	51.01	238.37	183.33	914.31	21.76	18.58	827
吴江区	183.52	681.50	289.33	507.17	214.61	145.88	43555
南通市							
崇川区	71.77	325.44	156.45	429.99	66.02	40.07	9107
港闸区	40.06	320.45	105.59	147.87	23.39	18.18	9221
通州区	72.75	680.80	56.34	375.07	35.06	30.83	37407
连云港市							
连云区	10.25	221.47	19.76	80.53	15.42	4.42	7506
海州区	31.41	412.04	106.67	281.41	9.34	7.92	8500
赣榆区	23.17	465.16	16.00	191.00	5.98	4.97	10238
淮安市							
淮安区	21.09	381.68	18.62	190.48	3.10	2.98	12609
淮阴区	25.57	350.36	35.85	123.94	2.67	1.82	20172
清江浦区	31.90	327.33	99.87	321.03	4.86	3.69	8378
洪泽区	16.46	217.24	7.47	104.37	1.69	1.53	10358

表 14-5 续表 5　　　　（2017 年）

市辖区	一般公共预算收入(亿元)	固定资产投资(亿元)	#房地产开发	社会消费品零售总额(亿元)	进出口总额(亿美元)	#出口	实际使用外资(万美元)
盐城市							
亭湖区	30.11	435.87	64.27	67.38	8.14	5.86	5105
盐都区	34.52	395.71	31.45	204.14	7.71	5.69	8202
大丰区	52.50	494.64	33.72	66.15	20.18	11.05	11357
扬州市							
广陵区	30.06	333.33	94.80	315.70	10.26	9.15	12064
邗江区	54.75	757.95	152.83	316.61	20.79	17.79	24105
江都区	52.66	832.94	53.71	277.57	20.90	15.73	24062
镇江市							
京口区	17.71	379.59	41.04	305.65	14.47	8.66	10450
润州区	15.10	164.86	29.11	116.75	3.42	2.95	1929
丹徒区	22.01	333.85	18.69	73.39	6.33	5.88	5716
泰州市							
海陵区	38.16	318.27	59.55	269.07	15.18	12.47	18362
高港区	40.45	444.88	7.90	57.28	16.46	5.75	30956
姜堰区	33.96	560.10	50.58	189.40	11.86	10.54	18110
宿迁市							
宿城区	20.09	248.99	37.86	197.85	3.80	2.70	5100
宿豫区	18.80	278.49	15.22	59.83	4.45	3.77	5036

表 14-5 续表 6　　（2017 年）　　单位：个

市辖区	合 计	企 业	事业单位	机 关	社会团体	民办非企业单位	其他组织机构
南京市							
玄武区	23437	22087	312	122	393	373	150
秦淮区	33451	31834	365	101	256	568	327
建邺区	20267	19409	191	99	168	209	191
鼓楼区	42818	40460	666	229	683	422	358
浦口区	27736	26150	282	83	100	331	790
栖霞区	28509	27084	195	91	121	614	404
雨花台区	15226	14552	139	70	79	259	127
江宁区	55205	52382	371	82	110	831	1429
六合区	22317	20758	330	98	75	89	967
溧水区	13935	12332	313	74	77	63	1076
高淳区	9403	8059	245	102	83	81	833
无锡市							
锡山区	21655	20795	204	78	119	61	398
惠山区	28874	27668	314	73	176	150	493
滨湖区	31875	30388	487	153	183	245	419
梁溪区	51827	49880	597	169	405	423	353
新吴区	27095	26611	150	17	37	67	213
徐州市							
鼓楼区	14838	13883	143	53	129	339	291
云龙区	18108	16531	319	159	357	442	300
贾汪区	7236	5988	228	66	141	136	677
泉山区	17886	16540	273	92	324	445	212
铜山区	17648	14668	412	104	285	341	1838

表 14-5 续表 7　　（2017 年）　　单位:个

市辖区	合 计	企 业	事业单位	机 关	社会团体	民办非企业单位	其他组织机构
常州市							
天宁区	24404	22737	270	52	742	265	338
钟楼区	23088	21479	326	51	681	314	237
新北区	41136	39008	297	124	763	251	693
武进区	52684	48982	560	149	1413	288	1292
金坛区	12959	11092	339	55	227	239	1007
苏州市							
虎丘区	33008	31987	254	53	97	254	363
吴中区	55827	54268	361	110	193	104	791
相城区	32856	31898	200	65	97	79	517
姑苏区	66777	64471	480	142	600	558	526
吴江区	60120	58137	488	103	306	131	955
南通市							
崇川区	33781	31946	404	143	503	532	253
港闸区	11333	10648	152	54	58	285	136
通州区	23713	21540	486	103	210	122	1252
连云港市							
连云区	4716	4295	142	63	35	80	101
海州区	27007	25502	357	133	190	226	599
赣榆区	12157	10192	350	69	169	67	1310
淮安市							
淮安区	13017	10454	518	133	198	177	1537
淮阴区	12186	9892	477	128	246	218	1225
清江浦区	23809	21296	707	277	594	242	693
洪泽区	7631	5872	351	101	141	98	1068

表 14-5 续表 8　　（2017 年）　　单位：个

市辖区	合 计	企 业	事业单位	机 关	社会团体	民办非企业单位	其他组织机构
盐城市							
亭湖区	30671	28672	448	116	334	480	621
盐都区	20511	18026	387	166	331	625	976
大丰区	16288	14217	389	87	300	464	831
扬州市							
广陵区	21203	19602	371	150	269	266	545
邗江区	17896	16115	527	182	262	207	603
江都区	22257	19423	660	91	260	215	1608
镇江市							
京口区	13726	12489	316	64	514	208	135
润州区	11689	10442	310	126	350	187	274
丹徒区	8899	7605	257	59	279	99	600
泰州市							
海陵区	12647	10496	595	147	527	376	506
高港区	9452	8246	234	64	275	175	458
姜堰区	12906	10595	401	73	198	379	1260
宿迁市							
宿城区	15683	13084	485	181	628	279	1026
宿豫区	9736	7894	334	112	152	131	1113

市 县 主 要 指 标

表 14-6

（2017 年）

市　　县	年末户籍人口（万人）	#女	年末常住人口（万人）	出生人数（人）	死亡人数（人）	人口密度（人/平方公里）
南京市	**680.67**	**341.40**	**833.50**	**90768**	**44362**	**1265**
无锡市	**493.05**	**250.01**	**655.30**	**49809**	**39277**	**1416**
江阴市	125.49	63.27	165.02	12249	9077	1672
宜兴市	108.33	54.95	125.47	10347	9091	628
徐州市	**1039.42**	**501.34**	**876.35**	**157878**	**146280**	**745**
丰　县	120.97	57.74	95.17	17547	13468	656
沛　县	124.11	62.26	111.97	23053	23167	620
睢宁县	144.00	68.85	102.83	23302	14966	581
新沂市	112.93	54.42	91.36	16895	16956	574
邳州市	193.76	92.96	144.29	28789	21465	692
常州市	**378.84**	**192.24**	**471.73**	**35613**	**34180**	**1078**
溧阳市	79.11	39.31	76.25	7252	13456	497
苏州市	**691.07**	**352.57**	**1068.36**	**82241**	**49334**	**1234**
常熟市	106.91	55.08	151.61	8679	9325	1188
张家港市	92.90	47.42	125.78	8959	7092	1274
昆山市	86.27	43.73	166.24	14156	4931	1784
太仓市	48.69	25.15	71.58	4110	4181	884
南通市	**764.47**	**388.51**	**730.50**	**61204**	**81737**	**692**
海安县	93.25	47.15	86.55	7094	10798	732
如东县	102.79	52.26	98.03	6618	10923	351
启东市	111.59	56.99	95.18	7524	10060	555
如皋市	142.55	71.48	124.74	12767	20251	791
海门市	99.82	50.79	90.60	7194	10273	792
连云港市	**532.53**	**254.58**	**451.84**	**76116**	**70147**	**593**
东海县	123.91	59.31	97.11	18159	8429	477
灌云县	104.10	49.27	80.90	13564	15663	526
灌南县	81.91	38.53	63.72	11102	12544	620

表 14-6 续表 1　　　　　　　　　　　　（2017 年）

市　　县	年末户籍人口（万人）	#女	年末常住人口（万人）	出生人数（人）	死亡人数（人）	人口密度（人/平方公里）
淮安市	**560.90**	**272.98**	**491.40**	**69832**	**118636**	**490**
涟水县	113.61	54.48	84.92	16688	24252	506
盱眙县	79.86	39.05	65.58	10114	12174	263
金湖县	35.19	17.61	33.21	3593	8795	241
盐城市	**826.15**	**399.78**	**724.22**	**106022**	**104929**	**428**
响水县	62.40	29.45	50.10	10406	7117	340
滨海县	122.52	58.04	93.45	17355	14306	479
阜宁县	112.72	53.69	83.17	16304	10647	578
射阳县	95.61	46.51	88.45	12652	12150	339
建湖县	78.77	38.04	73.07	9172	10415	632
东台市	110.56	54.78	98.04	11121	23306	309
扬州市	**459.98**	**230.49**	**450.82**	**45401**	**52784**	**684**
宝应县	89.49	44.12	75.96	8971	19983	520
仪征市	59.44	28.04	56.78	5740	4932	629
高邮市	81.18	40.78	74.42	8086	7612	387
镇江市	**270.90**	**137.05**	**318.63**	**25266**	**31935**	**830**
丹阳市	80.83	40.91	98.33	6698	7541	939
扬中市	28.19	14.40	34.33	2844	2442	1050
句容市	58.95	29.79	62.65	6380	8295	455
泰州市	**505.19**	**247.93**	**465.19**	**52072**	**67095**	**804**
兴化市	156.55	74.35	125.58	17997	26415	524
靖江市	66.17	33.45	68.73	5601	8727	1049
泰兴市	118.56	58.24	107.80	11554	14755	921
宿迁市	**591.01**	**284.38**	**491.46**	**90905**	**64434**	**577**
沭阳县	197.72	94.42	156.52	33905	17602	681
泗阳县	107.06	51.09	84.58	13250	8049	614
泗洪县	109.90	53.19	89.83	16190	16465	333

表 14-6 续表 2 （2017 年）

市 县	年末总户数（万户）	# 乡村户数	土地面积(平方公里)	建成区面积(平方公里)	建成区绿化覆盖面积(公顷)
南京市	**238.88**	**61.95**	**6587**	**796**	**35756**
无锡市	**166.85**	**59.51**	**4627**	**546**	**23491**
江阴市	37.65	18.05	987	125	5380
宜兴市	37.54	20.97	1997	83	3566
徐州市	**278.05**	**175.68**	**11765**	**466**	**19484**
丰 县	32.45	25.55	1450	31	1240
沛 县	36.66	24.05	1806	52	1630
睢宁县	33.38	25.09	1769	34	1405
新沂市	31.43	21.14	1592	37	1553
邳州市	46.03	33.35	2085	48	2038
常州市	**133.22**	**71.44**	**4374**	**296**	**12713**
溧阳市	26.23	20.07	1535	30	1261
苏州市	**226.58**	**87.33**	**8657**	**751**	**31668**
常熟市	32.48	17.74	1276	98	4491
张家港市	32.64	18.44	987	57	2326
昆山市	29.29	10.34	932	72	3218
太仓市	15.37	6.61	810	51	2065
南通市	**283.06**	**197.36**	**10549**	**383**	**16346**
海安县	33.95	24.85	1183	32	1336
如东县	36.68	30.29	2791	25	1060
启东市	45.68	38.15	1715	31	1313
如皋市	44.70	35.19	1576	40	1655
海门市	37.86	29.70	1144	29	1150
连云港市	**142.44**	**93.91**	**7615**	**307**	**12434**
东海县	29.24	22.21	2037	29	1191
灌云县	26.18	19.73	1538	28	1142
灌南县	20.82	13.97	1028	27	1098

表 14-6 续表 3 （2017 年）

市　　县	年末总户数（万户）	# 乡村户数	土地面积(平方公里)	建成区面积(平方公里)	建成区绿化覆盖面积(公顷)
淮安市	**164.90**	**100.15**	**10030**	**285**	**11965**
涟水县	30.19	22.36	1679	37	1523
盱眙县	21.52	15.59	2497	39	1595
金湖县	12.51	8.09	1378	25	1040
盐城市	**269.61**	**182.31**	**16931**	**343**	**14447**
响水县	16.82	11.81	1474	22	971
滨海县	34.17	24.57	1950	34	1439
阜宁县	35.48	21.81	1439	45	1872
射阳县	31.15	20.89	2606	25	1040
建湖县	28.97	18.79	1157	28	1115
东台市	38.57	32.16	3176	37	1533
扬州市	**148.00**	**100.53**	**6591**	**264**	**11422**
宝应县	27.27	20.82	1462	34	1402
仪征市	18.49	11.92	902	39	1674
高邮市	25.36	19.27	1922	27	1129
镇江市	**101.16**	**56.75**	**3840**	**219**	**9211**
丹阳市	27.76	19.56	1047	34	1413
扬中市	10.56	7.82	327	15	594
句容市	22.77	15.80	1378	29	1128
泰州市	**166.53**	**116.62**	**5787**	**225**	**9497**
兴化市	51.07	37.12	2395	39	1648
靖江市	21.10	12.25	655	34	1424
泰兴市	39.13	31.25	1170	31	1283
宿迁市	**150.36**	**107.17**	**8524**	**229**	**9726**
沭阳县	49.37	36.76	2299	65	2729
泗阳县	26.90	19.97	1378	65	1585
泗洪县	29.33	19.12	2694	37	1554

表 14-6 续表 4　　（2017 年）　　单位:个

市　　县	法人单位数合计	企业	事业单位	机关	社会团体	民办非企业单位	其他组织机构
南京市	**292304**	**275107**	**3409**	**1151**	**2145**	**3840**	**6652**
无锡市	**258664**	**246168**	**3057**	**766**	**1519**	**1444**	**5710**
江阴市	53712	50781	637	138	327	225	1604
宜兴市	43626	40045	668	138	272	273	2230
徐州市	**168586**	**144992**	**3591**	**1005**	**2888**	**2916**	**13194**
丰　县	12999	10526	510	110	253	226	1374
沛　县	11698	9641	412	101	144	106	1294
睢宁县	18113	14733	370	85	655	278	1992
新沂市	20033	17253	334	84	294	299	1769
邳州市	21827	17650	498	140	279	196	3064
常州市	**169285**	**155351**	**2200**	**516**	**4652**	**1509**	**5057**
溧阳市	15014	12053	408	85	826	152	1490
苏州市	**558651**	**540396**	**3963**	**947**	**3056**	**2769**	**7520**
常熟市	50510	47990	526	99	396	273	1226
张家港市	46424	43997	490	139	444	336	1018
昆山市	114692	112027	608	112	461	577	907
太仓市	28884	27183	377	83	251	137	853
南通市	**177416**	**159565**	**3670**	**878**	**2178**	**2878**	**8247**
海安县	22375	19932	589	103	230	632	889
如东县	14644	12589	584	104	267	298	802
启东市	18671	15806	397	127	290	293	1758
如皋市	23681	20894	540	115	195	240	1697
海门市	16894	14255	473	114	238	454	1360
连云港市	**79306**	**67759**	**2283**	**627**	**1095**	**1091**	**6451**
东海县	13203	10919	472	109	87	162	1454
灌云县	10301	7872	412	93	145	150	1629
灌南县	7609	5022	439	98	422	376	1252

表 14-6 续表 5　　（2017 年）　　单位:个

市　　县	法人单位数合计	企业	事业单位	机关	社会团体	民办非企业单位	其他组织机构
淮安市	**101581**	**83548**	**3660**	**1108**	**2287**	**1221**	**9757**
涟水县	14362	11029	638	141	186	234	2134
盱眙县	11275	8333	484	186	665	151	1456
金湖县	9270	7129	350	96	236	70	1389
盐城市	**169315**	**146517**	**3412**	**902**	**4115**	**4495**	**9874**
响水县	11137	9027	297	76	515	228	994
滨海县	12410	9880	366	70	561	532	1001
阜宁县	18418	15553	241	79	643	644	1258
射阳县	14381	12113	372	108	338	458	992
建湖县	16973	14826	425	98	395	389	840
东台市	26035	21881	443	82	684	646	2299
扬州市	**112628**	**98996**	**3152**	**794**	**1401**	**1044**	**7241**
宝应县	11871	9313	521	85	150	111	1691
仪征市	14588	12470	525	145	270	98	1080
高邮市	19329	16836	470	130	157	117	1619
镇江市	**94810**	**84682**	**2195**	**528**	**2060**	**1026**	**4319**
丹阳市	24697	22199	480	101	321	199	1397
扬中市	13278	12131	320	73	153	133	468
句容市	14085	11901	388	86	306	144	1260
泰州市	**85949**	**71943**	**2867**	**578**	**1658**	**1774**	**7129**
兴化市	11282	7803	522	98	234	398	2227
靖江市	15311	13256	430	85	199	227	1114
泰兴市	17737	15406	526	83	165	113	1444
宿迁市	**87540**	**73312**	**2020**	**674**	**1967**	**2075**	**7492**
沭阳县	27663	24968	465	126	75	360	1669
泗阳县	13963	10791	272	103	885	476	1436
泗洪县	14030	10371	417	144	209	783	2106

表 14-6 续表 6　　（2017 年）　　单位:万人

市　县	就业人员	第一产业	第二产业	第三产业	私营企业就业人员	个体就业人员
南京市	**457.60**	**42.20**	**147.00**	**268.40**	**389.80**	**130.16**
无锡市	**388.30**	**15.80**	**214.40**	**158.10**	**279.14**	**70.10**
江阴市	99.33	4.68	60.89	33.76	69.33	20.31
宜兴市	74.17	7.96	40.26	25.95	60.61	8.61
徐州市	**482.70**	**135.00**	**162.80**	**184.90**	**150.91**	**86.83**
丰　县	55.41	18.32	19.36	17.73	11.66	7.63
沛　县	64.41	20.67	22.49	21.26	16.32	5.72
睢宁县	62.46	20.89	21.65	19.92	20.64	9.52
新沂市	55.13	16.67	19.21	19.24	20.48	8.20
邳州市	87.37	27.26	30.31	29.80	18.42	17.14
常州市	**281.70**	**29.30**	**138.50**	**113.90**	**178.56**	**65.85**
溧阳市	49.87	11.56	24.60	13.71	24.06	8.80
苏州市	**691.60**	**22.70**	**409.00**	**259.90**	**482.67**	**149.40**
常熟市	104.44	3.81	63.59	37.04	54.05	19.75
张家港市	77.19	4.26	46.09	26.84	61.69	17.14
昆山市	116.58	1.67	73.93	40.98	76.12	27.94
太仓市	45.80	2.53	26.60	16.67	28.62	7.26
南通市	**456.00**	**89.30**	**212.70**	**154.00**	**223.09**	**89.57**
海安县	54.00	11.10	28.50	14.40	34.62	10.01
如东县	61.60	12.95	30.65	18.00	24.38	9.02
启东市	66.60	16.60	29.20	20.80	23.24	6.77
如皋市	73.80	17.80	34.55	21.45	34.52	13.53
海门市	64.20	14.80	31.10	18.30	24.54	11.22
连云港市	**250.60**	**77.90**	**81.50**	**91.20**	**54.03**	**35.65**
东海县	56.61	18.47	17.98	20.15	8.69	8.41
灌云县	47.88	18.36	13.07	16.46	5.75	5.78
灌南县	36.46	14.98	11.08	10.40	4.78	4.57

表 14-6 续表 7　　（2017 年）　　单位:万人

市　　县	就　业 人　员	第一产业	第二产业	第三产业	私营企业 就业人员	个　　体 就业人员
淮安市	**284.50**	**77.10**	**89.60**	**117.80**	**85.65**	**51.51**
涟水县	48.64	16.95	11.66	20.03	11.07	7.33
盱眙县	38.47	11.54	12.74	14.19	9.78	6.52
金湖县	19.26	5.44	6.62	7.20	7.96	3.08
盐城市	**441.60**	**101.60**	**162.60**	**177.40**	**149.58**	**58.62**
响水县	28.30	7.48	10.18	10.64	5.89	3.97
滨海县	55.96	15.45	19.39	21.12	13.13	5.58
阜宁县	50.98	14.20	17.84	18.94	20.19	6.64
射阳县	56.57	14.75	20.08	21.74	2.24	0.38
建湖县	43.74	9.90	17.36	16.48	12.77	5.56
东台市	64.73	14.90	23.70	26.13	27.61	7.82
扬州市	**265.00**	**42.00**	**117.00**	**106.00**	**139.99**	**55.13**
宝应县	41.81	6.63	18.00	17.00	16.73	7.12
仪征市	39.41	6.25	17.00	16.00	13.95	6.75
高邮市	45.80	7.26	20.00	18.00	23.46	8.26
镇江市	**194.50**	**22.10**	**85.90**	**86.50**	**107.29**	**47.29**
丹阳市	63.62	5.77	33.14	24.71	39.47	14.11
扬中市	21.74	1.32	11.51	8.91	18.11	3.31
句容市	39.34	9.52	15.28	14.54	12.42	9.50
泰州市	**278.70**	**57.40**	**113.60**	**107.70**	**120.06**	**56.38**
兴化市	75.20	22.20	26.30	26.70	18.30	13.79
靖江市	41.20	6.40	20.90	13.90	20.40	7.39
泰兴市	64.50	15.10	26.50	22.90	24.32	14.62
宿迁市	**285.00**	**86.90**	**106.50**	**91.60**	**94.53**	**57.90**
沭阳县	94.64	27.32	38.00	30.00	43.32	13.74
泗阳县	49.74	18.57	17.00	14.00	12.32	10.43
泗洪县	48.77	16.93	17.00	15.00	11.52	10.14

表 14-6 续表 8　　（2017 年）　　单位:万人

市　县	乡　村就业人员	# 农　林牧渔业	# 工　业	# 建筑业	# 交通运输、仓储及邮政业	# 批发和零售业
南京市	**114.60**	**22.14**	**35.69**	**24.06**	**6.81**	**8.11**
无锡市	**111.64**	**15.90**	**67.69**	**6.48**	**3.52**	**5.47**
江阴市	35.79	4.68	22.77	1.74	1.49	1.86
宜兴市	35.96	7.96	18.76	3.15	0.99	1.55
徐州市	**357.21**	**128.52**	**104.62**	**51.59**	**15.82**	**22.59**
丰　县	53.07	22.62	15.55	7.22	1.69	2.63
沛　县	50.02	16.76	14.44	9.84	1.82	2.41
睢宁县	59.66	22.96	17.52	8.64	1.51	2.92
新沂市	44.56	17.81	10.08	8.53	1.26	2.62
邳州市	64.13	20.01	20.65	6.35	4.20	5.68
常州市	**127.73**	**23.00**	**59.49**	**17.10**	**5.00**	**6.65**
溧阳市	32.07	7.79	8.91	9.25	1.81	1.84
苏州市	**171.54**	**21.18**	**104.01**	**9.74**	**5.31**	**10.31**
常熟市	38.41	3.47	24.08	2.03	1.17	2.35
张家港市	30.36	2.91	20.11	1.47	1.14	1.69
昆山市	20.91	1.64	12.87	1.12	0.63	1.37
太仓市	15.29	2.71	9.89	0.58	0.37	0.34
南通市	**298.93**	**61.85**	**88.19**	**63.09**	**15.34**	**27.05**
海安县	37.18	6.79	11.32	8.56	2.88	3.12
如东县	47.55	7.87	18.03	9.88	2.44	2.72
启东市	48.98	11.46	12.69	10.57	2.13	4.69
如皋市	60.54	13.05	18.59	10.80	2.20	3.60
海门市	48.96	11.23	11.62	11.40	2.30	6.73
连云港市	**181.22**	**80.07**	**31.94**	**31.99**	**8.56**	**8.69**
东海县	43.75	18.88	7.83	8.63	2.27	2.01
灌云县	38.78	20.07	5.55	4.18	1.12	1.42
灌南县	30.58	14.68	4.73	4.70	2.13	1.63

表 14-6 续表 9　　（2017 年）　　单位:万人

市　县	乡　村就业人员	# 农　林牧渔业	# 工　业	# 建筑业	# 交通运输、仓储及邮政业	# 批发和零售业
淮安市	**212.33**	**85.67**	**43.17**	**31.53**	**6.74**	**9.31**
涟水县	49.91	20.43	6.78	5.37	1.18	1.75
盱眙县	34.40	13.37	7.26	4.09	1.09	1.31
金湖县	13.41	4.58	3.91	2.64	0.41	0.60
盐城市	**299.54**	**105.86**	**61.18**	**37.20**	**13.81**	**14.13**
响水县	21.75	8.80	5.65	1.38	0.75	0.86
滨海县	43.70	15.68	5.85	4.92	2.51	1.86
阜宁县	36.80	14.32	4.98	5.64	1.55	1.52
射阳县	34.60	12.27	5.43	3.83	1.69	1.98
建湖县	30.42	9.16	9.40	3.62	1.36	1.69
东台市	48.46	18.78	10.26	6.66	2.04	2.25
扬州市	**181.66**	**32.81**	**65.99**	**34.65**	**7.36**	**11.84**
宝应县	41.41	10.23	11.95	10.08	1.79	2.95
仪征市	23.04	3.15	7.77	5.23	0.93	1.26
高邮市	36.91	8.74	14.34	6.75	1.30	2.00
镇江市	**100.49**	**20.55**	**50.77**	**11.52**	**3.51**	**3.44**
丹阳市	36.57	6.51	21.94	3.02	1.06	1.13
扬中市	13.65	1.95	8.80	0.68	0.37	0.50
句容市	26.35	7.36	8.29	5.70	1.10	0.87
泰州市	**208.59**	**41.65**	**61.19**	**35.44**	**13.86**	**16.57**
兴化市	60.73	19.49	10.39	5.98	4.33	5.66
靖江市	23.76	4.55	11.14	1.77	2.22	1.03
泰兴市	57.00	8.37	16.94	11.69	3.45	5.81
宿迁市	**223.69**	**83.47**	**63.77**	**29.17**	**8.18**	**13.43**
沭阳县	80.52	27.57	27.99	8.40	3.26	4.40
泗阳县	40.13	14.30	12.25	5.07	1.17	2.04
泗洪县	38.30	20.32	6.31	4.59	1.09	2.12

表 14-6 续表 10　　（2017 年）　　单位:亿元

市　　县	地　　区 生产总值	第一产业	第二产业	第三产业	# 工业	人均地区生 产总值(元)
南京市	**11715.10**	**263.01**	**4454.87**	**6997.22**	**3853.39**	**141103**
无锡市	**10511.80**	**135.18**	**4964.44**	**5412.18**	**4553.15**	**160706**
江阴市	3488.27	41.64	1897.84	1548.79	1824.56	211943
宜兴市	1558.25	49.14	807.83	701.28	694.61	124208
徐州市	**6605.95**	**600.55**	**2884.32**	**3121.08**	**2448.17**	**75611**
丰　县	456.94	82.60	196.10	178.24	151.58	48084
沛　县	756.32	99.64	359.36	297.32	261.69	67634
睢宁县	560.07	91.28	238.06	230.73	186.68	54529
新沂市	644.26	71.08	269.30	303.88	229.03	70623
邳州市	917.65	122.35	403.81	391.49	354.15	63690
常州市	**6618.42**	**157.10**	**3098.62**	**3362.70**	**2817.63**	**140435**
溧阳市	858.04	50.65	417.06	390.33	353.20	112596
苏州市	**17319.51**	**221.98**	**8235.88**	**8861.65**	**7606.45**	**162388**
常熟市	2279.55	42.07	1165.76	1071.72	1103.49	150532
张家港市	2606.05	31.22	1365.64	1209.19	1300.01	207380
昆山市	3520.35	30.75	1916.89	1572.71	1805.58	212103
太仓市	1240.96	36.04	627.88	577.04	587.71	173835
南通市	**7734.64**	**382.69**	**3639.81**	**3712.14**	**3042.25**	**105903**
海安县	868.30	58.83	412.45	397.02	341.42	100295
如东县	852.50	71.37	391.21	389.92	332.15	86897
启东市	989.50	69.13	475.10	445.28	380.97	103950
如皋市	1025.80	66.05	492.30	467.45	413.89	82149
海门市	1135.90	56.01	563.06	516.83	470.29	125445
连云港市	**2640.31**	**313.42**	**1179.86**	**1147.03**	**958.61**	**58577**
东海县	483.82	69.80	211.63	202.39	185.20	49891
灌云县	366.44	66.13	162.15	138.16	124.54	45405
灌南县	342.21	54.02	163.19	125.00	142.18	53794

表 14-6 续表 11　　　　(2017 年)　　　　单位:亿元

市　　县	地　　区 生产总值	第一产业	第二产业	第三产业	# 工业	人均地区生 产总值(元)
淮安市	**3328.88**	**339.44**	**1406.39**	**1583.05**	**1187.50**	**67909**
涟水县	429.38	59.35	166.08	203.95	137.49	50599
盱眙县	395.68	56.05	157.45	182.18	127.50	60441
金湖县	267.87	35.07	101.32	131.48	89.70	80696
盐城市	**5082.69**	**564.18**	**2256.72**	**2261.78**	**1943.81**	**70216**
响水县	319.91	42.36	156.35	121.20	141.41	63854
滨海县	442.53	62.11	179.67	200.75	151.66	47355
阜宁县	447.00	57.89	194.50	194.61	144.07	53745
射阳县	500.02	86.08	181.94	232.00	165.96	56531
建湖县	523.10	49.22	223.83	250.05	191.81	71589
东台市	812.81	97.33	329.29	386.20	289.07	82906
扬州市	**5064.92**	**262.02**	**2475.88**	**2327.02**	**2170.55**	**112559**
宝应县	574.93	68.77	257.42	248.74	211.75	75828
仪征市	628.36	23.28	328.81	276.27	292.03	110871
高邮市	608.41	74.09	267.85	266.47	215.81	81908
镇江市	**4010.36**	**142.43**	**1978.01**	**1889.92**	**1820.66**	**125962**
丹阳市	1233.27	53.66	618.84	560.77	594.10	125422
扬中市	536.20	13.91	281.04	241.25	269.12	156349
句容市	530.20	44.94	248.10	237.16	221.25	84683
泰州市	**4744.53**	**264.08**	**2238.13**	**2242.32**	**1954.39**	**102058**
兴化市	862.30	116.71	331.23	414.36	287.79	68679
靖江市	923.35	23.69	448.44	451.22	403.26	134364
泰兴市	964.07	57.16	450.86	456.05	396.92	89456
宿迁市	**2610.94**	**292.14**	**1253.49**	**1065.31**	**1073.27**	**53317**
沭阳县	770.14	94.39	352.48	323.27	314.98	49463
泗阳县	447.75	58.71	223.78	165.26	187.81	53092
泗洪县	446.61	67.02	190.30	189.29	160.51	49884

表 14-6 续表 12

（2017 年）

市　　县	地区生产总值指数(上年=100)	三次产业占 GDP 比重(%)			一般公共预算收入占GDP 比重(%)	外　贸依存度(%)
		第一产业	第二产业	第三产业		
南京市	**108.1**	**2.2**	**38.0**	**59.7**	**10.9**	**35.4**
无锡市	**107.4**	**1.3**	**47.2**	**51.5**	**8.8**	**52.3**
江阴市	107.2	1.2	54.4	44.4	6.7	40.8
宜兴市	107.1	3.2	51.8	45.0	7.1	17.7
徐州市	**107.7**	**9.1**	**43.7**	**47.2**	**7.6**	**8.0**
丰　县	107.3	18.1	42.9	39.0	5.5	3.4
沛　县	108.6	13.2	47.5	39.3	7.2	4.3
睢宁县	107.7	16.3	42.5	41.2	7.1	6.5
新沂市	108.7	11.0	41.8	47.2	7.4	7.1
邳州市	108.4	13.3	44.0	42.7	6.5	8.6
常州市	**108.1**	**2.4**	**46.8**	**50.8**	**7.8**	**32.0**
溧阳市	108.0	5.9	48.6	45.5	7.2	7.9
苏州市	**107.1**	**1.3**	**47.6**	**51.2**	**11.0**	**123.5**
常熟市	107.2	1.8	51.1	47.0	8.4	72.7
张家港市	107.3	1.2	52.4	46.4	8.1	83.6
昆山市	107.0	0.9	54.5	44.7	10.0	159.1
太仓市	107.2	2.9	50.6	46.5	11.4	70.8
南通市	**107.8**	**4.9**	**47.1**	**48.0**	**7.6**	**30.5**
海安县	108.2	6.8	47.5	45.7	6.9	14.7
如东县	107.9	8.4	45.9	45.7	6.5	30.6
启东市	107.7	7.0	48.0	45.0	7.2	17.2
如皋市	108.2	6.4	48.0	45.6	7.0	20.7
海门市	107.7	4.9	49.6	45.5	6.4	30.4
连云港市	**107.4**	**11.9**	**44.7**	**43.4**	**8.1**	**21.1**
东海县	107.3	14.4	43.7	41.8	4.4	6.8
灌云县	107.3	18.0	44.3	37.7	5.6	3.8
灌南县	107.0	15.8	47.7	36.5	6.4	5.2

表 14-6 续表 13

（2017 年）

市　　县	地区生产总值指数(上年 =100)	三次产业占 GDP 比重(%)			一般公共预算收入占 GDP 比重(%)	外　贸依存度(%)
		第一产业	第二产业	第三产业		
淮安市	**107.4**	**10.2**	**42.2**	**47.6**	**6.9**	**9.4**
涟水县	107.5	13.8	38.7	47.5	4.5	5.7
盱眙县	107.5	14.2	39.8	46.0	4.6	3.1
金湖县	107.7	13.1	37.8	49.1	7.5	11.5
盐城市	**106.8**	**11.1**	**44.4**	**44.5**	**7.1**	**11.5**
响水县	107.8	13.2	48.9	37.9	7.5	14.1
滨海县	108.1	14.0	40.6	45.4	6.2	7.8
阜宁县	107.5	13.0	43.5	43.5	5.8	4.7
射阳县	108.3	17.2	36.4	46.4	4.8	6.0
建湖县	107.5	9.4	42.8	47.8	5.0	4.3
东台市	107.5	12.0	40.5	47.5	6.6	7.3
扬州市	**108.0**	**5.2**	**48.9**	**45.9**	**6.3**	**14.4**
宝应县	108.1	12.0	44.8	43.3	4.8	13.3
仪征市	108.0	3.7	52.3	44.0	7.6	4.4
高邮市	108.2	12.2	44.0	43.8	5.4	5.5
镇江市	**107.2**	**3.6**	**49.3**	**47.1**	**7.1**	**17.8**
丹阳市	107.1	4.4	50.2	45.5	5.0	15.2
扬中市	107.6	2.6	52.4	45.0	6.0	8.8
句容市	107.4	8.5	46.8	44.7	8.3	7.5
泰州市	**108.2**	**5.6**	**47.2**	**47.3**	**7.1**	**18.5**
兴化市	107.5	13.5	38.4	48.1	4.2	5.0
靖江市	107.8	2.6	48.6	48.9	6.5	21.7
泰兴市	108.6	5.9	46.8	47.3	6.5	26.8
宿迁市	**107.5**	**11.2**	**48.0**	**40.8**	**7.7**	**7.6**
沭阳县	107.4	12.3	45.8	42.0	6.2	5.6
泗阳县	107.6	13.1	50.0	36.9	5.9	6.0
泗洪县	107.3	15.0	42.6	42.4	5.9	2.8

表 14-6 续表 14　　　　（2017 年）　　　　单位:亿元

市　县	农林牧渔业总产值	农业	林业	畜牧业	渔业	农林牧渔服务业
南京市	**470.65**	**268.99**	**26.59**	**40.79**	**110.21**	**24.06**
无锡市	**249.90**	**144.78**	**20.70**	**19.90**	**35.87**	**28.65**
江阴市	80.82	39.66	9.33	11.26	9.23	11.33
宜兴市	87.39	50.52	3.40	6.12	19.76	7.59
徐州市	**1150.01**	**714.34**	**20.16**	**329.77**	**47.01**	**38.74**
丰　县	162.86	117.70	1.20	37.25	1.20	5.51
沛　县	192.18	120.92	1.13	52.38	7.23	10.52
睢宁县	175.44	103.20	3.93	56.22	5.63	6.46
新沂市	150.04	75.59	5.29	43.28	19.53	6.35
邳州市	247.42	160.12	4.32	61.43	9.19	12.36
常州市	**293.58**	**158.88**	**2.07**	**35.34**	**78.27**	**19.03**
溧阳市	93.95	50.76	1.19	6.90	31.08	4.02
苏州市	**424.69**	**181.14**	**25.12**	**31.99**	**138.11**	**48.33**
常熟市	78.47	46.82	3.02	4.30	14.80	9.53
张家港市	60.65	34.99	7.37	4.84	5.30	8.15
昆山市	55.51	15.86	4.82	1.47	29.98	3.37
太仓市	68.79	29.92	3.66	11.36	16.32	7.53
南通市	**727.03**	**307.70**	**4.75**	**163.45**	**173.23**	**77.91**
海安县	119.60	47.12	0.34	49.59	10.93	11.61
如东县	148.00	47.83	1.07	35.03	54.12	9.96
启东市	137.94	44.56	0.80	13.95	62.73	15.91
如皋市	114.47	62.57	0.23	37.10	6.68	7.89
海门市	99.99	49.80	1.11	12.98	22.10	14.01
连云港市	**615.41**	**287.65**	**15.89**	**118.59**	**153.17**	**40.12**
东海县	136.67	78.26	4.49	26.53	12.57	14.81
灌云县	132.68	64.52	2.90	35.70	17.50	12.07
灌南县	100.99	65.56	2.25	20.49	8.11	4.57

表 14-6 续表 15　　（2017 年）　　单位:亿元

市　　县	农林牧渔业总产值	农业	林业	畜牧业	渔业	农林牧渔服务业
淮安市	**629.57**	**392.39**	**14.26**	**142.79**	**67.86**	**12.27**
涟水县	114.98	78.72	3.22	27.00	3.37	2.66
盱眙县	104.07	62.96	1.74	18.53	19.03	1.80
金湖县	66.26	38.17	1.98	7.49	16.68	1.94
盐城市	**1139.23**	**499.32**	**28.92**	**303.97**	**226.73**	**80.29**
响水县	77.05	36.11	1.43	19.19	13.44	6.88
滨海县	114.98	58.35	4.76	25.54	22.84	3.48
阜宁县	114.43	43.20	3.96	38.69	18.70	9.88
射阳县	187.67	73.62	4.95	42.69	50.89	15.51
建湖县	95.59	36.21	1.75	25.94	23.23	8.46
东台市	210.89	97.90	4.51	61.09	31.47	15.92
扬州市	**495.68**	**229.40**	**12.88**	**75.05**	**150.78**	**27.57**
宝应县	128.24	49.47	2.41	16.89	53.15	6.32
仪征市	45.96	27.28	2.46	9.89	2.10	4.24
高邮市	142.90	53.81	2.20	21.36	57.81	7.73
镇江市	**247.07**	**139.09**	**9.39**	**31.04**	**35.96**	**31.60**
丹阳市	87.54	51.96	2.05	9.83	12.31	11.40
扬中市	27.29	13.27	1.04	3.53	4.56	4.89
句容市	76.34	45.01	5.18	8.26	8.32	9.57
泰州市	**457.23**	**251.60**	**3.61**	**72.93**	**106.46**	**22.63**
兴化市	206.28	91.26	1.56	17.56	85.40	10.49
靖江市	41.48	24.82	0.50	8.76	3.50	3.89
泰兴市	96.46	61.75	1.02	25.21	5.42	3.05
宿迁市	**536.30**	**315.83**	**19.25**	**95.77**	**90.35**	**15.10**
沭阳县	176.52	137.39	5.50	27.10	3.28	3.25
泗阳县	110.91	57.07	7.85	18.06	23.61	4.32
泗洪县	130.12	55.40	1.86	21.70	48.33	2.83

表 14-6 续表 16

（2017 年）

市　　县	农作物总播种面积（千公顷）	#粮食作物	农业机械总动力（万千瓦）	农用化肥施用量（万吨）	农村用电量（亿千瓦小时）
南京市	**269.37**	**143.10**	**229.54**	**7.07**	**32.67**
无锡市	**150.90**	**86.59**	**96.91**	**5.07**	**411.48**
江阴市	36.19	20.26	26.19	1.31	181.70
宜兴市	82.88	55.58	48.99	2.36	85.69
徐州市	**1159.33**	**743.59**	**733.48**	**58.70**	**68.03**
丰　县	145.23	88.79	83.05	8.10	5.47
沛　县	153.82	94.55	103.60	7.12	7.02
睢宁县	188.39	148.85	123.06	11.61	8.68
新沂市	191.40	102.62	121.99	7.68	4.19
邳州市	230.64	125.17	127.91	11.38	16.49
常州市	**193.27**	**112.84**	**145.31**	**5.81**	**155.04**
溧阳市	85.02	61.60	54.91	2.03	54.31
苏州市	**227.31**	**135.00**	**163.24**	**6.78**	**603.52**
常熟市	65.46	39.23	31.95	2.37	82.46
张家港市	50.22	33.73	29.71	1.09	132.95
昆山市	18.85	13.48	17.75	0.71	106.74
太仓市	39.56	20.16	20.94	0.86	58.53
南通市	**811.37**	**515.01**	**410.64**	**21.86**	**178.48**
海安县	102.49	78.47	68.83	4.27	25.12
如东县	166.18	134.90	93.85	4.01	22.72
启东市	136.20	73.77	61.88	3.17	12.14
如皋市	150.62	103.89	85.07	3.07	41.33
海门市	115.01	40.68	38.61	4.40	27.46
连云港市	**628.53**	**501.30**	**597.72**	**33.26**	**34.86**
东海县	204.69	160.03	152.15	6.69	10.51
灌云县	135.75	112.40	128.33	9.91	6.38
灌南县	109.20	86.87	129.28	4.40	2.67

表 14-6 续表 17　　（2017 年）

市　　县	农作物总播种面积（千公顷）	# 粮食作物	农业机械总动力（万千瓦）	农用化肥施用量（万吨）	农村用电量（亿千瓦小时）
淮安市	**794.03**	**660.38**	**629.25**	**37.41**	**17.33**
涟水县	166.85	131.95	123.89	5.85	2.13
盱眙县	162.49	145.70	125.81	5.75	3.73
金湖县	83.16	75.09	83.41	2.59	2.49
盐城市	**1366.34**	**957.27**	**689.12**	**49.62**	**81.43**
响水县	108.58	77.23	75.59	4.61	2.85
滨海县	162.72	125.43	86.19	6.82	9.84
阜宁县	167.19	124.98	85.35	3.80	6.84
射阳县	190.75	149.90	105.45	9.19	9.91
建湖县	115.22	98.44	63.88	3.24	9.33
东台市	241.65	141.55	95.20	5.03	16.20
扬州市	**482.62**	**391.83**	**274.48**	**19.26**	**59.73**
宝应县	136.59	117.30	60.09	3.54	11.18
仪征市	47.02	34.39	41.55	1.18	7.10
高邮市	138.43	115.95	72.02	4.64	11.68
镇江市	**222.55**	**165.03**	**147.79**	**5.11**	**69.46**
丹阳市	83.69	70.21	37.94	1.50	41.67
扬中市	16.80	11.33	13.87	0.35	10.76
句容市	71.49	45.96	57.01	2.00	6.90
泰州市	**566.16**	**416.48**	**279.39**	**15.76**	**129.21**
兴化市	222.55	180.56	122.35	6.25	40.42
靖江市	51.11	41.34	27.75	1.99	15.08
泰兴市	139.58	92.75	62.68	2.75	41.29
宿迁市	**715.50**	**575.56**	**594.54**	**38.14**	**46.77**
沭阳县	249.91	183.68	211.67	14.77	24.00
泗阳县	115.64	92.54	102.91	3.61	5.74
泗洪县	190.23	167.36	157.34	10.56	4.32

表 14-6 续表 18 （2017 年） 单位:万吨

市　　县	粮食产量	油料产量	棉花产量（吨）	肉　类总产量	# 猪牛羊肉	水产品产　量
南京市	**102.71**	**6.27**	**2591**	**6.91**	**3.89**	**20.32**
无锡市	**55.15**	**0.79**		**6.06**	**4.61**	**13.56**
江阴市	12.62	0.22		3.19	2.60	2.68
宜兴市	35.81	0.53		2.17	1.51	9.17
徐州市	**482.72**	**12.85**	**18857**	**85.24**	**42.12**	**17.32**
丰　县	55.29	0.43	11340	13.80	6.50	0.30
沛　县	62.32	0.38	2885	17.62	6.02	1.80
睢宁县	93.92	3.14	451	10.39	6.30	2.25
新沂市	69.62	6.70		10.33	6.24	5.90
邳州市	82.34	1.39	648	16.86	6.33	2.62
常州市	**81.36**	**3.07**	**344**	**10.93**	**5.96**	**16.02**
溧阳市	45.75	2.35	344	2.45	1.21	5.19
苏州市	**92.28**	**1.18**	**377**	**7.65**	**5.27**	**23.41**
常熟市	26.11	0.36	165	1.00	0.87	3.53
张家港市	22.41	0.35	27	0.75	0.61	1.38
昆山市	9.49	0.11	22	0.22	0.19	3.53
太仓市	13.82	0.28	163	2.80	1.07	2.18
南通市	**323.96**	**35.23**	**13870**	**44.08**	**26.52**	**87.47**
海安县	60.71	1.56		7.91	5.69	4.89
如东县	93.23	4.09	2072	9.91	5.97	30.43
启东市	27.81	8.51	2325	5.58	2.63	35.99
如皋市	68.91	3.90	32	10.50	6.57	2.74
海门市	19.84	8.74	8645	4.14	1.56	6.48
连云港市	**362.35**	**11.56**		**26.77**	**22.17**	**75.04**
东海县	115.37	4.96		7.17	5.77	6.85
灌云县	82.01	0.08		4.99	4.49	5.76
灌南县	63.74	0.18		5.20	4.81	3.63

表 14-6 续表 19　　(2017 年)　　单位:万吨

市　　县	粮食产量	油料产量	棉花产量（吨）	肉　类总产量	#猪牛羊肉	水产品产　量
淮安市	**467.56**	**8.53**	**67**	**30.07**	**19.21**	**25.95**
涟水县	89.54	3.84		6.07	4.48	1.85
盱眙县	100.90	0.89	67	7.42	3.52	5.94
金湖县	55.47	0.83		1.44	0.83	4.72
盐城市	**685.82**	**22.35**	**4273**	**77.64**	**53.18**	**120.76**
响水县	53.51	1.71		5.36	4.53	6.82
滨海县	94.17	2.93	240	9.79	6.49	10.13
阜宁县	93.53	1.64	53	15.45	10.89	7.78
射阳县	108.31	1.34	905	8.11	5.38	21.10
建湖县	73.34	1.85	88	6.01	3.97	10.20
东台市	96.07	5.25	360	13.79	8.58	18.58
扬州市	**285.42**	**6.53**	**369**	**17.68**	**10.02**	**40.47**
宝应县	88.83	1.41		4.27	2.79	15.15
仪征市	24.78	0.85	19	2.14	1.24	0.80
高邮市	84.51	2.02		5.21	2.81	16.51
镇江市	**114.00**	**5.37**	**788**	**7.03**	**4.51**	**9.88**
丹阳市	49.68	0.90		2.10	1.44	4.20
扬中市	8.33	0.15		0.85	0.62	0.80
句容市	30.72	3.30	776	1.67	1.14	2.70
泰州市	**306.68**	**12.57**	**1064**	**24.51**	**20.15**	**39.95**
兴化市	137.05	3.36	838	5.55	4.00	30.55
靖江市	29.36	0.53		3.01	2.71	1.05
泰兴市	67.26	4.66		8.27	7.54	2.50
宿迁市	**384.76**	**4.65**	**592**	**33.52**	**19.34**	**27.78**
沭阳县	126.71	1.52		8.76	6.47	1.76
泗阳县	60.83	0.89	12	5.31	3.74	8.92
泗洪县	107.10	1.84	559	7.00	4.58	10.70

表 14-6 续表 20　　（2017 年）　　单位:亿元

市　县	资产合计	负债合计	主营业务收　入	主营业务成　本	利润总额	从业人员年平均人数（万人）
南京市	**11603.75**	**6285.94**	**10936.47**	**8781.68**	**867.69**	**64.26**
无锡市	**16002.28**	**8415.78**	**15543.76**	**13338.61**	**1053.61**	**118.15**
江阴市	6516.86	3601.91	5771.92	5070.37	361.18	41.85
宜兴市	2317.68	1389.35	2646.64	2309.99	132.34	15.03
徐州市	**6812.38**	**3180.11**	**11668.49**	**9789.15**	**873.07**	**65.42**
丰　县	248.22	97.36	698.99	616.62	50.86	4.29
沛　县	343.61	191.08	1503.25	1314.07	82.64	10.00
睢宁县	259.32	105.46	775.17	672.09	75.12	5.27
新沂市	448.48	184.74	1173.96	998.51	95.89	6.00
邳州市	791.37	186.02	2262.00	2002.75	170.34	10.29
常州市	**8988.12**	**5026.93**	**12085.73**	**10480.86**	**732.22**	**84.52**
溧阳市	1099.37	744.45	1416.60	1222.58	87.47	7.11
苏州市	**30203.70**	**15875.99**	**32005.86**	**27491.43**	**2002.15**	**284.27**
常熟市	3984.66	2220.23	3550.50	3049.05	213.64	30.48
张家港市	4963.81	2846.17	5203.48	4542.37	389.53	25.14
昆山市	6179.12	3214.63	7920.60	7040.84	358.56	78.14
太仓市	2201.24	1161.52	2116.65	1759.09	156.06	18.27
南通市	**9144.90**	**4506.74**	**14522.32**	**12589.66**	**1128.18**	**95.79**
海安县	1321.58	639.03	2534.78	2206.91	181.12	13.13
如东县	1258.38	586.35	2045.53	1784.48	163.21	11.28
启东市	1301.47	675.38	1784.04	1514.68	154.48	11.08
如皋市	1113.04	590.88	2134.76	1890.51	137.31	19.63
海门市	1073.94	526.94	2125.03	1816.81	222.75	11.29
连云港市	**3470.65**	**1845.53**	**5338.77**	**4315.45**	**447.48**	**27.54**
东海县	368.87	135.57	1097.25	969.67	75.23	6.90
灌云县	158.69	70.53	779.24	660.14	44.76	3.41
灌南县	274.58	165.23	359.21	311.33	23.24	3.09

表 14-6 续表 21　　(2017 年)　　单位:亿元

市　　县	资产合计	负债合计	主营业务收　　入	主营业务成　　本	利润总额	从业人员年平均人数（万人）
淮安市	**2876.94**	**1328.34**	**5894.20**	**5062.32**	**360.95**	**39.34**
涟水县	247.66	108.86	697.83	628.42	33.92	6.44
盱眙县	386.27	191.61	933.91	824.26	34.15	6.47
金湖县	246.60	152.78	371.09	336.19	13.07	2.68
盐城市	**5431.98**	**3019.33**	**8080.48**	**6980.76**	**434.37**	**50.72**
响水县	703.17	432.35	968.54	827.25	68.54	1.97
滨海县	568.27	303.84	745.44	633.80	41.00	5.43
阜宁县	323.75	181.23	671.15	593.26	29.78	5.43
射阳县	360.61	196.68	713.33	597.05	32.25	2.13
建湖县	295.10	128.12	724.13	597.12	44.63	5.25
东台市	673.68	396.44	1082.38	983.25	57.59	6.97
扬州市	**4993.90**	**2636.26**	**9025.44**	**7878.76**	**531.01**	**64.71**
宝应县	618.46	318.16	1063.60	934.22	63.41	9.77
仪征市	771.60	444.00	1479.60	1266.82	130.82	6.47
高邮市	548.05	256.99	1024.61	899.33	51.86	9.45
镇江市	**5419.87**	**2937.75**	**6773.33**	**5862.98**	**443.33**	**42.94**
丹阳市	1456.92	789.97	2110.33	1810.84	121.30	16.51
扬中市	1030.43	567.78	1109.37	949.56	67.51	6.68
句容市	704.65	407.50	915.11	813.83	52.16	7.34
泰州市	**6613.17**	**3392.60**	**11941.88**	**9939.15**	**861.66**	**58.79**
兴化市	690.90	297.30	1830.27	1599.45	109.01	6.66
靖江市	1560.76	817.57	1799.73	1579.58	136.05	10.97
泰兴市	1682.46	927.43	3301.10	2730.54	275.42	16.24
宿迁市	**2599.90**	**1103.00**	**2365.05**	**1934.23**	**279.25**	**31.91**
沭阳县	593.80	258.02	809.31	712.46	64.67	8.83
泗阳县	288.44	120.83	257.93	225.65	15.51	4.79
泗洪县	303.57	109.59	245.80	201.31	32.18	4.10

表 14-6 续表 22

（2017 年）

市　　县	公路里程（公里）	# 等级公路	公　路客运量（万人）	公　路货运量（万吨）	民用汽车拥有量（万辆）	# 私人汽车
南京市	**11320**	**11106**	**8404**	**13806**	**239.20**	**201.56**
无锡市	**7749**	**7749**	**5727**	**14511**	**178.06**	**149.03**
江阴市	2458	2458	416	3234	44.69	39.33
宜兴市	2377	2377	531	1788	27.57	24.17
徐州市	**16351**	**15519**	**11013**	**19485**	**120.25**	**110.29**
丰　县	1825	1825	476	1914	10.50	10.04
沛　县	2366	2366	725	1798	10.85	10.11
睢宁县	2440	2331	942	2131	11.97	11.18
新沂市	2674	2340	753	1420	7.49	6.89
邳州市	3144	2835	661	2273	13.02	12.41
常州市	**9200**	**9200**	**4519**	**12174**	**122.78**	**104.76**
溧阳市	2526	2526	788	2226	14.70	13.29
苏州市	**12658**	**12658**	**31272**	**13614**	**355.24**	**301.54**
常熟市	3076	3076	3493	1413	43.43	38.37
张家港市	1618	1618	3099	1768	37.24	32.16
昆山市	1675	1675	4008	1485	57.47	47.90
太仓市	1331	1331	2768	1440	22.04	18.64
南通市	**18754**	**18754**	**7310**	**12656**	**152.01**	**135.70**
海安县	2458	2458	481	1968	14.62	13.13
如东县	2803	2803	606	1462	17.19	15.99
启东市	3633	3633	1074	597	18.11	16.97
如皋市	3344	3344	487	2341	24.25	22.23
海门市	2557	2557	432	851	18.59	17.22
连云港市	**12117**	**12117**	**4607**	**9283**	**56.56**	**51.35**
东海县	3262	3262	945	1937	11.91	11.28
灌云县	2834	2834	406	1166	8.08	7.64
灌南县	1923	1923	601	509	5.49	5.16

表 14-6 续表 23

（2017 年）

市　　县	公路里程（公里）	# 等级公路	公　路客运量（万人）	公　路货运量（万吨）	民用汽车拥有量（万辆）	# 私人汽车
淮安市	**13232**	**12623**	**6438**	**6214**	**52.12**	**46.69**
涟水县	2564	2322	1395	1687	8.62	7.92
盱眙县	2686	2685	1475	1495	5.35	4.69
金湖县	1457	1356	329	224	3.08	2.71
盐城市	**19595**	**19335**	**6902**	**5515**	**87.14**	**78.37**
响水县	1798	1798	326	312	4.87	4.43
滨海县	2151	2138	720	1122	8.97	8.10
阜宁县	1950	1944	502	241	7.68	7.15
射阳县	2500	2305	702	761	9.61	8.99
建湖县	1811	1795	691	267	6.57	5.92
东台市	3276	3276	751	974	11.34	10.46
扬州市	**9610**	**9239**	**3421**	**7112**	**70.75**	**62.79**
宝应县	1978	1866	459	581	7.68	7.02
仪征市	1557	1557	357	1028	9.31	8.28
高邮市	2160	2127	730	923	9.20	7.02
镇江市	**7443**	**7443**	**3184**	**7551**	**55.61**	**49.56**
丹阳市	2244	2244	678	1719	18.10	16.36
扬中市	1034	1034	321	459	6.23	5.58
句容市	2508	2508	567	1133	5.66	5.05
泰州市	**9893**	**9892**	**6504**	**2800**	**69.79**	**62.75**
兴化市	2849	2848	1356	465	14.95	13.46
靖江市	1361	1361	1060	350	15.64	14.73
泰兴市	2217	2217	1670	540	17.05	15.48
宿迁市	**10552**	**10168**	**5265**	**4194**	**58.05**	**53.80**
沭阳县	2956	2706	2264	2368	15.98	9.03
泗阳县	1752	1727	1287	436	8.45	5.13
泗洪县	2432	2432	2105	390	7.35	4.35

表 14-6 续表 24　　(2017 年)

市　县	邮电业务总　量（亿元）	固定电话用　户（万户）	移动电话用　户（万户）	国际互联网用户（万户）	全　年用电量(亿千瓦时)	#工业用电
南京市	**451.11**	**217.93**	**1124.42**	**456.81**	**556.96**	**318.14**
无锡市	**318.10**	**151.99**	**876.01**	**347.28**	**686.67**	**524.68**
江阴市	41.00	28.88	203.60	64.57	261.55	228.16
宜兴市	24.27	23.37	142.06	46.48	97.37	73.27
徐州市	**208.77**	**103.50**	**811.09**	**268.59**	**361.23**	**245.35**
丰　县	14.21	7.30	86.12	22.14	22.62	12.93
沛　县	16.44	9.10	99.97	25.21	38.04	27.00
睢宁县	20.21	11.06	100.21	25.81	20.80	9.20
新沂市	22.38	8.58	88.78	25.05	34.75	25.53
邳州市	22.21	10.84	124.98	31.56	30.30	16.19
常州市	**193.80**	**113.08**	**586.89**	**231.96**	**455.03**	**351.21**
溧阳市	10.48	17.54	26.90	17.58	78.53	65.23
苏州市	**710.12**	**277.18**	**1596.40**	**616.00**	**1503.53**	**1202.04**
常熟市	84.47	30.72	201.83	71.45	186.53	154.92
张家港市	28.91	22.17	162.19	57.99	308.82	282.29
昆山市	77.00	37.78	303.90	104.50	241.34	188.14
太仓市	19.59	14.17	100.88	35.95	104.99	86.96
南通市	**232.99**	**155.26**	**726.96**	**289.60**	**400.55**	**275.76**
海安县	8.65	21.97	85.23	27.38	47.35	35.17
如东县	8.63	19.00	87.61	25.44	53.14	38.29
启东市	9.78	22.70	92.98	27.45	34.32	20.37
如皋市	11.85	25.02	125.57	36.77	54.25	36.03
海门市	14.03	23.10	110.95	37.56	42.43	28.17
连云港市	**104.88**	**63.92**	**408.64**	**146.48**	**182.79**	**120.59**
东海县	12.23	9.29	86.87	28.41	25.39	14.81
灌云县	8.53	7.76	64.20	19.43	14.64	7.15
灌南县	4.91	6.04	50.69	15.21	32.45	25.26

表 14-6 续表 25　　（2017 年）

市　　县	邮电业务总　量（亿元）	固定电话用　户（万户）	移动电话用　户（万户）	国际互联网用户（万户）	全　年用电量（亿千瓦时）	# 工业用电
淮安市	**108.72**	**47.95**	**412.18**	**146.42**	**172.92**	**111.02**
涟水县	1.35	1.61	32.30	8.28	16.93	8.50
盱眙县	1.21	2.56	178.38	29.99	18.18	10.17
金湖县	0.75	1.59	59.64	14.67	12.02	7.75
盐城市	**144.20**	**81.54**	**630.84**	**221.65**	**287.26**	**190.18**
响水县	3.92	4.69	44.41	8.76	39.78	33.33
滨海县	6.81	6.90	70.45	15.64	28.32	18.64
阜宁县	6.94	5.99	71.10	16.98	24.52	15.17
射阳县	7.27	7.37	79.08	19.86	23.30	13.27
建湖县	6.86	6.69	66.02	19.36	21.03	12.43
东台市	9.03	9.32	91.12	22.60	39.99	27.80
扬州市	**136.09**	**101.23**	**463.07**	**184.90**	**237.05**	**162.21**
宝应县	11.68	12.67	62.94	18.72	21.40	12.61
仪征市	10.83	12.74	59.12	18.88	44.01	36.71
高邮市	12.85	14.64	70.64	22.04	35.62	25.15
镇江市	**91.90**	**67.63**	**325.45**	**137.16**	**243.86**	**180.02**
丹阳市	28.27	17.88	93.62	33.89	79.47	62.13
扬中市	8.96	8.18	36.39	14.53	19.65	13.86
句容市	13.17	10.91	53.86	20.83	28.73	17.08
泰州市	**108.83**	**91.78**	**432.10**	**174.97**	**273.90**	**201.75**
兴化市	21.75	14.07	99.94	33.34	71.40	56.87
靖江市	19.08	14.20	72.82	26.81	40.78	28.56
泰兴市	21.74	19.07	98.19	35.60	63.59	48.76
宿迁市	**120.05**	**39.11**	**413.63**	**137.41**	**171.55**	**113.93**
沭阳县	24.36	11.94	25.05	19.96	48.77	32.10
泗阳县	12.80	6.80	14.94	10.75	24.54	14.29
泗洪县	13.28	4.57	13.78	9.82	20.51	10.41

表 14-6 续表 26　　（2017 年）　　单位:亿元

市　　县	固定资产投　　资	房地产开发投资	#住宅	新增固定资　　产	商品房屋销售建筑面积(万平方米)	#住宅
南京市	**6362.21**	**2170.21**	**1640.15**	**2944.34**	**1429.61**	**1208.98**
无锡市	**4966.06**	**1201.89**	**949.31**	**3421.19**	**1182.09**	**1036.65**
江阴市	1153.03	179.90	129.48	889.73	318.24	291.70
宜兴市	563.91	70.87	59.51	412.61	145.67	131.31
徐州市	**5277.03**	**538.62**	**438.12**	**4292.84**	**1183.80**	**1077.78**
丰　县	239.08	40.68	36.14	238.26	115.69	106.41
沛　县	594.77	28.86	20.55	543.11	75.39	66.83
睢宁县	320.74	39.23	29.62	262.95	151.79	137.26
新沂市	544.42	52.11	50.33	481.77	157.59	143.17
邳州市	760.22	76.79	70.76	767.37	165.51	158.00
常州市	**3896.30**	**479.11**	**369.16**	**2925.27**	**1030.31**	**829.26**
溧阳市	530.71	73.92	63.47	371.34	94.26	92.77
苏州市	**5629.59**	**2305.82**	**1883.16**	**4240.85**	**1936.66**	**1687.88**
常熟市	550.25	164.51	120.06	460.65	195.39	165.99
张家港市	727.21	204.39	174.13	587.05	292.28	276.36
昆山市	758.34	376.03	273.79	553.30	345.50	302.07
太仓市	466.93	128.67	114.07	320.82	114.93	98.26
南通市	**4959.20**	**609.95**	**506.61**	**3958.89**	**1657.67**	**1471.10**
海安县	609.82	45.68	32.84	304.29	167.00	155.13
如东县	563.33	24.86	15.20	382.36	64.00	39.29
启东市	634.60	71.45	56.86	476.85	218.00	209.75
如皋市	600.27	45.39	30.58	568.43	185.00	168.20
海门市	633.65	51.97	38.09	394.21	146.00	139.12
连云港市	**2603.63**	**274.93**	**224.14**	**1792.66**	**643.91**	**608.74**
东海县	413.31	23.81	21.40	287.39	108.63	100.04
灌云县	339.63	15.98	13.55	243.68	93.38	85.94
灌南县	252.61	32.65	27.97	162.67	80.41	76.95

表 14-6 续表 27　　　　（2017 年）　　　　单位:亿元

市　　县	固定资产投　　资	房地产开发投资	#住宅	新增固定资　　产	商品房屋销售建筑面积(万平方米)	#住宅
淮安市	**2839.55**	**303.06**	**241.83**	**1899.47**	**880.36**	**729.88**
涟水县	357.43	21.73	18.81	257.76	133.00	89.00
盱眙县	346.79	49.11	45.69	207.85	107.00	103.00
金湖县	211.76	9.18	7.50	153.28	39.00	33.00
盐城市	**4278.49**	**426.67**	**365.13**	**3312.79**	**974.82**	**878.77**
响水县	320.74	12.99	10.00	316.82	47.32	43.18
滨海县	423.07	20.16	16.82	374.76	79.24	77.18
阜宁县	358.09	35.12	29.60	295.03	87.52	80.81
射阳县	335.62	43.12	36.86	287.48	56.81	50.63
建湖县	400.36	14.74	13.05	370.14	53.22	46.69
东台市	647.05	52.80	35.38	502.54	130.76	118.45
扬州市	**3690.09**	**443.58**	**295.23**	**3163.62**	**879.71**	**776.16**
宝应县	443.02	43.02	38.00	337.00	99.00	97.00
仪征市	550.15	29.36	20.24	411.15	110.00	103.00
高邮市	563.06	42.77	33.98	453.50	134.00	125.00
镇江市	**2694.36**	**343.52**	**266.43**	**1852.91**	**705.27**	**650.12**
丹阳市	533.12	77.69	54.01	447.45	126.00	112.00
扬中市	330.72	25.53	18.84	171.84	55.00	51.00
句容市	387.71	104.75	83.99	222.55	216.00	200.00
泰州市	**3609.47**	**288.72**	**240.34**	**2884.85**	**869.26**	**781.97**
兴化市	484.57	29.29	23.98	431.98	129.40	112.37
靖江市	539.82	42.42	36.53	439.15	107.01	101.36
泰兴市	799.74	71.01	55.49	616.90	193.96	174.23
宿迁市	**2194.23**	**243.00**	**192.08**	**1664.05**	**837.65**	**749.36**
沭阳县	548.80	46.84	33.24	458.96	191.85	163.72
泗阳县	410.34	61.49	53.93	282.92	172.91	163.86
泗洪县	409.16	48.31	38.47	363.46	157.79	140.96

表 14-6 续表 28

（2017 年）

市　　县	社会消费品零售总额（亿元）	#批发和零售业	进出口总　额(亿美元)	出　口	进　口	实际使用外　资(亿美元)
南京市	**5604.66**	**5074.69**	**611.87**	**344.15**	**267.73**	**36.73**
无锡市	**3458.04**	**3193.32**	**812.53**	**495.19**	**317.34**	**36.65**
江阴市	863.37	813.99	209.73	121.43	88.30	4.72
宜兴市	612.84	584.68	40.77	33.53	7.24	0.73
徐州市	**2977.20**	**2728.55**	**78.01**	**63.34**	**14.66**	**16.60**
丰　县	164.11	151.25	2.33	1.67	0.65	0.73
沛　县	267.06	240.30	4.81	4.65	0.16	1.73
睢宁县	195.11	180.30	5.37	4.37	1.00	0.99
新沂市	189.99	172.47	6.73	5.10	1.63	1.73
邳州市	275.57	252.42	11.72	10.76	0.96	2.03
常州市	**2444.05**	**2228.86**	**312.66**	**229.39**	**83.27**	**22.16**
溧阳市	331.66	304.39	9.95	8.83	1.12	2.50
苏州市	**5442.82**	**4789.44**	**3160.79**	**1871.61**	**1289.18**	**44.83**
常熟市	800.41	731.54	244.74	167.60	77.14	6.09
张家港市	581.46	494.00	321.29	159.83	161.46	3.93
昆山市	945.85	774.05	827.72	545.04	282.68	7.14
太仓市	310.15	266.41	129.70	60.86	68.83	4.29
南通市	**2873.41**	**2625.65**	**348.20**	**249.38**	**98.82**	**24.23**
海安县	300.98	259.99	18.75	15.47	3.28	2.67
如东县	347.45	328.52	38.62	17.66	20.96	2.27
启东市	352.97	321.48	25.12	20.47	4.66	3.40
如皋市	376.26	334.41	31.41	25.01	6.40	2.86
海门市	376.14	346.44	50.78	47.61	3.18	2.93
连云港市	**1038.31**	**898.94**	**82.11**	**39.07**	**43.03**	**6.78**
东海县	196.02	168.24	4.83	3.94	0.88	1.02
灌云县	133.12	112.76	2.05	1.83	0.22	0.87
灌南县	104.12	89.87	2.65	2.12	0.54	0.65

表 14-6 续表 29 （2017 年）

市　　县	社会消费品零售总额（亿元）	# 批发和零售业	进出口总　额(亿美元)	出　口	进　口	实际使用外　资(亿美元)
淮安市	**1197.09**	**1083.65**	**46.36**	**30.03**	**16.33**	**11.78**
涟水县	144.86	133.47	3.58	3.20	0.38	0.84
盱眙县	136.53	121.14	1.79	1.42	0.37	1.34
金湖县	100.74	90.47	4.55	4.38	0.17	1.23
盐城市	**1806.20**	**1622.53**	**86.53**	**58.41**	**28.12**	**7.89**
响水县	21.69	19.35	6.69	6.21	0.49	0.50
滨海县	43.76	40.03	5.07	4.00	1.07	0.55
阜宁县	71.63	63.20	3.14	2.91	0.24	0.24
射阳县	67.21	59.15	4.43	3.06	1.38	0.60
建湖县	121.78	106.06	3.33	3.04	0.29	0.41
东台市	62.42	57.55	8.74	8.12	0.63	0.82
扬州市	**1494.01**	**1322.09**	**107.99**	**78.68**	**29.32**	**10.87**
宝应县	165.48	149.23	11.25	8.69	2.56	0.61
仪征市	120.68	106.23	4.52	3.29	1.24	0.80
高邮市	187.38	161.67	4.90	4.63	0.27	0.68
镇江市	**1366.03**	**1193.11**	**105.36**	**69.85**	**35.51**	**13.53**
丹阳市	336.75	297.26	27.75	23.79	3.96	3.44
扬中市	155.93	127.19	6.97	5.49	1.48	1.66
句容市	156.72	139.23	5.40	4.53	0.86	3.13
泰州市	**1254.22**	**1085.90**	**129.48**	**82.16**	**47.32**	**16.18**
兴化市	191.36	165.15	6.36	5.99	0.37	0.81
靖江市	195.45	163.52	29.43	21.81	7.62	2.44
泰兴市	238.23	191.77	38.22	20.10	18.13	3.60
宿迁市	**781.39**	**674.37**	**29.48**	**21.72**	**7.76**	**3.64**
沭阳县	219.13	166.33	6.40	5.13	1.27	0.72
泗阳县	112.37	98.90	4.00	3.87	0.13	0.32
泗洪县	116.94	108.89	1.82	1.29	0.53	0.04

表 14-6 续表 30　　（2017 年）　　单位:亿元

市　　县	一般公共预算收入	#税收收入	一般公共预算支出	年末金融机构存款余　　额	#住户存款	年末金融机构贷款余　　额
南京市	**1271.91**	**1044.61**	**1354.09**	**29944.86**	**6019.70**	**24578.25**
无锡市	**930.00**	**752.40**	**987.66**	**14606.93**	**5055.54**	**11098.51**
江阴市	235.16	195.86	227.29	3527.88	1156.89	2916.96
宜兴市	111.15	89.31	123.64	1946.58	996.17	1517.36
徐州市	**501.64**	**365.23**	**827.33**	**6396.38**	**3349.45**	**4173.20**
丰　县	25.00	17.96	65.01	383.31	269.02	211.87
沛　县	54.46	36.37	89.09	512.54	345.77	269.01
睢宁县	39.92	26.80	83.12	484.12	311.54	281.70
新沂市	47.46	32.88	93.00	444.40	246.58	280.03
邳州市	60.05	40.92	110.52	601.82	392.43	427.52
常州市	**518.81**	**431.36**	**551.55**	**9873.37**	**3532.34**	**6679.20**
溧阳市	61.38	50.19	81.63	1091.83	498.78	856.06
苏州市	**1908.10**	**1672.90**	**1771.47**	**26467.59**	**8166.44**	**23986.62**
常熟市	191.81	165.02	165.80	2893.55	1225.37	2264.76
张家港市	210.01	179.63	193.62	2566.80	1027.28	2192.22
昆山市	352.51	318.88	293.04	3708.14	1218.54	2888.01
太仓市	140.86	122.04	126.51	1474.34	544.65	1357.28
南通市	**590.60**	**462.51**	**810.08**	**11497.24**	**5816.35**	**7833.49**
海安县	60.01	50.02	86.47	1366.12	730.97	956.53
如东县	55.56	45.87	108.10	1116.74	645.01	569.37
启东市	71.13	53.73	92.67	1313.93	799.79	821.67
如皋市	71.31	57.56	109.41	1242.53	766.66	769.09
海门市	72.54	51.13	93.79	1423.65	809.42	967.62
连云港市	**214.85**	**159.37**	**390.56**	**2917.49**	**1279.49**	**2433.32**
东海县	21.12	15.63	61.98	356.03	238.34	294.63
灌云县	20.57	14.31	54.85	308.40	161.38	211.87
灌南县	21.88	17.01	50.19	227.81	123.62	157.85

表 14-6 续表 31　　　　　　　　（2017 年）　　　　　　　　单位:亿元

市　　县	一般公共预算收入	#税收收入	一般公共预算支出	年末金融机构存款余　额	#住户存款	年末金融机构贷款余　额
淮安市	**230.61**	**177.06**	**452.31**	**3432.67**	**1483.10**	**2789.29**
涟水县	19.20	15.25	58.35	364.70	205.09	228.87
盱眙县	18.30	13.84	50.26	373.32	187.75	266.80
金湖县	20.18	17.92	44.85	244.89	140.83	204.43
盐城市	**360.02**	**271.93**	**748.28**	**5980.74**	**2892.30**	**4272.31**
响水县	23.90	17.95	55.01	214.19	112.94	166.47
滨海县	27.30	20.49	75.36	350.03	201.70	294.89
阜宁县	26.14	19.72	73.65	435.64	296.79	249.05
射阳县	24.18	19.60	75.11	464.03	304.44	298.36
建湖县	26.32	18.55	74.44	454.29	302.47	328.30
东台市	54.01	42.41	94.94	769.16	549.28	464.92
扬州市	**320.18**	**241.44**	**507.64**	**5700.87**	**2664.64**	**4007.76**
宝应县	27.59	22.03	67.79	527.20	304.47	328.11
仪征市	47.79	41.47	57.50	649.94	306.16	402.88
高邮市	32.63	26.98	65.26	592.68	371.59	358.71
镇江市	**284.34**	**217.85**	**386.64**	**4877.50**	**1982.67**	**3864.02**
丹阳市	61.05	50.67	82.88	1107.23	606.79	1002.93
扬中市	32.00	26.50	41.25	615.99	288.77	480.84
句容市	44.00	38.35	60.10	783.99	315.23	725.00
泰州市	**335.52**	**256.95**	**475.49**	**5732.30**	**2636.50**	**4173.85**
兴化市	36.06	29.30	90.61	809.63	527.05	502.91
靖江市	60.09	48.71	70.21	957.40	492.07	787.06
泰兴市	63.11	52.90	81.84	1006.92	494.23	697.01
宿迁市	**200.58**	**154.58**	**424.12**	**2514.96**	**1209.50**	**2223.45**
沭阳县	48.00	32.44	105.54	558.10	354.75	472.07
泗阳县	26.21	20.01	65.31	371.10	219.19	365.92
泗洪县	26.34	20.10	70.66	330.86	218.75	317.46

表 14-6 续表 32　　（2017 年）

市　　县	专利申请受理量(件)	专利申请授权量(件)	普通中学在校学生(万人)	小　学在校学生(万人)	普通中学专任教师(人)	小　学专任教师(人)
南京市	**75406**	**32073**	**23.42**	**39.31**	**23517**	**25171**
无锡市	**52252**	**28926**	**22.31**	**37.49**	**20370**	**20941**
江阴市	7644	4221	5.81	9.38	5597	4653
宜兴市	6037	3576	4.12	6.08	4141	3765
徐州市	**18548**	**10523**	**39.94**	**94.02**	**34781**	**44606**
丰　县	1215	552	4.38	9.33	4592	4673
沛　县	1037	317	4.16	11.36	3893	5277
睢宁县	1483	951	4.79	10.82	4470	6116
新沂市	1123	704	4.52	12.35	3576	3926
邳州市	1091	714	8.58	19.32	6292	9896
常州市	**33973**	**16423**	**17.10**	**29.06**	**14508**	**14924**
溧阳市	1544	923	2.66	3.85	2732	2404
苏州市	**113694**	**53223**	**33.44**	**73.06**	**29023**	**38240**
常熟市	6914	3088	4.67	8.23	3825	4856
张家港市	8933	4413	4.48	8.30	3638	4324
昆山市	20961	10854	5.23	13.85	3801	6280
太仓市	9778	3163	2.22	4.65	1884	2409
南通市	**54742**	**19057**	**23.63**	**33.29**	**24299**	**19947**
海安县	7911	4236	2.70	3.14	3349	2301
如东县	2544	1147	2.38	3.00	2798	2225
启东市	7286	1858	2.79	3.77	3079	2649
如皋市	7834	1944	4.83	6.16	4542	3432
海门市	6206	2333	3.38	4.76	3596	2695
连云港市	**9134**	**6311**	**23.97**	**44.46**	**20951**	**24813**
东海县	1321	768	5.84	12.25	5103	6485
灌云县	827	666	4.12	7.09	3083	3346
灌南县	993	790	3.35	6.38	2927	4006

表 14-6 续表 33

（2017 年）

市　　县	专利申请受理量(件)	专利申请授权量(件)	普通中学在校学生(万人)	小　学在校学生(万人)	普通中学专任教师(人)	小　学专任教师(人)
淮安市	**16777**	**7331**	**22.69**	**35.17**	**19887**	**21793**
涟水县	1307	520	4.72	7.91	4061	4806
盱眙县	2343	328	3.27	5.59	2954	3186
金湖县	1429	705	0.93	1.26	876	1046
盐城市	**31146**	**10017**	**28.18**	**45.36**	**27160**	**26999**
响水县	2425	588	2.40	4.94	2118	2950
滨海县	1680	620	4.00	8.41	3487	4727
阜宁县	2670	438	3.64	6.63	3252	3829
射阳县	2089	564	3.29	4.75	3054	2997
建湖县	2955	647	2.77	3.90	2754	2486
东台市	3933	921	2.98	3.44	3584	2466
扬州市	**32638**	**14214**	**17.50**	**21.05**	**16177**	**13510**
宝应县	4514	1983	3.17	3.46	2895	2281
仪征市	4470	1568	1.89	2.32	1813	1567
高邮市	5871	2579	2.53	2.66	2656	1883
镇江市	**33539**	**14825**	**9.84**	**14.72**	**10116**	**9782**
丹阳市	7459	3425	3.37	5.02	3456	3411
扬中市	5184	2647	1.00	1.43	1063	995
句容市	5767	2712	1.69	2.55	2014	1740
泰州市	**31476**	**9924**	**17.28**	**22.15**	**18787**	**13791**
兴化市	3626	1396	4.07	6.58	4259	4019
靖江市	6684	1811	2.41	2.79	2916	1969
泰兴市	4302	1220	4.24	4.83	4972	3024
宿迁市	**11126**	**4368**	**23.74**	**51.07**	**17002**	**25699**
沭阳县	4199	1934	7.64	17.89	5426	8917
泗阳县	1129	594	5.23	9.42	3076	4618
泗洪县	903	273	4.53	9.93	3455	5062

表 14-6 续表 34

（2017 年）

市　　县	公　共 图书馆 （个）	公共图书馆 图书藏量 （千册）	卫　生 机构数 （个）	卫生机构 床位数 （张）	卫　　生 技术人员 （人）	#执　业 （助理）医师
南京市	**14**	**7007**	**2340**	**52244**	**76144**	**28098**
无锡市	**8**	**7881**	**2350**	**43195**	**51015**	**19610**
江阴市	1	2388	580	8199	9945	3960
宜兴市	1	839	427	5775	8161	3211
徐州市	**8**	**3725**	**4509**	**55589**	**57536**	**22870**
丰　县	1	225	550	4137	4623	2176
沛　县	1	364	614	5168	5528	2434
睢宁县	1	438	597	4556	4947	1912
新沂市	1	477	478	3856	5001	2151
邳州市	1	543	773	6322	7900	3375
常州市	**6**	**5001**	**1326**	**26679**	**32498**	**13094**
溧阳市	1	444	259	3237	4364	1916
苏州市	**11**	**22181**	**3160**	**66640**	**79623**	**30259**
常熟市	1	2607	483	8247	9508	3944
张家港市	1	2264	417	9841	9559	3857
昆山市	1	2644	470	7225	11616	4519
太仓市	1	1223	245	4023	4547	1798
南通市	**10**	**6309**	**3181**	**42336**	**45640**	**18795**
海安县	1	516	389	5253	4827	2126
如东县	1	449	458	4062	4485	2037
启东市	1	546	385	4541	4380	1782
如皋市	2	1008	541	6679	6580	2985
海门市	1	1486	380	3806	4419	1876
连云港市	**8**	**3030**	**2703**	**24240**	**27540**	**11508**
东海县	1	699	547	4075	4365	2043
灌云县	1	245	409	3490	3846	1683
灌南县	1	180	368	3503	3638	1560

表 14-6 续表 35

（2017 年）

市　　县	公　共 图书馆 （个）	公共图书馆 图书藏量 （千册）	卫　生 机构数 （个）	卫生机构 床位数 （张）	卫　生 技术人员 （人）	#执　业 （助理）医师
淮安市	**9**	**3327**	**2184**	**28647**	**32310**	**12684**
涟水县	1	138	474	4329	4669	1947
盱眙县	1	356	354	3785	3700	1444
金湖县	1	329	132	1552	1698	683
盐城市	**11**	**3839**	**3214**	**39985**	**40857**	**18192**
响水县	1	80	232	2752	2752	1135
滨海县	1	217	414	4995	4383	1921
阜宁县	2	385	386	4298	4072	2095
射阳县	1	274	335	4095	4429	2212
建湖县	1	277	329	3608	3461	1692
东台市	1	292	472	5131	4794	2282
扬州市	**7**	**3953**	**1756**	**22215**	**28609**	**10872**
宝应县	1	199	333	2579	3817	1464
仪征市	1	368	154	2381	3160	1169
高邮市	1	277	243	2972	3708	1414
镇江市	**9**	**3479**	**984**	**15169**	**20368**	**8074**
丹阳市	2	749	255	3324	4786	1961
扬中市	1	439	99	1224	1890	774
句容市	1	307	215	1904	2940	1230
泰州市	**7**	**2895**	**1981**	**25581**	**27309**	**11629**
兴化市	1	267	676	5240	5849	2896
靖江市	1	710	292	4775	4631	1969
泰兴市	1	339	364	4635	4718	2087
宿迁市	**6**	**1563**	**2349**	**27285**	**30400**	**11500**
沭阳县	1	172	741	7686	8835	3624
泗阳县	1	334	136	5076	6992	1830
泗洪县	1	104	487	4786	6063	2084

表 14-6 续表 36

（2017 年）

市　县	居民人均可支配收入(元)	居民人均生活消费支出(元)	# 食品烟酒	居民恩格尔系数（%）	居民人均住房建筑面积(平方米)
南京市	**48104**	**28470**	**7344**	**25.8**	**43.3**
无锡市	**46453**	**29659**	**8269**	**27.9**	**49.8**
江阴市	50379	27148	7931	29.2	53.0
宜兴市	40526	25568	7467	29.2	56.1
徐州市	**24535**	**15436**	**4656**	**30.2**	**48.0**
丰　县	19843	13462	4127	30.7	45.5
沛　县	23313	14649	4119	28.1	45.6
睢宁县	19916	11770	3763	32.0	50.0
新沂市	20673	13621	4445	32.6	48.1
邳州市	22725	12997	3920	30.2	77.2
常州市	**41879**	**25496**	**7022**	**27.5**	**51.0**
溧阳市	34817	20296	6943	34.2	46.0
苏州市	**50603**	**30891**	**8124**	**26.3**	**51.3**
常熟市	49066	29398	8035	27.3	60.4
张家港市	48951	28698	8154	28.4	63.1
昆山市	50268	30007	8437	28.1	39.9
太仓市	47586	29837	8894	29.8	69.2
南通市	**33011**	**21317**	**6030**	**28.3**	**53.5**
海安县	29896	20196	5944	29.4	57.1
如东县	29263	18404	5629	30.6	59.3
启东市	31208	23292	6969	29.9	53.3
如皋市	29355	18239	5319	29.2	58.9
海门市	33032	21518	6107	28.4	54.4
连云港市	**23302**	**15364**	**4908**	**31.9**	**49.5**
东海县	22104	14670	5105	34.8	50.7
灌云县	19316	12021	4116	34.2	43.0
灌南县	19192	12678	4515	35.6	54.2

表 14-6 续表 37　　　　　　　　　　（2017 年）

市　　县	居民人均可支配收入(元)	居民人均生活消费支出(元)	#食品烟酒	居民恩格尔系数（%）	居民人均住房建筑面积(平方米)
淮安市	**24934**	**14427**	**4335**	**30.0**	**46.9**
涟水县	20044	12347	3919	31.7	54.7
盱眙县	23961	12616	3940	31.2	52.1
金湖县	24756	17403	5359	30.8	50.5
盐城市	**26740**	**16539**	**5244**	**31.7**	**46.9**
响水县	21519	11096	3295	29.7	42.9
滨海县	22198	14277	4840	33.9	46.3
阜宁县	22179	15104	5172	34.2	39.9
射阳县	23755	16322	5370	32.9	39.2
建湖县	25149	14205	4581	32.3	45.1
东台市	28918	16140	5154	31.9	59.3
扬州市	**31370**	**19237**	**5884**	**30.6**	**47.1**
宝应县	23470	14985	4925	32.9	49.0
仪征市	29444	19546	6127	31.3	56.2
高邮市	26116	17790	5556	31.2	45.3
镇江市	**37169**	**22551**	**6369**	**28.2**	**50.9**
丹阳市	36086	22091	7114	32.2	51.0
扬中市	39033	21958	6492	29.6	57.7
句容市	31682	19877	5859	29.5	47.0
泰州市	**30944**	**19710**	**5684**	**28.8**	**54.7**
兴化市	26949	16210	5079	31.3	43.0
靖江市	32361	23401	6973	29.8	61.9
泰兴市	30459	19162	5019	26.2	60.0
宿迁市	**20756**	**13281**	**4571**	**34.4**	**46.9**
沭阳县	20898	13799	5128	37.2	48.1
泗阳县	20251	13660	4690	34.3	47.9
泗洪县	19465	12262	4355	35.5	45.7

表 14-6续表38 （2017年）

市　　县	城镇常住居民人均可支配收入（元）	城镇常住居民人均生活消费支出（元）		城镇常住居民恩格尔系数（%）	城镇常住居民人均住房建筑面积(平方米)
			#食品烟酒		
南京市	**54538**	**31385**	**7950**	**25.3**	**39.8**
无锡市	**52659**	**32972**	**9081**	**27.5**	**47.1**
江阴市	59165	30148	8755	29.0	55.0
宜兴市	49826	30199	8739	28.9	47.1
徐州市	**30987**	**18234**	**5415**	**29.7**	**43.0**
丰　县	25117	17458	5250	30.1	41.4
沛　县	29776	18025	4972	27.6	42.9
睢宁县	25540	13985	4442	31.8	46.0
新沂市	27261	17208	5548	32.2	46.4
邳州市	31189	16405	4965	30.3	64.5
常州市	**49955**	**28445**	**7624**	**26.8**	**45.2**
溧阳市	45739	22448	7480	33.3	38.0
苏州市	**58806**	**35104**	**9289**	**26.5**	**43.5**
常熟市	59015	33428	9193	27.5	52.2
张家港市	59200	33325	9489	28.5	59.7
昆山市	59191	34337	9584	27.9	35.4
太仓市	58458	35359	10464	29.6	57.8
南通市	**42756**	**26510**	**7450**	**28.1**	**48.5**
海安县	40656	24125	6852	28.4	53.1
如东县	40416	22593	7152	31.7	55.7
启东市	40759	30896	9210	29.8	46.3
如皋市	39918	22690	6467	28.5	56.5
海门市	44138	27390	7697	28.1	48.1
连云港市	**30293**	**19315**	**6152**	**31.8**	**47.8**
东海县	29758	19313	6693	34.7	45.0
灌云县	25034	14512	5012	34.5	43.0
灌南县	26635	16795	5818	34.6	53.5

表 14-6 续表 39　（2017 年）

市　县	城镇常住居民人均可支配收入（元）	城镇常住居民人均生活消费支出（元）		城镇常住居民恩格尔系数（%）	城镇常住居民人均住房建筑面积(平方米)
			#食品烟酒		
淮安市	**32976**	**17788**	**5241**	**29.5**	**44.9**
涟水县	27423	16682	5329	31.9	59.0
盱眙县	33406	17185	5335	31.0	54.0
金湖县	33509	20620	6265	30.4	42.0
盐城市	**33115**	**18434**	**5801**	**31.5**	**43.7**
响水县	27832	11191	3499	31.3	37.8
滨海县	28867	16662	5395	32.4	40.0
阜宁县	27754	21501	7564	35.2	35.2
射阳县	28816	22934	7360	32.1	41.7
建湖县	32171	16696	5221	31.3	43.5
东台市	35380	18246	5794	31.8	59.3
扬州市	**38828**	**22093**	**6805**	**30.8**	**44.4**
宝应县	29284	17133	5740	33.5	45.0
仪征市	39686	21569	6837	31.7	46.3
高邮市	34230	21573	5556	25.8	45.5
镇江市	**45386**	**25637**	**7247**	**28.3**	**45.0**
丹阳市	45151	23459	7763	33.1	46.0
扬中市	49764	25306	7491	29.6	53.8
句容市	44015	24095	7200	29.9	42.0
泰州市	**40059**	**23824**	**6704**	**28.1**	**49.0**
兴化市	36485	19989	5931	29.7	38.0
靖江市	43152	28225	8312	29.5	57.5
泰兴市	39749	24231	6965	28.7	49.0
宿迁市	**26118**	**16241**	**5531**	**34.1**	**46.0**
沭阳县	25871	16485	6192	37.6	46.1
泗阳县	25536	15773	5385	34.1	49.3
泗洪县	24973	15878	5585	35.2	45.4

表 14-6 续表 40

(2017 年)

市　　县	农村常住居民人均可支配收入（元）	农村常住居民人均生活消费支出（元）	# 食品烟酒	农村常住居民恩格尔系数（%）	农村常住居民人均住房建筑面积(平方米)
南京市	**23133**	**17155**	**4989**	**29.1**	**56.9**
无锡市	**28358**	**19998**	**5901**	**29.5**	**56.8**
江阴市	30532	20372	6071	29.8	49.0
宜兴市	25654	18161	5434	29.9	70.6
徐州市	**16697**	**12038**	**3732**	**31.0**	**54.0**
丰　县	15335	10032	3161	31.5	49.2
沛　县	17269	11491	3321	28.9	47.9
睢宁县	15130	9884	3185	32.2	53.0
新沂市	15886	11015	3643	33.1	49.8
邳州市	16725	10580	3180	30.1	83.1
常州市	**25835**	**17849**	**5413**	**30.3**	**65.4**
溧阳市	23835	18133	6269	34.6	57.0
苏州市	**29977**	**20298**	**5193**	**25.6**	**66.1**
常熟市	30288	22757	6128	26.9	74.7
张家港市	30188	20227	5710	28.2	69.3
昆山市	30489	20408	5896	28.9	45.2
太仓市	30026	20919	6359	30.4	78.3
南通市	**20472**	**14637**	**4203**	**28.7**	**61.5**
海安县	19640	16451	5062	30.8	61.1
如东县	18683	14431	4184	29.0	63.0
启东市	21691	15715	4738	30.2	65.2
如皋市	18463	13649	4136	30.3	63.0
海门市	22515	15957	4602	28.8	64.2
连云港市	**15273**	**10825**	**3478**	**32.1**	**51.4**
东海县	15882	10897	3814	35.0	57.1
灌云县	14231	9804	3319	33.8	44.0
灌南县	13639	9607	3542	36.9	54.9

表 14-6 续表 41

（2017 年）

市　　县	农村常住居民人均可支配收入（元）	农村常住居民人均生活消费支出（元）	#食品烟酒	农村常住居民恩格尔系数（%）	农村常住居民人均住房建筑面积(平方米)
淮安市	**15601**	**10526**	**3283**	**31.2**	**53.7**
涟水县	14561	9126	2871	31.5	49.0
盱眙县	15762	8651	2729	31.5	46.0
金湖县	17126	14599	4569	31.3	58.0
盐城市	**18711**	**14153**	**4515**	**31.9**	**50.9**
响水县	15586	10487	3017	28.8	49.3
滨海县	16280	12162	4346	35.7	53.3
阜宁县	16850	8988	2986	33.2	44.3
射阳县	18064	8887	3132	35.2	36.7
建湖县	18576	11872	3982	33.5	47.6
东台市	21431	13700	4412	32.2	59.2
扬州市	**19694**	**14766**	**4445**	**30.1**	**51.2**
宝应县	18447	13130	4220	32.1	53.0
仪征市	19033	17488	5406	30.9	65.3
高邮市	18494	14238	4448	31.2	45.1
镇江市	**22724**	**17127**	**4829**	**28.2**	**58.4**
丹阳市	23603	20207	6191	30.6	57.0
扬中市	25895	17860	5269	29.5	61.6
句容市	20527	16063	4884	30.4	51.0
泰州市	**19494**	**14543**	**4402**	**30.3**	**63.0**
兴化市	18465	12847	4321	33.6	52.0
靖江市	21361	18482	5607	30.3	72.1
泰兴市	19476	13168	2793	21.2	72.0
宿迁市	**15268**	**10252**	**3589**	**35.0**	**47.8**
沭阳县	15484	10874	3969	36.5	50.3
泗阳县	15260	11665	4034	34.6	46.5
泗洪县	14941	8525	3084	36.2	46.0

15

区域经济

首批沿海开放城市主要经济指标

表 15-1

（2017 年）

城 市	地区生产总值		#第一产业		第二产业	
	亿元	增长%	亿元	增长%	亿元	增长%
上海	30133.86	6.9	98.99	-9.5	9251.40	5.8
天津	18595.38	3.6	218.28	2.0	7590.36	1.0
大连	7363.90	7.1	477.10	4.4	3052.60	8.3
秦皇岛	1506.01	7.3	200.02	3.1	520.68	5.4
烟台	7338.95	6.5	479.90	2.3	3674.35	5.7
青岛	11037.28	7.5	380.97	3.2	4546.21	6.8
连云港	2640.31	7.4	313.42	2.7	1179.86	7.2
南通	7734.64	7.8	382.69	2.4	3639.81	6.8
宁波	9846.94	7.8	314.11	2.4	5105.48	7.9
温州	5453.17	8.4	144.08	3.5	2149.22	7.1
福州	7104.02	8.7	519.49	3.7	2962.94	6.9
广州	21503.15	7.0	233.49	-1.0	6015.29	4.7
湛江	2824.03	6.8	525.30	4.5	1094.71	7.6
威海	3480.10	8.1	235.48	2.5	1580.49	7.5

表 15-1 续表 1

（2017 年）

城　市	# 工业增加值		第三产业		港口货物吞吐量	
	亿元	增长%	亿元	增长%	万吨	增长%
上海	8303.54	6.4	20783.47	7.5	75051	6.9
天津	6863.98	2.3	10786.74	6.0	50056	-9.1
大连	2485.90	9.5	3834.30	6.4	45517	4.3
秦皇岛	423.53	5.3	785.31	9.7	24500	31.2
烟台	3309.38	6.2	3184.70	8.0	40058	13.1
青岛	3952.87	6.7	6110.10	8.4	51314	-0.3
连云港	958.61	8.0	1147.03	8.9	22841	3.2
南通	3042.25	8.0	3712.14	9.4	23572	4.2
宁波			4427.35	8.1	100930	9.5
温州	1743.98	7.6	3159.87	9.7	8926	6.2
福州	2270.92	7.7	3621.60	11.0		
广州	5459.69	5.2	15254.37	8.2	58923	8.2
湛江	961.88	8.6	1204.03	7.2	28209	10.1
威海			1664.13	9.6		

表 15-1 续表 2　　（2017 年）

城　　市	港口集装箱吞吐量		固定资产投资额		工业投资	
	万标箱	增长%	亿元	增长%	亿元	增长%
上海	4023	8.3	7246.60	7.3	1031.69	5.3
天津	1507	3.8	11274.69	0.5	3352.34	3.8
大连	971	1.3	1652.80	15.1	591.40	58.6
秦皇岛	56	8.5	873.39		230.19	10.7
烟台	270	3.9	5594.24	8.5	2435.94	11.3
青岛	1831	1.4	7777.10	7.4	3080.40	-8.2
连云港	471	0.2	1645.52	10.6	1645.52	10.6
南通	101	21.8	4959.20	8.9	2397.75	6.2
宁波	2461	14.1	5009.60	3.5	1356.50	-6.5
温州	60	6.9	4178.49	11.9	963.82	7.0
福州			5823.39	12.3	1489.55	6.6
广州	2036	8.0	5919.83	5.7	736.26	3.1
湛江	90	24.8	1641.53	7.2	627.26	10.7
威海			2941.89	8.7	1783.86	14.2

表 15-1 续表 3

（2017 年）

城　　市	社会消费品零售总额		进出口总额		出口总额	
	亿元	增长%	亿元	增长%	亿元	增长%
上海	11830.27	8.1	32237.82	12.5	13120.31	8.4
天津	5729.67	1.7	7646.85	12.8	2952.36	1.2
大连	3722.50	9.2	4132.20	21.7	1745.80	8.5
秦皇岛	775.18	10.8	338.19	16.7	215.69	10.7
烟台	3273.08	10.0	3077.60	6.3	1740.49	6.1
青岛	4541.00	10.6	5033.50	15.7	3031.80	7.5
连云港	1038.31	11.3	556.00	19.7	264.66	9.1
南通	2873.41	9.1	2360.18	12.8	1691.91	11.5
宁波	4047.80	10.4	7600.10	21.3	4984.10	14.3
温州	3324.35	10.6	1327.14	11.2	1157.94	9.2
福州	4193.87	11.4	2336.06	12.0	1482.40	5.1
广州	9402.59	8.0	9714.36	13.7	5792.15	12.3
湛江	1578.08	10.1	345.64	13.5	217.07	11.4
威海	1607.94	10.4	1404.91	17.8	855.71	8.9

表 15-1 续表 4

（2017 年）

城市	实际到账外资		一般公共预算收入		一般公共预算支出		金融机构存款余额	
	亿美元	增长%	亿元	增长%	亿元	增长%	亿元	增长%
上海	170.08	8.1	6642.26	9.1	7547.62	9.1	112461.74	
天津	106.08	5.0	2310.11	-10.4	3282.16	-11.3	30940.81	2.9
大连	32.50	8.2	657.70	7.5	919.80	5.7	14142.90	-3.8
秦皇岛	10.14	53.9	118.55	2.2	262.62	6.9	28843.35	10.0
烟台	144.89	6.5	600.32	6.4	708.07	3.8	7932.64	4.7
青岛	77.40	13.9	1157.10	7.1	1403.00	3.4	15129.00	3.1
连云港	6.78	23.2	214.85	8.4	391.59	4.5	2976.98	16.5
南通	24.23	1.5	590.60	0.1	811.07	8.1	11718.16	3.4
宁波	40.30	-10.7	1245.30	10.9	1410.60	9.4	18149.15	6.8
温州	3.58	47.2	465.35	7.2	761.61	14.2	11218.16	5.6
福州	131.76	14.1	634.16	10.4	940.82	13.1	13597.68	9.4
广州	62.89	10.3	1533.06	10.9	2185.99	12.5	51369.03	8.1
湛江	0.81	32.0	135.00	21.0	450.29	17.4	3061.15	7.5
威海	87.95	10.1	273.08	9.5	359.56	6.2	3380.16	8.6

表 15-1 续表 5

（2017 年）

城　　市	金融机构贷款余额		城镇居民人均可支配收入		农村居民人均可支配收入		居民消费价格总指数
	亿元	增长%	元	增长%	元	增长%	%
上海	67182.01						101.7
天津	31602.54	9.9	40278	8.5	21754	8.4	102.1
大连	11954.50	1.3	40587	6.7	16865	7.7	102.1
秦皇岛	1720.30	10.5	32795	8.1	12563	8.1	101.7
烟台	5099.37	7.7					101.6
青岛	14388.40	11.1	47176	8.2	19364	7.8	102.0
连云港	2476.09	18.3	30293	8.8	15273	9.6	101.8
南通	7886.57	14.4	42756	8.9	20472	9.2	102.3
宁波	17762.47	6.9	55656	7.9	30871	8.0	101.8
温州	8657.63	7.3	51866	8.5	25154	9.4	102.4
福州	13746.34	9.6	40973	8.3	17865	9.3	101.1
广州	34137.05	15.1	55400	8.8	23484	9.5	102.3
湛江	1869.22	14.4	27119	9.0	14484	8.6	101.3
威海	2217.64	16.6	42703	8.5	11728	8.8	101.3

淮海经济区主要经济指标

表 15-2 （2017 年）

指标名称	土地面积	年末户籍人口数	年末常住人口数	地区生产总值	
	(平方公里)	（万人）	（万人）	（亿元）	增长(%)
江苏省					
徐州市	11259	1039.42	876.35	6605.95	7.7
连云港市	7615	532.53	451.84	2640.31	7.4
淮安市	10030	560.90	491.40	3328.88	7.4
盐城市	16931	826.15	724.22	5082.69	6.8
宿迁市	8524	591.01	491.46	2610.94	7.5
山东省					
菏泽市	12239	1018.75	873.60	2820.18	8.5
聊城市	8628	639.69	606.43	3064.06	7.5
枣庄市	4564	418.05	392.03	2315.91	6.7
济宁市	11187		837.59	4650.57	7.1
泰安市	7761		546.51	3585.30	6.8
日照市	5359	303.68	291.65	2002.65	9.0
莱芜市	2246	127.47	137.60	896.02	8.1
临沂市	17191	1161.90	1056.30	4345.39	7.9
德州市	10358	595.35	579.58	3140.18	7.3
安徽省					
亳州市	8521	650.80	516.90	1183.99	9.2
淮南市	5532	389.6	348.7	1111.50	6.9
蚌埠市	5951	381.25	337.67	1550.70	9.1
淮北市	2741	216.95	222.79	929.01	7.6
阜阳市	9776	1070.07	809.30	1571.11	9.0
宿州市	9939	655.47	565.69	1503.91	9.1
滁州市	13398	454.40	407.60	1607.70	9.0
六安市	15451	588.20	480.00	1218.70	7.9
河南省					
周口市	11959	1155.98	876.22	2571.03	7.9
商丘市	10704	921.01	729.86	2217.89	8.7
信阳市	18916	880.53	645.36	2226.55	6.7
开封市	64444	523.04	454.93	1934.95	8.2

注：山东省、河南省各市的进出口总额、进口总额和出口总额为人民币口径，其余地区为美元口径。

表 15-2 续表 1　　　　　　　　　　　　　　　　（2017 年）

指标名称	第一产业增加值		第二产业增加值		第三产业增加值		人均地区生产总值(元)
	（亿元）	增长(%)	（亿元）	增长(%)	（亿元）	增长(%)	
江苏省							
徐州市	600.55	2.5	2884.32	7.7	3121.08	8.6	75611
连云港市	313.42	2.7	1179.86	7.2	1147.03	8.9	58577
淮安市	339.44	3.1	1406.39	6.4	1583.05	9.2	67909
盐城市	564.18	2.7	2256.72	4.8	2261.78	10.1	70216
宿迁市	292.14	2.7	1253.49	7.8	1065.31	8.5	53317
山东省							
菏泽市	282.08	3.1	1458.34	8.4	1079.76	10.1	32493
聊城市	353.00	4.2	1514.08	6.8	1196.98	9.3	50651
枣庄市	162.23	3.7	1194.99	6.3	958.69	7.9	59110
济宁市	497.97	4.4	2122.16	6.6	2030.44	8.3	55595
泰安市	280.40	3.4	1627.90	6.8	1676.90	7.3	63555
日照市	150.23	3.8	963.48	9.4	888.94	9.4	68848
莱芜市	56.84	4.8	499.26	7.1	339.92	9.9	65122
临沂市	362.71	3.8	1884.25	6.0	2098.43	10.5	41372
德州市	311.18	3.6	1498.62	6.9	1330.38	8.6	54197
安徽省							
亳州市	209.81	4.5	474.29	9.7	499.89	11.0	23051
淮南市	121.2	4.1	553.00	6.8	437.3	8.0	32017
蚌埠市	205.30	4.2	681.30	9.6	664.00	10.1	46233
淮北市	64.02	3.8	547.28	8.6	317.71	6.9	41885
阜阳市	310.66	4.1	637.31	9.8	623.15	10.8	19536
宿州市	258.45	3.6	575.73	9.6	669.73	11.5	26722
滁州市	226.80	4.3	819.20	9.6	561.70	10.2	39599
六安市	190.60	3.8	543.80	8.2	484.40	9.3	25465
河南省							
周口市	466.88	4.4	1156.86	7.5	893.29	10.6	28630
商丘市	389.59	4.5	926.48	8.6	901.82	11.1	30423
信阳市	457.86	4.4	863.41	4.4	905.28	10.6	34528
开封市	291.89	4.5	780.95	7.4	862.11	10.4	42525

表 15-2 续表 2　　　　　　　　　　　　　（2017 年）

指标名称	粮食总产量		油料总产量		棉花总产量	
	（万吨）	增长(%)	（万吨）	增长(%)	（万吨）	增长(%)
江苏省						
徐州市	482.72	2.9	12.85	-4.5	1.89	-8.7
连云港市	362.35	0.4	11.56	1.4		-0.3
淮安市	467.56	2.0	8.53	-3.1	0.01	持平
盐城市	685.82	-0.2	22.35	-8.2	0.43	-79.1
宿迁市	384.76	0.1	4.65	持平	0.06	持平
山东省						
菏泽市	773.35	0.9	22.97	-0.9	12.59	-4.3
聊城市	532.25	5.4	8.61	-13.0	1.67	-28.8
枣庄市	170.00	4.1	8.83	-3.9	0.31	-4.6
济宁市	575.60	-2.0	16.65	-2.4	5.33	-19.3
泰安市	52.50	0.1	22.20	-2.1		
日照市	89.50	1.2	23.62	-1.2	0.13	1.6
莱芜市	25.47	10.8	2.41	1.9	0.30	-4.0
临沂市	405.40	-1.7	86.00	1.2	0.80	-15.4
德州市	899.18	0.4	1.68	-9.6	3.15	-27.2
安徽省						
亳州市	483.40	2.0	5.00	-1.7	0.70	-22.2
淮南市	289.70	1.7	2.80	-11.9	0.21	-35.5
蚌埠市	285.86	1.9	38.25	0.1	0.27	-57.5
淮北市	129.55	2.1	0.02	-68.7	0.37	-14.2
阜阳市	567.80	1.9	7.00	-4.3	0.80	-14.0
宿州市	410.09	1.8	24.07	1.5	1.67	-20.7
滁州市	435.50	2.00	18.80	-2.9	0.90	-1.8
六安市	315.80	0.5	14.70	-4.7	1.40	-0.9
河南省						
周口市	808.50	0.3	50.68	5.2	1.07	-17.1
商丘市	681.15	1.3	40.66	15.8	1.47	-15.3
信阳市	556.12	-3.6	70.67	4.1		
开封市	284.50	0.2	50.73	4.4	1.75	-2.2

表 15-2 续表 3　　（2017 年）

指标名称	肉类总产量		水产品产量		规模以上工业企业个数（个）	规模以上工业增加值
	（万吨）	增长（%）	（万吨）	增长（%）		增长（%）
江苏省						
徐州市	85.24	-6.1	17.32	-8.3	2412	9.0
连云港市	26.77	-9.3	75.04	-0.3	1504	8.4
淮安市	30.07	-1.1	25.95	-0.6	2175	7.8
盐城市	77.64	-4.6	120.76	1.1	2879	3.6
宿迁市	33.52	2.0	27.78	2.5	1747	8.9
山东省						
菏泽市	74.76	3.6	9.69	-26.6	3455	10.5
聊城市	61.08	5.1	8.77	-1.1	2704	7.2
枣庄市	23.57	-7.2	9.40	2.0	1397	6.8
济宁市	60.97	0.5	33.06	0.4	2733	7.1
泰安市	49.30	6.6	8.50	-8.6	1641	6.2
日照市	28.88	-5.4	58.94	-3.0	675	10.2
莱芜市	6.81	7.6	0.35	持平	562	9.8
临沂市	84.95	8.7	15.78	-0.3	4074	6.2
德州市	71.92	5.9	7.60	4.4	2978	7.1
安徽省						
亳州市	33.00	1.0	6.00	3.4	1032	10.4
淮南市	24.8	1.8	18.80	1.7	637	7.3
蚌埠市	37.24	1.8	13.13	2.7	1215	9.8
淮北市	9.93	1.7	2.88	-3.1	820	8.9
阜阳市	67.70	1.7	11.00	2.1	1798	10.1
宿州市	49.79	-1.1	4.67	2.0	1389	9.8
滁州市	41.00	1.8	37.60	3.9	1621	9.7
六安市	41.60	1.4	22.50	1.4	968	8.4
河南省						
周口市					1332	8.3
商丘市	53.53	4.4			1185	8.3
信阳市			28.50	2.6	1111	4.5
开封市	41.47	3.1			1106	8.2

表 15-2 续表 4

（2017 年）

指标名称	规模以上工业主营业务收入		规模以上工业利润总额		固定资产投资	
	（亿元）	增长（%）	（亿元）	增长（%）	（亿元）	增长（%）
江苏省						
徐州市	11668.49	−16.3	873.07	−21.3	5277.03	10.0
连云港市	5338.77	−10.2	447.48	−9.9	2603.63	9.2
淮安市	5894.20	−16.0	360.95	−10.8	2839.55	12.0
盐城市	8080.48	−8.9	434.37	−8.7	4278.49	10.2
宿迁市	2365.05	−39.3	279.25	−28.8	2194.23	8.5
山东省						
菏泽市	8045.17		620.65		1323.56	9.5
聊城市	7714.00	4.9	513.20	8.3	2470.14	10.7
枣庄市					1797.52	5.7
济宁市	6270.03	15.8	468.86	34.7	3473.53	8.4
泰安市	4882.80	2.2	307.80	2.3	2992.50	7.2
日照市	2742.90	17.4	157.48	88.6	1691.19	9.5
莱芜市	2152.80	20.9	72.54	140.3	668.14	5.5
临沂市	10577.90	10.1	553.44	17.3	3765.70	8.0
德州市	10832.76	11.1	607.09	12.0	2641.01	8.0
安徽省						
亳州市		11.5		28.7	1067.20	22.0
淮南市	1106.90	24.6	52.70	57.9	1021.80	7.0
蚌埠市	2722.63	12.1	77.85	−6.0	1912.55	14.8
淮北市	2506.50	13.2	100.60	44.3	1055.80	10.1
阜阳市	2322.28	18.9	1174,17	15.0	1632.51	26.3
宿州市	1808.95	11.2	81.01	27.1	1402.97	10.8
滁州市	3163.60	18.3	329.20	29.8	1929.10	13.5
六安市	1301.10	3.6	64.10	11.8	1200.00	11.6
河南省						
周口市	4867.13	11.4	514.54	8.7	2047.29	9.9
商丘市	3968.13	9.8	214.96	15.3	2233.14	12.2
信阳市	2544.86	6.1	155.25	2.3	2415.04	8.9
开封市	2966.63	9.9	240.25	5.1	1668.18	9.3

表 15-2 续表 5

（2017 年）

指标名称	房地产开发投资		社会消费品零售总额		居民消费价格总指数（以上年为 100）（%）
	（亿元）	增长（%）	（亿元）	增长（%）	
江苏省					
徐州市	538.62	-1.9	2977.20	12.0	101.7
连云港市	274.93	16.8	1038.31	11.3	101.8
淮安市	303.06	-5.7	1097.09	10.5	101.9
盐城市	426.67	19.0	1806.20	10.8	101.7
宿迁市	243.00	-21.6	781.39	10.8	101.9
山东省					
菏泽市	295.96	4.7	1650.45	9.8	101.1
聊城市	281.92	13.4	1278.83	9.0	101.5
枣庄市	168.17	5.8	982.10	10.1	101.0
济宁市	403.23	10.8	2259.19	9.0	101.1
泰安市	163.10	-9.9	1608.30	10.0	101.8
日照市	183.18	15.6	720.29	9.1	101.1
莱芜市	53.44	13.3	380.00	9.3	101.5
临沂市	407.56	8.8	2721.60	9.4	101.4
德州市	238.52	8.2	1537.12	10.2	101.2
安徽省					
亳州市	321.60	39.0	550.70	11.9	101.5
淮南市	193.50	58.7	172.60	11.7	101.0
蚌埠市	536.88	38.2	725.13	12.6	101.0
淮北市	112.20	21.8	353.10	11.8	101.0
阜阳市	516.34	47.3	852.02	12.2	101.4
宿州市	257.36	9.2	533.68	11.9	101.3
滁州市	484.40	22.7	574.40	11.5	101.2
六安市	293.80	24.2	604.80	11.7	101.5
河南省					
周口市	217.22	-0.9	1227.16	12.2	101.2
商丘市	268.73	9.3	1032.30	12.4	100.6
信阳市	431.60	20.4	1085.77	10.6	100.8
开封市	273.96	29.3	944.81	12.3	101.0

表 15-2 续表 6　　（2017 年）

指标名称	进出口总额		# 进口总额		# 出口总额	
	（亿美元）	增长（%）	（亿美元）	增长（%）	（亿美元）	增长（%）
江苏省						
徐州市	78.01	24.9	14.66	47.6	63.34	20.6
连云港市	82.11	16.6	43.03	27.7	39.07	6.4
淮安市	46.36	36.5	16.33	103.2	30.03	13.6
盐城市	86.53	8.8	28.12	-12.5	58.41	23.3
宿迁市	29.48	21.4	7.76	40.9	21.72	16.1
山东省						
菏泽市	399.65	12.9	239.05	25.9	160.59	-2.2
聊城市	456.79	23.3	222.87	25.5	233.92	21.3
枣庄市	101.06	12.0	12.03	39.2	89.03	9.2
济宁市	414.37	15.2	173.45	27.9	240.92	7.5
泰安市	154.44	14.5	34.95	34.3	119.48	9.8
日照市	909.57	5.1	559.62	3.1	349.95	25.4
莱芜市	107.11	-5.0	36.75	-23.4	70.36	8.6
临沂市	677.10	16.6	174.37	-2.4	502.70	25.1
德州市	246.76	16.4	64.90	4.7	181.86	21.2
安徽省						
亳州市	6.60	27.8	0.60	6.3	6.00	30.5
淮南市	2.99	8.7	0.26	-27.4	2.73	14.1
蚌埠市	17.71	0.5	8.32	45.7	9.40	21.1
淮北市	6.08	-0.9	0.50	17.9	5.58	-2.3
阜阳市	11.10	-1.3	1.46	23.1	9.64	-4.1
宿州市	5.79	23.2	0.71	-13.5	5.07	31.0
滁州市	27.75	19.8	8.81	36.4	18.94	13.3
六安市	7.20	35.3	1.10	308.4	6.10	20.4
河南省						
周口市	61.62	19.1	23.03	88.7	38.59	-2.4
商丘市	19.77	21.6	1.47	21.5	18.30	21.5
信阳市	33.46	7.0	16.20	2.7	17.26	9.6
开封市	31.45	32.5	2.33	3.0	29.22	35.4

表 15-2 续表 7

（2017 年）

指标名称	实际利用外资		邮电业务总量	年末固定电话用户（万户）	年末移动电话用户（万户）
	（亿美元）	增长（%）	（亿元）		
江苏省					
徐州市	16.60	10.2	208.78	103.50	811.09
连云港市	6.78	23.2	104.88	63.92	408.64
淮安市	11.78	1.5	108.72	47.95	412.18
盐城市	7.89	11.6	144.20	81.54	630.84
宿迁市	3.64	−19.1	120.05	39.11	413.63
山东省					
菏泽市	7.27	−57.6	70.12	21.00	755.00
聊城市	7.04	59.1	28.35	30.75	461.17
枣庄市	6.08	−12.4	72.38	24.20	351.77
济宁市	40.10	17.9	19.58	29.20	685.30
泰安市	39.47	15.6	41.38	63.80	582.90
日照市	42.62	10.7	33.36	20.17	291.70
莱芜市	2.30	−77.8	9.24	14.79	132.96
临沂市	12.33	−17.2			
德州市	8.79	8.9		29.00	495.00
安徽省					
亳州市	7.80	8.0	45.80	21.60	387.90
淮南市	2.39	7.0	31.8	25.00	243.80
蚌埠市	16.10	7.0	24.82	30.65	−13.50
淮北市	6.81	5.2	14.31	20.46	179.51
阜阳市	2.19	8.0	76.70	46.70	632.50
宿州市	7.85	7.5	39.01	29.42	448.41
滁州市	12.24	7.0	66.20	38.60	355.90
六安市	4.40	15.2	31.69	28.60	345.30
河南省					
周口市	5.41	3.6	107.99		
商丘市	3.64	0.4	118.24	34.56	613.02
信阳市	5.34	1.9	88.33	37.58	616.12
开封市	1.15	−19.8	70.48		

表 15-2 续表 8　　（2017 年）

指标名称	一般公共预算收入		一般公共预算支出		金融机构年末存款余额（亿元）
	（亿元）	增长（%）	（亿元）	增长（%）	
江苏省					
徐州市	501.64	5.0	827.33	3.7	6396.38
连云港市	214.85	9.3	390.56	4.7	2917.49
淮安市	230.61	-19.3	452.31	-6.4	3432.67
盐城市	360.02	-3.4	748.28	2.5	5980.74
宿迁市	200.58	-9.6	424.12	-2.2	2514.96
山东省					
菏泽市	186.55	6.1	510.26	19.1	3494.80
聊城市	186.51	2.0	380.60	7.2	3272.45
枣庄市	145.20	1.2	245.11	-1.5	1828.33
济宁市	385.71	3.0	569.73	2.0	5021.55
泰安市	207.10	3.9	356.00	7.7	3325.20
日照市	141.33	12.3	232.28	13.3	2305.23
莱芜市	56.01	10.2	88.77	1.9	954.03
临沂市	285.30	3.9	589.60	2.1	5846.30
德州市	187.47	6.9	360.57	8.6	3098.02
安徽省					
亳州市	171.00	16.0	325.00	16.7	1843.40
淮南市	162.30	7.5	233.30	7.0	2052.90
蚌埠市	141.07	5.4	298.30	11.3	1953.00
淮北市	60.54	2.3	152.77	7.1	1406.90
阜阳市	277.05	22.6	515.21	18.2	3501.27
宿州市	100.12	4.7	345.92	11.1	2010.16
滁州市	182.50	9.1	381.10	13.8	2272.30
六安市	184.10	20.1	375.20	9.7	2428.60
河南省					
周口市	111.83	11.1	514.90	7.4	2686.93
商丘市	128.85	15.2	463.31	9.1	2686.12
信阳市	100.45	12.2	446.21	9.2	3045.01
开封市	122.74	13.1	334.80	12.8	1904.94

表 15-2 续表 9　　（2017 年）

指标名称	住户存款(亿元)	金融机构年末贷款余额(亿元)	各级各类学校数（所）	各级各类学校在校学生数（万人）
江苏省				
徐州市	3349.45	4173.20	1302	151.01
连云港市	1279.49	2433.32	635	74.78
淮安市	1483.10	2789.29	458	70.48
盐城市	2892.30	4272.31	626	81.82
宿迁市	1209.50	2223.45	368	80.86
山东省				
菏泽市	2552.24	2010.62	1800	165.06
聊城市	2120.70	2328.02	923	36.94
枣庄市	1175.50	1212.40		69.83
济宁市	3065.71	3158.04	3359	153.16
泰安市	2131.80	2103.60	724	78.20
日照市	1260.21	2235.49	1068	53.84
莱芜市	570.66	735.34	182	15.07
临沂市	541.10	4472.10	1688	172.20
德州市	2068.98	1797.78	936	82.86
安徽省				
亳州市	1122.30	1337.20	1420	90.40
淮南市	1057.40	1292.80	1054	54.74
蚌埠市	934.60	1565.60	1320	50.40
淮北市	720.77	868.95	738	36.83
阜阳市	2135.08	2055.42	2979	174.10
宿州市	1261.19	1248.29	1926	104.50
滁州市	1176.20	1699.20	1026	57.57
六安市	1313.50	1537.40	1010	67.60
河南省				
周口市	2185.58	1098.66	5072	214.19
商丘市	1936.52	1432.19	2597	130.96
信阳市	2118.49	1582.19	1822	135.23
开封市	1293.48	1367.35	2637	103.7

表 15-2 续表 10　　　　　　　　　　（2017 年）

指标名称	卫生机构数(个)	卫生技术人员数（人）	卫生机构床位数（张）	城镇化率 (%)
江苏省				
徐州市	4509	57536	55589	63.76
连云港市	2703	27500	24240	61.70
淮安市	2184	32300	28647	61.25
盐城市	3214	40900	39985	62.90
宿迁市	2349	30400	27285	58.53
山东省				
菏泽市	5393	53880	48471	49.05
聊城市	1010	33418	32183	50.34
枣庄市	2525	25319	22622	57.32
济宁市	6917	57099	48701	57.12
泰安市	4260	36727	31856	60.63
日照市	2437	16930	14237	58.65
莱芜市	345	8104	7219	62.58
临沂市	7512	83457	60356	57.40
德州市	5006	31102	26467	55.57
安徽省				
亳州市	1722	17193	19246	39.80
淮南市	1436	17298	17000	63.46
蚌埠市	1386	24815	18300	55.31
淮北市	749	11396	12379	63.61
阜阳市	2788	50999	39789	41.75
宿州市	1818	22830	22965	41.56
滁州市	1638	16000	18297	51.90
六安市	2308	19930	19327	45.40
河南省				
周口市	7982	65763	38194	41.22
商丘市				41.71
信阳市	4109	26341	26233	46.05
开封市	3273	29900	27500	47.42

表 15-2 续表 11　　　　　　　　　　　　（2017 年）

指标名称	全体居民人均可支配收入		城镇居民人均可支配收入		农村居民人均可支配收入	
	（元）	增长（%）	（元）	增长（%）	（元）	增长（%）
江苏省						
徐州市	24535	9.8	30987	9	16697	9.3
连云港市	23302	9.8	30293	8.8	15273	9.6
淮安市	24934	9.5	32976	8.7	15601	9.0
盐城市	26740	9.3	33115	8.6	18711	9.0
宿迁市	20756	9.5	26118	8.4	15268	9.6
山东省						
菏泽市	17222	10.0	24116	9.0	11753	9.8
聊城市	18183	9.5	25231	8.4	12415	9.0
枣庄市	22420	8.6	29924	8.0	14164	8.8
济宁市	23847	9.1	32420	8.1	14845	9.0
泰安市	25244	8.8	32739	8.1	15674	8.6
日照市	23286	9.4	30790	8.6	14540	8.7
莱芜市	27012	9.1	34889	7.8	16144	8.7
临沂市	23528	8.9	33266	7.8	12613	8.3
德州市	19083	9.3	24640	8.3	13389	9.3
安徽省						
亳州市	17038	9.8	27246	8.8	11591	9.6
淮南市	22692	9.1	30405	7.1	11841	8.1
蚌埠市			31160	8.8	13769	9.4
淮北市	22128	9.3	29578	8.6	11611	9.0
阜阳市	16971	10.1	27713	8.8	10748	10.0
宿州市	17004	9.6	27703	8.5	10859	9.5
滁州市	19721	9.6	28612	8.9	11947	9.1
六安市	17258	9.0	26731	8.1	10857	9.0
河南省						
周口市	15226	10.2	24313	8.2	10170	9.6
商丘市	16684	11.0	27595	9.4	10517	9.5
信阳市	17480	10.3	26061	8.8	11663	9.5
开封市	18283	10.1	26864	9.2	12126	8.6

中国统计出版社最新图书简目

(仅供参考,以实际出版为准)

统计资料

中国统计年鉴　中国统计摘要　中国第三产业统计年鉴
中国第三次全国农业普查综合资料　国际统计年鉴　金砖国家联合统计手册
中国-东盟国家统计手册　中国农村统计年鉴　中国县域统计年鉴
中国农产品价格调查年鉴　中国城市统计年鉴　中国价格统计年鉴
中国贸易外经统计年鉴　中国零售和餐饮连锁企业统计年鉴　中国商品交易市场统计年鉴
大中型批发零售和住宿餐饮企业统计年鉴　中国住户调查年鉴　中国工业统计年鉴
中国环境统计年鉴　中国能源统计年鉴　中国建筑业统计年鉴
中国房地产统计年鉴　中国固定资产投资统计年鉴　中国对外直接投资统计公报
中国人口和就业统计年鉴　中国劳动统计年鉴　中国社会统计年鉴
中国科技统计年鉴　中国高技术产业统计年鉴　全国企业创新调查年鉴
中国文化及相关产业统计年鉴　2018 年时间利用调查资料　中国妇女儿童状况统计资料
中国基本单位统计年鉴　中国教育统计年鉴　中国教育经费统计年鉴
中国民族统计年鉴　中国残疾人事业统计年鉴

省级综合统计年鉴系列

北京 天津 河北 山西 内蒙古 辽宁 吉林 黑龙江 上海 江苏 浙江 安徽 福建 江西 山东 河南 湖北 湖南 广东 广西 海南 重庆 四川 贵州 云南 西藏 陕西 甘肃 青海 宁夏 新疆 新疆生产建设兵团

市(县)级综合统计年鉴系列

滨海新区 石家庄 唐山 邯郸 保定 沧州 邢台 廊坊 承德 衡水 秦皇岛 张家口 太原 大同 阳泉 长治 晋城 朔州 晋中 运城 忻州 临汾 吕梁 呼和浩特 呼和浩特新城区 鄂尔多斯 包头 沈阳 大连 长春 吉林 延吉 四平 通化 松原 哈尔滨 齐齐哈尔 黑龙江垦区 上海浦东新区 南京 无锡 徐州 常州 苏州 南通 连云港 淮安 盐城 扬州 镇江 泰州 宿迁 江阴 丹阳 海门 杭州 宁波 温州 嘉兴 湖州 绍兴 金华 衢州 舟山 台州 丽水 合肥 安庆 马鞍山 福州 厦门 宁德 漳州 龙岩 南昌 九江 上饶 新余 抚州 萍乡 赣州 吉安 景德镇 济南 青岛 潍坊 枣庄 日照 滕州 郑州 洛阳 平顶山 三门峡 商丘 信阳 济源 汝州 武汉 十堰 荆州 宜昌 荆门 咸宁 长沙 广州 深圳 惠州 东莞 汕尾 南宁 柳州 桂林 梧州 来宾 河池 防城港 海口 三亚 成都 贵阳 黔南 毕节 昆明 西安 咸阳 延安 宝鸡 安康 铜川 汉中 榆林 兰州 庆阳 银川 乌鲁木齐 兵团一师 兵团十师

调查年鉴系列

天津 内蒙古 上海 浙江 福建 河南 湖北 湖南 广东 广西 重庆 四川 云南 甘肃 宁夏

统计方法应用/实用手册

实用 SAS 统计分析教程　Python 数据分析基础　统计公文知识问答　领导干部统计知识问答
乡镇统计人员岗位知识培训系列教材:辅助调查员岗位基础知识　乡镇统计人员岗位基础知识
县级统计人员岗位知识培训系列教材:Excel 在统计工作中的应用　简明统计分析
地市级统计人员岗位知识培训系列教材:统计报告与演示　中国国民经济核算体系(2016)基础知识
全国统计专业技术资格考试系列考试用书:统计业务知识(第四版)　统计业务知识学习指导与习题
全国统计专业技术资格考试系列考试用书:统计相关知识(第四版)　统计相关知识学习指导与习题

统计通俗读物/统计科普图书

我国 20 个统计指标的历史变迁　联合国工业发展组织:2016 年工业发展报告
中国古代统计发展史　理解国民账户

重点图书

波澜壮阔四十年　砥砺奋进铸就辉煌——改革开放 40 年与时俱进的中国统计
新编英汉汉英统计大词典　中国国民经济核算体系 2016　国民经济行业分类注释
挑大学选专业 2019-考研择校指南　挑大学选专业 2019-高考志愿填报指南　中华医学统计百科全书